Härdler • Material-Management

W0054161

Jürgen Härdler

Material-Management

Grundlagen - Instrumentarien - Teilfunktionen

Mit 103 Abbildungen

Carl Hanser Verlag München Wien

Prof. Dr. rer. oec. habil. Jürgen Härdler
Westsächsische Hochschule Zwickau (FH)
Fachbereich Wirtschaftswissenschaften

Die Deutsche Bibliothek – CIP-Einheitsaufnahme

Härdler, Jürgen:
Material-Management : Grundlagen - Instrumentarien -
Teilfunktionen / Jürgen Härdler. - München ; Wien : Hanser, 1999
  ISBN 3-446-21012-1

© 1999 Carl Hanser Verlag München Wien
http://www.hanser.de
Umschlaggestaltung: MCP • Agentur für Marketing - Communications - Production, Holzkirchen
Druck und Bindung: Druckerei Wagner GmbH, Nördlingen
Printed in Germany

Vorwort

Das vorliegende Buch enthält ein breitgefächertes Spektrum materialwirtschaftlicher **Grundlagen**, **Instrumentarien** und **Kerntätigkeiten**. Es wendet sich mit dem enthaltenen Grundlagenwissen vorrangig an Studenten der Wirtschaftswissenschaften an Fachhochschulen und Universitäten, dient aber auch Unternehmenspraktikern des Materialwirtschaftsressorts zur Wissensanreicherung.

Entsprechend der wachsenden Bedeutung der Materialwirtschaft für die betriebswirtschaftliche Ergebniswirksamkeit der Unternehmungen beziehen sich die Darlegungen auf das **Integrierte Materialwirtschaftskonzept**. Dieses verkörpert bekanntlich ein optimiertes materialwirtschaftliches Versorgungssystem vom Lieferanten bis zum Kunden einschließlich von Ansätzen einer ganzheitlichen unternehmerischen Prozeßbetrachtung. Dieser methodisch beabsichtigte, logische Denkansatz läßt jedoch die intensive Behandlung der traditionellen materialbezogenen Aufgabenfelder wie **Disposition**, **Einkauf**, **Lagerung** und **Verteilung** nicht außer acht.

Die einzelnen Kapitel sind so angelegt, daß sie eine in sich logische Inhaltsstruktur verkörpern. Das schließt jedoch nicht aus, daß sie relativ unabhängig voneinander studiert werden können.

Um dem Anspruch eines Lehrbuches zu genügen, wurden kapitelbezogene **Studienziele** formuliert, die Aussagen darüber machen sollen, was von dem Studierenden im Ergebnis seiner Studienarbeit erwartet wird. Am Ende eines jeden Abschnittes werden dem Leser als Studienhilfen **Kontrollfragen** und **Übungsaufgaben** angeboten, die es ihm ermöglichen, eine Selbstüberprüfung des Kenntnisstandes vorzunehmen. Die **Lösungshinweise** zu den Kontrollfragen schließen sich unmittelbar an die Fragestellungen an. Die **Lösungen** zu den Übungsaufgaben befinden sich aus didaktischen Gründen in einem separaten Anhang am Ende des Buches.

Bei der methodischen Aufbereitung des Stoffinhaltes wurde besonderer Wert auf eine visuelle und praxisorientierte Wissensvermittlung in Form von aussagefähigen Tabellen und Abbildungen, Fließbildern sowie ergebnisintegrierten **Demonstrationsbeispielen** gelegt. Ein umfangreiches Literaturverzeichnis sowie ein Lösungsteil zu den Übungsaufgaben vervollständigen den Katalog der unterbreiteten Studienhilfen.

Der Verfasser bedankt sich bei allen, die durch ihre indirekte Mithilfe zur Erarbeitung dieses Buches beigetragen haben. Besondere Anerkennung möchte ich Frau Dipl.-Ing. oec. *Petra Grundke* und dem Studenten *René Müller* für ihre redaktionelle Mitarbeit sowie Herrn Dr. *Jörg Thieme* für seine praxisorientierten Hinweise, vor allem seine konstruktive Mitwirkung am Kapitel 5 aussprechen.

Zwickau, Frühjahr 1999 *Jürgen Härdler*

Inhaltsverzeichnis

Symbolverzeichnis

AA	Arbeitsanweisung
AD	einfache mittlere Abweichung
A^S	Entsorgungskosten bei Einsatz von Sekundärstoffen
A^P	Entsorgungskosten bei Einsatz von Primärstoffen
$a\overline{V}_t$	arithmetischer Mittelwert
B_B	Bestellbestand
B_D	Bestandsdurchschnitt
B_E	Eindeckungsmeldebestand
BG	Baugruppe
BImSchG	Bundesimmissionsschutzgesetz
B_L	Lagerbestand
BM	Bedarfsmeldung
B_M	Meldebestand
B_S	Sicherheitsbestand
BT	Einzelteil
ChemG	Chemikaliengesetz
DIN	Deutsche Industrie-Norm
DV	Datenverarbeitung
E	Einstandspreis / Fertigerzeugnis / Erlös aus Verkauf von Abfällen zur Verwertung
EWG	Europäische Wirtschaftsgemeinschaft
GuV	Gewinn- und Verlustrechnung
G_t	Gewichtungsfaktor
$g\overline{V}_t$	gewogener arithmetischer Mittelwert
HKW	halogenierte Kohlenwasserstoffe
ISO	International Organization for Standardization
K_B	Beschaffungskosten / Fixkosten je Bestellung
K_G	Gesamtkosten
K_L	Lagerhaltungskosten
$K^P F$	Fertigungskosten bei Einsatz von Primärstoffen
$K^P M$	Kosten der Primärstoffe bis zum Produktionseinsatz
KrW-/AbfG	Kreislaufwirtschafts- und Abfallgesetz
$K^S F$	Fertigungskosten bei Einsatz von Sekundärstoffen
$K^S M$	Kosten der Sekundärstoffe bis zum Produktionseinsatz
L_{HS}	Lagerhaltungskostensatz
L_S	Lagerkostensatz für die während eines Jahres auftretenden Kosten der Lagerhaltung
LB_B	durchschnittlicher Lagerbestand im Berichtsjahr
LB_V	durchschnittlicher Lagerbestand im Vorjahr
LD_B	durchschnittliche Lagerdauer im Berichtsjahr
LD_V	durchschnittliche Lagerdauer im Vorjahr
LZ	Lieferzeit

M	Periodenbedarf
ME	Mengeneinheiten
MEK	Materialeinzelkosten
MES	Materialentnahmeschein
MGK	Materialgemeinkosten
n	Anzahl der Perioden / Bestellhäufigkeit
$n_{opt.}$	optimale Bestellhäufigkeit
p	Zinssatz für das während eines Jahres durchschnittlich gebundene Kapital
P	Bedarf pro Periode
Q	(feste) Losgröße
QMH	Qualitätsmanagementhandbuch
QUSVA	Qualitäts- und Umweltverfahrensanweisung
R	Rohstoff
RHB	Roh-, Hilfs- und Betriebsstoffe
s	Bestellgrenze (Bestellpunkt)
S	Grundbestand
T	bestimmte Zahl von Zeiteinheiten / Bauteile
t_A	Vorlauf / Termin bei Erreichen des Beschaffungsauslösebestandes
T_i	tatsächlicher Bedarf der abgelaufenen Periode
T_{IST}	Isteindeckungszeit
T_K	Kontrollspanne zwischen zwei Zeiteinheiten
t_L	Lieferzeit / Termin des Lagereinganges
$T_{L\text{-Soll}}$	Soll-Liefertermin
t_M	Termin bei Erreichung des Meldebestandes
t_p	Nachlauf
T_{SOLL}	Solleindeckungszeit
T_U	Überprüfungszeit
T_W	Wiederbeschaffungszeit
UVV	Unfallverhütungsvorschrift
V_a	alte Vorhersage
V_n	neue Vorhersage
V_t	Verbräuche
V_{t+1}^*	Prognosewert des Bedarfs in der Planperiode
WBN	Zeit von Transport, Warenannahme und -kontrolle, Einlagerung
WBV	Zeit der Bedarfsermittlung, Bestellvorbereitung, Bestellerteilung
WHG	Wasserhaushaltgesetz
x	Bestellmenge
$x_{opt.}$	optimale (Bestell-)Menge
α	Glättungsfaktor

1 Einführung in die Materialwirtschaft

1.1 Studienziele

Dieses Kapitel soll dem Leser

➡ die differenzierten Begriffsauffassungen zur Materialwirtschaft und deren Aufgabeninhalte erläutern;

➡ das materialwirtschaftliche Oberziel unter Beachtung der erforderlichen Teilzieluntersetzungen definieren;

➡ die wesentlichen Zielkonflikte nennen, die bei der Umsetzung des materialwirtschaftlichen Oberzieles entstehen, und einen formelmäßigen Lösungsansatz zu ihrer Bewältigung unterbreiten;

➡ die Grundsatzaufgabe der Materialwirtschaft unter den veränderten Marktbedingungen aufschreiben und die technischen und ökonomischen Aufgabenkomponenten beschreiben;

➡ die essentiellen Einflußaspekte der Materialwirtschaft in bezug auf ihre volkswirtschaftliche Ergebniswirksamkeit aufzählen;

➡ die betriebswirtschaftliche Ergebniswirksamkeit der Materialwirtschaft unter dem Aspekt des quantifizierbaren, mittelbar quantifizierbaren und nicht quantifizierbaren Erfolgsnachweises darstellen.

1.2 Begriffsauffassungen zur Materialwirtschaft

Der auf dem nationalen und auf den internationalen Märkten immer stärker werdende Konkurrenzdruck verlangt von den Unternehmungen eine höhere **Produktivität**, **Rentabilität** und **Flexibilität**.

Aus dieser Tatsache heraus sind die Wirtschaftseinheiten aufgefordert, neue Wege auf dem gesamten Spektrum ihrer Unternehmenspolitik und -strategie zu bestreiten. Dabei kann die erforderliche Effizienzsteigerung sowohl durch den Einsatz verbesserter Technik als auch durch Optimierung der Unternehmensorganisation innerhalb der gesamten Wertschöpfungskette erreicht werden. Viele Betriebe haben diesen zuletzt genannten Sachverhalt erkannt und führen eine Reorganisation ihrer Geschäftsprozesse durch. Vor allem für die Klein- und Mittelunternehmungen, die in vielen Fällen als Zulieferer für Großbetriebe fungieren, ist es dabei wichtig, **Rationalisierungseffekte** durch besseres Knowhow zu erreichen. Dadurch werden die Nachteile von solchen Rationalisierungen, die mit zusätzlichen Anlageninvestitionen verknüpft sind und die daraus resultierende Inflexibilisierung negiert.

Die Materialwirtschaft hat in ihrer geschichtlichen Entwicklung lange Zeit eine untergeordnete Rolle gespielt und wurde meist nur mit dem betrieblichen Aufgabenspektrum des „Einkaufens" und „Lagerns" identifiziert. Durch den Einfluß konjunktureller Aspekte und die damit verbundenen Einbußen auf der Ertragsseite einerseits und des in der Regel hohen Materialkostenanteils an den Selbstkosten andererseits erweist sich die Materialwirtschaft als einflußreiches **Leistungssteigerungs- und Kostensenkungspotential** in den Unternehmen.

Darüber hinaus konnten durch eine ganzheitliche unternehmerische und materialwirtschaftliche Prozeßbetrachtung nicht unerhebliche Einsparungen an Kapitalbindungskosten und damit an verbesserter Liquidität erreicht werden. Nicht unerwähnt sollte in diesem Zusammenhang der Einfluß der Materialwirtschaft auf das Unternehmensumfeld bleiben, ergeben sich doch daraus prägende Eindrücke auf das Unternehmensimage.

Bekanntlich besteht der Kernpunkt aller unternehmerischen Aktivitäten in der Erstellung von Wirtschaftsgütern einschließlich deren Realisierung auf den nationalen und internationalen Absatzmärkten. Diese originäre Aufgabe ist jedoch nur dann zu verwirklichen, wenn das Unternehmen über die erforderlichen finanziellen, personellen und materiellen Ressourcen verfügt. Diese müssen i. d. R. aus den unternehmensumgrenzenden Kapital-, Arbeits- und Waren- bzw. Dienstleistungsmärkten zu möglichst effizienten Bedingungen beschafft und, wenn erforderlich, auch entsorgt werden. Diese Tatsache erfordert nicht nur die genaue Kenntnis der Verhältnisse und Entwicklungsbedingungen auf den Beschaffungsmärkten, sondern auch die konsequente Ausnutzung günstiger Beschaffungsmarktsituationen. Bezogen auf die Versorgungsaufgabe des Beschaffungsobjektes **Material,** übernimmt dies die betriebliche Teilfunktion **Materialwirtschaft.**

Betrachtet man den Begriff Materialwirtschaft aus dem reinen umgangssprachlichen Blickwinkel, dann bedeutet

Materialwirtschaft = wirtschaftlicher Umgang mit Material

Dieser Betrachtungsstandpunkt berücksichtigt jedoch ausschließlich den Gegenstands- und Optimierungsaspekt. Funktionsgesichtspunkte bleiben dabei unberücksichtigt. Bezieht man diesen Faktor aber mit ein, so läßt sich folgender allgemeingültiger Materialwirtschaftsbegriff formulieren:

Materialwirtschaft umfaßt alle für eine effiziente Erstellung der Güter bzw. Realisierung der Dienstleistungen notwendigen materialwirtschaftlichen Teilfunktionen einschließlich der damit verbundenen Planungs- und Steuerungsaktivitäten.

Sowohl in der betriebswirtschaftlichen Theorie als auch in der Unternehmenspraxis gibt es eine Reihe von synonymen Bezeichnungen zum o. g. Materialwirtschaftsbegriff, wie zum Beispiel

- **Beschaffung,**
- **Einkauf,**
- **Materiallogistik,**
- **Physical distribution.**
- **Warenwirtschaft,**

Obwohl viele Praktiker meinen, daß eine klare Begriffsabgrenzung wenig hilfreich für die Ableitung praxisorientierter Erkenntnisse ist, erscheint es trotzdem sinnvoll, über die Semantik dieser Begriffsnuancierungen näher nachzudenken. Gerade in der Praxis werden die Begriffe oft synonym verwendet, ohne daß über die notwendigen Gemeinsamkeiten, aber auch qualitativen Unterschiede genügend nachgedacht wird. Dies scheint jedoch wichtig, denn mit den Begriffen verbinden sich nicht nur definierte Aufgabeninhalte, sondern auch aufbau- und ablaufbezogene Organisationsstrukturen und Leistungsentgelte.

- **Beschaffung**

Der Begriff Beschaffung enthält die Versorgung der für die Realisierung der betrieblichen Leistungserstellungs- und Leistungsverwertungsprozesse erforderlichen Wirtschaftsgüter, Dienst- und Arbeitsleistungen, Finanzmittel, Rechte und Informationen aus den Beschaffungsteilmärkten.

Dieser Begriff verkörpert damit das allgemeinste Spannungsverhältnis zwischen dem Beschaffungsmarkt und dem beschaffenden Unternehmen.

- **Einkauf**

Der Begriff Einkauf oder Beschaffung im engeren Sinn umfaßt alle planenden, steuernden und operativen Tätigkeiten, die darauf gerichtet sind, den Unternehmen die mit den Elementarfaktoren Material und Betriebsmittel verbundenen Inputs unter wirtschaftlichen Aspekten zu beschaffen.

Dabei liegt der Beschaffungsschwerpunkt auf den materialbezogenen Inputs. Der Beschaffungsvorgang von Investitionsgütern und Dienstleistungen bedarf im Beschaffungsvorfeld der mittelbaren Mitwirkung der Bedarfsanforderer. Die mit dem eigentlichen Beschaffungsvorgang verbundenen Aktivitäten – beginnend mit **Anfrage, Angebotseinholung, Vertragsabschluß bis Bestellabwicklung** – sind in jedem Fall Aufgabe der Einkaufsabteilung.

- **Materiallogistik**

Für den Logistikbegriff gibt es sowohl im wissenschaftlichen Schrifttum (vgl. *Ballou* 1992, *Hutchinson* 1987, *Bartels* 1989, *Broggi* 1990, *Sommerer* 1998) als auch in der Praxis unterschiedliche Interpretationsmöglichkeiten.

Nach *Sommerer* (*Sommerer/ Göhler* 1995, 10) verkörpert „die Logistik die komplexe Planung und Steuerung des Material-, Teile- und Erzeugnisflusses einschließlich des dazu erforderlichen Informationsflusses mit dem Ziel der Beschleunigung des Gesamtflusses und der Minimierung des Gesamtaufwandes für den Prozeßablauf."

Überträgt man diesen Definitionsinhalt auf den Begriff der **Materiallogistik**, so erkennt man, daß gegenüber dem noch zu erläuternden Begriff der integrierten Materialwirtschaft keine funktionale Aufgabenerweiterung erfolgt. Erweitert wird hingegen der eingegrenzte ökonomische Optimierungsansatz der integrierten Materialwirtschaft zugunsten einer ganzheitlichen, das heißt, bereichs-übergreifenden technisch-technologischen Gesamtoptimierung.

Die Realisierung dieser Zielstellung gebietet die Zusammenarbeit verschiedener Unternehmensbereiche (z. B. Forschung und Entwicklung, Konstruktion, Vertrieb, Produktion, Materialwirtschaft) im Rahmen von „Logistik-Centern".

- **Physical distribution**

Der Begriff Physical distribution kann als Synonym zum Logistikbegriff verstanden werden, d. h., auch dieser Begriff enthält alle Aufgabenfelder im materialbezogenen Distributionsfluß vom Lieferanten bis zum Verbraucher.

- **Warenwirtschaft**

Der Begriff Warenwirtschaft verkörpert ein Synonym des Begriffes Materialwirtschaft, jedoch für Unternehmungen im Handelsbereich.

Hinterfragt man den in der Definition zum allgemeingültigen Materialwirtschaftsbegriff dargelegten Sachverhalt näher, so lassen sich drei **Differenzierungen** ableiten:

1. Materialwirtschaft als enge Begriffsauffassung

Die enge Begriffsauslegung der Materialwirtschaft enthält das Aufgabenspektrum des Beschaffens (einschließlich Disposition), des Lagerns und des Transports von materialbezogenen Beschaffungsobjekten.

Zu beachten ist dabei, daß sich die erforderlichen Aktivitäten im Bereich der Lagerung nur bis auf das Wareneingangslager beziehen. Die Handlungen des innerbetrieblichen Transports dagegen reichen jedoch bis zur ersten Verbrauchsstelle (Bedarfsträger). Je nachdem, welche Grundhierarchie des Unternehmens vorliegt, können diese Tätigkeiten von mehreren betrieblichen Funktionsbereichen wahrgenommen werden. Der Materialwirtschaftsbegriff fungiert in diesem Zusammenhang als zusammenfassender Oberbegriff.

2. Materialwirtschaft als erweiterte Begriffsauffassung

Die erweiterte Begriffsauffassung dehnt das Aktivitätenfeld der engen Darstellung dahingehend aus, daß die Bewegung der Materialien zwischen den Vorrats- und Bedarfsstellen einschließlich der Verteilung der Erzeugnisse an den Kunden mit in die Betrachtung einbezogen werden.

Somit umfaßt dieser Begriff das materialbezogene **Versorgungssystem** der Unternehmung vom Lieferanten bis zum Kunden.

3.   Materialwirtschaft als integrierte Begriffsauffassung

Die integrierte Begriffsinterpretation fußt auf der Erkenntnis, daß der reine physische Transport des Materials einschließlich der körperlichen Auslieferung der Erzeugnisse an die Kunden nicht ausreicht. Deshalb wird als logische Konsequenz die mengenmäßige und terminliche Steuerung der Materialbewegung einschließlich der Entsorgungstätigkeiten mit in den Verantwortungsbereich der Materialwirtschaft integriert.

Nur so kann der Ansatz isolierter Handlungsweisen der betrieblichen Funktionsbereiche überwunden werden. Damit wird dem ganzheitlichen Prozeßmanagement der Geschäftsprozesse unter dem Aspekt des „**Lean Management**" und „**Business Reengineering**" besser entsprochen. Integration bedeutet jedoch nicht zwingend, daß die mit den einzelnen Tätigkeiten verbundenen Ressorts in einem hierarchischen Strukturgebilde zusammengefaßt werden. Die praktische Umsetzung dieser Erkenntnis in den Unternehmen gebietet hohe fachliche und moralische Anforderungen an die „**Informations-Manager**".

Man kann feststellen, daß diese Modellform der integrativen Betrachtung aller materialwirtschaftlichen Teilfunktionen unabhängig von deren hierarchischen Unternehmenseinordnung eine Philosophie verkörpert, die auf kreative, gestaltende Handlungen zielt und damit den bisher vorrangig verwaltenden Tätigkeitsauftrag der Materialwirtschaft überwindet. Somit leistet diese Form einen nicht unwesentlichen Beitrag zur Erfolgssicherung und damit langfristigen Wettbewerbsfähigkeit der Unternehmen.

Eine zusammenfassende Darstellung der genannten Begriffsauffassungen ist aus der *Abbildung 1.1* ersichtlich.

1.3   Ziele, Zielkonflikte und Grundsatzaufgaben

Ziele verkörpern bekanntlich einen gewünschten, anzustrebenden Zustand einer Situation. Bezogen auf die Belange des materialwirtschaftlichen Oberzieles bedeutet das,

das Unternehmen sicher und wirtschaftlich mit den benötigten Materialien bzw. Dienstleistungen strategisch und operativ zu versorgen und gegebenenfalls auch ökologisch effizient zu entsorgen.

Zu beachten ist in diesem Zusammenhang, daß das definierte Oberziel aus den übergeordneten Unternehmenszielen (Formalzielen) abgeleitet wird.

Aus den vorangegangenen Erläuterungen, besonders zum Begriffsinhalt der integrierten Materialwirtschaft wurde aber auch ersichtlich, daß diese strategische Zielstellung durch **Teilziele** untersetzt werden muß, wie z. B.

- Sicherung einer optimalen internen und externen Lieferbereitschaft als Maß für die Verfügbarkeit der Waren durch anforderungsgerechte Dispositionsverfahren und Lagerhaltungsstrategien sowie optimierte Bestellrechnungsmodelle

- Gestaltung einer hohen Materialwirtschaftseffizienz durch konsequente Ausnutzung aller materialbezogenen Kostensenkungs- und Leistungssteigerungskomponenten, besonders im Rahmen der Beschaffungs- und Entsorgungsaktivitäten, aber auch in bezug auf die Bewirtschaftungshandlungen

- Minimierung der Kapitalbindung durch schnellen Materialdurchfluß, niedrige Sicherheitsbestände und optimal laufende Lagerbestandshaltung

- Gewährleistung einer hohen Qualitätssicherung der Vor- und Absatzprodukte durch eine rechtsnormbezogene Festschreibung der Lieferantenqualität, optimale Substitutionsausnutzung und Lagergutbetreuung

- Festschreibung einer hohen Beschaffungs- und Vertriebsflexibilität zur Abwendung möglicher Marktrisiken sowie Angebots- und Bedarfsschwankungen.

Die Realisierung des angesprochenen Oberzieles bzw. der fixierten Teilziele bedarf darüber hinaus der Schaffung von optimalen sachlichen und sozialen Voraussetzungen sowohl im Materialwirtschaftsbereich selbst als auch im Gesamtunternehmensbereich (z. B. Fachkompetenz der Materialwirtschaftsmitarbeiter, harmonische Teamarbeit usw.). Erfahrungen aus der Praxis belegen, daß die oben angeführten Teilziele als Einzelziele aber auch im Gesamtkomplex unerreicht bleiben, wenn sie nicht einer gesamtunternehmerischen Betrachtungsweise unterzogen werden. Integrationskonzepte der Materialwirtschaft verlangen daher objektiv die Überwindung vorhandener Ressortinteressen. Gelingt dies nicht, entstehen im Zeitablauf sich verändernde Zielkonflikte mit allen sich daraus ergebenden Negativfolgen.

Wesentliche **Zielkonflikte** sind:

- hoher Lieferservice bei niedrigen Lagerhaltungs- und Kapitalbindungskosten

- hohe Materialqualität bei niedrigen Materialbeschaffungskosten

- hohe Lieferbereitschaft bzw. Qualität der Materialien bei geringsten Materialeinzel- und -bewirtschaftungskosten

- operative Abrufänderungen der Kunden bei langen Lieferzeiten der Zulieferbetriebe und

- Global Sourcing gegen Local Content

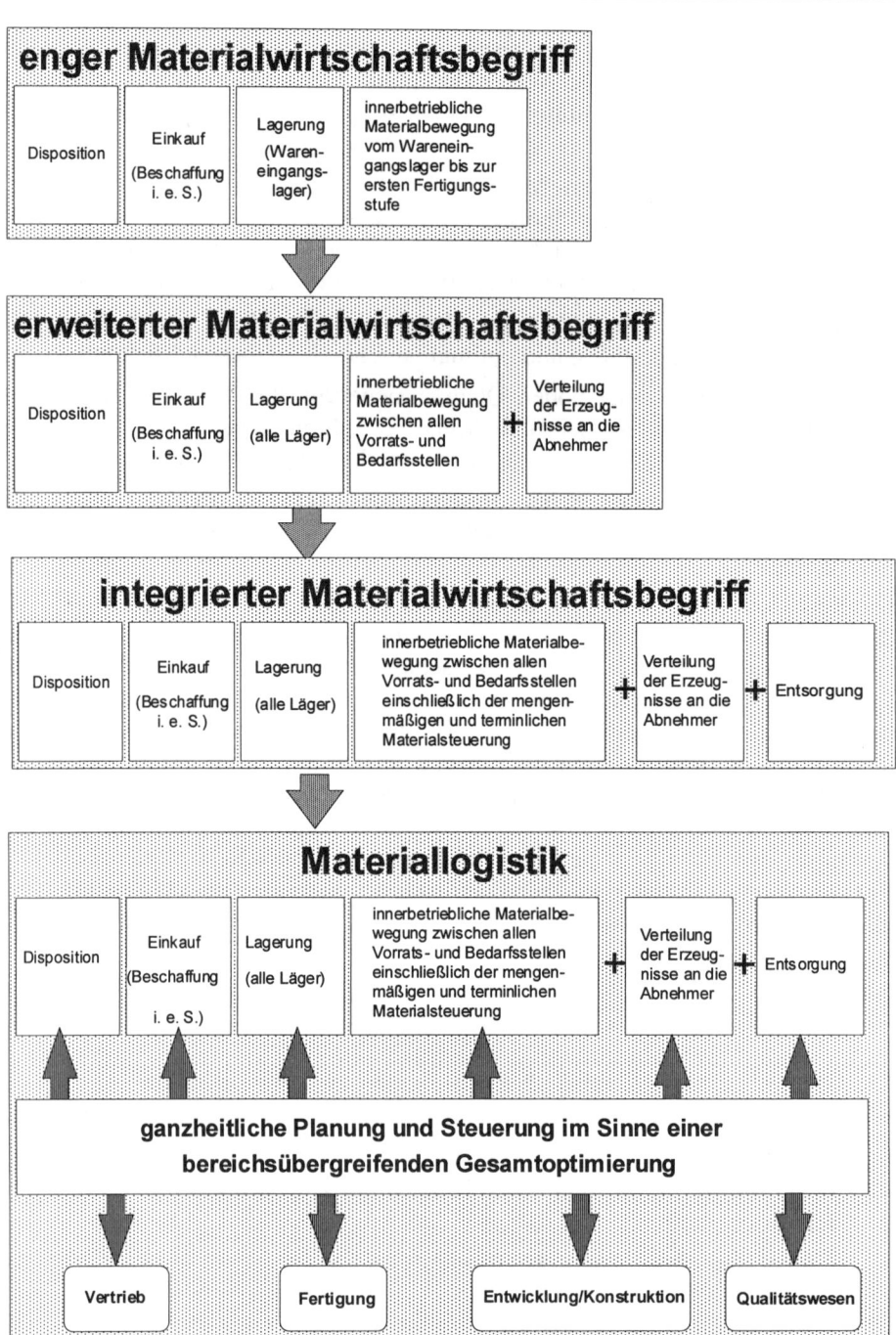

Abbildung 1.1: Entwicklung der Materialwirtschaft

Aus den genannten Zielkonflikten lassen sich drei verallgemeinerungsfähige, zum Teil gegenläufige Hauptzielstellungen ableiten. Somit hat das **materialwirtschaftliche Optimierungsproblem** drei Ziele:

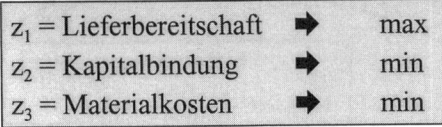

$$z_1 = \text{Lieferbereitschaft} \quad \Rightarrow \quad \max$$
$$z_2 = \text{Kapitalbindung} \quad \Rightarrow \quad \min$$
$$z_3 = \text{Materialkosten} \quad \Rightarrow \quad \min$$

Mathematisch betrachtet, dokumentiert dieser Sachverhalt das anspruchsvolle Problem der **Vektoroptimierung**. Ohne sich auf das schwierige Feld der Gewichtung der einzelnen Zielkriterien zu begeben, könnte man z. B. zwei der Kriterien als Restriktionen auffassen und sich auf das 3. Kriterium als Optimierungskriterium beschränken, z. B.

$$z_3 = \text{Materialkosten} \quad \Rightarrow \quad \min$$

1. Restriktion: Lieferbereitschaft $\geq 0{,}95$ (95%ige Lieferbereitschaft als Mindestanforderung)

2. Restriktion: Kapitalbindungskosten $\leq K_{max}$ (betriebsspezifischer Höchstwert)

Die Realisierung des materialwirtschaftlichen Oberzieles – im Sinne eines integrierten Materialmanagements – gebietet besonders unter den veränderten **Marktbedingungen** wie

- Globalisierung der Märkte
- internationaler Verdrängungswettbewerb auf den Versorgungs- und Entsorgungsmärkten
- Internationalisierung der Gesetze und Normen
- Preisverfall aufgrund von Überkapazitäten einschließlich Preiskämpfe (*Fieten* 1994, 7)
- Neugestaltung der Währungsparitäten
- höherer Kundenanspruch bzw. geringere Kundentreue
- aufwendiger Kundenservice einschließlich der Realisierung akzessorischer Nebenleistungen
- drastisch verkürzte Innovations- und Produktlebenszeiten (*Fieten* 1994, 7)
- stärkere Spezialisierung

qualitativ neue Aufgabeninhalte für die einzelnen materialwirtschaftlichen Teilfunktionen. Die **Grundsatzaufgabe** der Materialwirtschaft besteht in der permanenten Realisierung materialwirtschaftlicher Erfolgspotentiale für das Gesamtunternehmen. Die Verwirklichung dieser Aufgabe erfordert die konsequente Synthese einer technisch-organisatorischen und mit einer ökonomischen Aufgabenkomponente einschließlich der Verwirklichung der darin enthaltenen Unteraufgaben der **Materialsicherung** und **Wertorientierung**. *Abbildung 1.2* zeigt den genannten Sachverhalt in einer Übersichtsdarstellung.

GRUNDSATZAUFGABE

technisch-organisatorische Hauptaufgabe (Primäraufgabe)	ökonomische Hauptaufgabe (Sekundäraufgabe)
erfordert, daß die Gegenstände der Materialwirtschaft entsprechend	erfordert, daß die notwendigen Gegenstände der Materialwirtschaft unter Beachtung betriebswirtschaftlicher Attribute wie
* Art/Sortiment * Menge * Qualität * Zeit * Ort bereitgestellt werden.	* **zweckentsprechende** Art * **kostenoptimale** Menge * **anforderungsgerechte** Qualität * **günstigste** Zeit * **richtiger** Ort bereitgestellt werden.

gebietet · gebietet

Unteraufgaben der Materialsicherung	Unteraufgaben der Wertorientierung
* Anwendung differenzierter Methoden der Materialbedarfs- und -bestandsermittlung -> 4.3.1/4.3.2 * Gestaltung von strategischen Beschaffungs- und Entsorgungskonzepten -> 5.3.1.1/5.3.1.3 * Mitwirkung an der Erarbeitung ganzheitlicher logistischer Unternehmenskonzepte * Erarbeitung tragfähiger Bewirtschaftungsmodelle -> 4.3.2.1 * Gestaltung anforderungs-·adäquater Bevorratungspläne * Vorbereitung zukunftsorientierter Make-or-Buy- Entscheidungen * Überlegungen zur orts- und termingerechten Verteilung der Materialien -> 5.3.1.3 * Mitwirkung bei der Gestaltung anforderungsgerechter Produktlebenszyklen	* Klassifizierung, Normung und Variantenreduktion der Materialpositionen -> 2.4.2/2.4.3 * Materialbezogene Kostenreduzierung bei notwendiger Funktionswahrung -> 3.3 * Nuancierte Nutzung der Marktspielräume und außerbetrieblichen Synergieeffekte * Leistungsorientierte Materialplanung und -steuerung * Senkung der Materialeinzelkosten und der aus der Versorgung resultierenden Bewirtschaftungskosten -> 1.4 * Erfolgssteuerung durch gezieltes Controlling auf der Basis aussagefähiger Managementinformationen * effiziente organisatorische Absicherung des Materialmanagements

Abbildung 1.2: Aufgabenkomplexe der Materialwirtschaft

1.4 Volks- und betriebswirtschaftliche Ergebniswirksamkeit der Materialwirtschaft

Der **volkswirtschaftliche Einfluß** der Materialwirtschaft dokumentiert sich in fünf Aspekten:

1. Preisbeeinflussung der Vorleistungsgüter und damit der Entwicklung der Erfolgspotentiale vorgelagerter Produktionskapazitäten;

2. wachsende Gestaltung der Vorleistungsgrade der Unternehmen, resultierend aus materialwirtschaftlich orientierten Make-or-buy-Entscheidungen;

3. dem wechselnden Konjunkturzyklus angepaßte Vorratshaltung und den daraus abzuleitenden marktstabilisierenden bzw. -destabilisierenden Auswirkungen;

4. durch verstärkte Internationalisierung des Wettbewerbes objektive Ausweitung der Beschaffungsmärkte und damit volkswirtschaftliche Leistungsbilanzbeeinflussung

5. ökologische Verantwortung.

Die **betriebswirtschaftliche Ergebniswirksamkeit** der Materialwirtschaft läßt sich aus dreierlei Gesichtspunkten interpretieren, nämlich aus der Sicht des direkten, indirekten und nicht quantifizierbaren Erfolgsnachweises für das Unternehmen.

Das quantifizierbare Erfolgspotential ❶ *) dokumentiert sich im Anteil des **Materialkostenpaketes** an den Selbstkosten bzw. Umsatzerlösen der Erzeugnisse. Dieser Kostenblock ist dabei zu differenzieren in:

- **Materialeinzelkosten**, d. h. Kosten, die für die Beschaffung der unterschiedlichen Materialwirtschaftsgegenstände einschließlich der erforderlichen Bezugskosten (z. B. Transport- und Transportversicherungskosten) anfallen

- **Materialgemeinkosten**, d. h. Kosten, die bei der Aufgabenerfüllung aller materialwirtschaftlichen Teilfunktionen nicht lokalisiert im Sinne von Bestell-, Lagerhaltungs-, Bewegungs- und Verteilkosten anfallen.

Untersuchungen (vgl. Monatsberichte 1990, 28ff.) im Bereich der industriellen Unternehmungen haben ergeben, daß die zuerst genannte Kostenkomponente zwischen 40 und 60 % differenziert und die zweite ca. 6...10 % der Umsatzerlöse verkörpert. Die *Abbildung 1.3* zeigt in einem vergleichenden Überblick den prozentualen Materialanteil an der Gesamtleistung verschiedener Branchen der verarbeitenden Industrie. Da sich in den Materialgemeinkosten – speziell in den Lagerhaltungskosten – auch die **Zinsaufwendungen** für das in den Beständen gebundene Kapital **(Kapitalbindungskosten)** befinden, ist es wichtig, deren Höhe durch eine anforderungsgerechte Bestandshaltung an Materialien zu reduzieren (Strategien und Maßnahmen der Bestandssenkung – vgl. *Weber* 1992, 21ff.).

*) siehe Übungsaufgabe 1.6

Das bedarf jedoch der Anwendung neuartiger Bevorratungs- und Bereitstellungsstrategien bei gleichzeitiger Gewährleistung des vom Bedarfsträger geforderten Lieferbereitschaftsgrades.

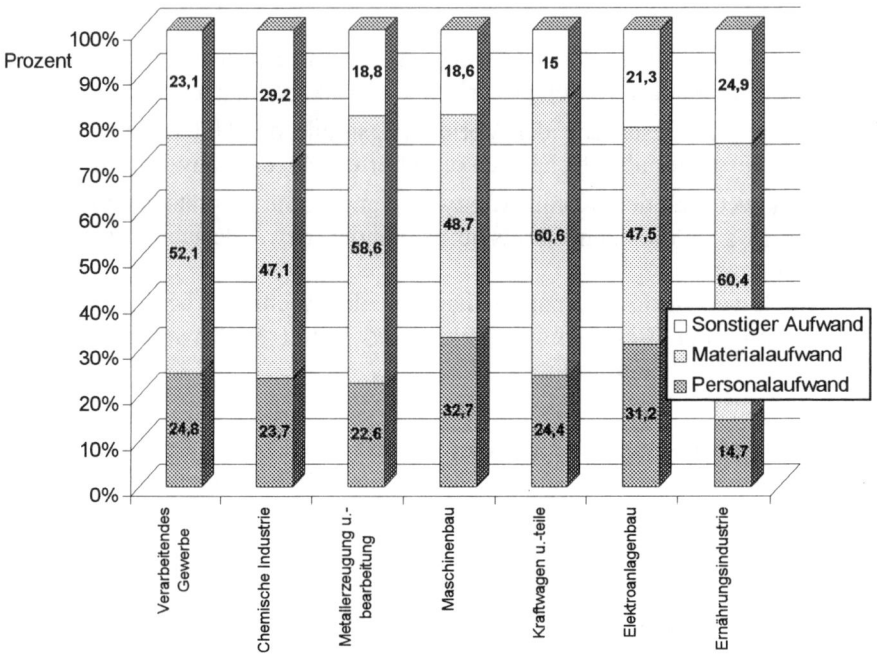

Abbildung 1.3: Material- und Personalaufwand in % der Gesamtleistung deutscher Unternehmen der verarbeitenden Industrie 1995

Dieser angesprochene Aspekt führt auch zu einer Verbesserung des unternehmerischen **Liquiditätspotentials**. *Abbildung 1.4* gibt einen Überblick über die Anteile der Vorräte am Umsatz und an der Bilanzsumme verschiedener Zweige des verarbeitenden Gewerbes.

Die Höhen dieser beiden Kostensäulen sind in direkter Kausalität mit der Unternehmensleistung zu begutachten. Diese Tatsache begründet nicht den Zielansatz einer absoluten Kostenminimierung, sondern einer Kostenoptimierung als wichtigem Ansatzpunkt zur unternehmensbezogenen Erfolgssicherung und -steigerung. Nach Aussage von verschiedenen Beratungsfirmen lassen sich je nach Branchenzugehörigkeit und Einkaufsprofessionalität noch Einsparungspotentiale zwischen 7 und 13 % in den einzelnen Branchen erreichen.

Eine **mittelbar quantifizierbare Ergebniswirksamkeit** der Materialwirtschaft auf den Unternehmenserfolg kann u. a. durch folgendes Beziehungsgefüge aufgezeigt werden:

- Erfolgspotential durch langfristige auf gegenseitigem Vertrauen und Respekt basierenden Lieferantenbeziehungen
- Erfolgspotential durch Einflußnahme auf Produktqualität und den Lieferservice
- Erfolgspotential durch Einflußnahme auf die Wertansätze von Fertig- und Halbfabrikaten sowie Handelswaren
- Erfolgspotential durch Einflußnahme auf die Beschaffungspreise der Investitionsgüter
- Erfolgspotential durch Einflußnahme auf die mit den Lieferanten vereinbarten Einkaufskonditionen.

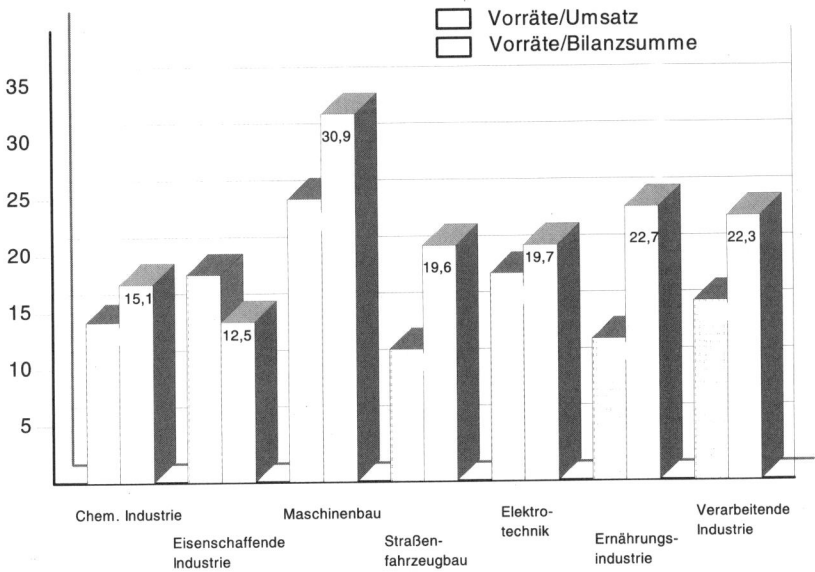

Abbildung 1.4: Anteile der Vorräte an Umsatz und Bilanzsumme verschiedener Zweige des verarbeitenden Gewerbes 1991 (Angaben in %) (vgl. Fieten 1994, 60)

Der **nicht quantifizierbare Erfolgsnachweis** der Materialwirtschaft zeigt sich vorrangig im verbesserten bzw. verschlechterten dreiseitigen **Imagepotential** des Unternehmens. Dabei ist zu beachten, daß das durch die Materialwirtschaft geprägte Unternehmensimage nach innen und außen mit dem aus dem **Unternehmensleitbild** abgeleiteten Unternehmensimage übereinstimmt.

Abbildung 1.5 zeigt den zusammenfassenden direkten und indirekten Einfluß der Materialwirtschaft auf den Unternehmenserfolg, dargestellt in der Hauptkennzahl **Return on Investment** (ROI):

ROI = Umsatzrentabilität × Kapitalumschlag

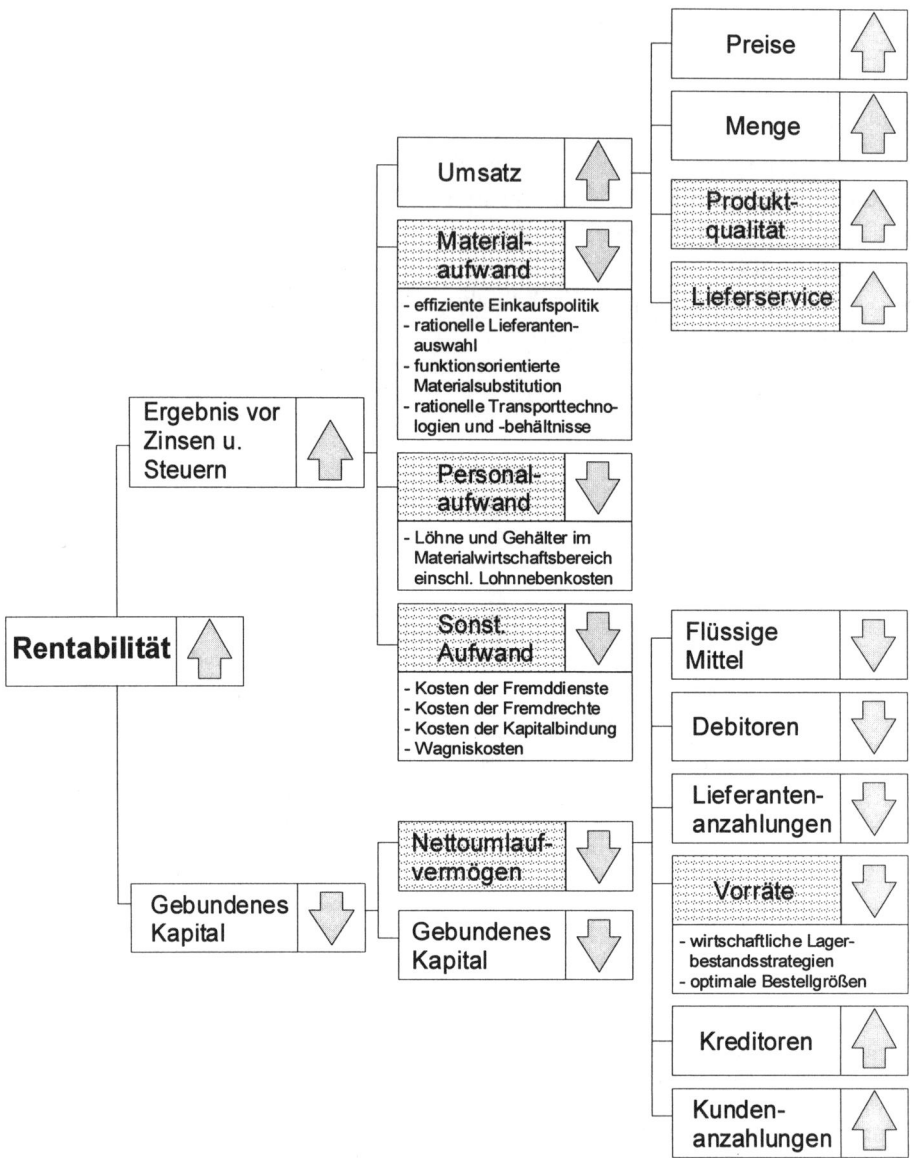

Abbildung 1.5: Einfluß der Materialwirtschaft auf die Hauptkennzahl ROI

1.5 Kontrollfragen

1. Der Materialbegriff wird in der Theorie und Praxis sehr unterschiedlich interpretiert, ohne daß die Gemeinsamkeiten hinreichend dargestellt werden. Welche Schlußfolgerungen hat die Begriffsauswahl für die materialwirtschaftlichen Aufgabenfelder? ➡ Kap.1.2/14

2. Worin besteht der qualitative Unterschied zwischen dem Begriff „Integrierte Materialwirtschaft" und den Begriffen „Logistik" und „Physical distribution"? ➡ Kap.1.2/14

3. Welche materialbezogenen Inputs gehören zum Beschaffungsbegriff in eingegrenzter Begriffsauffassung? ➡ Kap.1.2/14

4. Nennen Sie die Teilfunktionen der integrierten Materialwirtschaft und verdeutlichen Sie ihre wesentlichen Aufgabeninhalte! ➡ Kap.1.3/18

5. Wie lautet das materialwirtschaftliche Optimierungsproblem, in dessen Ergebnis sich Zielkonflikte zwischen den Unternehmensbereichen Produktion, Rechnungs- und Finanzwesen einerseits und Materialwirtschaft andererseits ausgleichen? ➡ Kap.1.3/19

6. Welche Auswirkungen hat eine effiziente Materialwirtschaft auf das unternehmerische Erfolgspotential? ➡ Kap.1.4/21

7. Aus welchen Komponenten bestehen die Begriffe „Materialbewirtschaftungskosten" und „Fehlmengenkosten"? ➡ Kap.1.4

8. Welche Auswirkungen haben Einsparungen im materialwirtschaftlichen Bereich auf die unternehmerische Hauptkennzahl „Return on Investment"? ➡ Kap.1.4/24

1.6 Übungsaufgabe

❶ **Ermittlung des materialwirtschaftlichen Erfolgspotentials**

1. Sachverhalt

Um den Maßstäben betrieblichen Wirtschaftens zu entsprechen, müssen die Unternehmen permanent rationalisieren. Dabei bedeutet Rationalisierung in den meisten Unternehmen schlichtweg Substitution von Personal- durch Kapitalkosten. Diese Tatsache führt vielfach zur Inflexibilität. Rationalisierungserfolge in der Materialwirtschaft dagegen sind ohne größere investorische Vorleistungen möglich. Das materialwirtschaftliche Erfolgspotential dokumentiert sich als Ertrags-, Liquiditäts- und Imagepotential.

2. Ausgangsdaten

	Variante	
	I (DM)	II (DM)
Abschreibungen für veraltete Materialien und Erzeugnisse	40.000	30.000
Aufwandszinsen für das in den Beständen gebundene Kapital	60.000	40.000
sonstige Gemeinkosten	50.000	40.000
Löhne/Gehälter	340.000	280.000
Erträge aus Entsorgung und Lagerwirtschaft	80.000	90.000
Kosten der Beschaffung von RHB einschl. Bezugskosten	800.000	680.000
Anlagevermögen	4.000.000	4.000.000
Ertragszinsen aus materialwirtschaftlicher Konditionengestaltung	20.000	90.000
Umsatzerlöse	1.800.000	1.800.000

3.   Aufgabenstellungen

3.1 Ermitteln Sie in einer kontenförmigen Gegenüberstellung den *Gewinn bzw. Verlust* der durch die Materialwirtschaft beeinflußbaren Positionen der GuV für die *Ausgangsvariante (I)*!

3.2 Ermitteln Sie analog der vorherigen Aufgabenstellung den *Gewinn/ Verlust* auf der Basis des *Aufwandssenkungs- und Ertragssteigerungspotentials* der Materialwirtschaft *(Variante II)*!

3.3 Berechnen Sie in einer vergleichenden Betrachtung das *absolute Ertragspotential* zwischen den Varianten, verdeutlichen Sie darüber hinaus die *prozentuale Veränderung*!

3.4 Berechnen Sie für die *Variante II* den Beitrag der Materialwirtschaft zum *Gewinn* in Form der sonst notwendigen *Umsatzsteigerung* (= BzG)! (Annahme: GA = 5 %)

Formelansatz: $BzG = \dfrac{MKA * MKR}{GA} = U_{notw.}$

MKA = Materialkostenanteil in % vom Umsatz
MKR = Materialkostenreduzierung (-steigerung) in % der Materialkosten
GA   = kalkulatorischer Gewinn des Unternehmens in % (vor Steuer)
$U_{notw.}$ = notwendige Umsatzsteigerung, um dem Effekt einer Materialkostenreduzierung gleichzukommen

3.5 Dokumentieren und berechnen Sie die *Einflußmöglichkeiten* der Materialwirtschaft auf den *ROI* des Unternehmens, unter der Maßgabe der Ausgangsdaten *(Variante II)*! Vergleichen Sie das Ergebnis mit dem von der Unternehmensführung vorgegebenen ROI von 17 %!

3.6 Berechnen Sie in einer vergleichenden Betrachtung das *Liquiditätspotential* des Unternehmens (Liquidität 3. Grades) unter der Maßgabe:
- Zahlungsmittel: 300.000 DM
- jederzeit liquidierbare Vermögensteile: 120.000 DM
- sofort fällige und kurzfristige Verbindlichkeiten: 976.000 DM
- Bestand an RHB (Roh-, Hilfs- und Betriebsstoffen) 800.000 DM

und schlußfolgern Sie, welche Auswirkungen die *Vorratsreduzierung* auf das **Liquiditätspotential** nach sich zieht!

3.7 Berechnen Sie die *Liquidität 4. Grades* unter der Maßgabe, daß es dem Einkauf gelungen ist, eine Beschaffungspreisreduzierung von 16 % (bezogen auf das angegebene Anlagevermögen) zu realisieren (*Annahme*: Eigenkapital beträgt 3.400.000 DM)!

3.8 Berechnen Sie die *Liquidität 1. Grades*, wenn es gelänge, durch günstige *Entsorgungskonditionen* und durch die Realisierung von Skonti den Zahlungsmittelbestand um 5 % zu erhöhen!

3.9 Berechnen Sie darüber hinaus den *Jahreszinssatz* für die Nichtausnutzung der Skonti bei folgenden Konditionen:
- Skontosatz (S): 3 %
- Zahlungsfrist (Z): 40 Tage
- Skontofrist (s): 20 Tage!

2 Grundlagen der Materialwirtschaft

2.1 Studienziele

Dieses Kapitel soll es dem Leser ermöglichen

➡ die den Oberbegriff **Material** tragenden Beschaffungsobjekte zu nennen sowie die Unterteilungsformen der Materialklasse **Werkstoffe** aufzuschreiben und zu interpretieren;

➡ die Bewertungsmodalitäten von Materialien unter dem Aspekt der zulässigen Bewertungsvorschriften und Wertobergrenzen darzustellen und unter dem Grundsatz der Einzelbewertung zu begründen;

➡ die hauptsächlichsten Maßnahmen, mit deren Hilfe Rationalisierungserfolge erzielt werden, aufzuzählen und in ihren Kernhandlungen zu verdeutlichen;

➡ den prinzipiellen Aufbau von identifizierenden und klassifizierenden Nummernschlüsseln zu erklären und die Berechnungsschritte von Modulus-11 abzuleiten.

2.2 Materialbegriff und Materialklassen

Bekanntlich bestehen die vier Hauptfunktionen eines Unternehmens aus der Beschaffung, der Produktion, dem Absatz und dem Management. Im Rahmen der zuerst genannten Funktion sind nicht nur Arbeitskräfte, Anlagengüter, Finanzmittel u. ä. zu beschaffen, sondern auch der Elementarfaktor „**Material**". Dieses Wort stammt aus dem lateinischen Wortschatz (Materia) und bedeutet soviel wie **Ur-** oder **Grundstoff**. Der Begriff kann darüber hinaus in einer engen und weiten Begriffsauslegung interpretiert werden. Die **enge Auffassung** befaßt sich ausschließlich mit Stoffen, *„die in die Produktion eingehen, im Zuge der Leistungserstellung verbraucht werden oder zu Bestandteilen der Erzeugnisse werden"* (*Fieten* 1994, 26).

Diese Begriffsdeutung verkörpert eindeutig den Aufgabeninhalt der klassischen Materialwirtschaft und entspricht damit nicht dem modernen Begriffsverständnis der integrierten Materialwirtschaft als aktiv gestaltende und nicht nur verwaltende Komponente der betrieblichen Wertschöpfungskette. Die **weite Begriffsauffassung** lautet daher:

Als **Material** werden alle Gegenstände der Materialwirtschaft bezeichnet, die zur Gütererzeugung erforderlich sind, wie Werk-, Hilfs- und Betriebsstoffe, Zulieferteile, Handelswaren, Dienstleistungen, sonstige Materialien, Investitionsgüter und Entsorgungsobjekte bzw. -leistungen.

In Fortführung dieser Definition könnten noch folgende **Zusätze** angeführt werden:

- und die dabei ihre ursprüngliche Form,
- ihre selbständige Funktion und
- die Möglichkeit zu anderweitiger Verwendung verlieren. (REFA 1985, 62)

Dieses Begriffsspektrum umfaßt nicht nur ungeformte Stoffe, sondern auch geformte Güter, die aus Vorleistungsbetrieben stammen. Die einzelnen Beschaffungsgegenstände lassen sich nach folgenden **Materialklassen** systematisieren und definieren:

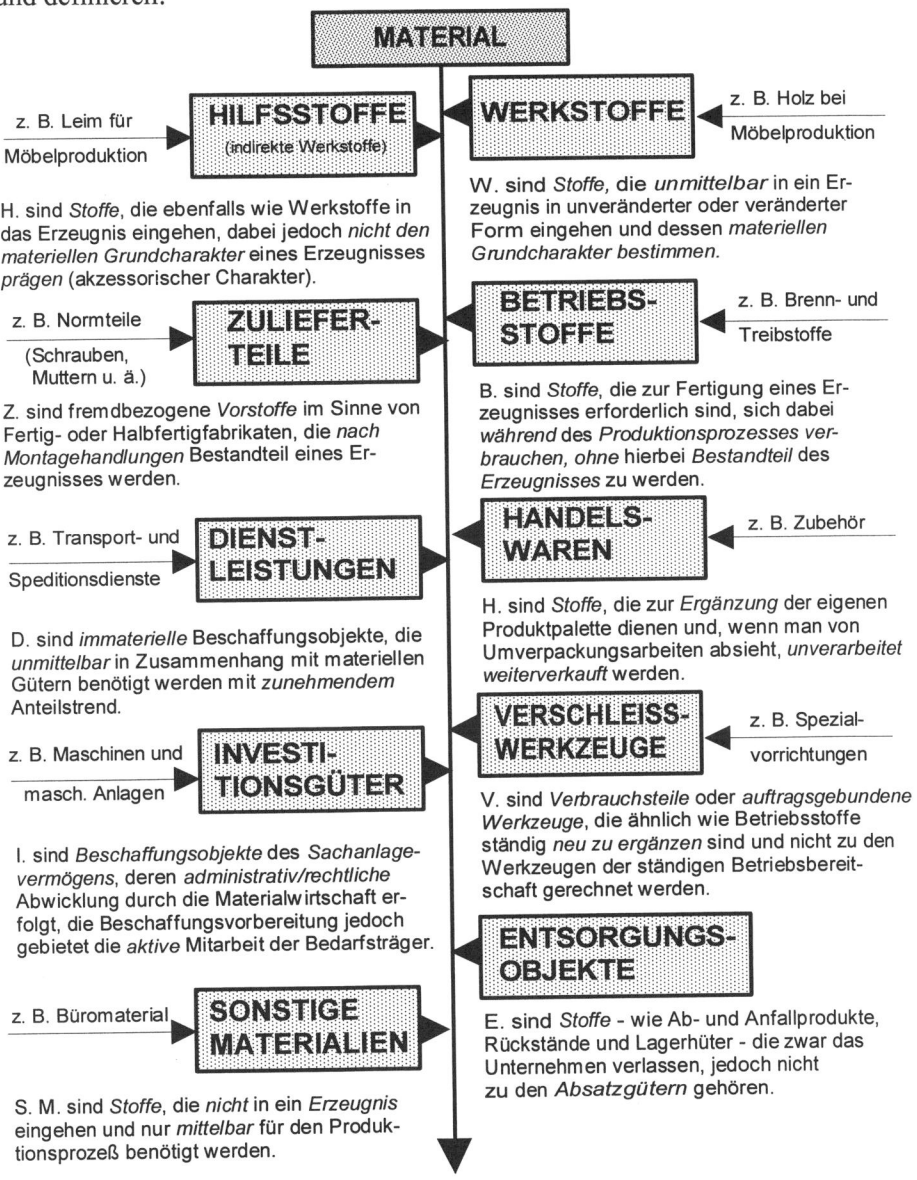

Abbildung 2.1: *Beschaffungsobjekte der Materialwirtschaft*

Die nachfolgende *Abbildung 2.2* dokumentiert das Zusammenspiel ausgewählter Materialklassen am Beispiel einer Gelenkwellenfertigung:

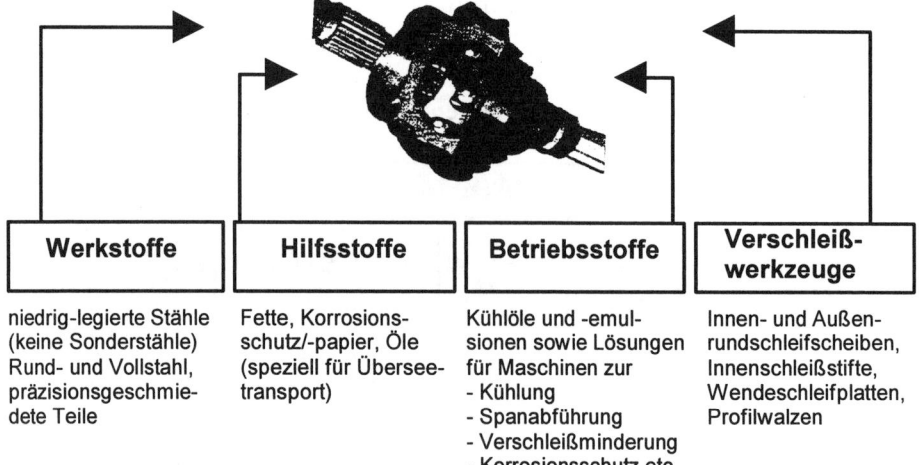

Werkstoffe	**Hilfsstoffe**	**Betriebsstoffe**	**Verschleiß-werkzeuge**
niedrig-legierte Stähle (keine Sonderstähle) Rund- und Vollstahl, präzisionsgeschmiedete Teile	Fette, Korrosionsschutz/-papier, Öle (speziell für Überseetransport)	Kühlöle und -emulsionen sowie Lösungen für Maschinen zur - Kühlung - Spanabführung - Verschleißminderung - Korrosionsschutz etc.	Innen- und Außenrundschleifscheiben, Innenschleißstifte, Wendeschleifplatten, Profilwalzen

Abbildung 2.2: Einsatzstoffe bei Gelenkwellenfertigung

Betrachtet man die wichtigste Materialklasse, die **Werkstoffe**, näher, so läßt
sich in Anlehnung an die VDI-Richtlinie 2815 (Blatt 5) eine weitere aussagefähige Unterteilung ableiten:

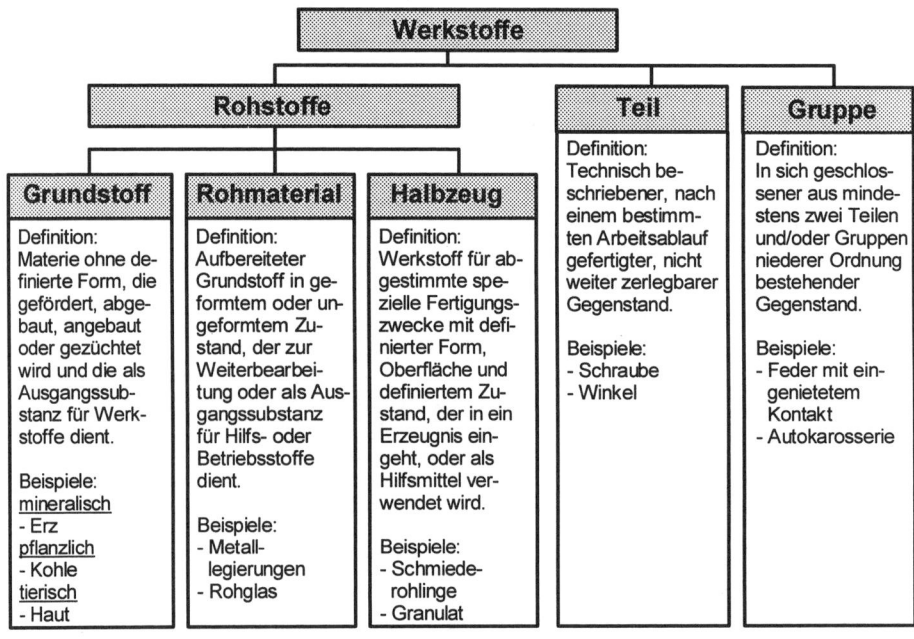

Abbildung 2.3: Unterteilung des Beschaffungsobjektes Werkstoff

Die konkrete Zuordnung von einzelnen Materialarten zu den in der Abbildung fixierten Materialgegenständen ist in der Praxis sehr schwierig. Als primäres **Zuordnungskriterium** gilt vorrangig der **Einsatz-** und **Kostenerfassungsaspekt** der Materialien. Als Beweisführung für die genannte Zuordnungsschwierigkeit soll die Zuordnung von Mehrzweckfett (Berutox FB 22) zu den Materialgegenständen dienen. Diese Materialart kann

1. **Werkstoff** sein, wenn sie zur Erstabschmierung des Werkzeugspindelkopfes einer Universalfräsmaschine (z. B. UF 15, CNC) beim Hersteller benötigt wird.

2. **Hilfsstoff** sein, wenn sie zum Einfetten von Endmaßen als zeitweiser Korrosionsschutz verwendet wird,

3. **Betriebsstoff** sein, wenn sie als Schmiermittel im Rahmen von Instandhaltungsmaßnahmen Anwendung findet.

In manchen Unternehmungen wird von diesem Systematisierungsprinzip abgewichen. Dort wird meist nur in **Produktions-** und **Nicht-Produktionsmaterial** bzw. Investitionsgüter unterschieden. Noch andere nehmen nur eine zweigeteilte Systematisierung im Sinne von **direkten** und **indirekten Materialien** vor.

Während alle anderen Beschaffungsobjekte im Rahmen des unternehmerischen Leistungserstellungs- und -verwertungsprozesses verbraucht werden und damit kontinuierliche Beschaffungsprobleme verursachen, bedarf die Beschaffung von **Investitionsgütern** und zum Teil auch von **Dienstleistungen** durch deren längere Gebrauchsfunktion der Beachtung definierter **Beschaffungsgrundsätze**. Als solche gelten u. a.:

1. Alle beschaffungsvorbereitenden Aktivitäten bei der Beschaffung von Investitionsgütern sind grundsätzlich vom Bedarfsträger zu realisieren, die eigentliche Einkaufshandlung vollzieht jedoch der Einkauf!

2. Die Beschaffung von Dienstleistungen erfolgt nach Absprache mit dem Anforderer unmittelbar vom Einkauf!

Darüber hinaus ist zu beachten, daß der sich ständig ändernde Strukturwandel in der Wirtschaft und in den Unternehmungen zu neuen Formen der Zusammenarbeit zwischen der Materialwirtschaft und den internen Bedarfsanforderern führt.

Dieselbe Tatsache bezieht sich auch auf die Beschaffungskausalität zwischen „Abnehmern, Handel, Produzenten, Lieferanten und Dienstleistern" (*Fieten* 1994, 29). Dies führt dazu, daß die den Oberbegriff Material verkörpernden Gegenstände einem permanenten Begriffs-, Interpretations- und Anteilswechsel unterliegen.

In vielen Branchen (z. B. Automobil- und Elektroindustrie) vollzieht sich schon jetzt eine Generationsveränderung vom Einzelteilbezug zum Einkauf einbaufertiger Module.

Erkenntnis:

Die Materialwirtschaft muß durch den Einsatz neuer Beschaffungs- und Bereitstellungsstrategien und durch ein aktives und kreatives unternehmerisches Aktionspotential diesem Forderungsanspruch der Zukunft entsprechen!

2.3   Bewertung und Abschreibung des Materials

Laut Bilanzgliederungsschema [vgl. § 266 (2) HGB] gehören die Roh-, Hilfs- und Betriebsstoffe zur Vermögensgruppe der Vorräte innerhalb des Umlaufvermögens einer Bilanz. Für die Materialbewertung gilt das **strenge Niederstwertprinzip**, d.h., daß von zwei am Bilanzstichtag möglichen Wertansätzen, dem Tageswert und den Anschaffungs- oder Herstellungskosten, stets der niedrigere Wert nach § 253 (3) HGB in das Inventar und damit in die Schlußbilanz eingesetzt werden muß.

Die Anschaffungs- oder Herstellungskosten bilden dabei stets die absolute **Wertobergrenze** § 253 (1) HGB. Es gilt:

- AK/HK > TW   ➡   Bewertung zum TW
- AK/HK < TW   ➡   Bewertung zu AK/HK

Vom Gesetzgeber sind zwar keine **planmäßigen Abschreibungen** für Vermögensgegenstände des Umlaufvermögens vorgesehen, da dieses dem Unternehmen in der Regel nicht dauernd zur Verfügung steht, doch sind zum Bilanzstichtag ggf. **außerplanmäßige Abschreibungen** vorzunehmen.

Die Notwendigkeit außerplanmäßiger Abschreibungen für das Umlaufvermögen wird durch das strenge Niederstwertprinzip begründet. Dies ist ebenfalls ein Unterprinzip des Imparitätsprinzips. In Abgrenzung zum milden Niederstwertprinzip des Anlagevermögens beruht die Bezeichnung des strengen Niederstwertprinzips auf der Tatsache, daß eine Wertminderung unabhängig von ihrer Dauerhaftigkeit zu berücksichtigen ist, weil Vermögensgegenstände des Umlaufvermögens jederzeit veräußert werden können.

Für die Bewertung am jeweiligen Abschlußstichtag sind damit folgende Werte heranzuziehen:

1.   **Anschaffungs- oder Herstellungskosten**
2.   **Börsen- oder Marktpreis**
3.   **Stichtagswert**
4.   **Zukunftswert**

Der **Börsenpreis** ist ein an einer Börse amtlich festgestellter Preis für dort gehandelte Wertpapiere und Produkte.

Beim **Marktpreis** handelt es sich um einen Preis für Produkte, der den nach Art und Güte durchschnittlich zu zahlenden Betrag für diese Produkte darstellt. Die Bewertung mit dem Marktpreis bestimmt sich entweder nach den Werten des

Beschaffungsmarktes (für Rohstoffe) oder des Absatzmarktes (für unfertige und fertige Erzeugnisse).

Kann ein Börsen- oder Marktpreis nicht ermittelt werden, müssen Preise von Produkten ähnlicher Art und Güte herangezogen werden. Die Bewertung mit dem beizulegenden **Stichtagswert** erfolgt entweder beschaffungsmarktorientiert (inklusive der Anschaffungsnebenkosten) als Wiederbeschaffungswert oder absatzmarktorientiert (abzüglich möglicher Verkaufsnebenkosten) als erwarteter Veräußerungswert.

Der auf das Umlaufvermögen beschränkte Ansatz eines nur handelsrechtlich zulässigen niedrigeren **Zukunftswertes** leitet sich direkt aus dem Imparitätsprinzip ab (Verlustantizipation). Die Zukunftsbezogenheit der dabei zu berücksichtigenden Wertminderungen ist auf 2 Jahre beschränkt. Außerdem ist eine vernünftige kaufmännische Beurteilung Voraussetzung für eine zusätzliche Abwertung. Dies bedeutet, daß dieser Zukunftswert z. B. bei einem nach bisherigen Erfahrungen zu erwartenden Preisverfall für Roh-, Hilfs- und Betriebsstoffe oder bei konkretisierenden Verkaufsrisiken herangezogen werden kann.

2.3.1 Einzelbewertung

Dem Bewertungsvorgang selbst geht eine auf den Bilanzstichtag bezogene körperliche Erfassung der Materialien (Inventur) voraus. Laut § 252 (1), 3 HGB sind die Vermögensgegenstände zum Abschlußstichtag einzeln zu bewerten. Es gilt der Grundsatz der **Einzelbewertung**. Da die Roh-, Hilfs- und Betriebsstoffe jedoch in der Regel zu unterschiedlichen Zeitpunkten und damit auch zu differierenden Preisen angeschafft wurden, ist eine Einzelbewertung kaum möglich.

2.3.2 Sammel- oder Gruppenbewertung

Der Gesetzgeber läßt deshalb für „gleichartige" oder „annähernd gleichwertige bewegliche" Vermögensgegenstände eine **Sammel- oder Gruppenbewertung** in Form einer Durchschnitts- oder Verbrauchsfolgebewertung zu.

2.3.2.1 Durchschnittsbewertung [§ 240 (4) HGB]

Bei dieser Art der Sammel- oder Gruppenbewertung ist eine weitere Unterscheidung notwendig:

Jährliche Durchschnittswertermittlung

Bei dieser Bewertungsform werden am Geschäftsjahresende die Anschaffungskosten aus Anfangsbestand und Materialzugängen durch die Gesamtmenge dividiert. Der ermittelte Wert entspricht den durchschnittlichen Anschaffungskosten als Bewertungsbasis für den Endbestand, sofern das betreffende Material am Bilanzstichtag nicht niedriger bewertet ist.

Demonstrationsbeispiel:

DI Sachverhalt

Eine Werkzeugmaschinenfabrik hat einen Anfangsbestand von 2000 ME und am 10.02., 10.07. und 10.12. des Jahres folgende Zugangsmengen:

1000 ME, 5000 ME, 500 ME. Die Anschaffungskosten je Mengeneinheit betragen 8,00 DM; 9,00 DM; 10,00 DM und 11,00 DM.

DII Aufgabenstellungen

1. Welchen Betrag weisen die durchschnittlichen Anschaffungskosten aus?
2. Welcher Bilanzansatz der Materialien ergibt sich bei einem Tageswert zum 31.12. von 9,83 DM und einem Schlußbestand von 6000 ME?
3. Wie lautet der Bilanzansatz bei einem Tageswert von 7,83 DM zum 31.12.?

DIII Lösungen

zu 1.

	Menge	Anschaffungskosten je Einheit (DM)	Gesamt- wert (DM)
01.01. Anfangsbestand	2.000	8,00	16.000
10.02. Zugang	1.000	9,00	9.000
10.07. Zugang	5.000	10,00	50.000
10.12. Zugang	5.00	11,00	5.500
	8.500		80.500

Die durchschnittlichen Anschaffungskosten betragen **9,47 DM**.

zu 2. Inventarmenge × Wert je Einheit = Bilanzansatz

6.000 · 9,47 = **56.820 DM**

zu 3.   6.000 · 7,83 = **46.980 DM**

Permanente Durchschnittswertermittlung

Bei dieser Unterart der Durchschnittsbewertung ermittelt man die durchschnittlichen Anschaffungskosten auf der Grundlage der **permanenten Lagerzu-** und **Lagerabgänge** an Hand der Lagerkartei bzw. -datei. Die Abgänge werden dabei zum jeweils aktuellen Durchschnittswert bewertet. Nach dem letzten Zu- oder Abgang erhält man zum Stichtag die durchschnittlichen Anschaffungskosten des Schlußbestandes. Auch hier gilt der Grundsatz des Niederstwertprinzips!

Demonstrationsbeispiel:

DI Sachverhalt

Für das oben angeführte Unternehmen gelten neben dem fixierten Anfangsbestand und den Zugangsmengen nachfolgende Lagerabgangsdaten:

- 15.06. = 1.800 ME
- 15.09. = 4.800 ME

DII Aufgabenstellungen

1. Welche Beträge weisen die durchschnittlichen Anschaffungskosten nach den jeweiligen Bestandsveränderungen aus und wie lauten die durchschnittlichen Anschaffungskosten des Schlußbestandes?
2. Welcher wertmäßige Bilanzansatz gilt, wenn der Tageswert zum 31.12. 9,98 DM beträgt?

DIII Lösungen

zu 1.

Anfangsbestand		01.01.	2.000 Einheiten zu	8,00 DM =	16.000 DM
+	Zugang	10.02.	1.000 Einheiten zu	9,00 DM =	9.000 DM
=	Bestand	11.02.	3.000 Einheiten zu	**8,33 DM** =	25.000 DM
–	Abgang	15.06.	1.800 Einheiten zu	8,33 DM =	14.994 DM
=	Bestand	16.06.	1.200 Einheiten zu	**8,34 DM** =	10.006 DM
+	Zugang	10.07.	5.000 Einheiten zu	10,00 DM =	50.000 DM
=	Bestand	11.07.	6.200 Einheiten zu	**9,68 DM** =	60.006 DM
–	Abgang	15.09.	4.800 Einheiten zu	9,68 DM =	46.464 DM
=	Bestand	16.09.	1.400 Einheiten zu	**9,67 DM** =	13.542 DM
+	Zugang	10.12.	500 Einheiten zu	11,00 DM =	5.500 DM
Schlußbestand		31.12.	1.900 Einheiten zu	**10,02 DM** =	**19.042 DM**

zu 2.   Inventurmenge × Wert je Einheit = Bilanzansatz

$$1900 \cdot 9,98 = \underline{\textbf{18.962 DM}}$$

2.3.2.2 Verbrauchsfolgebewertung (§ 256 HGB)

Diese Methode der Bewertungsvereinfachung von gleichartigen Vermögensgegenständen des Vorrates bei schwankenden Anschaffungskosten fußt auf der strikten Beachtung der zeitlichen Reihenfolge der **Zu-** und **Abgänge**. Zu unterscheiden sind dabei je nach Art der Verbrauchsfolgen folgende Unterformen:

VERBRAUCHSFOLGEVERFAHREN				
LIFO-Verfahren	**FIFO-Verfahren**	**HIFO-Verfahren**	**LOFO-Verfahren**	**KIFO-Verfahren**
..., daß die **zuletzt** beschafften Gegenstände **zuerst** wieder verbraucht werden [Last in - first out]	..., daß die **zuerst** angeschafften ... auch **zuerst** verbraucht werden [First in - first out]	..., daß die zu den **höchsten** Preisen erworbenen ... **zuerst** verbraucht werden [Highest in - first out]	..., daß die am **geringwertigsten** ... **zuerst** verbraucht werden [Lowest in - first out]	..., daß von Konzerngliedern **selbstgefertigte** ... das Lager eher verlassen als fremdbezogene [Konzern in - first out]

Abbildung 2.4: Verbrauchsfolgeverfahren

Beträgt der Schlußbestand, der sich als Inventurwert ergibt, **6.000 ME**, so ist der Bilanzansatz aufgrund der Ausgangsdaten des zuerst genannten Demonstrationsbeispiels wie folgt zu bewerten:

LIFO-Methode:

Anfangsbest. 2.000 Einheiten zu 8,00 DM = 16.000 DM
Zugang 10.02. 1.000 Einheiten zu 9,00 DM = 9.000 DM
Zugang 10.07. 3.000 Einheiten zu 10,00 DM = 30.000 DM
6.000 Einheiten Schlußbestand   = 55.000 DM Bilanzansatz

FIFO-Methode:

 500 Einheiten zu 11,00 DM   = 5.500 DM
5.000 Einheiten zu 10,00 DM   = 50.000 DM
 500 Einheiten zu 9,00 DM   = 4.500 DM
6000 Einheiten Schlußbestand   = 60.000 DM Bilanzansatz

HIFO-Methode:

2.000 Einheiten zu 8,00 DM   = 16.000 DM
1.000 Einheiten zu 9,00 DM   = 9.000 DM
3.000 Einheiten zu 10,00 DM   = 30.000 DM
6.000 Einheiten Schlußbestand   = 55.000 DM Bilanzansatz

LOFO-Methode:

 500 Einheiten zu 11,00 DM   = 5.500 DM
5.000 Einheiten zu 10,00 DM   = 50.000 DM
 500 Einheiten zu 9,00 DM   = 4.500 DM
6.000 Einheiten Schlußbestand   = 60.000 DM Bilanzansatz

KIFO-Methode:

5.000 Einheiten zu 10,00 DM (konzernbezogen) = 50.000 DM
1.000 Einheiten zu 9,00 DM (konzernbezogen) = 9.000 DM

6.000 Einheiten Schlußbestand **= 59.000 DM Bilanzansatz**

Erkenntnisse:

1. Die genannten Bewertungsvereinfachungsverfahren führen nicht zu eigenständigen Bewertungsansätzen, sondern dienen nur der vereinfachten Ermittlung der Anschaffungs- oder Herstellungskosten bei Verzicht einer Einzelbewertung.
2. Die Durchschnittsmethoden und das LIFO-Verfahren werden vor allem in Klein- und mittelständischen Unternehmen angewandt, da diese am häufigsten nur eine Bilanz im Sinne einer Einheitsbilanz erstellen.
3. Steigende Preise führen bei der LIFO-Methode zu einem niedrigen Bilanzansatz; bei fallenden Preisen ist deshalb diese Methode nicht anwendbar.
4. Laut § 256 HGB sind alle Sammelbewertungsverfahren anwendbar unter dem vergleichenden Aspekt des Tageswertes am Bilanzstichtag.
5. Steuerrechtlich [§ 6 (1, Punkt 2a.) EStG] ist sowohl die Durchschnittsbewertung als auch die LIFO-Methode zulässig, d. h., beide Methoden sind handels- und steuerrechtlich anerkannt.

2.4 Ausgewählte Maßnahmen der Materialrationalisierung

2.4.1 Vorbemerkungen

An anderer Stelle wurde schon darauf hingewiesen, daß unter dem Einfluß konjunktureller umsatzbezogener Einbußen unternehmerische Erfolgspotentiale trotzdem geschaffen werden können, wenn alle Möglichkeiten der Kostensenkung und Leistungssteigerung ausgeschöpft werden. Dieses Handlungsspektrum nennt man **Rationalisierung**. Während in den meisten betrieblichen Hauptfunktionen Rationalisierungseffekte i. d. R. nur durch investive Vorleistungen und damit Fixkostenbelastungen erreicht werden, sind diese im Bereich der Materialwirtschaft primär durch besseres Know-how, also „Gewußt wie", zu realisieren.

Die hauptsächlichsten **Maßnahme**n, neben der Prozeß- und Schnittstellenoptimierung zwischen Lieferanten- und Abnehmerprozessen, mit deren Hilfe Rationalisierungserfolge erzielt werden können, sind:

- **Konstruktion**
- **Materialstandardisierung**
- **ABC- bzw. XYZ-Analyse**
- **Portfolioanalyse**
- **Wertanalyse**
- **Materialnummerung**
- **Preisstrukturanalyse**

Da die Rationalisierungsmaßnahmen der Konstruktion, der Wert-, ABC/XYZ- und Preisstrukturanalyse im Punkt 3 bei der Darlegung der vorbereitenden und begleitenden Instrumente der Materialwirtschaft näher behandelt werden, erfolgt in diesem Zusammenhang nur der Bezug zur **Materialstandardisierung** und **Materialnummerung**.

Eine Schlüsselgröße bei der Materialstandardisierung nimmt Planung des Materialsortiments als Summe aller benötigten Materialsorten bzw. deren Kombinationen ein. Gesucht wird dabei das Sortiment, das sowohl den technischen (Qualität, Menge und Termin) als auch den wirtschaftlichen (Bestell-, Lagerhaltungs-, Bewegungs- und Distributionskosten) Anforderungen am besten gerecht wird. Dabei gilt der **Grundsatz**:

Je ausgeglichener ein Materialsortiment ist, desto niedriger sind die Materialbewirtschaftskosten als Ausdruck aller Kosten der materialbezogenen Kerntätigkeiten.

2.4.2 Materialstandardisierung

Unter dem Begriff der **Materialstandardisierung** versteht man ganz allgemein die Vereinheitlichung von Materialien in bezug auf definierte Eigenschaften oder/und Mengen.

Dem fixierten Anspruch der Vereinheitlichung des Material- und Erzeugnissortiments kann durch die Anwendung folgender **Standardisierungsformen** (nach *Oeldorf/Olfert* 1995, 71) entsprochen werden:

Normung

Unter Normung versteht man ganz allgemein die „planmäßige, durch die interessierten Kreise gemeinschaftlich durchgeführte Vereinheitlichung von materiellen und immateriellen Gegenständen zum Nutzen der Allgemeinheit" (Wirtschaftslexikon 1997, 2790).

Die Aufgaben und Ziele der Normung (z. B. Energieeinsparung, Sortenverminderung, Qualitätssteigerung) lassen sich durch folgende, an dieser Stelle nicht weiter erläuterte **Normenfunktionen** (vgl. *Krieg u. a.* 1983, 12) wie der Ordnungs-, Tausch-, Häufigkeits-, Bevorratungs-, Güte-, Verkehrs-, Rechts- und Sicherheitsfunktion widerspiegeln. Die Normung wird auf unterschiedlichen **Normungsebenen** realisiert. Das Spektrum spannt sich dabei von innerbetrieblichen über nationale (DIN) und regionale (CEN) bis zu internationalen (ISO) Normen. Bezogen auf den materialwirtschaftlichen Konnex, bedeutet das die Vereinheitlichung von Einsatzmaterialien (Einzelteile/Baugruppen) durch eine Fixierung von Größe, Abmessung, Form, Farbe und Qualität, ohne daß das Produktionsergebnis negativ beinflußt wird.

Typung

> Unter Typung versteht man die Vereinheitlichung der Produkte hinsichtlich der Fixierung definierter Abstufungen in bezug auf Art, Form, Größe und Leistung. In diesem Zusammenhang lassen sich zwei Unterarten, nämlich die über- und innerbetriebliche Typung, unterscheiden.

Mengenstandardisierung

> Der Begriff Mengenstandardisierung verkörpert dagegen eine Normung des Materialverbrauchs.

Dabei wird in einem ersten Schritt zunächst der Prognose-Materialbedarf ermittelt. Diesem wird nach Beendigung des Leistungsprozesses die tatsächlich benötigte Menge gegenübergestellt und somit ein **Soll-Ist-Vergleich** mit anschließender Abweichungsanalyse abgeleitet.

Demonstrationsbeispiel:

DI Sachverhalt

Unter Rationalisierung versteht man allgemein alle Aktivitäten, die der Erhöhung der Effizienz dienen und damit mit Kostensenkung und/oder Leistungssteigerung verbunden sind. Rationalisierungseffekte lassen sich im Bereich der Materialwirtschaft primär durch fünf Aspekte erzielen, diese reichen von der Konstruktion bis zur ABC-Analyse. Im Rahmen der Materialstandardisierung, also der Vereinheitlichung bestimmter Eigenschaften und Mengen von Gütern, besitzt die Mengenstandardisierung eine herausragende Stellung. Dies bezieht sich vor allem auf anzuwendende **Soll-Ist-Vergleiche** zwischen Bedarf und Verbrauch.

DII Ausgangsdaten

Ein Unternehmen fertigt Gehäuseteile aus Kunststoff als Zulieferteile für die Automobilindustrie. Zwischen den Partnern wurde eine Liefermenge von 8.000 Teilen unter folgenden Zusatzkonditionen vereinbart:

- Pro Teil beträgt das benötigte Einsatzgranulat 900 g.
- Die ersten 80 gefertigten Teile können beim Serienanlauf aufgrund von Temperaturungleichgewichten im Werkzeug nicht benutzt werden.
- Der durchschnittliche Fertigungsausschuß beträgt 15 %.

DIII Aufgabenstellungen

1. Verdeutlichen Sie sich das Berechnungsschema für die Ermittlung des Prognose-Materialbedarfes. Klären Sie darüber hinaus die unterscheidenden Merkmale zwischen Bruttokorrektur und vermeidbarem Mehrverbrauch!

2. Berechnen Sie für die unter DII fixierten Ausgangsdaten den Prognose-Materialbedarf! Beantworten Sie darüber hinaus die Frage nach der benötigten Seriengröße für die zu realisierende Liefermenge!
3. Der im nachhinein berechnete Materialbedarf betrug 8.804 kg. Welche Schlußfolgerungen leiten Sie aus diesem Tatbestand ab?

DIV Lösungen

zu 1. und 2.

- **Bruttokorrektur** ist der unvermeidbare Mehrverbrauch, das heißt, der Verschnitt ist zu beachten!
- Vermeidbarer Mehrverbrauch entsteht dagegen, wenn mehr Material verbraucht wird, als unbedingt notwendig ist (z. B. überdimensionaler Ausschuß).

	Normaler Nettobedarf pro Stück	0,9 kg
*	Stückzahl	8.000
=	Netto-Materialbedarf	7.200 kg
+	Bruttokorrektur (80 * 0,9 kg)	72 kg
=	Standard-Materialbedarf	7.272 kg
+	Vermeidbarer Mehrverbrauch (8.000 * 0,15 * 0,9 kg)	1.080 kg
=	**Prognose-Materialbedarf**	8.352 kg

	8.000 Stück	
+	80 Stück (Ausschuß bei Serienanlauf)	
	8.080 Stück	
+	1.200 Stück (Ausschußquote bei Fertigung)	
	9.280 Stück	

9.280 Stück müssen gefertigt werden, um 8.000 verkaufsfähige Produkte zu realisieren.

zu 3.	Soll-Materialbedarf	=	8.352 kg
	Ist-Materialbedarf	=	8.804 kg
	Ungeplanter Mehrbedarf	=	452 kg

- Realisierung des ungeplanten Mehrbedarfes führt zu Fehlmengenkosten, d. h., es kann zu Mehrkosten durch Stillstand der Maschinen und Anlagen, zu Umsatzeinbußen und zu Imageverlust kommen.
- Vermeidbarem Mehrverbrauch kann entgegengewirkt werden, indem verbesserte Instandhaltungsstrategien und eine effizientere Fertigungstechnologie angewendet werden.

Die den genannten Formen der Materialstandardisierung immanenten Detailprobleme sind in Anlehnung an *Oeldorf/Olfert* zusammengefaßt aus der *Abbildung 2.5* ersichtlich.

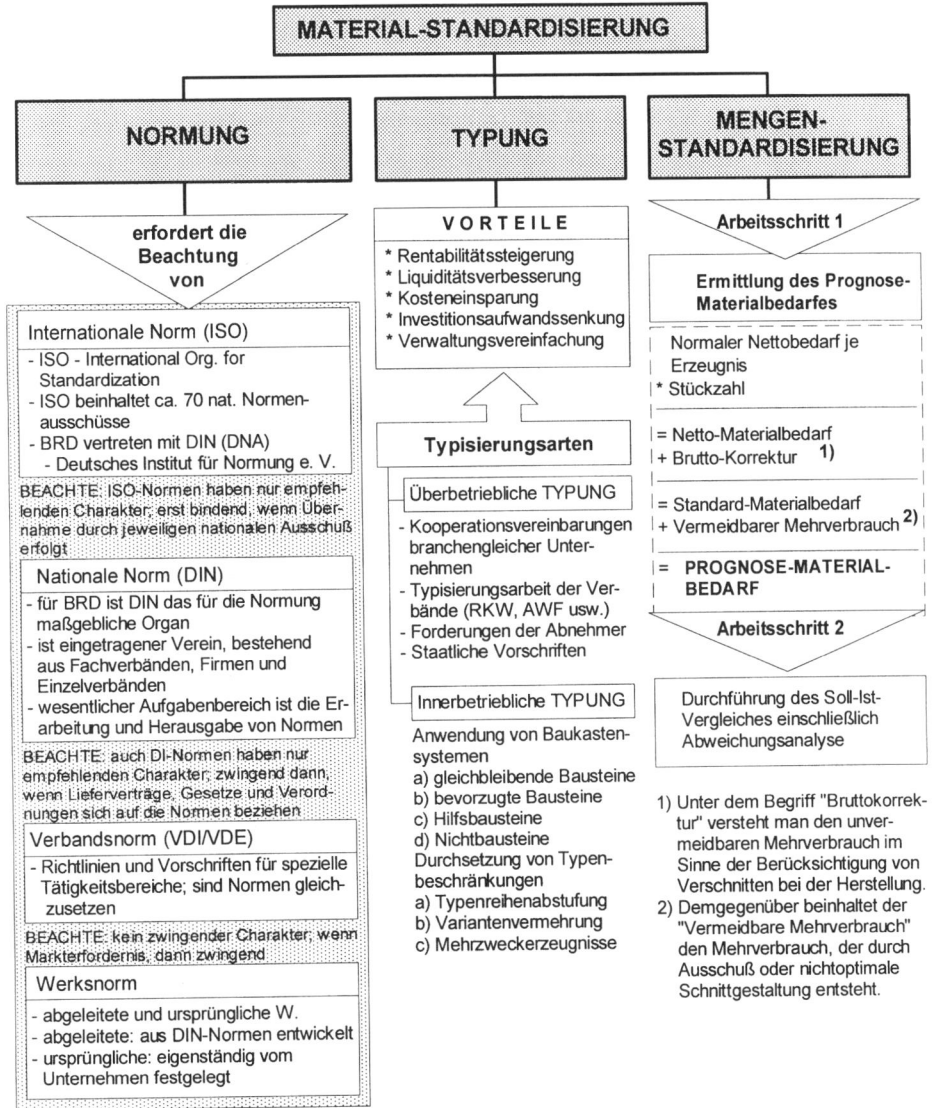

Abbildung 2.5: Standardisierungsformen

2.4.3 Materialnummerung

Ein weiterer Aspekt zur Erzielung von Effekten im Verbund aller anderen Rationalisierungsmaßnahmen ist die **Materialnummerung**.

Im Regelfall tragen alle Materialien einen Namen. Für das materialwirtschaftliche Tagesgeschäft, besonders im Einkaufsbereich, ist diese Identifizierung aufgrund mangelnder Eindeutigkeit und dem daraus resultierenden hohen **Verwechslungsrisiko**, der Nichterkennung von **Materialmerkmalen** und der schlechten **Datenverarbeitungsfähigkeit** nicht bzw. nur bedingt geeignet.

Die logische Schlußfolgerung aus den genannten Gesichtspunkten ist die Erarbeitung und Anwendung von **Nummerungssystemen**.

2.4.3.1 Grundsätze

Gleichgültig welches System angewandt wird, bei der Systemgestaltung gelten folgende prinzipielle Grundsätze:

- Jeder Materialsorte wird eine Nummer als eindeutiges Identifikationsmerkmal zugewiesen.

- Jede Nummer enthält in verschlüsselter Form alle zur eindeutigen Kennzeichnung notwendigen Informationen.

- Zur Erhöhung des Informationsgehaltes können Nummern über die reine Identifizierung hinausgehende klassifizierende Zusatzinformationen enthalten.

- Eine Nummer kann aus Ziffern, Buchstaben, alphanumerischen Nummern und Sonderzeichen bestehen.

Durch die immer komplexer werdenden Strukturen ergab sich die Notwendigkeit, eine einheitliche Sprachregelung in bezug auf die Nummerung zu schaffen. Diesbezügliche Festlegungen werden in der **DIN 6763** getroffen.

Nummerung (DIN 6763 - Allgemeine Begriffe, Berlin/Köln 1985, Blatt 1)

Unter diesem Begriff wird das Bilden, Erteilen, Verwalten von Nummern verstanden.

Nummerungssystem (vgl. *Wiendahl*, 1989, S. 124)

Dieser Begriff enthält eine nach bestimmten Aspekten gegliederte Zusammenfassung von Nummern und Nummernteilen eines Anwendungsgebietes einschließlich der Erläuterung ihres Aufbaus.

Identifizierung (DIN 6763)

heißt, einen in der Nummer verschlüsselten Gegenstand/Sachverhalt (Nummerungsobjekt) innerhalb eines Geltungsbereiches mit Hilfe der erforderlichen Merkmale eindeutig und unverwechselbar zu erkennen.

Klassifizierung (DIN 6763)

bedeutet, Nummerungsobjekte in Klassen (Gruppen) einzuordnen, die nach vorgegebenen Gesichtspunkten gebildet worden sind.

Prüfziffer

wird von der Datenverarbeitungsanlage errechnet und an die letzte Stelle der Materialnummer angehängt. Das jeweilige Programm errechnet nach jeder Dateneingabe automatisch die Prüfnummer und vergleicht diese mit der eingegebenen Prüfnummer.

2.4.3.2 Nummernbildung und Nummerungssysteme

Anknüpfend an die eingangs fixierten Grundsätze der Nummerung sind in der *Abbildung 2.6* sowohl die verschiedenen Möglichkeiten und Aufgabenfelder der Nummernbildung als auch der Nummerungssysteme dargestellt. In der Vielzahl der Unternehmen sind bis zu 13stellige Nummerungssysteme für Werkstoffe gängige Praxis.

2.4.3.3 Prüfziffernbildung

Bei der Anwendung von Nummernschlüsseln besteht die Gefahr, daß besonders im Rahmen der Einkaufsmodalitäten fehlerhafte Informationsbeziehungen zwischen Abnehmer und Lieferanten entstehen. Schuld hierfür sind vor allem Hör-, Lese- und Eingabefehler. Aus diesem Tatbestand heraus werden speziell bei datenverarbeitungsgestützten Materialwirtschaften Prüfziffern ermittelt. Diese Prüfziffern werden an die letzte Stelle des Nummernschlüssels angehängt.

Bei der Berechnung der Prüfziffer ❶*) sind heute zwei Verfahren gängige Praxis:

1. **Prüfziffernbildung nach dem Quersummenverfahren**
2. **Prüfziffernbildung nach dem Verfahren „Modulus 11"**

Die Berechnungsschritte sowie Vor- und Nachteile beider Verfahren sind aus der *Abbildung 2.7* zu entnehmen.

Bei jeder nachfolgenden Aktivität wird dann

1. festgestellt, ob der bestehende Nummernschlüssel um eine Prüfziffer erweitert wurde,
2. automatisch nachgeprüft, ob die angefügte Prüfziffer richtig ist,
3. eine weitere Datenverarbeitung eingestellt, wenn die Prüfziffer falsch ist.

---

*) siehe Übungsaufgabe 2.6

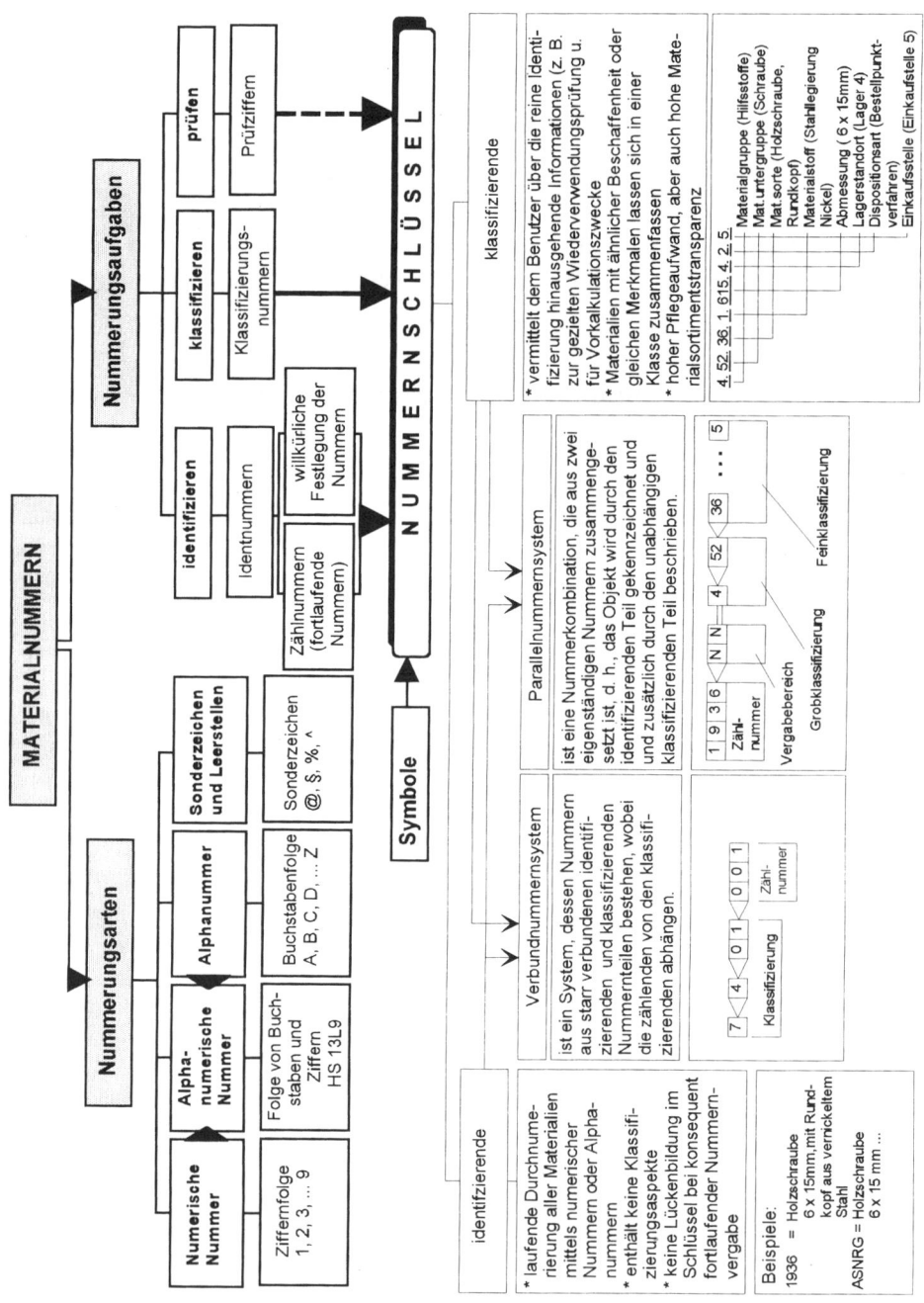

Abbildung 2.6: Materialnummern und -schlüssel

Verfahren zur Berechnung und Kontrolle von Nummernschlüsseln

Quersummenverfahren
Berechnungsschritte

Modulus 11
Berechnungsschritte

* Ermittlung der Quersumme des Basisnummernschlüssels
* Anfügung der Einerstelle der Quersumme an die Grundnummer
* Als nachteilig bei diesem Verfahren ergibt sich, daß Zahlendreher nicht erkannt werden.

* Erweiterung des Nummernschlüssels um eine Prüfziffer
* die einzelnen Stellenwerte der Nummer - beginnend mit der Einerstelle - werden jeweils mit den Faktoren 2, 3, 4, 5, 6, 7 multipliziert
* bei Nummern, die mehr als 6 Ziffern umfassen, beginnt die Folge wieder mit 2, 3, 4, 5, 6, 7
* die ermittelten Produkte werden addiert
* die sich ergebende Summe wird durch 11 dividiert
* der sich ergebende Divisionsrest wird von 11 subtrahiert; das Ergebnis ist die Prüfziffer
* Nachteile des Verfahrens:
  - bei mehrfachen Vertauschungen bleiben alle jene Fehler unerkannt, die einen Ausgleich der Produktdifferenz ergeben oder wenn die Summe der Produkte ein ganzes Vielfaches von 11 ergibt
  - die Prüfziffer 10, die sich aus der Subtraktion eines Restwertes von 11 ergibt, kann nicht vergeben werden, da sie nicht darstellbar ist

Abbildung 2.7: Berechnungs- und Kontrollverfahren von Nummernschlüsseln

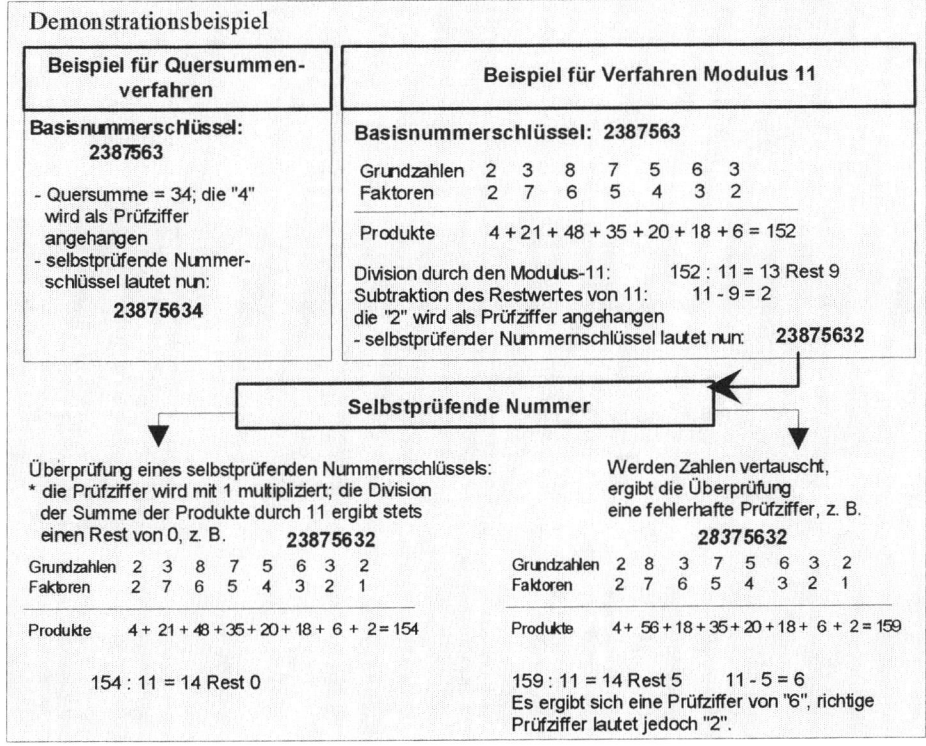

2.5 Kontrollfragen

1. Durch welche qualitativen Merkmale unterscheiden sich die Materialklassen Werkstoffe, Hilfs- und Betriebsstoffe sowie Verschleißwerkzeuge?
➡ Kap. 2.2/29

2. Nach welchen Aspekten läßt sich der Oberbegriff „Werkstoffe" weiter unterteilen, und worin bestehen die Differenzen zwischen Rohmaterial und Halbzeugen?
➡ Kap. 2.2/30

3. Nach welchem grundlegenden Bewertungsprinzip werden Materialien in der Bilanz bewertet, und welcher Wertmaßstab gilt als Wertobergrenze?
➡ Kap. 2.3/32

4. Warum wird in der Praxis vom Grundsatz der Einzelbewertung abgewichen, und unter welchen Voraussetzungen sind Sammelbewertungen gestattet?
➡ Kap. 2.3/33

5. Erläutern Sie die Unterscheidungsmerkmale zwischen der Durchschnitts- und Verbrauchsfolgebewertung!
➡ Kap. 2.3/33

6. Nennen Sie die prinzipiellen Handlungskonstruktionen der einzelnen Verbrauchsfolgeverfahren!
➡ Kap. 2.3/36

7. Erklären Sie den Begriff „Materialrationalisierung" und beschreiben Sie, durch welche prinzipiellen materialwirtschaftlichen Aktivitäten Rationalisierungseffekte erreicht werden können!
➡ Kap. 2.4/37

8. Nennen Sie die qualitativen Unterscheidungsmerkmale der Begriffe „Normung" und „Typung"!
➡ Kap. 2.4/38

9. Worin liegen die Gemeinsamkeiten und Unterschiede zwischen internationalen und nationalen Normen und Verbands- bzw. Werksnormen?
➡ Kap. 2.4/41

10. Erstellen Sie den Berechnungsmodus für die Ermittlung des Prognose-Materialbedarfs!
➡ Kap. 2.4/41

11. Erklären Sie die Begriffe „Bruttokorrektur" und „unvermeidbarer Mehrverbrauch"!
➡ Kap. 2.4/41

12. Wie heißen die prinzipiellen Grundsätze der Nummerung, und was versteht man unter einem Nummerungssystem?
➡ Kap. 2.4/42

13. Deuten Sie die grundlegenden Nummerungsarten und erläutern Sie den Grundtenor der identifizierenden und klassifizierenden Nummernschlüssel!
➡ Kap. 2.4/44

14. Interpretieren Sie die Verfahren zur Berechnung und Kontrolle von Nummernschlüsseln und erläutern Sie deren Nachteile!
➡ Kap. 2.4/45

2.6   Übungsaufgabe

❶   **Materialnummerung**

1.   **Ausgangsdaten**
Ausgangsnummernschlüssel: 4578921

2.   **Aufgabenstellungen**

2.1   Welche beiden Kontrollverfahren zur Fehlererkennung von Nummernschlüsseln gibt es, worin besteht ihr Grundprinzip, und vor allem welche
Nachteile haben die Verfahren?

2.2   Berechnen Sie für beide Kontrollverfahren für den oben aufgeführten
Nummernschlüssel die Prüfziffern!

2.3   Unterstellen Sie, daß der unter 2.2 ermittelte Nummernschlüssel (nach Mo-
dulus-11) ein selbstprüfender Nummernschlüssel ist. Überprüfen Sie die
Korrektheit der angeführten Prüfziffer!

2.4   Vertauschen Sie nun innerhalb des Nummernschlüssels die 2. und 3. Stelle
der Zahlenkombination und weisen Sie die fehlerhafte Prüfziffer nach!

3 Vorbereitende und begleitende Instrumentarien der Materialwirtschaft

3.1 Studienziele

Dieses Kapitel soll es dem Leser ermöglichen

➡ den Grundgedanken und die Arbeitsschritte zur Erstellung einer ABC-Analyse einschließlich der für die Klassifizierung notwendigen Klassifizierungsgruppen und Wertgrenzenabstufungen zu erkennen;

➡ die Behandlungsempfehlungen für klassifizierte Materialpositionen inklusive des geforderten Nutzeffektnachweises zu unterbreiten;

➡ die Verbrauchsverläufe von Materialien zu entwickeln, zu deuten, um darauf aufbauend mit Hilfe des Schwankungskoeffizienten die Zukunftsbedarfe berechnen zu können;

➡ eine ABC- und XYZ-Klassifizierungskombination zu erstellen und die kritischen Kombinationsfelder als Ausdruck mehrdimensionaler Entscheidungshilfen herauszufinden;

➡ das Grundprinzip der Portfolio-Analyse als Alternativmöglichkeit zur ABC-Materialklassifizierung zu entwickeln und die hauptsächlichsten Handlungsalternativen für die der höchsten Klassifizierungsstufe zugeordneten Materialien abzuleiten;

➡ aufbauend auf Grundkenntnissen zur Problemstellung von Wertanalysen die prinzipiellen Grundelemente einer Wertanalyse aufzuzählen und zu interpretieren sowie die Zweckmäßigkeitsaspekte bei der Anwendung differenzierter Analysearten herauszuarbeiten;

➡ die wesentlichen Grundschritte des Wertanalyse-Arbeitsplanes aufzuzählen und deren Detailinhalte einschließlich der Erläuterung definierter Kreativitätstechniken zu beschreiben;

➡ zu den zielorientierten Grundsatzfragen der Preisstrukturanalyse Stellung zu beziehen und deren Prinziparbeitsschritte aufzuzählen.

3.2 Verfahren der Materialanalyse

3.2.1 ABC-Analyse

3.2.1.1 Grundgedanke und Klassifizierungsgruppen

Die ABC-Analyse läßt sich als Rationalisierungsinstrument in allen betrieblichen Funktionsbereichen für unterschiedlichste **Mengen-Wert-Relationen** (z.B. Ermittlung der Umsatz-, Gewinn- und Kundenstruktur) anwenden. Sie gehört zu den Maßnahmen, mit deren Hilfe Rationalisierungseffekte auch auf dem materialwirtschaftlichen Gebiet erzielt werden können.

Allgemein formuliert, besteht der **Grundgedanke** dieses Analyseinstrumentes (nach Materialwirtschaftsleiter 1996, Teil 5, Kapitel 3, Seite 1) in der Hilfe:

> • „das Wesentliche vom Unwesentlichen zu unterscheiden,
>
> • die Aktivitäten schwerpunktmäßig auf den Bereich hoher wirtschaftlicher Bedeutung zu lenken und gleichzeitig den Aufwand für die übrigen Gebiete durch Vereinfachungsmaßnahmen zu senken,
>
> • die Effizienz von Management-Maßnahmen durch die Möglichkeit eines gezielten Einsatzes zu erhöhen."

Gerade im Bereich der Materialwirtschaft kommt es aufgrund der Vielzahl der zu bewirtschaftenden Materialien und des daraus resultierenden hohen Kostenniveaus einschließlich der hohen Kapitalbindung darauf an, sich bei allen vorbereitenden und realisierenden Aktivitäten auf die wesentlichen Materialien und Lieferanten zu konzentrieren. Im einzelnen sollten nach der vorangestellten Literaturquelle folgende materialwirtschaftlichen Tatsachen und Kausalitäten untersucht werden:

• „Anzahl und Wert der beschafften Materialpositionen (bzw. Materialgruppen),
• Anzahl und Wert aller Bestellungen,
• Anzahl und Wert der Lieferantenrechnungen,
• Anzahl und Wert der Einzelteile der im Rahmen der Wertanalyse zu untersuchenden Erzeugnisse,
• Anzahl und Wert der Umschlagshäufigkeiten"

Die Frage der Wesentlichkeit von Materialien oder Lieferanten – man könnte auch sagen ihre wirtschaftliche Bedeutung – kann an verschiedenen Bezugsgrößen gemessen werden. In der Regel werden drei, in Sonderfällen fünf **Gruppen** zur „Wesentlichkeits-Klassifizierung" gebildet:

1. **wenige** A-Materialien bzw.
   Lieferanten mit **großer**   ➡ **A-Materialien/Lieferanten**
   wirtschaftlicher Bedeutung

2. **einige** B-Materialien bzw.
   B-Lieferanten mit **mittlerer** ➡ **B-Materialien/Lieferanten**
   wirtschaftlicher Bedeutung

3. **viele** C-Materialien bzw.
   C-Lieferanten mit **geringer**   ➡ **C-Materialien/Lieferanten**
   wirtschaftlicher Bedeutung

Die Wertgrenzen zwischen den Gruppen können unternehmensintern festgelegt werden. Untersuchungen in der Praxis haben folgende verallgemeinerungsfähige **Wertgrenzenabstufungen** erbracht, die jedoch immer unter dem Blickwinkel des gültigen Maßstabes der jeweiligen Branche zu korrigieren sind:

•	A:	5 % aller Artikel	85 % des Wertes
•	B:	15 % aller Artikel	10 % des Wertes
•	C:	80 % aller Artikel	5 % des Wertes

Bezogen auf die Wesentlichkeits-Klassifizierung der Lieferanten, gelten die gleichen Wertmaßstäbe, jedoch werden in diesem Zusammenhang die Lieferanten der Abszisse und die Artikelanzahl der Ordinate zugeordnet.

Dieses Verhältnis der Wert- zu den Materialpositionsanteilen kann mit Hilfe von **Konzentrationskurven**, auch **Lorenzkurven** genannt, grafisch dargestellt werden:

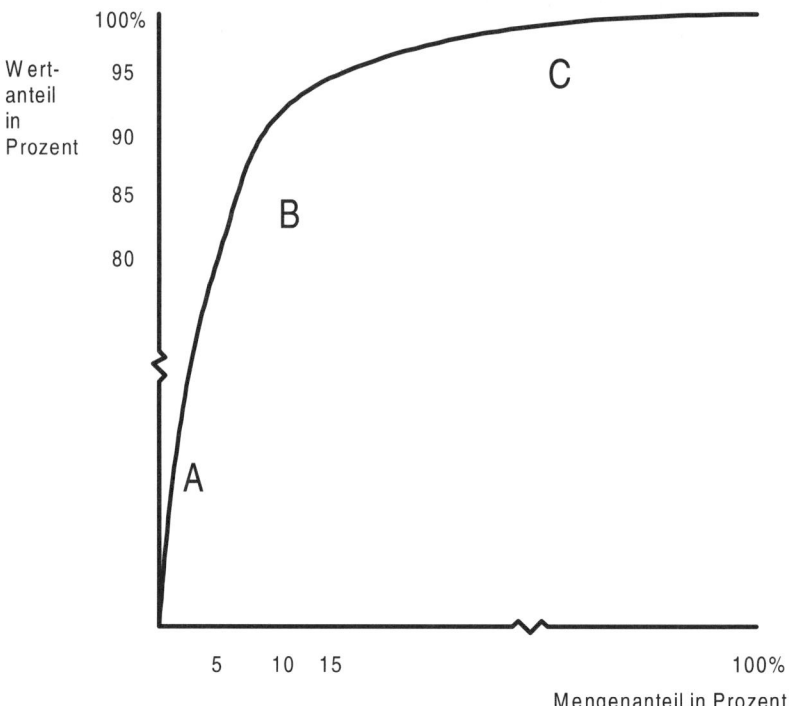

Abbildung 3.1: Konzentrations- oder Lorenzkurve

Empirische Untersuchungen in verschiedenen Branchen haben (nach *Hartmann* 1993, Seite 147) folgende grafische Mengen-Wert-Beziehungen ergeben:

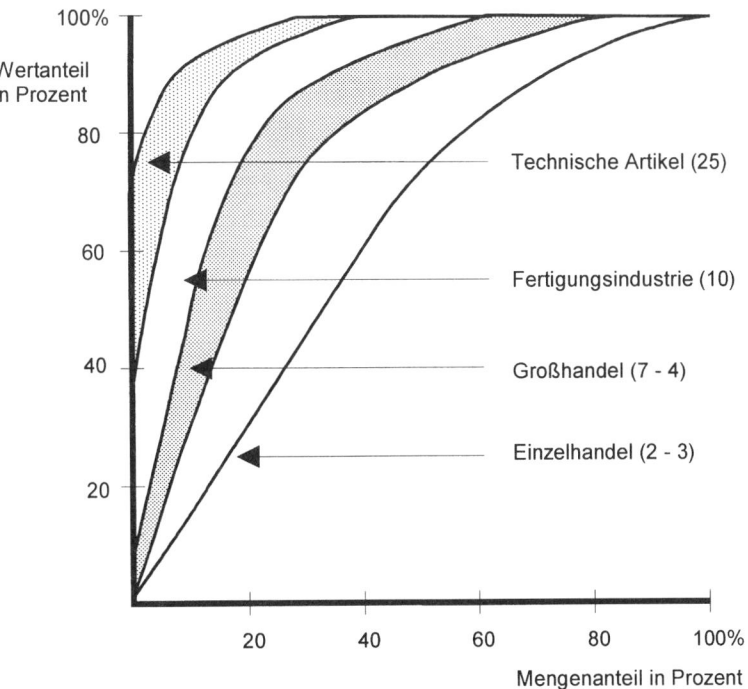

Abbildung 3.2: Branchen-Lorenzkurven

Aus den dargestellten Lorenzkurven sind folgende **Erkenntnisse** ableitbar:

1. Die Kurven sind um so **flacher** (z. B. bei einfachen Industriegütern), je näher die Branche am Konsumenten ist. *Grund:* Zufallsbedingte Nachfrage erfordert ein relativ breites Angebotssortiment.

2. Die Kurven sind um so **steiler** (z. B. technische Artikel), je weiter weg die Branche vom Konsumenten ist.

3. Die in Klammern gesetzten Ziffern/Zahlen dokumentieren die **Sollwerte** der jeweils branchentypischen Lagerkonstanten. Dabei verkörpert eine Lagerkonstante das Beziehungsmaß für die divergierenden Faktoren „geringe Menge" und „hoher Wert".

3.2.1.2 Arbeitsschritte zur Erstellung einer ABC-Analyse

Der Erstellungsablauf einer ABC-Analyse erfolgt in vier prinzipiellen **Arbeitsschritten**:

1. Berechnung des wertmäßigen Einkaufsvolumens aus dem Produkt von Jahresbedarfsmenge und Einstandspreis je Materialart

2. Festlegung der nicht chronologischen Rangfolge entsprechend dem ermittelten Einkaufsvolumen

3. Sortieren der Materialarten nach Rang und Berechnung der kumulierten Einkaufsvolumina und Jahresbedarfsmengen

4. Klassifizierung der Materialarten einschließlich Auswertung

Die Grundtatbestände der einzelnen Arbeitsschritte sollen anhand eines Demonstrationsbeispiels dargestellt und betriebswirtschaftlich ❶ erläutert werden.

Demonstrationsbeispiel:

D I Sachverhalt

Aufgrund der Vielzahl der in einem Unternehmen zu bewirtschaftenden Materialien ergibt sich die Notwendigkeit, materialwirtschaftliche Aktivitäten auf die Materialpositionen zu konzentrieren, die einen hohen Wert verkörpern. Ein geeignetes Instrument zur Materialklassifikation ist die **ABC-Analyse**.

D II Ausgangsdaten

Material-Nummer	Jahresbedarf (Stück)	Preis je ME (DM)
1001	7.500	0,18
1002	25.000	0,04
1003	1.500	24,50
1004	30.000	0,03
1005	1.800	16,00
1006	6.000	1,30
1007	5.200	0,20
1008	4.050	1,60
1009	6.200	1,00
1010	28.000	0,02

*   Lagerhaltungskosten: 20 % des mittleren Lagerbestandswertes
*   Beschaffungskosten: 20 DM/Bestellung

D III Aufgabenstellungen

1. Ermitteln Sie nach den Berechnungsvorschriften der ABC-Analyse den wertmäßigen Jahresbedarf und den daraus resultierenden Rang, sortieren Sie die Materialarten nach ihrer Rangfolge (prozentualer Anteil am Jahresbedarf) und berechnen Sie die kumulierten prozentualen Anteile der Materialien am Jahresbedarf sowie an der Gesamtmenge,

    klassifizieren Sie die Materialien nach Wertgruppen!

    Wertgrenze   ca. 75 % A-Teile,

                    ca. 20 % B-Teile,

                    ca.   5 % C-Teile.

---

2. Stellen Sie die Ergebnisse in tabellarischer sowie grafischer Form (Lorenzkurve) dar!

3. Nennen Sie einige materialwirtschaftliche Behandlungsempfehlungen für A-, B- und C-Teile!

4. Berechnen Sie die Bewirtschaftungskosten (Summe aus Lagerhaltungs- und Beschaffungskosten) vor Erstellung der ABC-Analyse, wenn für sämtliche Materialien 4 Bestellungen im Jahr ausgelöst werden! (Eine Sammelbestellung von Materialpositionen wird ausgeschlossen.)

5. Auf der Grundlage der durchgeführten ABC-Analyse soll eine wirtschaftlichere Bestellpolitik eingeführt werden. (A-Materialien sollen tendenziell häufig, C-Materialien eher selten bestellt werden.) Berechnen Sie die Bewirtschaftungskosten, wenn für A-Teile nun 12 Bestellungen, für B-Teile 4 Bestellungen und für C-Teile eine Bestellung im Jahr ausgelöst werden. Wie hoch ist die absolute und prozentuale Kostenersparnis gegenüber 4. ? (Sammelbestellungen sind auszuschließen.)

D IV Lösungen

zu 1.

Mat-Nr.	Jahresbedarf (Stück)	Preis je ME (DM)	Jahresbedarf (DM)	Rang
1001	7.500	0,18	1.350	6
1002	25.000	0,04	1.000	8
1003	1.500	24,50	36.750	1
1004	30.000	0,03	900	9
1005	1.800	16,00	28.800	2
1006	6.000	1,30	7.800	3
1007	5.200	0,20	1.040	7
1008	4.050	1,60	6.480	4
1009	6.200	1,00	6.200	5
1010	28.000	0,02	560	10
Summe			90.880	

Rang	Mat-Nr.	Jahres-bedarf (DM)	%-Anteil vom Ge-samtwert (%)	%-Anteil kumulativ (%)	Wert-gruppe	%-Anteil Menge	%-Anteil kumulativ (Menge)
1	1003	36.750	40,4		A	1,3	
2	1005	28.800	31,7	72,1	A	1,6	2,9
3	1006	7.800	8,6	80,7	B	5,2	8,1
4	1008	6.480	7,1	87,8	B	3,5	11,6
5	1009	6.200	6,8	94,6	B	5,4	17,0
6	1001	1.350	1,5	96,1	C	6,5	23,5
7	1007	1.040	1,1	97,2	C	4,5	28,0
8	1002	1.000	1,1	98,3	C	21,7	49,7
9	1004	900	1,0	99,3	C	26,0	75,7
10	1010	560	0,7	100,0	C	24,3	100,0
Summe		90.880	100,0			100,0	

zu 2.

Wert-gruppe	Material-positionen	%-Anteil Menge	%-Anteil Wert	DM Wert
A	2	2,9	72,1	65.500
B	3	14,1	22,5	20.480
C	5	83,0	5,4	4.850
	10		100,0	90.880

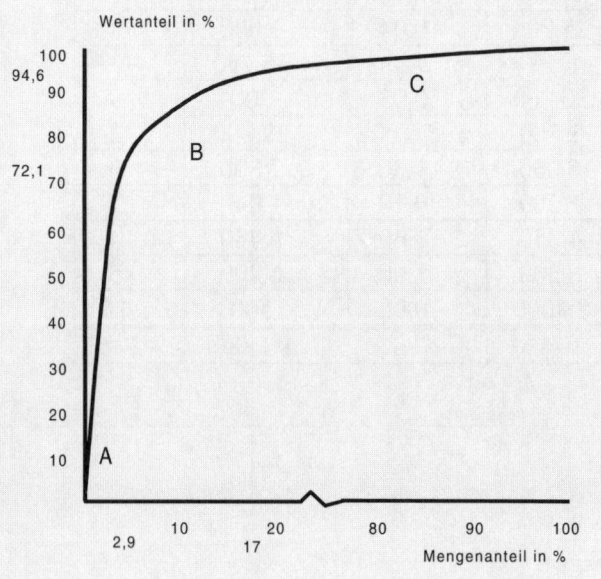

zu 3. materialwirtschaftliche Behandlungsempfehlungen:
    A-Teile:
- exakte Markt-, Preis- und Kostenstrukturanalysen
- anforderungsgerechte Wertanalysen
- aussagefähige Dispositionsverfahren
- lückenlose Bestandsführung
- permanente Überwachung der Lagerdauer
- sorgfältige Festlegung der Sicherheits- und Meldebestände
- optimale Festlegung wirtschaftlicher Bestellmengen

    B-Teile:
- für diese Teile kommt ein Mittelweg zwischen den Behandlungsempfehlungen der A- und C-Teile in Betracht

    C-Teile:
- einfache Dispositionsverfahren
- unexakte Überwachung der Verweildauer
- höhere Sicherheits- und Meldebestände
- größere Bestellmengen
- zusammengefaßte Bestellungen der Materialgruppen

zu 4. ohne ABC-Analyse
    Lagerhaltungskosten:

$$\frac{90880 \text{ DM}}{4} = 22720 \text{ DM} \qquad \text{Wert einer Bestellung}$$

$$\frac{22720 \text{ DM}}{2} = 11360 \text{ DM} \qquad \text{mittlerer Lagerbestandswert}$$

20 % von 11.360 DM = <u>2.272 DM</u> Lagerhaltungskosten

    Beschaffungskosten:
10 Materialpositionen × 4 Bestellungen/a = 40 Bestellungen/a
40 Bestellungen/a × 20 DM/Bestellung = <u>800 DM</u> Beschaffungskosten
Bewirtschaftungskosten = 2.272 DM + 800 DM = <u>3.072 DM</u>

zu 5. mit ABC-Analyse
    Lagerhaltungskosten:

	Wert einer Bestellung	mittlerer Lagerbestandswert
A-Teile:	$\dfrac{65550 \text{ DM}}{12} = 5.462{,}50 \text{ DM} : 2 =$	2.731,25 DM
B-Teile:	$\dfrac{20480 \text{ DM}}{4} = 5.120{,}00 \text{ DM} : 2 =$	2.560,00 DM
C-Teile:	$\dfrac{4850 \text{ DM}}{1} = 4.850{,}00 \text{ DM} : 2 =$	2.425,00 DM
	Summe =	7.716,25 DM

20 % von 7.716,25 DM = <u>1.543,25 DM</u> Lagerhaltungskosten

<u>Beschaffungskosten:</u>
2 Materialpositionen × 12 Bestellungen/a = 24 Bestellungen/a
3 Materialpositionen × 4 Bestellungen/a = 12 Bestellungen/a
5 Materialpositionen × 1 Bestellung/a   = 5 Bestellungen/a
                              Summe = 41 Bestellungen/a

41 Bestellungen/a × 20 DM/Bestellung = <u>820 DM</u> Beschaffungskosten

Bewirtschaftungskosten = 1.543,25 DM + 820 DM = <u>2.363,25 DM</u>
Einsparung: 3.072,00 DM
                    –   2.363,25 DM
                    =   708,75 DM ; das entspricht einer prozentualen
                                       Einsparung von 23,07%

3.2.2 XYZ-Analyse

Der Aussagewert von ABC-Analysen kann noch beträchtlich erhöht werden, wenn die vorher klassifizierten Materialien entsprechend der Vorhersagegenauigkeit ihres **Verbrauchsverlaufs** geordnet werden.

3.2.2.1 Verbrauchsverläufe und Klassifizierungsgruppen

Als **Verbrauchsverläufe** von Materialien gelten:

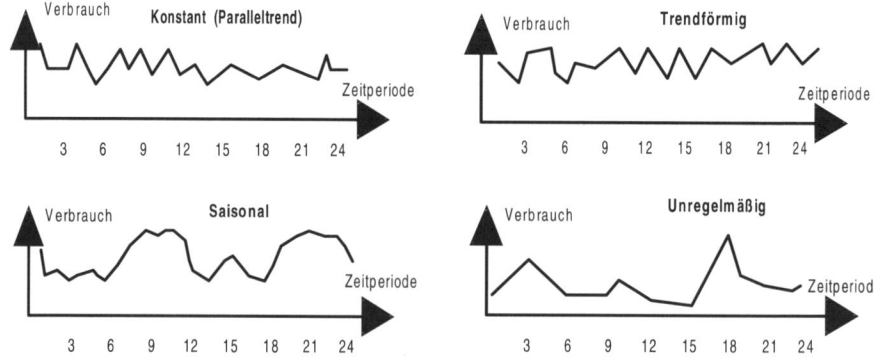

Abbildung 3.3: Verbrauchsmodelle

Analog der Wertigkeitsklassifizierung der ABC-Analyse erfolgt nun eine **Gruppenbildung** unter dem Aspekt des Verbrauchsverhaltens und daraus abgeleitet der Vorhersagegenauigkeit. Zwischen dem Verbrauchsverhalten und der Materialarteneingruppierung besteht folgender Zusammenhang (*Hartmann* 1993, 155):

- „Verbrauch ist konstant bei nur gelegentlichen Schwankungen; hohe Vorhersagegenauigkeit.   ➔   X-Teil - R

- Verbrauch unterliegt stärkeren Schwankungen, ist trendmäßig steigend oder fallend oder unterliegt saisonalen Schwankungen, saisonal im Sinne von   ➔   Y-Teil - S regelmäßig wiederkehrenden Abweichungen von der Grundrichtung; mittlere Vorhersagegenauigkeit.

- Verbrauch verläuft völlig unregelmäßig;   ➔   Z-Teil - U niedrige Vorhersagegenauigkeit.

3.2.2.2 Schwankungskoeffizient und Zuordnungsverfahren

Als Kennzahl für die Art des stochastischen Verbrauchsverhaltens (konstant, trendförmig steigend oder fallend, völlig unregelmäßig) einer Materialsorte gilt der **Schwankungskoeffizient**, der ebenfalls nach *Hartmann* wie folgt zu errechnen ist:

$$SQ_i = \frac{n \cdot SQ_{i-1} + SF \cdot \left| 1 - \dfrac{T_i}{V_i} \right|}{n+1}$$

Formelzeichenerläuterung:
SQ_{i-1} = bis zur i-ten Periode fortgeschriebener SQ-Wert
n = Intervalle innerhalb einer Periode (zumeist „1")
SF = Sicherheitsfaktor
T = tatsächlicher Verbrauch
V = Vorhersagewert
i = laufende Periode

„Der Quotient T_i/V_i gibt Auskunft über das **Verbrauchsverhalten** einer Materialposition in der laufenden Periode. Dieser Quotient wird mit einem **Sicherheitsfaktor** bewertet. Das Verbrauchsverhalten der laufenden Periode wird nunmehr abgeglichen mit dem bisher ermittelten Verbrauchsverhalten. Damit liegt für alle Teile eine geglättete, vergleichbare Kennzahl des Verbrauchsverhaltens vor." (*Hartmann* 1993, 156)

Demonstrationsbeispiel:

DI   Sachverhalt

Neben der Kenntnis der Mengen-Wert-Relationen einzelner Materialgruppen und damit ihrer Priorität am Gesamtverbrauch ist es auch wichtig, die Vorhersagegenauigkeit der Materialien zu ermitteln. Diese ergibt sich, über einen längeren Zeitraum betrachtet, aus der Analyse bestimmter Verbrauchsschwankungen (konstant, trendmäßig steigend oder fallend, unregelmäßig).

Werden die Materialpositionen unter diesem Aspekt betrachtet, so ergeben sich X-, Y- und Z-Materialarten. Das konkrete Schwankungsverhalten eines Materials, dessen Bedarf stochastisch ermittelt wird, kann durch die Kennzahl des Schwankungskoeffizienten dargestellt werden. Damit erhält der Disponent Hinweise auf die Ursachen möglicher Bedarfseinbrüche.

Bei jedem Rechnerlauf muß der Koeffizient neu ermittelt werden, wobei ein Vergleich der SQ-Werte des Vor- und Istmonats erfolgt. Die daraus resultierenden Abweichungen werden in absteigender Reihenfolge und unter Beachtung definierter Zuordnungsparameter klassifiziert.

DII   Ausgangsdaten

Gegeben sind für zwei Betrachtungszyklen folgende Daten:

Zyklus 1

Periode	1	2	3	4
tatsächlicher Verbrauch (T_i)	100	500	1200	2000
Vorhersagewert (V_i)	120	125	130	135

SF = 1,25 $SQ_{i-1} = 4$ n = 1

Zyklus 2

Periode	1	2	3	4
tatsächlicher Verbrauch (T_i)	100	500	1200	2000
Vorhersagewert (V_i)	150	450	1000	1600

SF = 1,25 $SQ_{i-1} = 1$ n = 1

DIII Aufgabenstellungen

1. Ermitteln Sie für den ersten Betrachtungszyklus die Schwankungskoeffizienten für die Perioden 1 bis 4 unter der Prämisse folgender Entscheidungsparameter:

   X-Teil: $SQ \leq 1$,

   Y-Teil: $SQ > 1 \leq 5$,

   Z-Teil: $SQ > 5$!

   Interpretieren Sie das Ergebnis!

2. Ermitteln Sie für den zweiten Zyklus, unter Beachtung der gleichen Entscheidungsparameter, die Schwankungskoeffizienten!

3. Begründen Sie darüber hinaus die fixierte Kausalität zwischen „Sicherheitsfaktoren" und „Servicegrad"!

DIV Lösungen

zu 1. Der Schwankungskoeffizient kann als Kennzahl für das Verbrauchs-verhalten einer Materialposition, deren Bedarf stochastisch ermittelt wird, herangezogen werden.

$$SQ_1 = \frac{4 + 1{,}25 \cdot \left| 1 - \dfrac{100}{120} \right|}{2} = 2{,}104$$

$$SQ_2 = \frac{2{,}104 + 1{,}25 \cdot \left| 1 - \dfrac{500}{125} \right|}{2} = 2{,}927$$

$$SQ_3 = \frac{2{,}927 + 1{,}25 \cdot \left| 1 - \dfrac{1200}{130} \right|}{2} = 6{,}608$$

$$SQ_4 = \frac{6{,}608 + 1{,}25 \cdot \left| 1 - \dfrac{2000}{135} \right|}{2} = 11{,}938$$

Ergebnisinterpretation:

- Nach den in 3.1 fixierten Entscheidungsparametern ist das Teil nach dem ersten Rechnerlauf ein Y-Teil.
- Im dritten Rechnerlauf beträgt der SQ = 6,608. Damit ist das Teil den Z-Teilen zuzurechnen, das heißt, die Verbrauchswerte weichen extrem stark von den Vorhersagewerten ab.
- Im vierten Rechnerlauf ergibt sich ein Wert von 11,938; Ursachen der erhöhten Verbrauchswerte überprüfen.
- **Fazit**: Es liegt eine niedrige Vorhersagegenauigkeit vor!

zu 2.

$$SQ_1 = \frac{1 + 1{,}25 \cdot \left| 1 - \dfrac{100}{150} \right|}{2} = 0{,}708$$

$$SQ_2 = \frac{0{,}708 + 1{,}25 \cdot \left| 1 - \dfrac{500}{450} \right|}{2} = 0{,}423$$

$$SQ_3 = \frac{0{,}423 + 1{,}25 \cdot \left| 1 - \dfrac{1200}{1000} \right|}{2} = 0{,}337$$

$$SQ_4 = \frac{0{,}337 + 1{,}25 \cdot \left| 1 - \dfrac{2000}{1600} \right|}{2} = 0{,}325$$

Ergebnisinterpretation:

- Der SQ-Wert beläuft sich in allen vier Rechnerläufen unter dem Wert 1, das heißt, dieses Teil ist in allen Fällen den X-Teilen zuzurechnen.
- Die Verbrauchswerte nähern sich immer stärker den Vorhersagewerten an.
- **Fazit:** Es liegt eine hohe Vorhersagegenauigkeit vor. Sollte es sich um eine AX-Kombination handeln, so ist eine deterministische Sekundärbedarfsermittlung und eine terminbezogene Beschaffungsauslösung vorzunehmen. Anderenfalls (AZ-Kombination) ist eine bedarfsbezogene Beschaffungsauslösung vorzunehmen!

zu 3. Unter der Voraussetzung, daß die Nachfragemenge im wahrscheinlichkeitstheoretischen Sinn eine normalverteilte Zufallsvariable ist, gilt folgende **Begründung**: Das Kausalitätsgefüge zwischen Servicegrad und Sicherheitsfaktor ergibt sich aus der Beziehung zwischen Flächenanteilen und Abszissenwert der Normalverteilung (vgl. *Hartmann* 1993, 392/93). Praktisch wiedergegeben, bedeutet das:

Servicegrad (Flächenanteil)	Sicherheitsfaktor (Abszissenwert der standardisierten Normalverteilung)
50.00	0.00
78.81	1.00
84.13	1.25
94.52	2.00
97.72	2.50
99.18	3.00
99.87	3.75

Ist der entsprechende Schwankungskoeffizient für eine Materialsorte ermittelt, wird diese auf der Basis der fixierten Wertgrenzenabstufungen der jeweiligen Gruppe zugeordnet.

Als **Wertgrenzen** gelten i. d. R. folgende **Richtgrößen**:

- SQ ≤ 1   ➜   X-Teil
- SQ > 1 ≤ 5   ➜   Y-Teil
- SQ > 5   ➜   Z-Teil

Der ermittelte Schwankungskoeffizient als Ausdruck des Verbrauchsverhaltens in der laufenden Periode ist nach jedem Rechnerlauf neu zu berechnen. Das Zeitintervall von einem Monat zwischen zwei Berechnungen gilt als gebräuchlicher Praxiswert. Der Quotient T_i/V_i wird mit einem Sicherheitsfaktor multipliziert, der dem angepeilten Servicegrad entspricht.

3.2.3 Kombination von ABC- und XYZ-Analyse

Zur Klassifizierung der Materialien können die vorher erläuterten Verfahren der Materialanalyse als jeweils getrennte (eindimensionale) Rationalisierungsverfahren betrachtet werden. Ein besserer Aussagewert ist jedoch aus der Kombination beider Verfahren gegeben. Aus dieser resultieren **neun Klassifizierungsgruppen** als mehrdimensionale Entscheidungshilfen (REFA 1985, 102):

Wert Vorhersage- genauigkeit		A-Teile hoher Wert	B-Teile mittlerer Wert	C-Teile niedriger Wert
X-Teile	hohe Vorhersagegenauigkeit (konstanter Verbrauch)	deterministische Sekundärbedarfsermittlung terminbezogene Beschaffungsauslösung **2%**	fallweise wie A- oder C-Teile behandeln **6%**	stochastische Sekundärbedarfsermittlung terminbezogene Beschaffungsauslösung **42%**
Y-Teile	mittlere Vorhersagegenauigkeit (steigender oder fallender Verbr.)	deterministische Sekundärbedarfsermittlung bestands- und bedarfsbezogene Beschaffungsauslösung **1%**	fallweise wie A- oder C-Teile behandeln **6%**	stochastische Bedarfsermittlung termin- und/oder bestandsbezogene Beschaffungsauslösung **13%**
Z-Teile	niedrige Vorhersagegenauigkeit (unregelmäßiger Verbrauch)	deterministische Sekundärbedarfsermittlung bedarfsbezogene Beschaffungsauslösung **1%**	fallweise wie A- oder C-Teile behandeln **4%**	stochastische und/oder deterministische Bedarfsermittlung bestands- und bedarfsbezogene Beschaffungsauslösung **25%**

Abbildung 3.4:   *Kombinationsschema zwischen ABC- und XYZ-Analyse*

Diese mehrdimensionale Betrachtung erleichtert die Verwirklichung des materialwirtschaftlichen Optimums, indem nur die der Klassifizierung adäquaten Aktivitäten der Materialbewirtschaftung realisiert werden.

Die in der Matrix fixierten Prozentsätze verkörpern den jeweiligen prozentualen Anteil der Klassifizierungskombination am Gesamtanteil der Merkmalsausprägung. Die besonders kritische Kombination ist die **A-Z-Beziehung**.

3.2.4 Portfolio-Analyse

Auch dieses Unterverfahren der Materialanalyse ist ein Instrument zur Ableitung von materialwirtschaftlichen Rationalisierungseffekten. Mit diesem Werkzeug sollen besonders situationsgerechte, effiziente Beschaffungsstrategien gegenüber den Anbietern abgeleitet werden. Das Grundprinzip dieser Methode besteht darin, daß auf der Ordinate der **Materialeinfluß auf das Betriebsergebnis** und auf der Abszisse das **Beschaffungsrisiko** aufgetragen werden. Der zuerst genannte Einfluß wird primär an den jeweiligen Beschaffungsmengen, am partiellen Anteil an den Beschaffungskosten sowie an der Einflußintensität für die Produktqualität insgesamt gemessen. Für die Bemessung des Einflusses auf das Beschaffungsrisiko gelten solche Kriterien wie Materialverfügbarkeit, Lieferantenanzahl und die Möglichkeiten zur **Make or buy**-Materialbeschaffung. Für die Messung der Indikatoren sollen die bekannten Punktbewertungsverfahren (**Scoring-Modelle**) angewendet werden. Werden alle die für eine Materialklassifizierung vorgesehenen Beschaffungsobjekte den Merkmalsausprägungen „**niedriger oder hoher Einfluß**" zugeordnet, so erhält man **eine 4-Felder-Typologisierung** (Einkaufsmatrix).

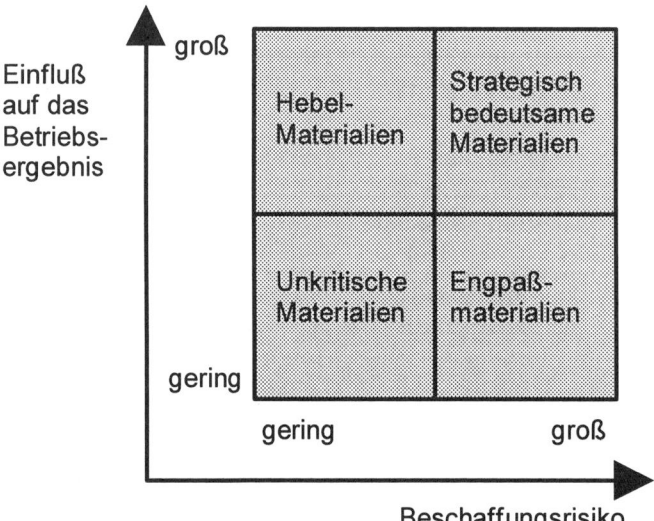

Abbildung 3.5: Einkaufsmatrix

Die aus der Zuordnung der Materialien zu den Materialklassen abzuleitenden Handlungsaktivitäten haben einen nicht unerheblichen Einfluß auf das externe und interne **materialwirtschaftliche Aktionspotential.** Unter diesem Ausdruck wird nach *Schweitzer* 1990, 460 die **Fähigkeit** verstanden, „den eigenen Wirkungsbereich (internes Aktionspotential) sowie die Lieferanten und Bedarfsträger zu beeinflussen."

Die beiden **Extremklassen**, bezogen auf die Beeinflussungsintensität, sind die der

- „Strategisch bedeutsamen Materialien" und der
- „Unkritischen Materialien".

Als hauptsächliche **Handlungsaktivitäten** für die der höchsten Klasse zugeordneten Materialien gelten:

- exakte Materialbedarfsvorhersagen,
- aussagefähige Beschaffungsmarktforschung,
- präzise Bestandsstrategien,
- hohe Sicherheitsbestände,
- gute Lieferantenkontakte,
- intensive Make or buy-Analyse,
- hoher Standardisierungsgrad.

Demgegenüber sollten unkritische Materialien mit einer deutlich geringeren Intensität behandelt werden.

3.3   Wertanalyse

3.3.1 Grundlagen

3.3.1.1 Problemstellung

Obwohl auch bei diesem Verfahren die Kostensenkung im Vordergrund steht, verkörpert dieses Instrument wesentlich mehr als die bisher behandelten Analyseverfahren. Man spricht deshalb auch von einem neuen System der Kostensenkung bzw. der Preisarbeit. Der Konzeptursprung der Wertanalyse stammt aus den USA, ausgelöst durch Materialengpässe und dem daraus resultierenden Erfordernis von Materialsubstitutionen. Die Substitutionen führen oft „ungewollt" zu technischen Verbesserungen der Erzeugnisse. Aufgrund dieser Erkenntnisse formulierte der Chefeinkäufer der General Electric Company das erste Wertanalysekonzept.

3.3.1.2 Begriffsbestimmung und Merkmale

Unter einer **Wertanalyse** versteht man die systematische Erstellung der notwendigen Funktionen eines Produktes zu den niedrigsten Kosten, ohne daß dabei die anforderungsgerechte Produktqualität, -zuverlässigkeit und -marktfähigkeit negativ beeinträchtigt werden.

Hinterleuchtet man die Grundaussage dieser Definition, so gelangt man zu folgenden **Grunderkenntnissen**:

1. Eine **Wertanalyse** ist eine „Methodenantwort" auf das Grunderfordernis der permanenten und problemorientierten Produktweiterentwicklung unter dem Aspekt der gleichzeitigen Kostensenkung.

2. **Wertanalyse** und **Rationalisierung** sind keine deckungsgleichen Begriffe. Während der zeitlose Rationalisierungsaspekt individuell und unsystematisiert an Einzelteilen und Arbeitsabläufen ansetzt, repräsentiert die Wertanalyse eine funktionale, systematische und teamorientierte Wertoptimierung des Analyseobjektes für die Zielgruppen.

3. Unter einer **Funktion** aus wertanalytischer Betrachtungsweise versteht man die Fähigkeit eines Produktes, vorher definierte Aufgabeninhalte zu erfüllen, um damit die Verkaufsfähigkeit zu sichern.

4. Die **Marktfähigkeit** im Sinne eines Produktwertes gebietet eine zweiseitige Betrachtungsweise – aus der Herstellersicht in Form einer möglichst hohen Gewinnspanne, von der Abnehmerpräferenz her gesehen in einem niedrigen Einkaufspreis bei Gewährleistung einer anforderungsgerechten Qualität.

Aus den fixierten Zusatzbemerkungen zur Definition lassen sich vier markante **Merkmale der Wertanalyse** (*Oeldorf/Olfert* 1995, 91) ableiten:

Funktions-orientierung	„Die vom Kunden gewünschten Funktionen der Leistung werden herausgearbeitet, wodurch Ansatzpunkte für die Wertanalyse deutlich gemacht werden.
Kosten-orientierung	Durch den Einsatz der Wertanalyse soll das Kostenbewußtsein im Unternehmen intensiviert werden.
Team-orientierung	Verbesserungen durch die Wertanalyse erfordern eine Teamarbeit. Ein (interdisziplinäres) Team ist eher in der Lage, Verbesserungsmöglichkeiten aufzudecken.
Systematisierung	Den wertanalytischen Aktivitäten liegt eine Systematik zugrunde, d. h., man versucht in verschiedenen, genau definierten Schritten zu einer Problemlösung zu gelangen."

Bevor im Abschnitt 3.3.3 auf den konkreten Arbeitsablauf bei der Erarbeitung von Wertanalysen näher eingegangen wird, soll an dieser Stelle in Verbindung mit der Definitionsaussage und den oben genannten Wertanalysemerkmalen gemäß DIN 69910, 1987, 1 festgehalten werden:

> „Wertanalysen sind ein System zum Lösen komplexer Probleme ..., sie beinhalten das Zusammenwirken der Systemelemente **Methode**, **Verhaltensweisen** und **Management** bei deren gleichzeitiger gegenseitiger Beeinflussung mit dem Ziel der Ergebnisoptimierung."

Die prinzipiellen **Aufgabeninhalte** der angesprochenen Systemelemente verdeutlicht die nachfolgende *Abbildung 3.6*:

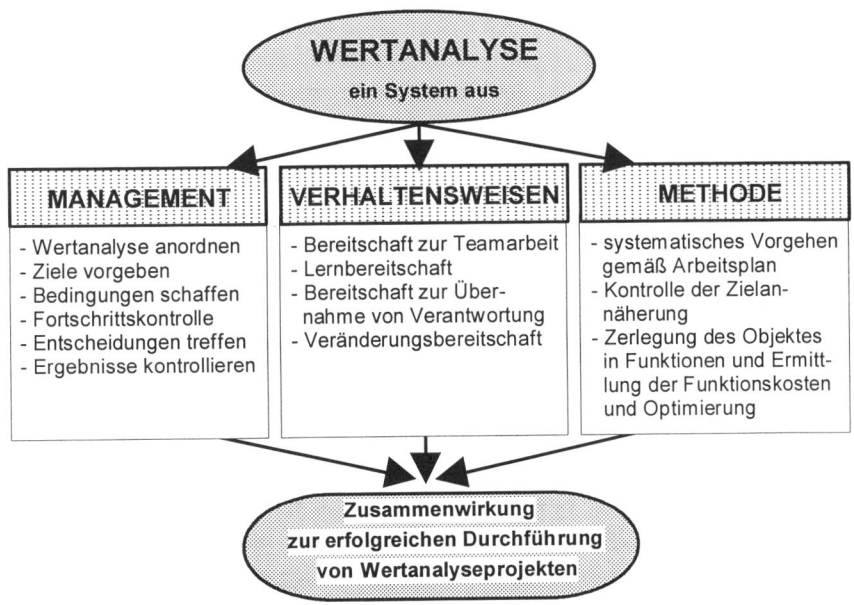

Abbildung 3.6: Systemelemente

3.3.2 Arten von Wertanalysen

Wertanalysen wurden – entsprechend den einleitenden Bemerkungen – zunächst als reine Instrumente zur anforderungsgerechten Kostensenkung von laufenden Fertigprodukten und von neu zu entwickelnden Fertigerzeugnissen angewendet. Später wurden die daraus abgeleiteten Erkenntnisse verallgemeinert und auch für die Rationalisierung der Verwaltungsarbeit eingesetzt. In diesem Gesamtzusammenhang lassen sich mehrere **Arten von Wertanalysen** ableiten. Der Schwerpunkt der näheren Erläuterung der Analysearten liegt jedoch bei der **Produkt- und Konzeptwertanalyse**:

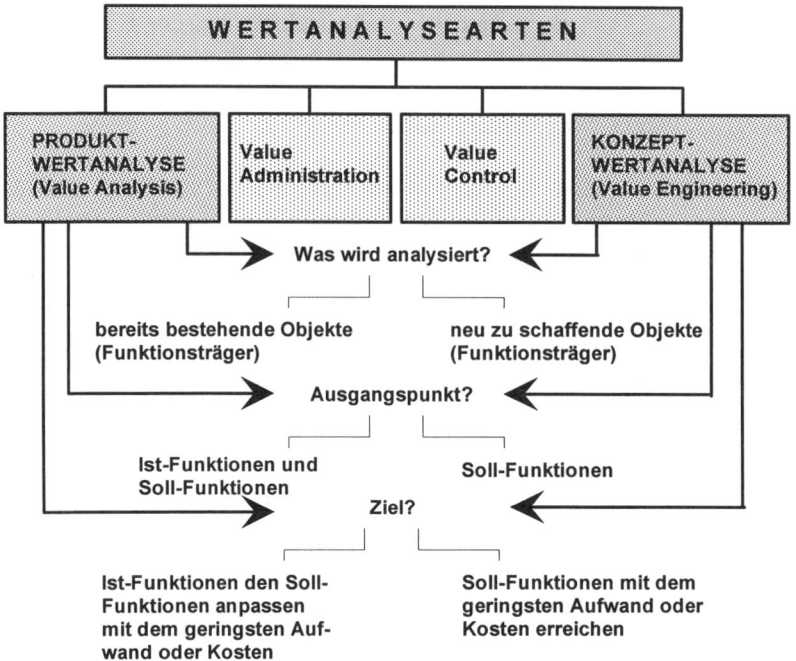

Abbildung 3.7: Arten und Grundsatzfragen von Wertanalysen

Zu den in der Abbildung vorrangig dargestellten **Analysearten** sind folgende **Zusatzerläuterungen** notwendig.

3.3.2.1 Value Analysis

Dieser Analysetyp befaßt sich mit der **funktionsorientierten Kostensenkung** von bereits im Produktionsprogramm integrierten Produkten, besonders mit konstruktionsvereinfachenden und materialkostensenkenden Tatbeständen.

Die Anwendung dieser Analyseform bedingt folgende **Zweckmäßigkeitsaspekte** ❷ bei den Wertanalyseobjekten:

- hoher Materialwertanteil,
- niedrige Konstruktionsveränderung,
- gesicherter Absatz,
- Nicht-Zugehörigkeit zum abfallenden Produkt-Lebenszyklus-Bereich.

3.3.2.2 Value Engineering

Da etwa 80 % der Selbstkosten eines Erzeugnisses bereits im Entwicklungsstadium festgelegt werden, kommt der **wertanalytischen Beeinflussung** (Wertgestaltung) dieses Prozesses eine vorrangige Bedeutung zu.

Als **Grundsatz** gilt: Der Konstrukteur bestimmt die erforderlichen Funktionen sowie die Modalitäten der Arbeitsvorbereitung, und der Einkäufer gestaltet die effizienten Beschaffungsalternativen.

Bei der Wertgestaltung gibt es keine Verbesserungsziele, sondern nur wertmäßige **Zielvorgaben**.

Egal welche Analysenart man letztendlich anwendet, die Aussagen der Praxis (Materialwirtschaftsleiter 1996, Kapitel 5.2, S. 1 und 2) dokumentieren sich in folgenden **Nutzwerten**:

Die durchschnittlichen wertanalytischen **Kostensenkungen** betragen 20 % und umfassen ein Spektrum zwischen 15 % und 40 %. Darüber hinaus gibt es noch eine Reihe **schwer** bzw. **nicht quantifizierbarer Ergebnisse**. Beispiele hierfür:

- „Effizientere Zusammenarbeit sämtlicher Unternehmensbereiche,
- Eindämmung der verschiedenen Arten der Verschwendung durch bessere Kommunikation und einfachere Organisationsabläufe,
- Verstärkung des Zusammengehörigkeitsgefühls der Mitarbeiter,
- Steigerung der Motivation und positivere Einstellung aller Mitarbeiter zur eigenen Arbeit im allgemeinen und zum Gesamtunternehmen im besonderen,
- Förderung von schöpferischem Denken und Steigerung der Ansätze zur Findung von Lösungen für vorhandene Probleme,
- Steigerung des Kostenbewußtseins."

Die durch die Wertanalyse zu beeinflussenden Kosten (Erzeugniskostensenkung und Änderungskosten) zeigen diametrale Kurvenverläufe mit fortschreitender Produktlebenszeit (siehe *Abbildung 3.8*).

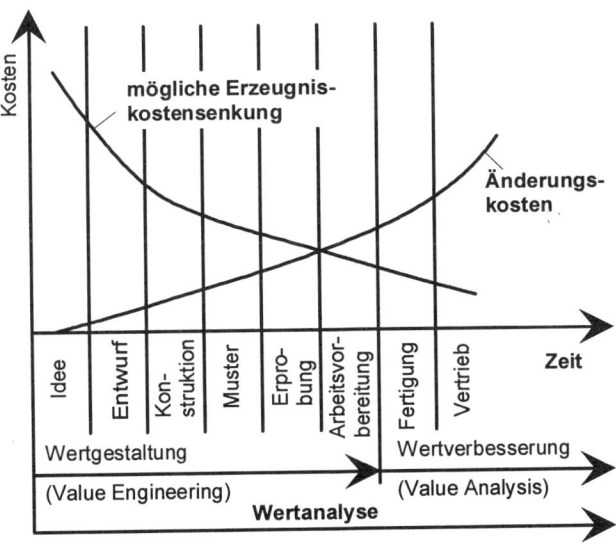

Abbildung 3:8: Wertanalytische Kostenverläufe (Planungstechniken 1988, 114)

3.3.3 Arbeitsablauf

Wie schon öfters erwähnt, verkörpert die Wertanalyse ein „**System zum Lösen komplexer Probleme, die nicht oder nicht vollständig algorithmierbar sind**" (Materialwirtschaftsleiter 1996, Kapitel 5.2, 1). Da sich die wertanalytische Arbeit in größeren Unternehmen auf verschiedene Objekte gleichzeitig bezieht sowie in Anbetracht der dabei zu klärenden Fragen macht sich die Anwendung eines algorithmierten Handlungsablaufes, auch **Wertanalyse-Arbeitsplan** genannt, unumgänglich.

3.3.3.1 Grundschritte laut Wertanalyse-Arbeitsplan

Nach DIN 69910 gelten folgende sechs **Grundarbeitsschritte** einschließlich der dazugehörigen abgegrenzten und abrechenbaren **Unterarbeitsschritte**:

Grundschritt 1	Projekt vorbereiten	1.1	Moderator benennen
		1.2	Auftrag übernehmen, Grobziel mit Bedingungen festlegen
		1.3	Einzelziele setzen
		1.4	Untersuchungsrahmen abgrenzen
		1.5	Projektorganisation festlegen
		1.6	Projektablauf planen
Grundschritt 2	Objekt-situation analysieren	2.1	Objekt und Umweltinformationen beschaffen
		2.2	Kosteninformationen beschaffen
		2.3	Funktionen ermitteln
		2.4	Lösungsbedingte Vorgaben ermitteln
		2.5	Kosten den Funktionen zuordnen
Grundschritt 3	Soll-Zustand beschreiben	3.1	Informationen auswerten
		3.2	Soll-Funktionen festlegen
		3.3	Lösungsbedingte Vorgaben festlegen
		3.4	Kostenziele den Soll-Funktionen zuordnen
Grundschritt 4	Lösungsideen entwickeln	4.1	Vorhandene Ideen sammeln
		4.2	Neue Ideen entwickeln
Grundschritt 5	Lösungen festlegen	5.1	Bewertungskriterien festlegen
		5.2	Lösungsideen bewerten
		5.3	Ideen zu Lösungsansätzen verdichten und darstellen
		5.4	Lösungsansätze bewerten
		5.5	Lösungen ausarbeiten
		5.6	Lösungen bewerten
		5.7	Entscheidungsvorlage erstellen
		5.8	Entscheidungen herbeiführen
Grundschritt 6	Lösungen verwirklichen	6.1	Realisierung im Detail planen
		6.2	Realisierung einleiten
		6.3	Realisierung überwachen
		6.4	Projekt abschließen

Abbildung 3.9: Wertanalyse-Arbeitsplan nach DIN 69910

3.3.3.2 Unterarbeitsschritte laut Wertanalyse-Arbeitsplan

Bei der Realisierung der in den einzelnen Arbeits- bzw. Teilarbeitsschritten integrierten Arbeitsinhalte sind folgende **Aspekte** zu beachten:

GRUNDSCHRITT 1:	Projektvorbereitung

Zur sorgfältigen Projektvorbereitung – im Sinne der Auswahl des Untersuchungsobjektes – bedarf es der Anwendung differenzierter **Auswahltechniken**. Dabei kommen folgende Techniken zum Einsatz:
1. ABC-Analysen zur Klassifizierung von A-Teilen als vorrangige Analysegegenstände,
2. Einsatz von problemorientierten Checklisten.

Einzelschritt 1.1:	Moderatorbenennung

- **Wertanalysespezialist**, der von der Unternehmensleitung ernannt wird, im Betrieb beschäftigt oder betriebsfremd ist

- **Hauptaufgabe** ist die kreative und zielorientierte Steuerung der Gruppenarbeit im Wertanalyseteam

Einzelschritt 1.2:	Auftragsübernahme und Grobzielfestlegung

- Festlegung der **Aufgabenstellung** und **Definition** des i. d. R. wertmäßigen Kostensenkungszieles

- Festschreibung der **Rahmenbedingungen** zur Zielerreichung

Einzelschritt 1.3:	Detailzielfestschreibung

- Ableitung von quantifizierbaren **Detailzielen** aus dem definierten Grobziel sowie Einschätzung der aus der Analysenarbeit resultierenden Personal- und sonstigen Vorauskosten

- Als **Detailziele** gelten Kosten-, Leistungs-, Umsatz-, Zeit- und Qualitätsziele

Einzelschritt 1.4:	Untersuchungsrahmenabgrenzung

Absteckung des Untersuchungsrahmens unter Zugrundelegung spezifischer, auf das Unternehmen bezogener **Rahmendaten** wie
- Unternehmensphilosophien und -strategien,
- ökologische Anforderungsbilder,
- gesetzliche Vorschriften,
- Investitionswertumfänge,
- Markttendenzen.

Einzelschritt 1.5:	Projektorganisationsfestlegungen

- Festlegung der **personellen Zusammensetzung** des Wertanalyseteams aus allen Teilbereichen, die direkt von den potentiellen Arbeitsergebnissen betroffen werden
- Bei der Entscheidung, wer Mitglied im Wertanalyseteam wird, ist von der **fachlichen** und **persönlichen Eignung** auszugehen.
- Zur Lösung von **Spezialproblemen** sind externe Spezialisten, die Lieferanten und die Kunden in die Teamarbeit einzubeziehen.
- Bei der Organisationsgestaltung sollten eine Reihe von allgemeingültigen **Organisationsregelungen** (*Oeldorf/Olfert* 1995; 94,95) beachtet werden, wie z. B.
  - „Dem Team sollten nicht mehr als sieben unternehmensinterne Personen angehören.
  - Zur Teamarbeit sollten nur Personen hinzugezogen werden, die auf gleicher hierarchischer Ebene stehen und über einen gesunden Gemeinschaftsgeist verfügen. Nörgler, Dauerkritiker, Besserwisser, zu schwache und zu starke Persönlichkeiten dürfen nicht zur Gruppenarbeit herangezogen werden.
  - Die Schaffung einer eigenen Stabsstelle für die Wertanalyse, welche der Unternehmensleitung direkt unterstellt ist. Damit wird eine Abhängigkeit der Wertanalyse von den übrigen Unternehmensbereichen verhindert, die sich negativ auswirken könnte."

Einzelschritt 1.6:	Projektablaufplanung

- Terminierung der Einzelarbeitsschritte des Arbeitsplanes unter den Prämissen der im Schritt 1.4 fixierten **Rahmendaten**
- Fixierung des **Terminplanes** der Teamsitzungen

GRUNDSCHRITT 2:	Objektsituationsanalyse

Hauptaufgabe der Objektanalyse ist die Beschaffung von **differenzierten Informationen** über das Analyseobjekt. Die inhaltliche Informationsdifferenzierung bezieht sich dabei auf die jeweils anzuwendende Wertanalysenart (Wertgestaltung oder Wertverbesserung).

Einzelschritt 2.1:	Produkt- und Umweltinformationsbeschaffung

- Als **Produktinformationen** zählen solche Aspekte wie Produkteigenschaften einschließlich Daten über Konstruktionsstärken und -schwächen, Material- und Produktionsdaten, technologische Ablaufstrukturen, angewandte Patente und Lizenzen u. ä.
- Zu den **Umweltinformationen** gehören z. B. Marktvolumen, -anteile, -tendenzen, Zielgruppendaten, Gesetze und Vorschriften, Konjunkturdaten usw.

Einzelschritt 2.2: Kosteninformationsbeschaffung

In diesem Unterschritt gilt es, sämtliche relevanten Einzel- und Gemeinkosten für das Objekt auf der Grundlage vorhandener tabellarischer Kalkulationsträger (BAB) zu ermitteln. Diese Daten dienen nicht nur der Kostentransparenz des Produkts, sondern auch als Basis für die Ableitung möglicher **Analyseschwerpunkte**.

Einzelschritt 2.3: Funktionsermittlung

Die Ermittlung der Ist-Funktionen eines Analyseobjektes erfolgt in drei **Arbeitsschritten**:

1. Bestimmung der Funktionsträger als die Teile eines Erzeugnisses, die eine oder mehrere Funktionen verrichten (z. B. Baugruppen, Einzelteile, Zusatzkomponenten)

2. Bestimmung der grundlegenden Funktionsarten in der Unterscheidung:

   a) **Gebrauchsfunktionen**, die die technische Funktionsfähigkeit eines Produktes bestimmen und

   b) **Geltungsfunktionen**, die vorrangig die subjektiv wahrnehmbaren Produktfunktionen verkörpern.

2. Bestimmung der Funktionsklassen in der Unterscheidung

   c) **Gesamtfunktion** definiert die Hauptaufgabe des kompletten Erzeugnisses

   d) **Hauptfunktionen** definieren unmittelbar die Primäraufgabe der Hauptteile eines Erzeugnisses im Zusammenspiel von Substantiv und Verb

   e) **Nebenfunktionen** definieren die unterstützenden Wirkungen eines Erzeugnisses, d. h., sie tragen nur mittelbar zur Realisierung der Hauptfunktionen bei. Auch diese Funktionen werden durch Konjunktion von Substantiv und Verb beschrieben.

   f) **Unnötige Funktionen** sind Funktionen, die zwar einen relativen Produktnutzwert besitzen, jedoch keinen Einfluß auf die Marktattraktivität des Erzeugnisses ausüben. Sie sind meist ein unnötiger Kostenfaktor.

Die Funktionen werden in der Praxis mittels **Funktionsanalysen** strukturiert, das heißt, sie werden nach **Rängen** und **Kausalitäten** gegliedert.

Als **Frageschema** zur Bestimmung der Funktionsklassen gilt:

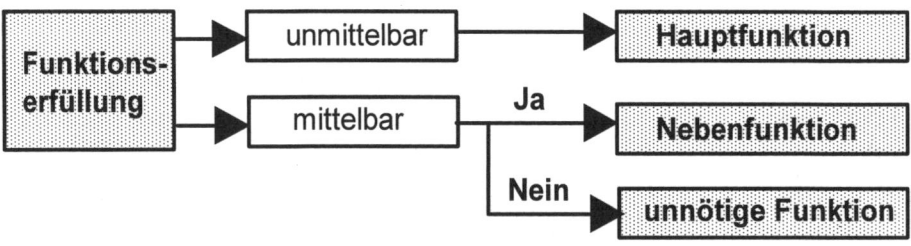

Abbildung 3.10:Frageschema zur Bestimmung der Funktionsklassen

Einzelschritt 2.4:	Lösungsbedingte Vorgabenermittlung

Um sinnvolle Lösungen mittels Wertanalysen abzuleiten, bedarf es der Fixierung von Anforderungen an das Ergebnis, die über den Erkenntnisstand der Funktionsanalyse hinausgehen. Diese Vorgaben können sowohl **quantifizierbaren** als auch **nicht quantifizierbaren** Charakter tragen, wie z. B. maximaler Energieverbrauch und Mindestlebensdauer eines Erzeugnisses oder verbessertes Design und bessere Trageeigenschaften.

Einzelschritt 2.5:	Funktionsorientierte Kostenzuordnung

Den im Punkt 2.3 mit Hilfe von Funktionsanalysen ermittelten Funktionen werden nun in diesem Arbeitsschritt die den Funktionen adäquaten Kosten zugeordnet. Zur Wahrung der Übersichtlichkeit erfolgt die Gegenüberstellung meist in Form einer **Funktionskostenmatrix** nach folgendem Muster:

Objektteile incl. Kosten in DM in %	a	b	c	...	n	gesamt
Nebenfunktionen 1 2 3 ⋮ n						

Abbildung 3.11: Grundstruktur einer Funktionskostenmatrix

- Bei der Ermittlung der Funktionskosten kann es überall dort Probleme geben, wo **Funktionsüberschneidungen** auftreten. Ist dies der Fall, werden Schätzungen zur funktionsorientierten Kostenzuordnung notwendig.

- Die bisherigen **Kostenrechnungssysteme** sind aufgrund ihrer Kostenträgerbezogenheit nur zum Teil geeignet als Kostenbasis zu dienen.

- Die bisherigen **Kostenrechnungssysteme** sind aufgrund ihrer Kostenträgerbezogenheit nur zum Teil geeignet als Kostenbasis zu dienen.

- Die Ermittlung der Funktionskosten dient der **Schwerpunktfindung** und **Problemoptimierung**, denn es sollen nur solche Funktionen wertanalytisch untersucht werden, die besonders kostenintensiv sind.

GRUNDSCHRITT 3:	Sollzustandsbeschreibung

Nachdem im vorangegangenen Arbeitsschritt der Ist-Zustand des Analyseobjektes ermittelt wurde, wird in diesem Arbeitsschritt der **Soll-Zustand** als Grundlage der Ideenentwicklung und Lösungserarbeitung beschrieben.

Einzelschritt 3.1:	Informationsauswertung

Ausgangspunkt der Soll-Zustandsbeschreibung ist die nochmalige kritische **Überprüfung** und eventuelle **Akzentuierung** der im Schritt 2.1 ermittelten Ist-Daten über den Analysegegenstand. Damit ist Gewähr gegeben, daß jedes Teammitglied aktualisiert und zielgerichtet die nachfolgenden Arbeitsschritte vollziehen kann.

Einzelschritt 3.2:	Soll-Funktionsfestlegung

In dieser Phase des Ablaufschemas erfolgt eine kreative Hinterfragung der Ist-Funktionen bezüglich ihres Beitrages zur geplanten wertanalytischen **Zielsetzung**. Dabei sind folgende **Fragestellungen** zu beantworten:
1. Welche unnötigen Ist-Funktionen besitzt das Objekt?
2. Welche Ist-Funktionen könnten aufgrund der fixierten Zielsetzung entfallen?
3. Welche Ist-Funktionen müssen entsprechend der Zielsetzung verändert werden?
4. Welche gewinnbringenden zusätzlichen Funktionen sind erforderlich?
Im Ergebnis der Befragung erfolgt dann die Fixierung der **Soll-Funktionen**! Auch bei diesen gibt es eine Differenzierung nach Funktionsarten und -klassen.

Einzelschritt 3.3:	Lösungsbedingte Vorgabenermittlung

Die bereits im Einzelschritt 2.4 festgelegten Vorgaben sind gemäß den Soll-Funktionen zu überprüfen und, wenn notwendig, zu aktualisieren. Differenzen zwischen den „Alt- und Neuvorgaben" sind möglich durch eventuelle Funktionsveränderungen. Die neuen Vorgabenwerte werden zu einer **nicht zu unterschätzenden Randgröße** für die Bewertung der Lösungsideen.

Einzelschritt 3.4:	Funktionsorientierte Soll-Kostenzuordnung

Durch die Zuordnung der vorgesehenen Kostenziele zu den Soll-Funktionen und die sich daraus eventuell ergebenden Differenzen werden Anregungen zu Verbesserungen abgeleitet. **Nutzwert-** und **Mengenunterschiede** sowie der zu erwartende Rationalisierungsaufwand sind in diesem Konnex zu beachten.

GRUNDSCHRITT 4: Lösungsideenentwicklung

Nachdem im Vorschritt die als wichtig erachteten Soll-Funktionen vom Wertanalyseteam fixiert wurden, werden in diesem Arbeitsschritt alle denkbaren **Lösungsideen** zur Erreichung der **Soll-Funktionen** und den damit verbundenen Problem- und Zielstellungen gesucht.

Einzelschritt 4.1: Ideensammlung

Aus Anregungen und Verbesserungsvorschlägen von Mitarbeitern, Kunden und Lieferanten, Markt- und Wettbewerbsinformationen, Literatur, Datenbanken u.ä. sind Ideen zur Lösungsfindung zu sammeln. Zu überprüfen ist dabei:

- welche Lösungen bereits anderweitig vorhanden sind,
- ob ein anderes Lösungsprinzip angewendet werden kann,
- ob ein Funktionsträger andere Funktionen miterfüllen kann und
- ob eine Funktion von mehreren Funktionsträgern erfüllt werden kann.

Einzelschritt 4.2: Ideenentwicklung

Methoden zur Lösungsfindung richten sich entweder auf das kreative Denken der Mitglieder des Teams aus oder auf das systematisch analytische Denken.
Als grundsätzliche Techniken im Sinne von Standardhilfsmitteln der Ideenfindung gelten folgende **Kreativitätstechniken**:

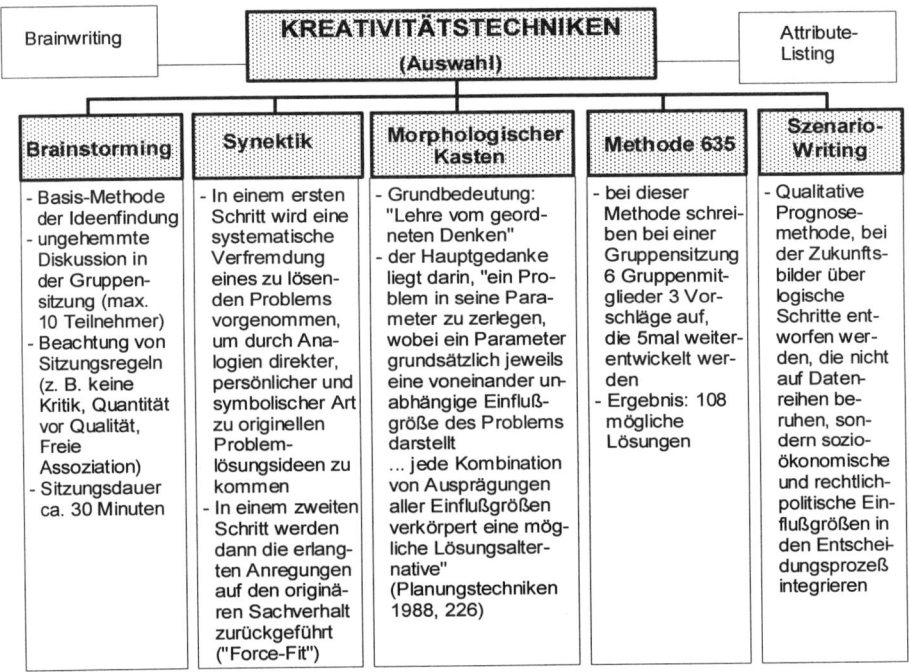

Abbildung 3.12: Kreativitätstechniken

GRUNDSCHRITT 5:	Lösungsfestlegung

Das **Herausfiltern** der qualitativ hochwertigen Ideen aus der Menge aller Lösungsalternativen, das **Bewerten** der Lösungsideen zum Finden der besten Lösung und das **Herbeiführen** der Entscheidung dafür sind Inhalt dieses Arbeitsschrittes.

Einzelschritt 5.1:	Bewertungskriterienfestlegung

„Bewertungskriterien sind objektspezifische sowie allgemeingültige Vorgaben, an denen beim Bewerten die verschiedenen Lösungsvorschläge gemessen werden" (Materialwirtschaftsleiter 1996, Teil 5, Kapitel 5.3, 12).
Übliche Bewertungskriterien sind:
- Fertigungseinzelkosten
- Fertigungsgemeinkosten
- Materialeinzelkosten
- Materialgemeinkosten
- Recyclingkosten

Einzelschritt 5.2:	Lösungsideenbewertung

Gemäß den fixierten Bewertungskriterien wird eine Auswahl aller generierten Lösungsideen für alle Funktionen getroffen. Nicht realisierbare Lösungen werden nicht weiter verfolgt, realisierbare Lösungen werden ausgewählt
- nach dem Grad der Durchführbarkeit,
- nach der Annäherung an die Zielvorgaben und
- nach dem Risiko für das Unternehmen bei deren Verwirklichung

Einzelschritt 5.3:	Lösungsideenverdichtung

In diesem Schritt werden die realisierbaren Funktionslösungen verdichtet und zu einem **Gesamtlösungskonzept**(ansatz) verbunden. Dies kann dazu führen, daß auch unnötige Einzellösungen Bestandteil der Gesamtlösung werden können.

Einzelschritt 5.4:	Lösungsansatzbewertung

In diesem Zusammenhang gilt es, die Zielerreichung der erarbeiteten Gesamtlösungsansätze anhand der im Schritt 5.1 bereits fixierten Kriterien zu bewerten. Da die Relevanz der einzelnen Bewertungskriterien im Zusammenhang anders sein kann, ist zu überlegen, ob darüber hinaus eine interne Kriterienentwicklung erfolgen sollte.

Einzelschritte 5.5 und 5.6:	Lösungsausarbeitung/-bewertung

Die im Vorschritt bewerteten Lösungsansätze werden nun von den im Wertanalyseteam integrierten Mitgliedern und von Personen, die sachlich für die entsprechenden Aufgaben im Unternehmen zuständig sind (z. B. Konstrukteure,

Technologen, Kosten- und Leistungsrechner, Materialwirtschaftler) zu tragfähigen Lösungen ausgearbeitet. Dabei sollten mindestens 3 realisierbare Vorschläge unterbreitet werden. Gemäß der Annäherung an die Zielvorgaben sind dann die ausgearbeiteten Lösungen zu bewerten und zu ordnen. Maßstab für die Bewertung der Lösungen sollte der Erfüllungsgrad der Eigenschaften **funktionsgerecht, geltungsgerecht, verkaufsgerecht, umweltgerecht** und **herstellungsgerecht** sein. Bewertungstechniken sind u. a. die Nutzwertanalyse und der Kostenvergleich. Das Ergebnis der Nutzwertanalyse kann nur ein relativer Wert sein, da er von den subjektiven Wertvorstellungen der Verbraucher abhängt. Der Kostenvergleich liefert direkt vergleichbare Werte, wenn Aufwand und Ertrag eindeutig ermittelbar sind. Anderenfalls müssen Schätzwerte zugrunde gelegt werden.

Einzelschritte 5.7 und 5.8:	**Entscheidungsvorlageerstellung / Entscheidungsherbeiführung**

Da das Wertanalyseteam nicht befugt ist, eine Entscheidung zu treffen, kommt einer Vorbereitung der **Präsentation** der Lösungen vor dem Entscheidungsgremium eine große Bedeutung zu. Es müssen alle Zweifel beseitigt werden, die der Glaubhaftigkeit der besten Lösung entgegenstehen. Die Entscheidungsvorlage wird dem Entscheidungsgremium schriftlich vorgelegt und mündlich durch einen Referenten der Wertanalysegruppe präsentiert. Der Bericht sollte detaillierte Informationen über die Wirtschaftlichkeit, die Vor- und Nachteile, die Risiken bei der Einführung, die Realisierungsplanung der Lösungen enthalten.

Im einzelnen muß der **Ergebnisrapport** folgende Aspekte enthalten:

- „Darstellung von Aufgabe und Ziel,
- Vorstellungen des Wertanalyse-Teams,
- Vorstellung des Objekts mit allen Funktionen,
- sämtliche Daten (Kostendaten, Marktdaten usw.),
- detaillierte Zeichnungen,
- Nachweis der Wirtschaftlichkeit,
- Investitionsplanung,
- Maßnahmenplan für Grob-Realisation.“
(Materialwirtschaftsleiter 1996, Teil 5, Kapitel 5.3, 14)

Die nachfolgende *Abbildung 3.13* dokumentiert (nach Materialwirtschaftsleiter 1996, Teil 5, Kapitel 5.3, 14) eine zusammenfassende Darstellung der Projektergebnisse:

Zusammenfassung der Wertanalyse-Projektergebnisse		
Verbesserungen	für fertigungstechnische und wartungstechnische Abläufe	25 % Zeiteinsparung
	für administrative Abläufe	24 % Zeiteinsparung
	durch Personaleinsatzplanung und -steuerungsmaßnahmen	6 % Produktivitätssteigerung
	durch Losgrößenerhöhung	50 % Rüstkostenreduzierung
	gesamtes Ergebnis	• 13 % Herstellkostenreduzierung • verbesserte Qualitätsüberwachung • freie Kapazität für Kundenberatung
Realisierung	durchschnittliche Realisierungszeit	6 Monate
Investitionsaufwand	für Vorrichtungen und Organisationshilfsmittel	Amortisationszeit: 6 Monate
Wertanalyseaufwand	für Teamsitzungen für Aufgabenerledigung für Schulung	Gesamt = 520 Stunden

Abbildung 3.13:Zusammenfassung der Projektergebnisse

GRUNDSCHRITT 6:   Lösungsverwirklichung

Nachdem die Entscheidung seitens der Geschäftsleitung für die beste Lösung gefallen ist, liegt es am Engagement des **Wertanalysemoderators** und **Wertanalyseteams**, wie schnell die Lösung realisiert wird, denn der normale Geschäftsbetrieb im Unternehmen kann die Verwirklichung der Lösung verdrängen bzw. verschieben. Mit der Verwirklichung der Lösung ist das Wertanalyseprojekt abgeschlossen.

Einzelschritt 6.1:   Detailrealisationsplanung

Im Rahmen des Arbeitsschrittes 5.6 wurden bereits Angaben zum inhaltlichen, zeitlichen und organisatorischen Ablauf der Lösungsverwirklichung getätigt. Aufbauend auf diesen Fakten, erfolgt in diesem Schritt eine Detaillierung der Aufgaben. Realisierungsplanung im Detail heißt dabei, Planung der folgenden Kriterien:

- Aufwendungen an finanziellen Mitteln
- Personalbedarf
- Kapazitätsbedarf
- Zuständigkeiten
- Informationswege
- Zeitrahmen u. ä.

Einzelschritte 6.2 und 6.3:   Realisationseinleitung und -überwachung

Die Realisierung der Wertanalyse muß durch die Geschäftsleitung **veranlaßt, überwacht und kontrolliert** werden. Nur so ist gewährleistet, daß die Arbeit des Wertanalyseteams ernst genommen wird. Dadurch können weitere Projekte erfolgreich bearbeitet werden. Der kontinuierliche Soll-Ist-Vergleich der Realisierung ermöglicht das Erkennen von **Zielabweichungen** und ein schnelles Reagieren darauf. Besondere Bedeutung kommt der Überwachung der Realisierung von Wertverbesserungsmaßnahmen zu, da bei diesen Maßnahmen keine von außen vorgegebenen Maßnahmen zu erfüllen sind.

Einzelschritt 6.4:   Projektabschluß

Mit einem **Abschlußbericht** wird das Projekt offiziell beendet. Er enthält die Ergebnisse des Projektes im Vergleich zum Ziel, Erfahrungen für die weitere Verwendung und für weitere Analysen sowie eine exakte **Nachkalkulation** zur Bestätigung der Wertanalyse-Ergebnisse. Fallen die Ergebnisse positiv aus, wird das Team entlastet und von seiner Aufgabe entbunden.

3.4   Preisstrukturanalyse

Ein weiteres Analyseinstrument zur Erhöhung des materialwirtschaftlichen Erfolgspotentials ist die Preisstrukturanalyse. Mit ihr wird versucht, im Rahmen der Beschaffungspolitik auf die Gestaltung der Preise zu Gunsten des materialwirtschaftlichen Abnehmers Einfluß zu nehmen. Das **Grundanliegen** dieser Methode besteht dabei darin, die von den Lieferanten unterbreiteten Preise in ihre **Kosten- und Gewinnkomponenten** zu tranchieren.

Mit diesem Zielansatz sollen zwei **Grundsatzfragen** geklärt werden:

1.   Wie hoch sind die Kostenträgerstückkosten der Lieferanten für die angebotenen Produkte?

2.   Welchen prozentualen Anteil verkörpern die einzelnen Kostenarten an den Gesamtstückkosten?

Die Kenntnis der absoluten Kostenträgerstückkosten liefert in Verbindung mit Preis-Ist- und Preis-Entwicklungsdaten die **kurz-** und **langfristigen Preisuntergrenzen** der Anbieter und ist somit eine wertvolle Information bei den Detailaktivitäten der Vertrags- und Lieferantenpolitik. Nur so können unfaire Preisangebote bzw. -erhöhungen abgewehrt oder Forderungen nach Preissenkungen seitens der Abnehmer begründet werden. Als **Faustformel** für die Preisuntergrenzen gelten i. d. R.:

•   kurzfristige Preisuntergrenze: **variable Einzelkosten**

•   langfristige Preisuntergrenze: **Gesamtstückkosten**

Die Ermittlung der prozentualen Kostenartenanteile erfolgt auf der Grundlage von

- Mengenstücklisten,
- Hochrechnungen von Eigenzahlen,
- Zeitdaten über die angewandten Fertigungsverfahren,
- veröffentlichten Branchendaten zu Gemeinkosten-Zuschlagssätzen,
- branchenüblichen Gewinnaufschlägen,
- Prospektinformationen über die technischen Eigenschaften,

aber auch durch eigene Erfahrungswerte. Als gebräuchlichstes Datenerfassungsschema dient dabei das Kalkulationsschema der **Kostenträgerstückrechnung**. Da bei konventionellen Produkten der Hauptanteil der Kosten im Bereich der Materialkosten angesiedelt ist (siehe Abschnitt 1.4 – Betriebswirtschaftliche Ergebniswirksamkeit der Materialwirtschaft für den Unternehmenserfolg), muß dieser Kostenart besondere Bedeutung beigemessen werden. Schwerpunkt bildet dabei die analytische Ermittlung der Materialeinzelkosten.

Das Grundanliegen und der Durchführungsmodus der Preisstrukturanalyse soll am nachfolgenden **Demonstrationsbeispiel** dargestellt werden:

Demonstrationsbeispiel:

D I Sachverhalt

Die Preisstrukturanalyse versucht, die Aufgliederung des vom Lieferanten geforderten Preises in Kostenbestandteile und Gewinnanteile nachzuvollziehen und dient der Überprüfung der Angemessenheit dieses Preises. Mit Hilfe der Preisstrukturanalyse kann die Berechtigung einer Preiserhöhung durch den Lieferanten festgestellt werden. In der Praxis wird die Preistrukturanalyse meistens auf der Basis von Vollkosten durchgeführt. Für die Ermittlung der Preisbestandteile geht man zweckmäßig von gebräuchlichen Kalkulationsschemata aus.

D II Ausgangsdaten

Ein Lieferant, der sein Produkt bisher für 125 DM/Stück angeboten hat, teilt der Einkaufsabteilung des Abnehmers mit, daß er gezwungen ist, aufgrund gestiegener Kosten ab nächstem Quartal 150 DM/Stück zu fordern. Er begründet diese Forderung mit
- einer Erhöhung des Rohstoffpreises um 15 %,
- einer Erhöhung der Tariflohnsätze um 12 % und
- einem Anstieg der Kosten im Vertriebsbereich auf 5 % der Herstellkosten.
Diese Erhöhungen beziehen sich auf jeweils 1 Stück.
Von der Kostenstruktur des Produktes sind der Einkaufsabteilung folgende Größen bekannt:
- Materialeinzelkosten   60 DM/Stück
- Fertigungslöhne   20 DM/Stück
- Sondereinzelkosten der Fertigung   6 DM/Stück.

Über eine Kostenstrukturstatistik ermittelte der Einkäufer folgende branchenübliche Gemeinkostenzuschlagssätze:
- Materialgemeinkosten   5 bis 6 %
- Fertigungsgemeinkosten   80 bis 100 %
- Verwaltungsgemeinkosten   4 bis 6 %
- Vertriebsgemeinkosten   2 bis 4 %.

D III Aufgabenstellung

1. Führen Sie anhand des Ihnen zur Verfügung stehenden Datenmaterials eine Preisstrukturanalyse für den bisherigen Preis unter Berücksichtigung von Minimal- und Maximalkosten durch! Orientieren Sie sich dabei am gebräuchlichen Kalkulationsschema.
    Beurteilen Sie jeweils die Höhe des Gewinnanteils des Lieferanten!

2. Berechnen Sie, ob die Preiserhöhung des Lieferanten auf 150 DM je Stück gerechtfertigt ist!
    Gehen Sie davon aus, daß sich die Kostensteigerungen direkt in den einzelnen Kalkulationsposten niederschlagen und die unter 1. ermittelten Gewinnzuschläge (für Minimal- und Maximalkostenkalkulation) des Lieferanten bei der Preiserhöhung realisiert werden.

3. Für welche Artikel ist die Durchführung einer Preisstrukturanalyse sinnvoll?

D IV Lösungen

zu 1.

		Minimalkosten	(DM)	Maximalkosten	(DM)
	MEK		60,00		60,00
+	MGK	(5 %)	3,00	(6 %)	3,60
	MK		63,00		63,60
+	FEK		20,00		20,00
+	FGK	(80 %)	16,00	(100 %)	20,00
+	SEF		6,00		6,00
	FK		42,00		46,00
	HK		105,00		109,60
+	VWGK	(4 %)	4,20	(6 %)	6,58
+	VtGK	(2 %)	2,10	(4 %)	4,38
=	SK		111,30		120,56
+	Gew	(12,31 %)	13,70	(3,68 %)	4,44
=	Preis		125,00		125,00

Eine Gewinnspanne zwischen 3,68 % und 12,31 % erscheint angemessen.

zu 2.

		Minimalkosten	(DM)	Maximalkosten	(DM)
	MEK		69,00		69,00
+	MGK	(5 %)	3,45	(6 %)	4,14
	MK		72,45		73,14
+	FEK		22,40		22,40
+	FGK	(80 %)	17,92	(100 %)	22,40
+	SEF		6,00		6,00
	FK		46,32		50,80
	HK		118,77		123,94
+	VWGK	(4 %)	4,75	(6 %)	7,44
+	VtGK	(5 %)	5,94	(5 %)	6,20
=	SK		129,46		137,58
+	Gew	(12,31 %)	15,94	(3,68 %)	5,06
=	Preis		145,40		142,64

Die Preiserhöhung auf 150 DM/Stück ist aufgrund der durchgeführten Preisstrukturanalyse ungerechtfertigt. In den Preisverhandlungen sollte seitens der Einkaufsabteilung höchstens ein Preis von 145 DM akzeptiert werden. Dem Lieferanten sollte nahe gelegt werden, die erhöhten Kostenbestandteile durch eine effizientere Prozeßgestaltung zu kompensieren.

zu 3. Die Preisstrukturanalyse sollte nur für bedeutende Artikel (A-Teile) im Beschaffungsprogramm durchgeführt werden. Der verursachte Aufwand für eine Analyse des Preises muß in einem angemessenen Verhältnis zur möglichen Kosteneinsparung stehen.

3.5 Kontrollfragen

1. Erläutern Sie den Grundgedanken und die Arbeitsschritte der ABC-Analyse! ➡ Kap.3.2/48

2. Wieso ist durch die Anwendung einer ABC-Analyse eine Effizienzsteigerung im Rahmen der materialwirtschaftlichen Teilfunktionen möglich? ➡ Kap.3.2/48

3. Welche Schlußfolgerungen für materialwirtschaftliche Aufgabenfelder (Bedarfsermittlung, Einkauf, Lagerwirtschaft,...) sind aus den Ergebnissen der ABC-Analyse für A- und C- Teile zu ziehen? ➡ Kap.3.2/49

4. Warum verlaufen die Lorenzkurven um so flacher, je näher das Unternehmen dem Konsumenten ist? ➡ Kap.3.2/51

5. Interpretieren Sie den Begriff „Schwankungskoeffizient" und deuten Sie den Ermittlungsmodus für X-, Y- und Z-Teile! ➡ Kap.3.2/57

6. Wieso erleichtert die Kombination der XYZ-Analyse mit der ABC-Analyse die Erreichung des materialwirtschaftlichen Optimums? ➡ Kap.3.2/62

7. Worin bestehen die Problemstellung und die Zielsetzung von Wertanalysen als Verfahren zur Kostensenkung im Materialwirtschaftsbereich? ➡ Kap.3.3/63

8. Begründen Sie die These, daß Wertanalysen immer ein System aus Management, Verhaltensweisen und Methoden verkörpern! ➡ Kap.3.3/65

9. Grenzen Sie die Value Analysis und die Value Engineering voneinander ab und erläutern Sie die Zweckmäßigkeitsaspekte ihrer Anwendung! ➡ Kap.3.3/66

10. Beschreiben Sie die wesentlichen Arbeitsschritte einer Wertanalyse lt. DIN 69910. ➡ Kap.3.3/68

11. Welche Kreativitätstechniken können zur Findung von Alternativlösungen im Rahmen des 4. Arbeitsschrittes bei der Erstellung von Wertanalysen eingesetzt werden und worin liegen deren Anwendungskriterien? ➡ Kap.3.3/74

12. Nennen Sie den Denkansatz der Preisstrukturanalyse! Welche zwei prinzipiellen Fragen hat sie zu beantworten? ➡ Kap.3.4/78

3.6 Übungsaufgaben

❶ **Auswertung einer ABC-Analyse**

1. **Ausgangsdaten**
   Das Ergebnis einer ABC-Analyse in einem Unternehmen sieht wie folgt aus:

Wertgruppe	Anzahl der Teile (Stück)	Jahresbedarf (DM)
A	600	2.100.000
B	1.200	750.000
C	4.200	150.000
Summe	6.000	3.000.000

Die Lagerhaltungskosten betragen 20 % des mittleren Lagerbestandswertes.

Eine Bestellung verursacht Kosten in Höhe von 40 DM.

Bisher wurden für alle Teile im Jahr 4 Bestellungen ausgelöst. Auf der Grundlage der durchgeführten ABC-Analyse soll eine wirtschaftlichere Bestellpolitik eingeführt werden.

Für A-Teile sollen nun 12 Bestellungen , für B-Teile 4 Bestellungen und für C-Teile nur noch eine Bestellung im Jahr ausgelöst werden. (Sammelbestellungen sind auszuschließen!)

2. Aufgabenstellungen

Ermitteln Sie die jeweils absolute Einsparung, die sich aufgrund der geänderten Bestellhäufigkeit ergibt:

2.1 bei den Beschaffungskosten,

2.2 bei den Lagerhaltungskosten

2.3 insgesamt.

---

❷ Wertanalyse

1. Ausgangsdaten

Ein Landmaschinenhersteller fertigt 5 unterschiedliche Traktorentypen. Aufgrund von Absatzschwierigkeiten entschließt er sich für eine Wertanalyse.

An Datenmaterial steht zur Verfügung:

Traktorentyp	T1	T2	T3	T4	T5
Geschätzte Restlebensdauer (Jahre)	1	8	2	3	6
Materialwert pro Stück (DM)	2.000	3.600	1.600	900	2.400
Ø Umsatz (Stück/Jahr)	1.100	2.000	1.000	950	1.050
Absatzerwartungen	fallend	steigend	steigend	konstant	konstant
Wertanalyse bereits früher erfolgt?	nein	nein	nein	ja	ja

2.   Aufgabenstellung

Welcher Traktorentyp bzw. welche Traktorentypen sollten einer Wertanalyse unterzogen werden, welche nicht?
Begründen Sie Ihre Antwort!

4 Materialdisposition

4.1 Studienziele

Dieses Kapitel soll es dem Leser ermöglichen
➡ den Begriff und die Grundsatzaufgaben der Materialdisposition zu formulieren und die Schnittstellen eines modernen Dispositionssystems mit den angrenzenden betrieblichen Informationskreisen aufzuzeigen;
➡ aufbauend auf der kausalen Darstellung der wesentlichsten Bedarfsarten, die drei elementaren Verfahren der Materialbedarfsermittlung einschließlich der Begründung ihrer Anwendungsmodalitäten zu erklären;
➡ das zielorientierte Grundanliegen der Materialbestandsrechnung (der zweiten dispositionsbezogenen Teilfunktion) zu erläutern sowie die Kerninhalte der drei Unterfunktionen (Materialbestandsplanung, -führung und -kontrolle) praxisnah zu beschreiben, insbesondere die Veranlassungsgründe zur Anwendung einer verbrauchs- oder bedarfsorientierten Dispositionsform;
➡ die prinzipiellen Verfahren der Materialverbrauchs-Mengenermittlung und Materialbewertung aufzuzählen, deren Kurzformeln aufzuschreiben bzw. deren Anwendungsgrenzen und -voraussetzungen abzuschätzen;
➡ die Zielstellung der Materialbestellrechnung zu erkennen, das analytische Optimierungsmodell grafisch und rechnerisch zu entwerfen sowie die Grundlagen und die Grundprinzipien der heuristischen Modellansätze zu interpretieren.

4.2 Begriff und Grundsatzaufgaben

Laut Wörterbuch hat das Verb „disponieren" die Bedeutung von planen, einteilen, verfügen. Auf den materialwirtschaftlichen Konnex bezogen, versteht man unter dem Begriff der **Materialdisposition** deshalb alle Tätigkeiten, die notwendig sind, um das Unternehmen in der **erforderlichen Art und Menge** sowie zum **richtigen Zeitpunkt** mit Material zu versorgen. Dabei sind sowohl die Liefer- und Verbrauchsunsicherheiten (z. B. Verkehrsstörungen, Streiks, Ausschußlieferungen, Mehr- und Minderverbrauch beim Abnehmer) als auch der notwendige Optimierungsaspekt zwischen den konkurrierenden Zielen einer höchstmöglichen Lieferbereitschaft und geringen Kapitalbindungs- und Materialkosten zu berücksichtigen.

Disposition heißt deshalb sinnvolle Materialversorgung und nicht Versorgungssicherheit um jeden Preis.

Für die Praxis bedeutet **Optimierung** (*Eschenbach* 1990, 165):
• „bei vorgegebener Bestandshöhe Maximierung der Lieferfähigkeit oder
• bei vorgegebener Lieferfähigkeit Minimierung der Bestände" .

Um dies zu erreichen, sind zahlreiche **Optimierungsvoraussetzungen** zu beachten, wie z. B.

- aussagefähige Bedarfsübersicht,
- zuverlässige Bestandsführung,
- Optimierung der Bestell- und Abrufmengen,
- anforderungsgerechte Sicherheitsbestandshaltung,
- fortlaufende Bestandsüberwachung,
- permanente Lieferfähigkeit des Beschaffungsmarktes,
- Nachweisführung der kosten- und imagemäßigen Negativwirkungen durch auftretende Versorgungsdefizite,
- Kenntnisse der Material-, Transport-, Lagerungs- und Kapitalbindungsentwicklung, bezogen auf Lieferlosgrößen und -rhythmen.

In der Wirtschaftspraxis sind die Aufgabeninhalte der Disposition sehr differenziert dargestellt. Geht man von der Definition aus, so ergeben sich folgende **Grundsatzaufgaben** für die Materialdisposition:

1. Vollzug der Nettobedarfsrechnung auf der Grundlage des ermittelten Bruttobedarfes unter Beachtung des verfügbaren Lagerbestandes

2. Zusammenfassung des ermittelten Bestellbedarfes nach wirtschaftlichen Bestellmengen auf der Basis analytischer und heuristischer Modellansätze

3. Entscheidung über den differenzierten Einsatz notwendiger Bestandsstrategien zur mengenmäßigen Ergänzung des Lagerbestandes über einen differenzierten Bedarfszeitraum

4. Auflösung des Materialbedarfs für neu konzipierte Fertigungsaufträge nach Dispositionsstufen und Festlegung des erforderlichen Lieferbereitschaftsgrades

5. Festlegung und Terminüberwachung der lieferantenseitigen Anlieferzyklen und permanente Präzisierung der Abrufmodalitäten

Erkenntnis:

Zieht man die Quintessenz aus den genannten Grundsatzaufgaben, so ist zu erkennen, daß die Materialdisposition über eine Vielzahl **unternehmensinterner** aber auch **-externer Schnittstellen** verfügt.

Intern zu den Bedarfsträgern hin besteht ein relativ nahtloser Übergang zum Aufgabeninhalt der Materialsteuerung und damit zur Fertigungs- und Auftragssteuerung. Nach außen frequentiert sie dagegen die operative und strategische Produktionsplanung und -steuerung der Lieferanten.

4.3　Teilfunktionen der Materialdisposition

Die chronologische Abarbeitung der im Vorpunkt fixierten Grundsatzaufgaben der Materialdisposition erfolgt in drei **Phasen**, der

- Bedarfsrechnung,
- Bestandsrechnung und
- Bestellrechnung.

Diese Phasen verkörpern gleichzeitig die wesentlichen Teilfunktionen der Disposition. Während das primäre Ergebnis der Bedarfsrechnung die Ermittlung des **Bruttobedarfes** ist, besteht das Resultat der Bestandsrechnung im Ausweis des erforderlichen **mengen-** und **terminbezogenen Nettobedarfes.** Das Fazit der Bestellrechnung ist die **Bedarfsmeldung.** Die angesprochenen Ergebnisse der einzelnen, aufeinander aufbauenden Teilfunktionen sind jedoch nur dann zu erreichen, wenn alle notwendigen Daten anforderungsgerecht und vollständig durch ein möglichst eigenständiges Dispositionsressort ermittelt und datenverarbeitungsgerecht verarbeitet werden.

Ein modernes Dispositionssystem fordert folgende **Informationskreise** zwischen den unternehmensinternen Schnittstellen:

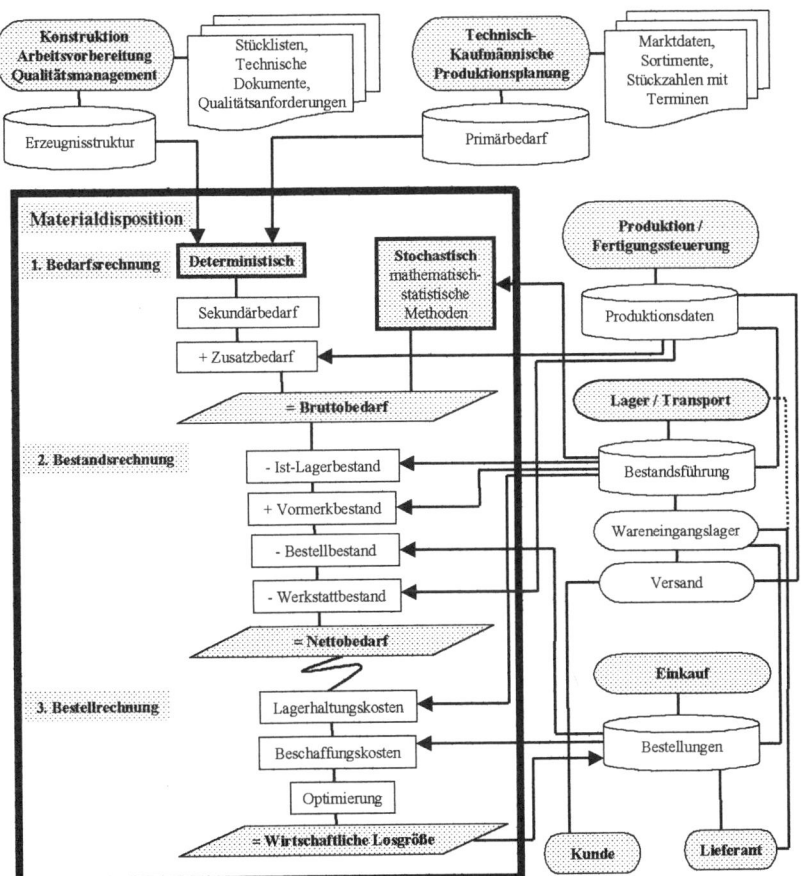

Abbildung 4.1: Dispositionssystem mit angrenzenden Informationskreisen (Hartmann 1993)

4.3.1 Materialbedarfsrechnung

Bevor auf die grundsätzlichen Verfahren der Materialbedarfsermittlung näher eingegangen wird, bedarf es der Klärung des Materialbedarfsbegriffes sowie der Interpretation der möglichen Bedarfsarten.

Der **Bedarf** verkörpert die art-, mengen- und termingerechte Kennzeichnung des Materials, das zur Erstellung von Fertigerzeugnissen oder unfertigen Erzeugnissen benötigt wird. Aus dieser Begriffsbestimmung läßt sich schlußfolgern:

Bedarf = Menge zum Termin

Bei der mengenmäßigen Ermittlung des Materialbedarfes sind folgende **Bedarfsarten** zu unterscheiden:

Primärbedarf
ist der Bedarf an Fertigerzeugnissen und unfertigen Erzeugnissen (Ersatzteilen) einer Periode, den ein Betrieb in verkaufsfähiger Form absetzt. Dieser Bedarf heißt deshalb auch **Marktbedarf**.

Sekundärbedarf
ist der Bedarf an Werkstoffen (Rohstoffe, Einzelteile, Baugruppen), der zur Erstellung des Primärbedarfs erforderlich ist. Dieser Bedarf kann je Erzeugniseinheit und für das gesamte Fertigungsprogramm berechnet werden.

Tertiärbedarf
ist der Bedarf an Hilfs- und Betriebsstoffen, der zur Realisierung der Produktionsaufgaben benötigt wird. Dieser Bedarf wird primär periodenbezogen ermittelt.

Zusatzbedarf
ist der Bedarf, der zusätzlich zum Sekundärbedarf aufgrund von ungeplantem Bedarf (z. B. Mehrbedarf für Instandhaltungsmaßnahmen, Nebenbedarf für Versuche, Ausschuß u. ä.) disponiert wird, um einen kontinuierlichen Produktionsablauf zu gewährleisten.
Beachte: wird entweder als feste Bedarfszahl oder als Prozentzuschlag zugerechnet.

Bruttobedarf
ist der Bedarf, der sich aus der Zusammenfassung von Sekundär- und Zusatzbedarf ohne Berücksichtigung der Materialbestände ergibt.

Nettobedarf
ist der Bedarf, der sich aus der Subtraktion von Bruttobedarf und den verfügbaren Materialbeständen ergibt. Dieser Bedarf heißt auch **Bestellbedarf**.

Die formallogischen Zusammenhänge der genannten Bedarfsarten sowie deren chronologische Ermittlungsfolge sind in *Abbildung 4.2* dargestellt:

Bedarfs- / Bestandsarten	Erläuterung
1. Sekundärbedarf	Multiplikation von Primärbedarf mit den im Erzeugnis enthaltenen Einzelteilen und Baugruppen
2. + Zusatzbedarf	• ausschußbedingter Mehrverbrauch • Mehrbedarf für Instandhaltungsmaßnahmen • Nebenbedarf für Sonderzwecke
3. = Bruttobedarf	
4. – (Ist-)Lagerbestand	Bestand, der sich körperlich zum Planungszeitraum (Dispositionsstichtag) im Lager befindet (Lagerstufe 1).
5. + Vormerkbestand	umfaßt die Bestandsmengen, die bereits für angenommene Aufträge (Kunden- und Fertigungsaufträge) vorgemerkt sind und damit nicht mehr verfügbar sind (Reservierungsbestand).
6. – Bestellbestand	Bestand an bereits erteilten, aber noch nicht gelieferten Bestellungen (offene Bestellungen).
7. – Werkstattbestand	Bestandsmenge, die das Lager zur Weiterverarbeitung verlassen hat und die sich zum Dispositionsstichtag in der Produktionssphäre (Werkstatt) befindet (Lagerstufe 2).
8. = Nettobedarf **(Bestellbedarf)**	Bestellungen werden erst notwendig, wenn der Bruttobedarf durch den verfügbaren Bestand nicht mehr gedeckt ist, d. h., wenn hier eine **Unterdeckung** auftritt. Eine Unterdeckung ist demnach identisch mit einem positiven Nettobedarf. Eine **Überdeckung** in einer Periode wird zur Deckung des Bedarfs in der nächsten Periode vorgetragen (negativer Nettobedarf).

Abbildung 4.2: Schema der Nettobedarfsermittlung

Betrachtet man die Kausalität der Bestandsarten zwischen dem Brutto- und Nettobedarf, dann ergibt sich eine neue Bestandsgröße, der **verfügbare** (disponible) **Bestand**. Dieser verkörpert eine Teilmenge des Lagerbestandes und wird wie folgt berechnet:

	Lagerbestand
+	Bestellbestand
+	Werkstattbestand
–	Vormerkbestand
=	**verfügbarer Lagerbestand**

Der Begriff „disponibler Bestand" darf aber nicht mit der Bestandskategorie **„disponierter Bestand"** gleichgesetzt werden. Letzterer Begriff ist ein Synonym für den Vormerkbestand + Werkstattbestand und umfaßt die Bestandsmengen im Sinne des Bestellbestandes der übergeordneten Materialposition.

Zur Verdeutlichung der formallogischen Zusammenhänge zwischen den Bedarfsarten dient folgendes Demonstrationsbeispiel:

Demonstrationsbeispiel

DI Sachverhalt

Für eine Baugruppe eines Erzeugnisses liegt sowohl Primär- als auch Sekundärbedarf vor. Damit wird diese Baugruppe gleichzeitig für die Eigenfertigung benötigt als auch als Ersatzteil am Markt angeboten.

DII Ausgangsdaten/
DIII Aufgabenstellung

1. Ermitteln Sie für die Baugruppe A_1 den Brutto- und Nettobedarf für die 4. bis 7. Periode nach dem allgemeingültigen Ermittlungsschema unter Beachtung folgender Daten:
    • Sekundärbedarf für die Perioden 4-6 beträgt 80, 60 und 100 Einheiten
    • Ersatzteilbedarf für die Perioden 5-7 beträgt jeweils 10 Einheiten
    • Lagerbestand Periode 4 beträgt 100 Einheiten
    • Vormerkbestand für die Perioden 4 bis 7 beträgt 70. 60, 50, 60 Einheiten
    • Bestellbestand für die Perioden 4 bis 7 beträgt 80, 20, 10, 10 Einheiten
    • Werkstattbestand für Periode 4 beträgt 10 Einheiten

2. Ermitteln Sie den präzisierten Nettobedarf unter Beachtung eines prozentualen Zuschlages von 15% des Nettobedarfes.

DIV Lösung

Bedarfsarten		Bedarf der Periode			
		4.	5.	6.	7.
	Sekundärbedarf	80	60	100	
+	Zusatzbedarf (Ersatzteilbedarf)		10	10	10
=	Bruttobedarf	80	70	110	10
−	Lagerbestand	100	40		
+	Vormerkbestand	70	60	50	60
−	Bestellbestand	80	20	10	10
−	Werkstattbestand	10			
=	Nettobedarf	− 40	70	150	60
+	Zusatzbedarfszuschlag 15 %		10,5	22,5	9
	präzisierter Nettobedarf		80,5	172,5	69

Für die **Ermittlung des Materialbedarfs** werden in der Praxis – in Analogie zur Personal- und Anlagenbedarfsermittlung – drei prinzipielle Verfahren zum Teil nebeneinander oder kombiniert verwendet:

- die programmgesteuerte (plangesteuerte) oder deterministische Bedarfsermittlung,

- die verbrauchsgesteuerte oder stochastische Bedarfsermittlung und

- die subjektive Bedarfsschätzung.

Die Festlegung der konkreten Berechnungsart für die jeweilige Materialposition fußt auf den Ergebnissen der **Materialklassifizierung** (siehe Gliederungspunkt 3.2) bzw. auf dem geforderten Genauigkeitsgrad sowie dem wirtschaftlich vertretbaren Ermittlungsaufwand. Die nachfolgende *Abbildung 4.3* vermittelt einen Überblick über die weiteren Differenzierungen der o. g. Prinzipverfahren:

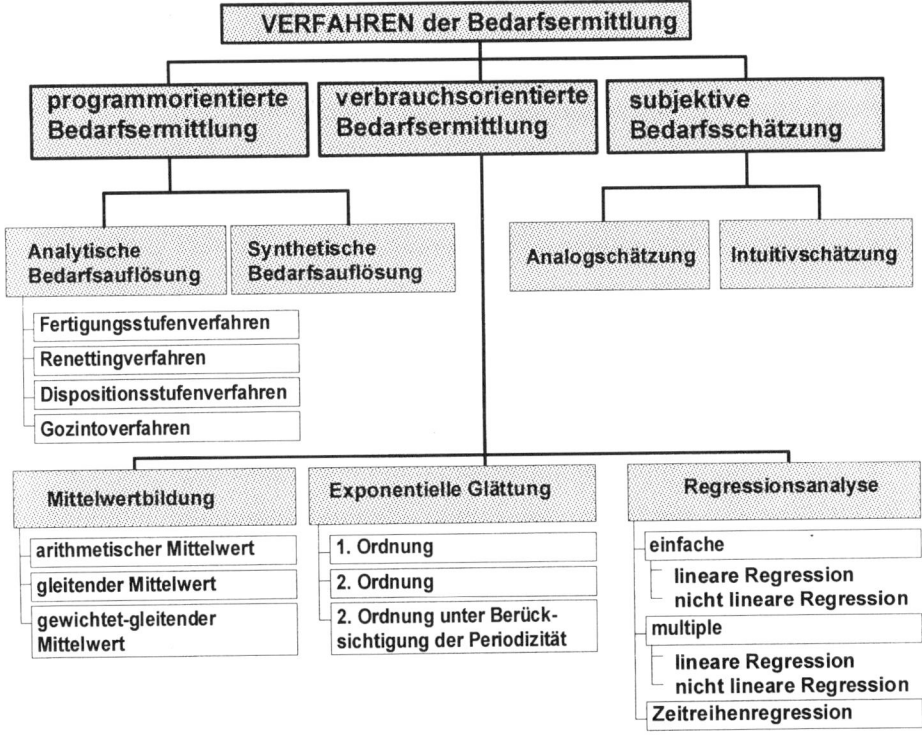

Abbildung 4.3: Detailübersicht der Bedarfsermittlungsverfahren

4.3.1.1 Programmgesteuerte Bedarfsermittlung

Basis dieses Verfahrens der Bedarfsermittlung ist, wie der Name schon andeutet, das **Produktionsprogramm**. In diesem sind alle gebuchten Aufträge (Kundenaufträge), aber auch die geplanten Lageraufträge festgeschrieben. Der

Absatz muß unter Verwendung von Informationen der Marktforschung und unter Beachtung der fertigungsspezifischen Kapazitäten berechnet und/oder geschätzt werden. Der so ermittelte **Primär-** oder **Marktbedarf** bildet die Grundlage für die Berechnung des **Sekundärbedarfes**. Dieser ergibt sich aus der Multiplikation:

Bedarf an Enderzeugnissen (Primärbedarf)	×	Bestandteile des jeweiligen Erzeugnisses (Materialbedarf je Erzeugniseinheit)

Ein relevantes Mittel zur Kenntlichmachung der Erzeugnisstruktur in bezug auf seine Bestandteile (z. B. Baugruppen und Bauteile) ist die **Stückliste**. Bevor auf dieses Verzeichnis der Erzeugnisbestandteile näher eingegangen wird, folgt an dieser Stelle ein Beispiel zur **Sekundärbedarfsermittlung**:

Ein einfach strukturiertes Erzeugnis EE1, von dem in der Betrachtungsperiode 6000 Mengeneinheiten (ME) benötigt werden, besitzt folgende schematisierte Struktur:

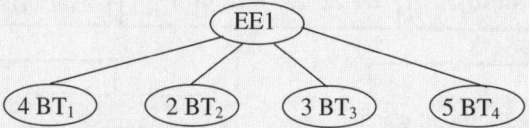

Unter Anwendung der fixierten Formel ergibt sich für die einzelnen Teile folgender Sekundärbedarf:

BT_1:   Anzahl 4×6000 ME = 24000 ME
BT_2:   Anzahl 2×6000 ME = 12000 ME
BT_3:   Anzahl 3×6000 ME = 18000 ME
BT_4:   Anzahl 5×6000 ME = 30000 ME

Wie schon erörtert, ist – neben der **Konstruktionszeichnung** und dem **Arbeitsplan** der Arbeitsvorbereitung – die **Stückliste** der dritte wichtige Informationsträger zur Darstellung der Bestandteile eines Erzeugnisses.

Eine **Stückliste** ist ein Verzeichnis aller Baugruppen, Bauteile, Roh-, Hilfs- und Betriebsstoffe sowie Zukaufteile eines Erzeugnisses unter Angabe verschiedener Daten (z. B. Qualitäts- und Mengenangaben, Bezeichnung der Beschaffungsgegenstände u. ä.).

Man unterscheidet drei wesentliche **Arten von Stücklisten**:

Mengen(übersichts)stückliste
ist die einfachste Form aller Stücklisten. Sie zeigt den gesamten mengenmäßigen Materialbedarf je Einheit eines Erzeugnisses ohne Angabe des strukturellen Zusammenhanges in den einzelnen Fertigungsstufen.

Strukturstückliste
zeigt den gesamten mengenmäßigen Materialbedarf je Erzeugniseinheit in strukturierter Anordnung. Damit ist erkennbar, welche Baugruppen/Bauteile in das übergeordnete Strukturelement eingehen und ob Wiederholteile vorkommen.

Baukastenstückliste
ist eine besondere Form einer Strukturstückliste, die nur aufzeigt, welche Materialien in die nächsthöhere Einheit eingehen (einstufige Stückliste). Die Gesamtheit aller Baukastenstücklisten läßt sich in Form eines Gozinto-Graphen darstellen.

Die Definitionen der einzelnen Stücklisten sollen anhand des folgenden **Demonstrationsbeispiels** näher erläutert werden:

Demonstrationsbeispiel:

DI   Sachverhalt
Bei der programmorientierten Bedarfsermittlung werden der Sekundärbedarf und damit der Brutto- und Nettobedarf durch die Multiplikation von Primärbedarf mit den Bestandteilen des jeweiligen Erzeugnisses berechnet. Die Kenntnis der Bestandteile eines Erzeugnisses ergibt sich aus der Stückliste.

DII Ausgangsdaten
Vom Erzeugnis E1 liegt folgende schematisierte Erzeugnisstruktur vor:

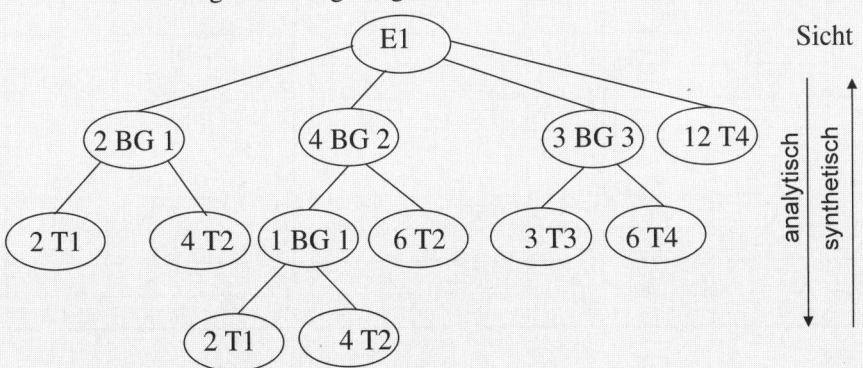

DIII Aufgabenstellung
Erstellen Sie aus der angegebenen Erzeugnisstruktur
1. die Mengenstückliste
2. die Strukturstückliste
    durch Ebenennummern
    durch Einrücken
    durch Kreuze

3. die Baukastenstücklisten.
4. Stellen Sie für die unter 2. fixierte schematisierte Erzeugnisstruktur den Gozinto-Graphen dar.

DIV Lösung

zu 1. Mengenstückliste von E1

E 1	
Bezeichnung	Menge
BG 1	6
BG 2	4
BG 3	3
T 1	12
T 2	48
T 3	9
T 4	30

zu 2. Strukturstücklisten von E1

durch Ebenennummern   durch Einrücken   durch Kreuze

Stufe	Bezeich-nung	Menge	Stufe	Bezeich-nung	Menge	Stufe	Bezeich-nung	Menge
1	BG 1	2	1	BG 1	2	X	BG 1	2
2	T 1	2	.2	T 1	2	XX	T 1	2
2	T 2	4	.2	T 2	4	XX	T 2	4
1	BG 2	4	1	BG 2	4	X	BG 2	4
2	T 2	6	.2	T 2	6	XX	T 2	6
2	BG 1	1	.2	BG 1	1	XX	BG 1	1
3	T 1	2	..3	T 1	2	XXX	T 1	2
3	T 2	4	..3	T 2	4	XXX	T 2	4
1	BG 3	3	1	BG 3	3	X	BG 3	3
2	T 3	3	.2	T 3	3	XX	T 3	3
2	T 4	6	.2	T 4	6	XX	T 4	6
1	T 4	12	1	T 4	12	X	T 4	12

zu 3. Baukastenstücklisten von E1

E 1	
Bezeichnung	Menge
BG 1	2
BG 2	4
BG 3	3
T 4	12

BG 1	
Bezeichnung	Menge
T 1	2
T 2	4

BG 2	
Bezeichnung	Menge
BG 1	1
T 2	6

BG 3	
Bezeichnung	Menge
T 3	3
T 4	6

zu 4. Gozinto-Graph

Wie aus *Abbildung 4.3* ersichtlich ist, wird die programmorientierte Bedarfsermittlung durch zwei **deterministische Methoden** realisiert:

- analytische Bedarfsauflösung
- synthetische Bedarfsauflösung

Als **Ausgangsdaten** für die Anwendung dieser Methode gelten:

1. die Kenntnis des Primärbedarfes an Erzeugnissen – dargestellt im Produktionsprogramm,

2. die Kenntnis des Materialbedarfes je Erzeugniseinheit – dargestellt in Stücklisten bzw. Teileverwendungsnachweisen und

3. die Materialdurchlaufzeiten in den Fertigungsstufen einschließlich der Wiederbeschaffungszeit der Materialien.

Erläuterung der analytischen Methode

Bei dieser Methode, die vorrangig bei lagerloser Fertigung (große Kundenaufträge) angewandt wird, wird durch Auflösung der Stücklisten (nur Struktur- und Baukastenstücklisten) eines Erzeugnisses **von oben nach unten** der Sekundärbedarf für alle Baugruppen und -teile einschließlich Zukaufteile ermittelt. Danach wird der Nettobedarf unter Berücksichtigung des verfügbaren Lagerbestandes berechnet. Mengenstücklisten finden deshalb keine Anwendung, weil sie nicht nach strukturellen Gesichtspunkten aufgelöst werden können. Damit fehlt die Kenntnis der Vorlaufzeit. **Bedarf ist jedoch Menge zum Termin**!

Bei der analytischen Bedarfsauflösung sind folgende Varianten der Bedarfsauflösung möglich. Die Entscheidung, welche Variante angewendet wird, ist abhängig vom Klassifizierungsgrad der Einzelpositionen bzw. der Materialpositionen insgesamt. Als Varianten gelten:

- Fertigungsstufen-(Bau-)Verfahren
- Renetting-Verfahren
- Dispositionsstufen-Verfahren
- Gozinto-Verfahren

1. Fertigungsstufen-Verfahren

Bei dieser Variante der analytischen Bedarfsauflösung werden die Erzeugnisbestandteile in der Reihenfolge der Fertigungsebenen bzw. Baustufen aufgelöst:

Beachte:

- In der aufzulösenden Erzeugnisstruktur dürfen keine Wiederholteile vorkommen.
- Bei der Erzeugnisgliederung nach Fertigungsebenen ist im Gegensatz zur Erzeugnisgliederung nach Bedarfsermittlungsebenen von der höchsten Ebenennummer absteigend auszugehen.
- Das Ergebnis sind zeitversetzte Bedarfe.

Beispiel für eine Erzeugnisgliederung nach **Fertigungsstufen**:

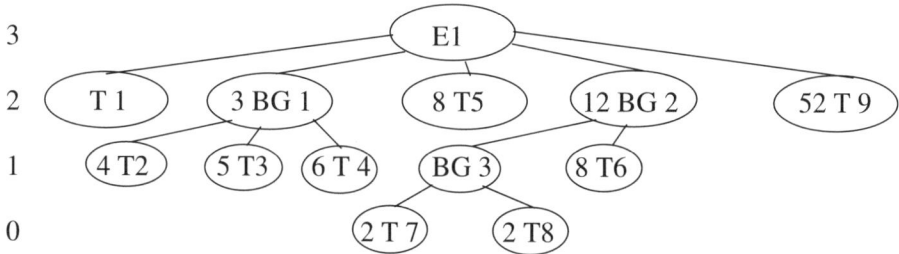

2. Renetting-Verfahren

Dieses praxisunrelevante Verfahren ist, im Gegensatz zum vorherigen Verfahren, in der Lage, einen Mehrfachbedarf in verschiedenen Fertigungsebenen und Erzeugnissen zu berücksichtigen. **Renetting** ist aus dem englischen Wort „net" abgeleitet und bedeutet „netto einnehmen". Durch die Vorsilbe „re" wird ausgedrückt, daß der abgesetzte Bestand aus der Vorstufe zur Nettobedarfsermittlung der nachfolgenden Auflösungsstufe wieder hinzuaddiert wird und daß von diesem Gesamtbedarf der periodengerechte Gesamtbestand mit dem Ergebnis der Darstellung des Gesamtnettobedarfs subtrahiert wird.

Beachte:
- Die Bedarfsermittlung für Wiederholteile muß entsprechend der Anzahl der Wiederholungen unter Berücksichtigung des jeweils bis dahin entstandenen Bedarfs erfolgen.

3. Dispositionsstufen-Verfahren
Diese in der Praxis überwiegend verwendete Auflösungsvariante ist ebenfalls bei Mehrfachbedarf in Erzeugnissen und verschiedenen Fertigungsstufen bzw. Bedarfsermittlungsebenen anwendbar.

Beachte:
- Um Mehrfachauflösungen wie bei den voraus erläuterten Verfahren zu vermeiden, werden bei dieser Variante alle gleichen Erzeugnisbestandteile der Verwendungsstufe zugeordnet, auf der sie zuletzt vorkommen.
- Die letzte Verwendungsstufe bezeichnet man als **Dispositionsstufe**.
- Das Ergebnis sind nicht zeitversetzte Bedarfe mit dem Nachteil höherer Lagerzeiten und damit Kapitalbindungskosten.

Demonstrationsbeispiel

DI Sachverhalt

Das Dispositionsstufen-Verfahren wird angewendet, wenn einzelne Teile und Baugruppen in mehreren Erzeugnissen und/oder in verschiedenen Fertigungsstufen vorkommen. Gleichartige Teile oder Baugruppen werden auf ihre Dispositionsstufe heruntergezogen, und innerhalb dieser Stufe wird ihr Bedarf zusammengefaßt ermittelt. Da die Bedarfsermittlung von Wiederholteilen nur einmal erfolgt, ist beim Dispositionsstufen-Verfahren der Auflösungsaufwand gering und das Verfahren selbst praktikabel. Die Bedarfsauflösung der Teile und Baugruppen findet erst statt, wenn deren Dispositionsstufe erreicht ist. Auch ein zusätzlicher Bedarf (z. B. für Ersatzteile) in Form von Primärbedarf eines Teils wird erst zum Sekundärbedarf addiert, wenn dessen Dispositionsstufe erreicht ist.

DII Ausgangsdaten

Das Erzeugnis E1 weist folgende nach Dispositionsstufen gegliederte Struktur auf:

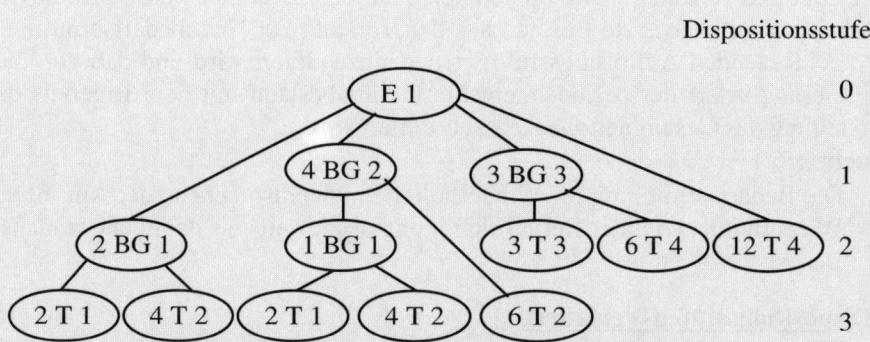

Dispositionsstufe

- laut Produktionsprogramm sind vom Erzeugnis E1
  in der Periode 4   10 Einheiten,
  in der Periode 5   20 Einheiten und
  in der Periode 6   25 Einheiten
  (Primärbedarf) herzustellen.
- Zwischen den einzelnen Dispositionsstufen soll jeweils eine Vorlaufverschiebung von einer Periode berücksichtigt werden.
- Ein Primärbedarf für Ersatzteile kommt bei BG2 erst in Periode 6 mit 10 Einheiten vor.

DIII Aufgabenstellung

1.   Ermitteln Sie den periodengerechten Gesamtbedarf für alle Teile und Baugruppen unter Zugrundelegung der Ausgangsdaten.

D IV Lösung

Perioden-Nr.		1	2	3	4	5	6
Stufe 0 Primärbedarf	E 1				10	20	25
Stufe 1 Sekundärbedarf	BG 2				40	80	100
Vorlaufverschiebung				40	80	100	
Primärbedarf (für Ersatzteile)					-	-	10
Gesamtbedarf				40	80	100	10
Stufe 2 Sekundärbedarf	BG 1				60	120	150	10
Vorlaufverschiebung			60	120	150	10	
Gesamtbedarf			60	120	150	10	
Stufe 3 Sekundärbedarf	T 1		120	240	300	20	
Vorlaufverschiebung		120	240	300	20		
Gesamtbedarf		120	240	300	20		

		1	2	3	4	5	6
Stufe 1 Sekundärbedarf	BG 3				30	60	75
Vorlaufverschiebung				30	60	75	
Primärbedarf (für Ersatzteile)					-	-	-
Gesamtbedarf				30	60	75	
Stufe 2 Sekundärbedarf	T 3				90	180	225
Vorlaufverschiebung				90	180	225	
Gesamtbedarf				90	180	225	
Stufe 3 Sekundärbedarf	T 2			480	960	1200	100
Vorlaufverschiebung			480	960	1200	100	
Gesamtbedarf			480	960	1200	100	

Perioden-Nr.		1	2	3	4	5	6
Stufe 2 Sekundärbedarf	T 4				300	600	750
Vorlaufverschiebung				300	600	750	
Gesamtbedarf				300	600	750	

4. Gozinto-Verfahren

Erzeugnisstrukturen können nicht nur listenförmig nach Fertigungsebenen bzw. nach Dispositions- oder Auflösungsstufen dargestellt werden, sondern auch als grafische Darstellungen. Für diese Darstellungsform gibt es eine Reihe von Synonyma, wie z. B. Erzeugnis- oder Stammbäume, Aufbauübersichten oder Gozinto-Graphen.

Bei diesen Grafiken enthalten die Knoten in ihrer oberen Hälfte die Baugruppen, Bauteile oder Rohstoffe und darunter den Primärbedarf der betrachteten Periode, die **Verbindungslinien** die jeweiligen Bedarfe (Verbräuche) der übergeordneten Erzeugnisbestandteile zur Erzeugung **einer Mengeneinheit**. Auf der Basis von E1 können durch Multiplikation und Addition die notwendigen Bedarfsmengen der Erzeugnisstruktur ermittelt werden.

Zur Verdeutlichung der Problematik dient die folgende *Abbildung 4.4*.

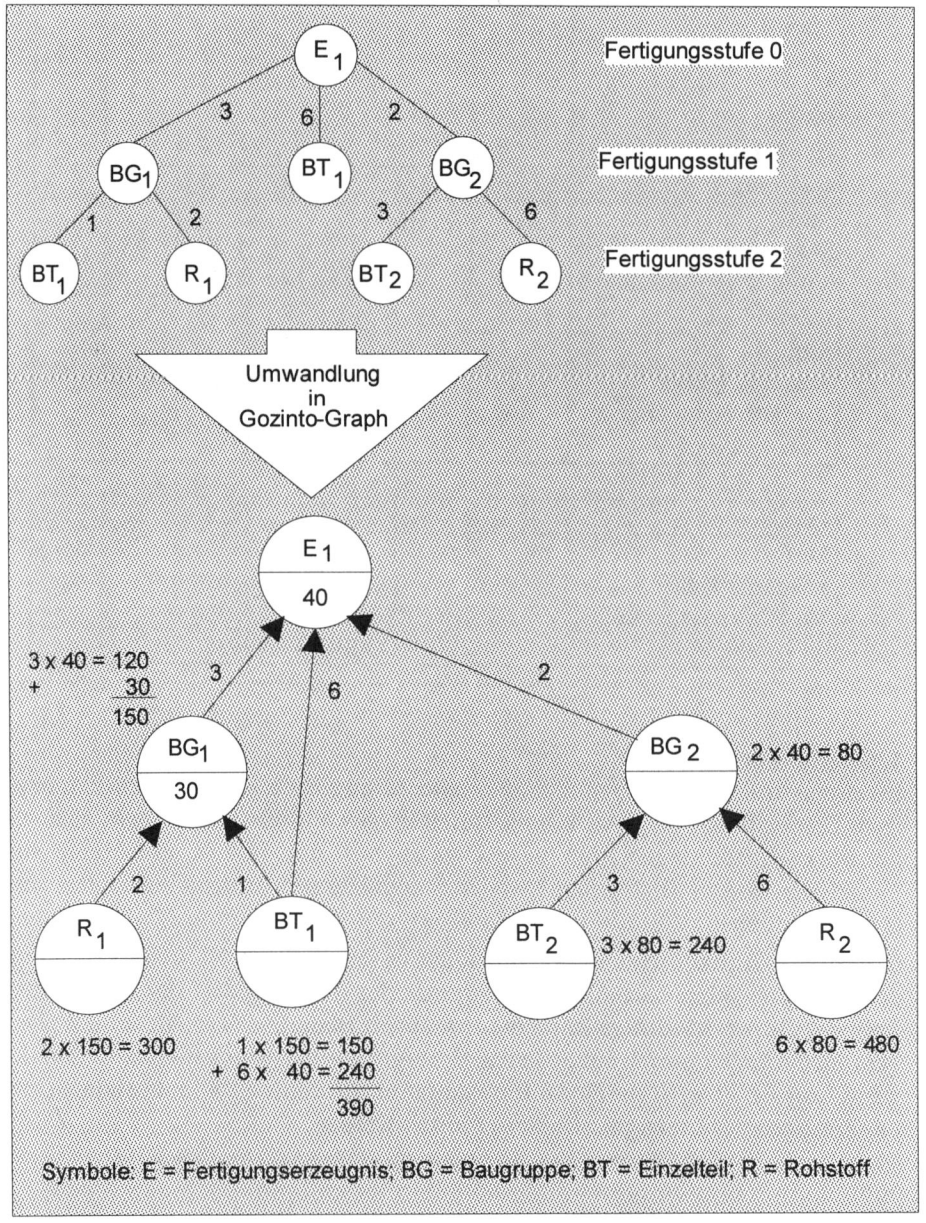

Abbildung 4.4: Gozinto-Graph

Die Bedarfsbeziehungen zwischen den Sachnummern kann auch bei einfachen Erzeugnisstrukturen durch **lineare Gleichungssysteme** und bei komplizierten mittels **Matrizenrechnung** bei PPS-Systemen realisiert werden.

Bezogen auf den Sachverhalt der vorangestellten Abbildung, würden sich aus dem Gozinto-Graphen folgende Bedarfe aus dem **System linearer Gleichungen** errechnen:

$E_1 = 40$	$\Rightarrow$	40 ME Primärbedarf (PB)
$BG_1 = 30 + 3\,E_1$	$\Rightarrow$	30 ME PB + 120 ME Sekundärbedarf (SB) = 150 ME Gesamtbedarf
$BG_2 = 2\,E_1$	$\Rightarrow$	80 ME Sekundärbedarf
$R_1 = 2\,BG_1$	$\Rightarrow$	300 ME Sekundärbedarf
$BT_1 = BG_1 + 6\,E_1$	$\Rightarrow$	390 ME Sekundärbedarf
$R_2 = 6\,BG_2$	$\Rightarrow$	480 ME Sekundärbedarf
$BT_2 = 3\,BG_2$	$\Rightarrow$	240 ME Sekundärbedarf

Abbildung 4.5: Bedarfsmengenermittlung mit Hilfe eines linearen Gleichungssystems

Würde man den in *Abbildung 4.4* fixierten Sachverhalt dagegen durch eine Matrix wiedergeben, ergäbe sich folgendes Beziehungsgefüge, wobei die Spalten die **Baukastenstückliste** von E_1, BG_1 und BG_2 und die Zeilen die **Teileverwendungsnachweise** aller Strukturelemente für die Herstellung von E_1 enthalten (**Direktbedarfs- oder Baukastenmatrix**):

	Nach Sach-Nr. j Von Sach-Nr. i	E_1 (1)	BG_1 (2)	BG_2 (3)	BT_1 (4)	BT_2 (5)	R_1 (6)	R_2 (7)
	E_1 (1)	0	0	0	0	0	0	0
	BG_1 (2)	3	0	0	0	0	0	0
$D =$	BG_2 (3)	2	0	0	0	0	0	0
	BT_1 (4)	6	1	0	0	0	0	0
	BT_2 (5)	0	0	3	0	0	0	0
	R_1 (6)	0	2	0	0	0	0	0
	R_2 (7)	0	0	6	0	0	0	0

Abbildung 4.6: Direktbedarfs- oder Baukastenmatrix

Die Zahlenwerte der Baukastenmatrix verdeutlichen, daß sie nur die Mengen der Matrixelemente enthält, die direkt in das nächsthöhere Element eingehen. Ein Gesamtbedarf ist daraus nicht ersichtlich. Auf weitere Ableitungen dieser Direktbedarfsmatrix zur Gesamtbedarfs- und Mengenübersichtsmatrix sowie den Gesamtbedarfsvektor B wird an dieser Stelle verzichtet.

Erläuterung der synthetischen Methode

Bei dieser Methode – die ebenfalls vorrangig bei kundenorientierter Fertigung (Einzel-, Kleinserien- und Variantenfertigung) eingesetzt wird, bei der es jedoch viele verschiedene kleine Aufträge mit gleichen Baugruppen und -teilen gibt – bildet der **Teileverwendungsnachweis** die Berechnungsbasis. In Teileverwendungsnachweisen wird – im Gegensatz zur Stückliste, die die Erzeugnisstruktur beschreibt – festgestellt, in welchen Erzeugnissen die einzelnen Baugruppen und Bauteile enthalten sind. Dabei wird der Bedarf in umgekehrter Reihenfolge, also von **unten nach oben**, ermittelt.

Bei beiden Methoden ist ein gleiches Ergebnis darstellbar!!!

Am nachfolgenden **Beispiel** soll die Vorgehensweise der analytischen und synthetischen Bedarfsauflösung einschließlich ihrer Ergebnisdarstellung demonstriert werden.

Demonstrationsbeispiel

DI   Sachverhalt

Der Produktionsplan eines Unternehmens weist für ein Erzeugnis zum 510., 530. und 550. Fabriktag einen Primärbedarf von 20, 30 und 40 Mengeneinheiten aus.

DII Ausgangsdaten

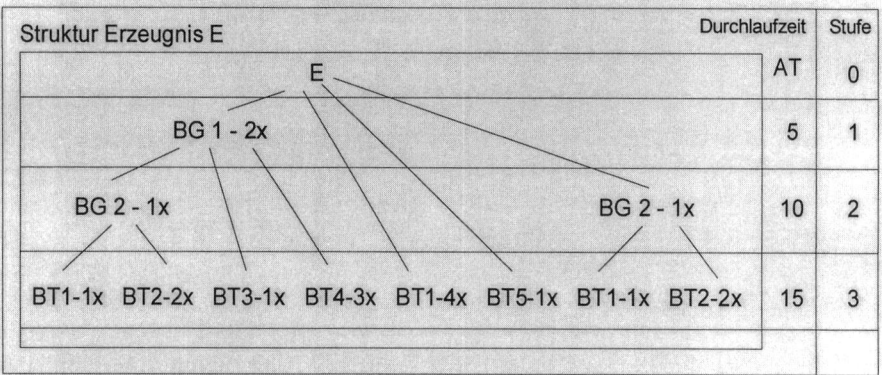

DIII Aufgabenstellung

Ermitteln Sie den Bedarf pro Periode für die Baugruppen (BG) und die Einzelteile (BT) für das Erzeugnis (E) nach der

- analytischen Bedarfsauflösung
- synthetischen Bedarfsauflösung.

DIV Lösung

Ergebnis analytische Bedarfsermittlung			
Periode	1	2	3
Stufe 0			
Termin	510	530	550
Menge E	20	30	40
Stufe 1			
Termin	505	525	545
Menge BG 1	40	60	80
Stufe 2			
Termin	495	515	535
Menge BG 2	60	90	120
Stufe 3			
Termin	480	500	520
Menge BT 1	140	210	280
BT 2	120	180	240
BT 3	40	60	80
BT 4	120	180	240
BT 5	20	30	40

Ergebnis synthetische Bedarfsermittlung								
Periode			1		2		3	
Stufe	Mat.	Vork.	Stück	T	Stück	T	Stück	T
	BT 1	1 x BG 2 4 x E = 7 E	140	480	210	500	280	520
	BT 2	2 x BG 2 = 6 x E	120	480	180	500	240	520
3	BT 3	1 x BG 1 = 2 x E	40	480	60	500	80	520
	BT 4	3 x BG 1 = 6 x E	120	480	180	500	240	520
	BT 5	1 x E	20	480	30	500	40	520
2	BG 2	2 x BG 1 1 x E = 3 x E	60	495	90	515	120	535
1	BG 1	2 x E	40	505	60	525	80	545
0	E	---	20	510	30	530	40	550

Beide deterministische Methoden der programmorientierten Bedarfsermittlung sind immer stärker Programmteile einer computergestützten Produktionsplanung und -steuerung.

4.3.1.2 Verbrauchsgesteuerte Bedarfsermittlung

Wenn die Realisierung der programmgesteuerten Materialbedarfsermittlung nicht anwendbar (z. B. bei unplanmäßig hoher Ausschußquote, gehäuften ungeplanten Entnahmen bzw. bei Planungsunsicherheit) oder nicht wirtschaftlich (z.B. bei Einzelfertigung) ist, wendet man die **verbrauchsgesteuerte** Ermittlung des Primär-, Sekundär- und Tertiärbedarfs an. Das Prinzip dieser Methode besteht in einer **statistischen Materialbedarfsbestimmung**, indem von den Verbrauchswerten der Vergangenheit auf die Bedarfe der Zukunft geschlossen wird.

1. Erkenntnis

Bevor konkrete Methoden dieser Form der Bedarfsermittlung praxiswirksam angewendet werden können, sind umfassende Überlegungen zu den **Verbrauchsverläufen** erforderlich. Die in der Materialrechnung erfaßten Daten werden dabei in einer Zeitreihe aufgelistet.

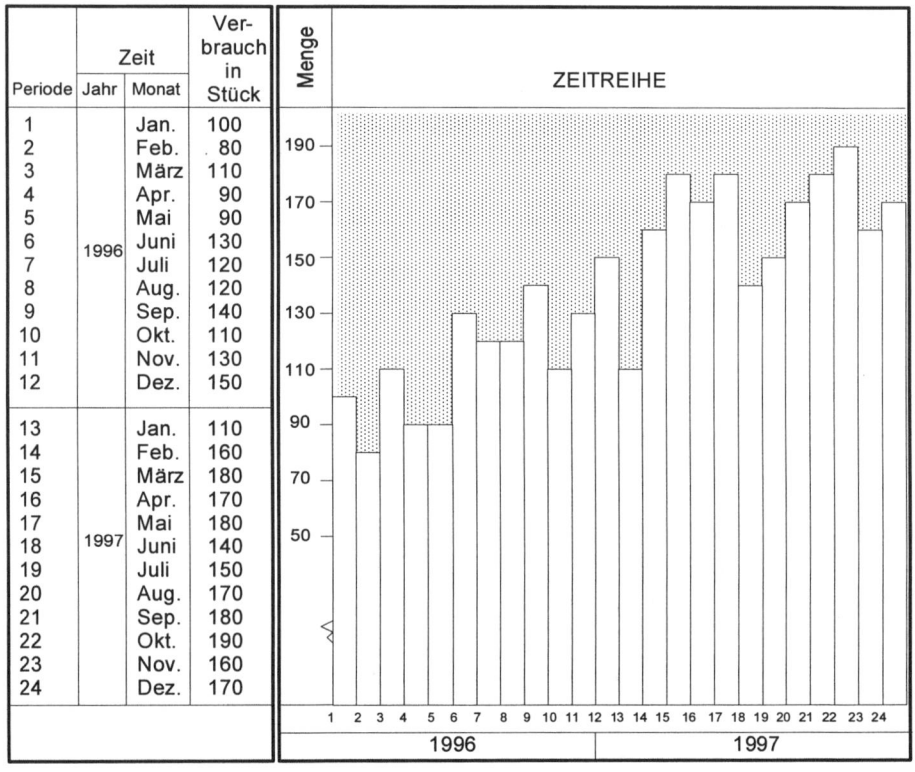

Periode	Jahr	Monat	Verbrauch in Stück
1		Jan.	100
2		Feb.	80
3		März	110
4		Apr.	90
5		Mai	90
6	1996	Juni	130
7		Juli	120
8		Aug.	120
9		Sep.	140
10		Okt.	110
11		Nov.	130
12		Dez.	150
13		Jan.	110
14		Feb.	160
15		März	180
16		Apr.	170
17		Mai	180
18	1997	Juni	140
19		Juli	150
20		Aug.	170
21		Sep.	180
22		Okt.	190
23		Nov.	160
24		Dez.	170

Abbildung 4.7: Zeitreihe von Verbrauchsdaten

Dieses Diagramm dient somit zur Beurteilung der Verbrauchsentwicklung mit allen sich daraus ergebenden Konsequenzen (siehe 2. bis 4. Erkenntnis). Grundsätzlich können aus solchen Verbrauchsstatistiken folgende vier typische **Arten von Verbrauchsmodellen** unterschieden werden:

- horizontaler Verbrauchsverlauf,
- trendförmiger Verbrauchsverlauf,
- saisonaler Verbrauchsverlauf,
- unregelmäßiger Verbrauchsverlauf.

Da die diagrammhafte Darstellung der Verbrauchsmodelle schon bei der Erläuterung der XYZ-Analyse erfolgte, wird an dieser Stelle darauf verzichtet.

2. Erkenntnis

Es erscheint verständlich, daß für einen gleichbleibenden trendförmig steigenden bzw. fallenden oder saisonalen Zeitreihenverlauf die Bedarfsvorhersagen einfacher zu ermitteln sind als bei unregelmäßigem Verbrauch. Das Erkennen des charakteristischen Verlaufs einer Zeitreihe ist damit Grundvoraussetzung für die Auswahl der geeigneten Prognoseverfahren!

3. Erkenntnis

Nach „Beschaffung aktuell", Heft 1/94, gelten folgende Kausalitäten zwischen den Verbrauchsmodellen und den anzuwendenden Prognoseverfahren:

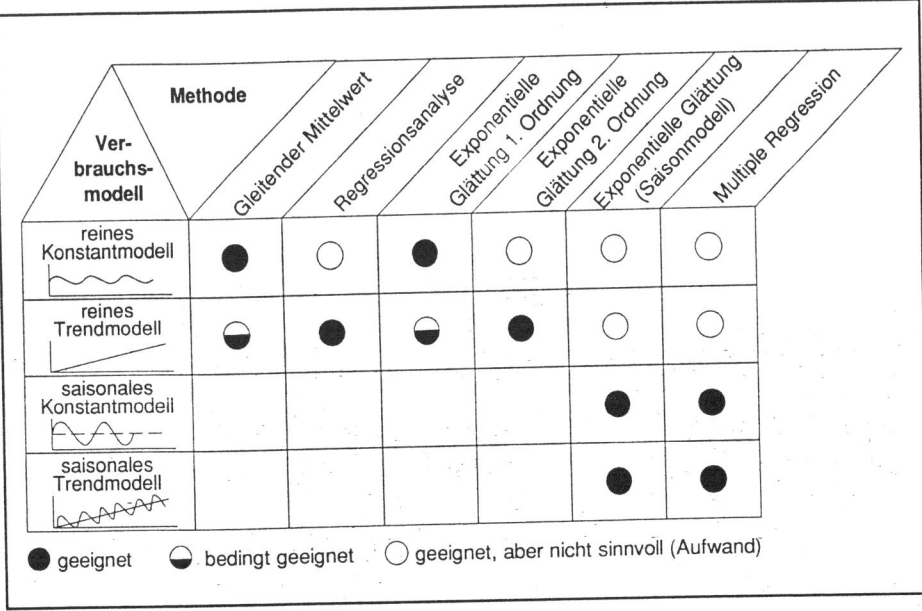

Abbildung 4.8: Eignung von Prognoseverfahren bei unterschiedlichen Verbrauchsverläufen

4. Erkenntnis

Die Aussagequalität der Prognoseverfahren zur stochastischen Bedarfsermittlung hängt neben solchen Aspekten wie der Sicherheit und Verfügbarkeit des Datenmaterials, der Reversibilität im wesentlichen von der Beantwortung folgender **Fragestellungen** ab:

1. Wie lang sollte der **Verbrauchszeitraum** (Basislänge) zurückreichen, um eine gesicherte Prognosebasis zu gewährleisten?
2. In welche **Zeitperioden** (Prognoseintervalle) sollte der Verbrauchszeitraum unterteilt werden?

Antworten

1. Da sich die Grundrichtung einer Entwicklung (Trend) in Jahreswerten eher zeigt als in unternehmensinternen Zeitphasen (z. B. Quartal, Monat, Dekade), sollte man die Basislänge mit mindestens **5 Jahren** angeben. Ist diese kürzer, wie in der Praxis oft gehandhabt, so besteht die Gefahr, daß die ermittelte Trendfunktion nur noch unzureichend das zurückliegende Verbrauchsverhalten repräsentiert.

2. Das zweckmäßigste Zeitintervall zwischen zwei Berechnungen sollte nach gründlicher Strukturanalyse der Vergangenheitsdaten ein Wert von **einem Monat** sein. „Wegen der mit jeder Vorhersage verbundenen Ungenauigkeit ist es zweckmäßig, die Berechnung der Bedarfsvorhersage öfter vorzunehmen." (*Oeldorf/Olfert* 1995, 150) Aus diesem Anspruch resultieren jedoch höhere Bewirtschaftungskosten. Damit ist die Untergrenze der Vorhersagehäufigkeit festgelegt.

In der Wirtschaftspraxis kommen aufgrund ihrer relativ einfachen Berechnung ❶, aber auch aufgrund der angebotenen Standardsoftware besonders die Verfahren der **Mittelwertbildung** und **exponentiellen Glättung** zum Einsatz. Multivariable Prognoseverfahren führen zwar zu höheren Vorhersagegenauigkeiten, sind aber auch bedeutend aufwendiger.

- **Mittelwert**

Der **Grundansatz** dieser Methode besteht darin, daß aus den in einer Zeitreihe aufgeführten Verbräuchen ein durchschnittlicher **Prognosebedarfswert** ermittelt wird. Dieses Verfahren führt jedoch nur bei konstantem (auch gleichbleibendem oder horizontalem) Verbrauchsverlauf zu aussagefähigen Ergebnissen. Es lassen sich drei Alternativen bei diesem Verfahren unterscheiden:

- arithmetischer Mittelwert
- gleitender Mittelwert
- gewichtet-gleitender Mittelwert (gewogener Mittelwert)

Arithmetischer Mittelwert
Alle in einer Zeitreihe aufgelisteten Verbräuche (V_t) werden addiert und durch die Anzahl der Perioden (n) dividiert:

$$V_{t+1}^* = {_a}\overline{V}_t = \frac{1}{n} \sum_{t=1}^{n} V_t$$

Gleitender Mittelwert
Nur eine geringe Anzahl von den letzten Verbräuchen wird für die Prognose berücksichtigt; die Anzahl der Perioden (n) bleibt durch Austausch des ältesten mit dem jüngsten Verbrauchswert gleich.

$$V_{t+1}^* = \overline{V}_t = \frac{V_{t-1} + \cdots + V_t + \cdots + V_{t+1}}{2 \cdot i + 1}$$

$\overline{V}_t$ = gleitender (geglätteter) Mittelwert für den Zeitpunkt t

V_t = empirische Werte (Ausgangsdaten)

i = Anzahl der vom Zeitpunkt t vor- bzw. nachgelagerten Zeitpunkte, die in die Berechnung eingehen (Bei gleitenden Mittelwerten aus 3 Ausgangsdaten ist i = 1; bei Verwendung von 5 Ausgangsdaten ist i = 2

Gewichtet-gleitender Mittelwert
Gleiches Wirkprinzip wie beim gleitenden Mittelwert, diese werden jedoch zusätzlich mit einem Gewichtungsfaktor (G_t) versehen; die Gewichtung ist um so stärker, je jünger der Verbrauchswert ist.

$$V_{t+1}^* = {_g}\overline{V}_t = \frac{\sum_{t=1}^{n} V_t \cdot G_t}{\sum_{t=1}^{n} G_t}$$

Demonstrationsbeispiel:
DI Ausgangsdaten
Der Primärverbrauch einer Materialposition betrug

Periode	1	2	3	4	5	6
Mengeneinheiten	80	100	110	90	110	120
Gewichte	5 %	10 %	15 %	20 %	25 %	25 %

DII Aufgabenstellung
Zu ermitteln ist der Bedarf (V_{t+1}^*) für die jeweils 7. Periode auf der Grundlage des arithmetischen, gleitenden und gewichtet-gleitenden Mittelwertes. Die Anzahl der konstant zu haltenden Perioden beträgt N = 3; die Gewichte betragen G_{t-2} = 15 %, G_{t-1} = 40 % und G_t = 45 %.

D III   Lösung
Arithmetischer Mittelwert
$$V_7^* = {}_a\overline{V}_6 = \frac{80+100+110+90+110+120}{6} = \underline{\underline{101,67\,ME}}$$
Gleitender Mittelwert
$$V_7^* = {}_a\overline{V}_6 = = \frac{90+110+120}{3} = \underline{\underline{106,67\,ME}}$$
Gewichtet-gleitender Mittelwert
$$V_7^* = {}_g\overline{V}_6 = = \frac{90\cdot15+110\cdot40+120\cdot45}{15+40+45} = \underline{\underline{111,50\,ME}}$$

$$V_7^* = {}_g\overline{V}_6 = \frac{80\cdot0,05+100\cdot0,1+110\cdot0,15+90\cdot0,20+110\cdot0,25+120\cdot0,25}{1} = \underline{\underline{106\,ME}}$$

- **Exponentielle Glättung (exponential smoothing)**

Der **Grundansatz** der wichtigsten Methode der verbrauchsorientierten Bedarfs-ermittlung, nämlich der exponentiellen Glättung 1. Ordnung, besteht darin, daß ein zuvor errechneter Prognosewert mit dem wirklich eingetretenen Verbrauch verglichen und die dabei resultierende **Abweichung** berücksichtigt wird. Zur Gewichtung der Daten verwendet man den **Glättungsfaktor** α, der Werte zwischen $0 \leq \alpha \leq 1$ annehmen kann.

Daraus lassen sich folgende **Gewichtungsmodalitäten** ableiten:

- Je kleiner α ist, um so stärker werden die Vergangenheitswerte gewichtet (starke Glättung der Zufallsschwankungen).
- Je größer α ist, um so stärker wird dem Verbrauchswert der jüngsten Periode entsprochen (geringe Glättung der Zufallsschwankungen).
- Ist $\alpha = 0$, erfolgt keine Berücksichtigung der letzten Periode und somit des Prognosefehlers.
- Ist $\alpha = 1$, dann ist der gesuchte Prognosewert gleich dem Verbrauch der letzten Periode.

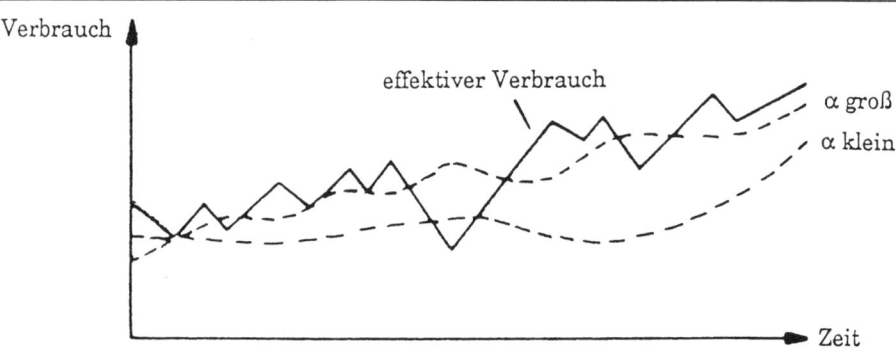

Abbildung 4.9: Einfluß des Glättungsfaktors α auf die Bedarfsvorhersage

Die Berechnungsformel lautet:

$$V_n = V_a + \alpha\,(T_i - V_a)$$

V_n = neue Vorhersage, V_a = alte Vorhersage, T_i = tatsächlicher Bedarf der abgelaufenen Periode, α = Glättungsfaktor

Für die **Bestimmung** von α gibt es mehrere Möglichkeiten:

1. α wird aufgrund von betrieblichen Erfahrungswerten beziffert (Praxiswerte: α zwischen 0,1 und 0,3).
2. α wird subjektiv aufgrund von Expertenmeinungen gebildet.
3. α wird aufgrund der an anderer Stelle angeführten Eigenschaft, jüngere Verbräuche stärker zu gewichten als ältere, fixiert. Das bedeutet, daß jeweils wenige Verbräuche in die Prognoserechnung integriert werden. Bei $\alpha = \frac{1}{n+1} = 0,1$ heißt das, daß 9 Verbräuche in die Rechnung einbezogen wurden, bei $\alpha = 0,5$ dagegen nur 1 Verbrauch.
4. Eine weitere Möglichkeit, α zu bestimmen, besteht in der Beachtung der Erfahrungskausalität zu anderen befriedigenden Prognoseverfahren.

Demonstrationsbeispiel

D I   Ausgangsdaten

Unter Beachtung der fixierten Gewichtungsmodalitäten und unter Anwendung der Berechnungsformel werden unter der Annahme folgender Werte

Gegeben: $V_t = 200$; $V_a = 100$; $\alpha = 0,1/0,2/0,5/1,0$.

nachfolgende Prognosewerte erreicht:

Lösung 1:	Lösung 2:
$V_n = 100 + 0,1 \times (200 - 100)$ $= 100 + 0,1 \times 100$ $= 100 + 10$ $= 110$	$V_n = 100 + 0,2 \times (200 - 100)$ $= 100 + 0,2 \times 100$ $= 100 + 20$ $= 120$
Lösung 3:	Lösung 4:
$V_n = 100 + 0,5 \times (200 - 100)$ $= 100 + 0,5 \times 100$ $= 100 + 50$ $= 150$	$V_n = 100 + 1,0 \times (200 - 100)$ $= 100 + 1,0 \times 100$ $= 100 + 100$ $= 200$
Lösung bei $V_t = 90$ und $\alpha = 0,2$ ergibt einen reduzierten Vorhersagewert, da der tatsächliche Verbrauch unter dem Vorhersagewert liegt.	Lösung 5: $V_n = 100 + 0,2 \times (90 - 100)$ $= 100 + 0,2 \times (-10)$ $= 100 - 2$ $= 98$

Die bisher betrachteten Berechnungsvarianten eignen sich nur bei konstantem Verbrauchsverhalten. Liegen trendförmige Verlaufsformen vor, sind **lineare** und **nichtlineare Trendberechnungsmethoden** sowie die exponentielle Glättung 2. Ordnung zur Bedarfsvorhersage anzuwenden. Die Verfahren der Trendanalyse beruhen darauf, daß aufgrund einer Anzahl von Vergangenheitswerten, die die Grundrichtung zeigen, die bisherige Verbrauchsentwicklung durch eine mathematische Ausgleichsfunktion angenähert und diese Verbrauchsfunktion in die Zukunft extrapoliert wird. Die kurzfristige Vorausberechnung mit dem Verfahren der exponentiellen Glättung 2. Ordnung gestattet eine ständige Korrektur der Trendparameter bei neu hinzukommenden Zeitreihenwerten und eine stets aktuelle Extrapolation der beobachteten Erscheinung. Da die neuen Parameter immer aus den bisherigen Parametern berechnet werden, bedarf es vor der erstmaligen Anwendung dieses Algorithmus der Ermittlung von sog. Startparametern. Dazu wird aus den ersten Werten der vorliegenden Zeitreihe eine Trendfunktion mit (z.B.) der einfachen Methode der kleinsten Quadratsumme berechnet, deren Parameter man anschließend über die jüngsten (etwa 3) Zeiträume glättet. Auf der Grundlage des letzten Glättungsergebnisses erfolgt schließlich die Vorausberechnung für den Folgeabschnitt.

Für diese Prozedur ergeben sich damit folgende Arbeitsschritte:

0. Ermittlung einer Trendfunktion $\qquad a_t = f(n)$ und $b_t = b$
    und Bestimmung der Startparameter

1. Vorausberechnung für den Folgezeitraum $\qquad \hat{y}_{t+1} = a_t + b_t$

2. Fehlerermittlung nach Ablauf des $\qquad e_t = y_t - \hat{y}_t$
    Vorhersagezeitraumes

3. Korrektur der Parameter $\qquad a_t = a_{t-1} + b_{t-1} + (1 - \beta^2) \cdot e_t$

    $\qquad\qquad\qquad\qquad\qquad\qquad b_t = \phantom{a_{t-1} + } b_{t-1} + (1 - \beta^2) \cdot e_t$

Wiederholung der Schritte 1 bis 3 bis zur eigentlichen Vorausberechnung.

Der genannte Sachverhalt ist grafisch in der nachfolgenden *Abbildung 4.10* dargestellt.

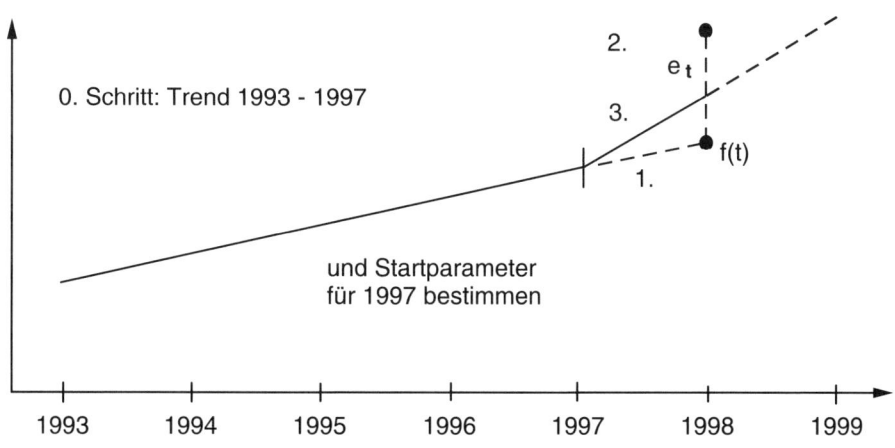

a   Absolutglied der Funktion,
b   Anstiegsparameter der Funktion,
e   Schätzfehler, ermittelt als Differenz zwischem dem tatsächlichen Wert und
     dem prognostizierten Wert für den Zeitpunkt t,
t   allgemeiner Index für den Vorhersagezeitraum,
ß   Glättungskonstante; Hinweis: für $1 - ß$ steht auch oft α in den Gleichungen

Abbildung 4.10: Grafische Darstellung der Glättungsprozedur (mit nur einem Durchlauf)

Demonstrationsbeispiel
DI/DII Sachverhalt/Ausgangsdaten
   Über den Materialverbrauch für ein Erzeugnis liegen aus den vergange-
   nen Jahren folgende Werte vor (in kg):

Jahr	1990	1991	1992	1993	1994	1995	1996	1997	1998
Verbrauch	5985	6108	6353	7099	7600	6775	6994	7154	8196

DIII Aufgabenstellung
   Schätzen Sie den voraussichtlichen Materialbedarf für das Jahr 1999
   nach der Methode der exponentiellen Glättung.
   Hinweis: mit $\beta^2 \approx 0,8$ ergibt sich $\beta = 0,9 \quad \rightarrow \quad \alpha = 0,1$

DIV Lösungen
   Mit der Methode der kleinsten Quadratsumme erhält man
   $y = f(t) = 5901 + 200,3 \cdot t$

   Startparameter für 1996: $b_{96} = b = 200,3$

   $$a_{96} = \hat{y}_{96} = f(7) = 5901 + 200,3 \cdot 7 \approx 7303$$

1. Vorausberechnung 1997

$$\hat{y}_{97} = a_{96} + b_{96} = 7303 + 200{,}3 = 7503{,}3$$

2. Fehlerermittlung nach Ablauf 1997

$$e_{97} = y_{97} - \hat{y}_{97} = 7154 - 7503{,}3 = -349{,}3$$

3. Parameterkorrektur

$$a_{97} = a_{96} + b_{96} + (1 - \beta^2) \cdot e_{97}$$
$$= 7303 + 200{,}3 + 0{,}2 \cdot (-349{,}3) = 7433{,}44$$
$$b_{97} = b_{96} + (1 - \beta^2) \cdot e_{97}$$
$$= 200{,}3 + 0{,}01 \cdot (-349{,}3) = 196{,}807$$

1. Vorausberechnung 1998

$$\hat{y}_{98} = a_{97} + b_{97} = 7433{,}443 + 196{,}807 = 7630{,}247$$

2. Fehlerermittlung nach Ablauf 1998

$$e_{98} = y_{98} - \hat{y}_{98} = 8196 - 7630{,}247 = +565{,}753$$

3. Parameterkorrektur

$$a_{98} = 7433{,}44 + 196{,}802 + 0{,}2 \cdot (+565{,}753) = 7743{,}4$$
$$b_{98} = 196{,}802 + 0{,}01 \cdot (+565{,}753) = 202{,}46$$

1. Vorausberechnung 1999

$$\hat{y}_{99} = a_{98} + b_{98} = 7743{,}4 + 202{,}46 = 7945{,}86$$

4.3.1.3 Subjektive Bedarfsschätzung

Sind Materialpositionen von geringem Wert mit gleichzeitig niedrigen Material-bewirtschaftungskosten oder materialspezifische Sonderfälle (z. B. Modeartikel) vorhanden, für die keine Verbrauchsstatistiken geführt wurden, erweist sich die **subjektive Bedarfsschätzung** als zweckmäßig.

Dabei sind folgende Schätzmöglichkeiten anwendbar:

- **Analogschätzung**
  wird angewendet, wenn von Verbräuchen ähnlicher Materialien geschluß-folgert werden kann.

- **Intuitivschätzung**
  wird angewendet, indem die Bedarfsprognosen aus Expertenmeinungen abgeleitet werden.

4.3.2 Materialbestandsrechnung

Wie aus den vorgestellten Ausführungen ersichtlich ist, liefern die verschiedenen Methoden der Bedarfsermittlung bzw. -schätzung als Ergebnisgröße den Bruttobedarf. Dieser gibt im Regelfall jedoch noch keine Aussage über die tatsächlich zu beschaffenden terminierten Materialmengen. Nur in Ausnahmefällen stimmt die Beschaffungs- mit der Verbrauchsmenge überein. Diese Tatsache begründet das Erfordernis einer betrieblichen Lagerhaltung von Materialien. Wenn dem so ist, hängen die Mengen und Zeitpunkte der Materialbeschaffung auch von der jeweiligen Bestandshöhe ab. Der Bruttobedarf ist somit mit dem Lagerbestand abzustimmen; bei niedrigerem Bestand ergibt die Differenz bekanntlich den Nettobedarf. Bei dieser Abstimmung ist seitens des Bestandes nicht nur der körperlich vorhandene Lagerbestand (Ist-Bestand) zu berücksichtigen, sondern auch die anderen Bestandsarten, wie Vormerk-, Bestell- und Werkstattbestand. Das **Ziel der Bestandsrechnung** darin also besteht, durch Ermittlung des disponiblen Bestandes den **Nettobedarf** zu berechnen und in Form einer **Bedarfsmeldung** dem Einkauf zu übergeben. Zur exemplarischen Verdeutlichung der Problematik dient folgendes Beispiel:

Ein Unternehmen benötigt am 15. September zur Komplettierung seiner Motorenfertigung 6000 Kurbelwellen. Der Ist-Lagerbestand beträgt am 10. September 3200 Stück, wovon 1200 Stück für den 11. September reserviert sind. Am 2. September wurden darüber hinaus 2500 Stück bei einem Lieferanten bestellt, die am 12. September eintreffen werden. Demnach sind nicht 6000 Kurbelwellen, sondern $6000 - 3200 + 1200 - 2500 = \textbf{1500}$ Kurbelwellen einzukaufen.

Das Vorgehen der Abstimmung zwischen Bruttobedarf und verfügbarem Bestand kann verschiedenartig, entsprechend dem jeweils angewandten Dispositionsverfahren, gestaltet sein. Das Begriffsvokabular der Dispositionsverfahren ist dem der Bedarfsermittlung angelehnt (**bedarfs-** und **verbrauchsgesteuert**). Die verbrauchsgesteuerte Disposition kann ihrerseits – je nach Veranlassungsaspekt – in eine **bestands-** und/oder **termingesteuerte** unterteilt werden.

In der Praxis wird die dispositive Teilfunktion „Materialbestandsrechnung" als einheitliche **Mengen- und Wertrechnung** realisiert, wobei die Mengenrechnung als Grundlage für die Disposition und die Wertrechnung als Basis für die Betriebsabrechnung dient. Als Informationsquellen nutzt man zwei grundsätzliche Lagerdaten, differenziert nach **Stamm-** und **Bewegungsdaten**. Währenddem die zuerst genannten in definierten Zeiträumen keiner Veränderung unterliegen, ergeben sich aus den permanenten Lagerbewegungen (Zu- und Abgänge) der vergangenen Fertigungsperiode die Bewegungsdaten.

Die Bestandsrechnung selbst vollzieht sich in drei **Phasen**:

- Material-Bestandsplanung
- Material-Bestandsführung
- Material-Bestandskontrolle

4.3.2.1 Materialbestandsplanung

Die Aufgabe der Bestandsplanung besteht in der Festlegung der zu bevorraten-
den Materialien (Lagersorten) in der erforderlichen **Art**, **Menge** und **Zeit**.
Dabei muß vermieden werden, daß

- zu **geringe** Bestände den unternehmerischen Leistungsprozeß gefährden,
- zu **hohe** Bestände die Wirtschaftlichkeit und Liquidität des Unternehmens
  negativ beeinflussen.

Gefordert ist also eine optimierte Lieferbereitschaft, ausgedrückt im Lieferbe-
reitschafts- oder Servicegrad. Zur Realisierung dieser Forderung bedient man
sich klar definierter **Bestands- oder Lagerhaltungsstrategien** (Lagermodelle)
bezüglich der Gestaltung

- des maximalen Lagerbestandes (Höchstbestand),
- des zeitlichen Beschaffungsintervalls,
- der erforderlichen Beschaffungsmengen und
- des notwendigen Sicherheitsbestandes.

> Unter einer **Bestandsstrategie** versteht man ein Lagerbewirtschaftungssystem,
> auf dessen Basis Entscheidungen über das **Wann** (Bestellzeitpunkt) und **Wieviel**
> (Bestellmenge) der einzulagernden Lagersorten herbeigeführt werden können.

Die gebräuchlichsten Modelle unterscheiden sich vor allem in der Differenzierung der beiden wichtigsten Gestaltungsparameter, den Lagerkennzahlen

- Beschaffungsintervall
- Beschaffungsmenge

Im Rahmen der Optimierung solcher Lagerbewirtschaftungssysteme ist bei den
Lagerkennzahlen eine Reihe von **Merkmalsausprägungen** zu beachten. Für das
Beschaffungsintervall gilt (nach *Müller-Hagedorn*, 16f.):

1. Es wird bestellt, wenn der Lagerbestand niedriger oder gleich ist als eine
   Bestellgrenze (Symbol s).
2. Es wird alle T Zeiteinheiten bestellt.
3. Es wird bestellt, wenn sowohl der Fall 1. als auch der Fall 2. gegeben sind
   (also alle T Zeiteinheiten, jedoch nur dann, wenn der Lagerbestand die
   festgelegte Bestellgrenze unterschritten hat).

Für die **Bestellmenge** gelten folgende Ausprägungen:

1. Es wird jeweils eine Menge Q bestellt, die als optimale Bestellmenge bezeichnet wird.
2. Es wird eine solche Menge bestellt, daß der zum Zeitpunkt der Bestellung
   vorhandene Lagerbestand und die zu bestellende Menge die Höchstlager-
   menge S ergeben.

Aus der Kombination dieser fünf Ausprägungsmöglichkeiten lassen sich sechs **Strategieformen** ableiten (*Abbildung 4.11*).

Die in der Abbildung verwendeten Symbolen haben folgende Bedeutung:

Q eine feste Losgröße (auf Verfahren, wie diese Losgröße zu bestimmen ist, wird später eingegangen);

s eine Bestellgrenze (Bestellpunkt), das ist eine bestimmte Untergrenze des Lagerbestandes, bei deren Erreichen ein Bestellvorgang vorgenommen werden kann;

S der Grundbestand, das ist jene Menge, auf die hin das Lager bei einer S-Politik aufgefüllt wird;

T eine bestimmte Zahl von Zeiteinheiten (z. B. 4 Wochen).

Die Frage, welche Modelle letztendlich bei der Lagerbewirtschaftung Anwendung finden, ist vorrangig abhängig von

- der Lagersorte,
- den Lager-, Kapitalbindungs- und Bezugsnebenkosten,
- der Preisstaffelung über die Lieferlosgrößen,
- der Lieferzeit,
- der Haltbarkeit und
- den Verbrauchscharakteristika .

Bei Auftragsmaterialien, die bedarfsgesteuert beschafft und gelagert werden, wird besonders die **s,Q-Strategie** angewendet, bei Vorratsmaterialien dagegen die **s,S-Strategie**.

(s, S) - Strategie

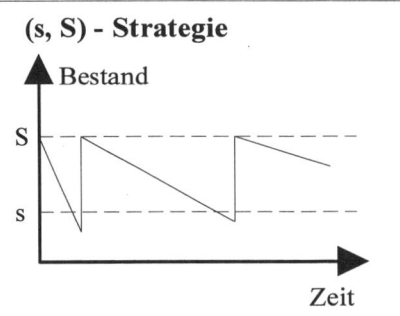

Nach jeder Entnahme findet eine Überprüfung des Lagerbestandes statt. Sobald der Bestellpunkt (s) unterschritten wird, erfolgt eine Auffüllung auf den Grundbestand (S).

(s, Q) - Strategie

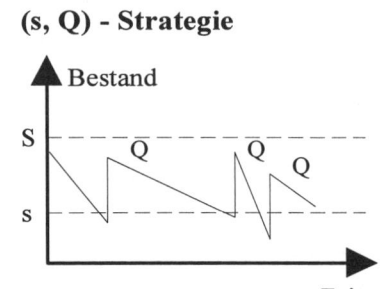

Nach jeder Entnahme findet eine Überprüfung des Lagerbestandes statt. Sobald der Bestellpunkt (s) unterschritten wird, erfolgt eine Auslösung einer Bestellung in einer kostenoptimalen Menge (Q).

(S, T) - Strategie

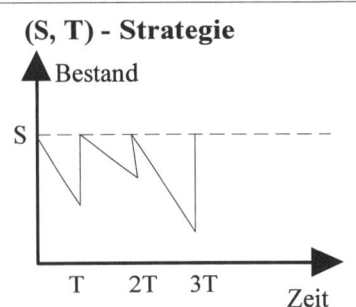

(Q, T) - Strategie

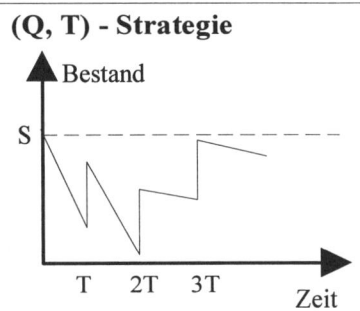

Der Lagerbestand wird in konstanten Zeitintervallen (T) programmgemäß überprüft. Ergibt sich eine Mindermenge, wird auf den Grundbestand (S) bzw. eine kostenoptimale Menge (Q) aufgefüllt.

(s, S, T) - Strategie

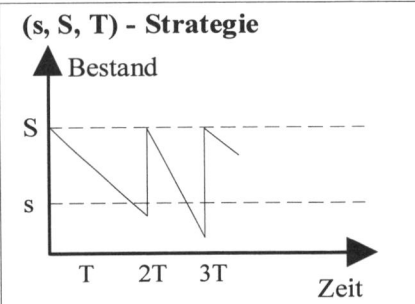

Der Lagerbestand wird in konstanten Zeitintervallen (T) überprüft. Ergibt sich eine Unterschreitung des Bestellpunktes (s), wird auf den Grundbestand (S) aufgefüllt.

(s, Q, T) - Strategie

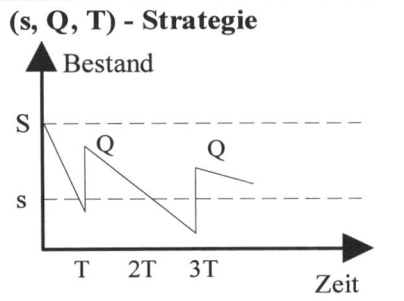

Der Lagerbestand wird in konstanten Zeitintervallen (T) überprüft. Ergibt sich eine Unterschreitung des Bestellpunktes (s), wird die kostenoptimale Menge (Q) bestellt.

Abbildung 4.11: Formen von Lagerhaltungsstrategien

Demonstrationsbeispiel

DI   Sachverhalt

Voraussetzung für die Ableitung optimaler Bestellmengen ist nicht nur die möglichst exakte Kenntnis des Materialbedarfs, sondern auch die Kenntnis über den aktuellen und sich entwickelnden Lagerbestand. Im Rahmen von optimierenden Lagerbewirtschaftungssystemen kann man durch die Kombination der beiden wichtigsten lagerwirtschaftlichen Aktionsparameter, der Bestellmenge und des Bestellzeitpunktes, sechs prinzipielle Lagerhaltungsstrategien ableiten. Diese sind Voraussetzungen für die Wahl des jeweiligen Verfahrens der verbrauchsbedingten Bestandsergänzung bei relativ geringwertigen Materialien (C-Teile) sowie sonstigen Hilfs- und Betriebsstoffen.

D II Ausgangsdaten

In einem Unternehmen liegt bei einer Materialposition folgende Nachfrageentwicklung vor:

Tage	1	2	3	4	5	6	7	8	9	10	11	12
Nachfrage (ME)	4	8	6	8	4	6	8	4	4	6	8	12

Weiterhin sind folgende Daten bekannt:

- Anfangsbestand zum Betrachtungsbeginn: 40 Mengeneinheiten
- Losgröße Q = 20 Einheiten
- Grundbestand (Lagerhöchstbestand) = 60 Mengeneinheiten
- Zahl der Zeiteinheiten T = 3 Tage
- Bestellpunkt s = 20 Mengeneinheiten
- Konditionen: Der Lagerzugang erfolgt noch am Bestelltag.

DIII Aufgabenstellung

1. Ermitteln Sie die grafischen Ablauffolgen für den 1. bis 12. Tag für die s,Q,T-Strategie und für die s,S,T-Strategie.

2. Beurteilen Sie beide Bestandsstrategien und beantworten Sie die Fragen:
   - An welchen Tagen wird jeweils eine Bestellung ausgelöst?
   - In welcher Bestandshöhe wird jeweils bestellt?

3. Ermitteln Sie den Durchschnittsbestand auf der Basis der Kennzahl „Mittelwert aus Überprüfungszeitpunkten" für beide Bestandsstrategien und schließen Sie aus den Ergebnissen auf die durchschnittlichen Kapitalbindungskosten.

Formel:

$$B_D = \frac{\Sigma \text{ der Bestände aus der Überprüfung}}{\text{Anzahl der Überprüfungen}}$$

IV   Lösungen

zu 1.

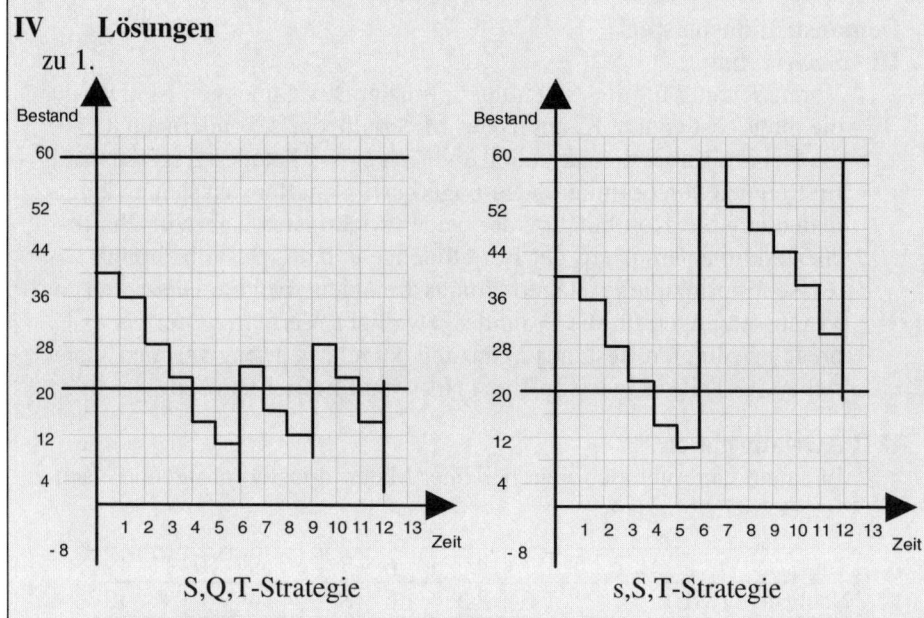

S,Q,T-Strategie   s,S,T-Strategie

zu 2. **S,Q,T-Strategie**

- 3 Bestellungen sind notwendig (6., 9. und 12. Tag)
- jeweils in der Höhe Q = 20 ME
- geringere Kapitalbindung als bei s,S,T-Strategie
- höheres Risiko eines Produktionsstillstandes (z. B. 6 und 12. Tag)

s,S,T-Strategie

- 2 Bestellungen sind notwendig (6. und 12. Tag)
- 6. Tag = 56 ME; 12. Tag = 42 ME
- größere Kapitalbindung, aber auch größere Bestands- und damit Fertigungssicherheit

Lösung für s,Q,T-Strategie   **Lösung für s,S,T-Strategie**

$$B_D = \frac{22 + 24 + 28 + 22}{4} = 24 \qquad B_D = \frac{22 + 60 + 44 + 60}{4} = 46,5$$

Der durchschnittliche Lagerbestand der s,S,T-Strategie ist um 93,75 % höher als bei der s,Q,T-Strategie.

Aus der Festlegung der im Unternehmen angewandten Strategieform (Vorrats-politik) ergibt sich logischerweise auch die Art der **Bestandsergänzung** und damit der **Dispositionssteuerung**. Unter dieser versteht man den Veranlas-sungsgrund einer Disposition. Veranlaßt eine bestimmte Bestandshöhe oder ein definierter Termin die Disposition, so liegt eine **verbrauchsorientierte Mate-rialdisposition** vor. Ist dagegen der benötigte Bedarf ❷ oder das Produktions-programm die Steuergröße, so resultiert daraus die **bedarfsgesteuerte Disposi-tion**.

Verbrauchsorientierte Disposition

Diese Dispositionsform benötigt einerseits einen geringen Aufwand, führt jedoch andererseits zu Mengen- und Terminunsicherheiten. Diese können nur durch die Installation von Sicherheitsbeständen egalisiert werden.

In der Praxis haben sich je nach der Veranlassung für diese Dispositionsform zwei Verfahren herauskristallisiert:

- Bestellpunktverfahren,

- Bestellrhythmusverfahren.

1. Bestellpunktverfahren:

Bei diesem bei manueller Disposition mittels Lagerkarteikarten am meisten praktizierten Verfahren signalisiert eine vorher errechnete Bestandshöhe eine Bestellauslösung. Diesen Lagerbestand nennt man auch **Meldebestand** oder **Bestellpunkt**. Er verkörpert das Bestandsvolumen, das ausreicht, um die Bedarfe während der Wiederbeschaffungszeit einschließlich eines garantierten Sicherheitsbestandes abzudecken. Die notwendigen Bestandsüberprüfungen (z. B. Buchinventur, körperliche Aufnahme oder optische Erfassung) erfolgen unmittelbar **nach jeder Entnahme** bzw. Bestandsvornotierung.

> Die **Wiederbeschaffungszeit** ist dabei die Zeitspanne vom Erkennen des Bedarfes über alle Bearbeitungsphasen der Disposition und des Einkaufes, der Lieferzeit und des Transportes bis hin zur Warenannahme und der Einlagerung.

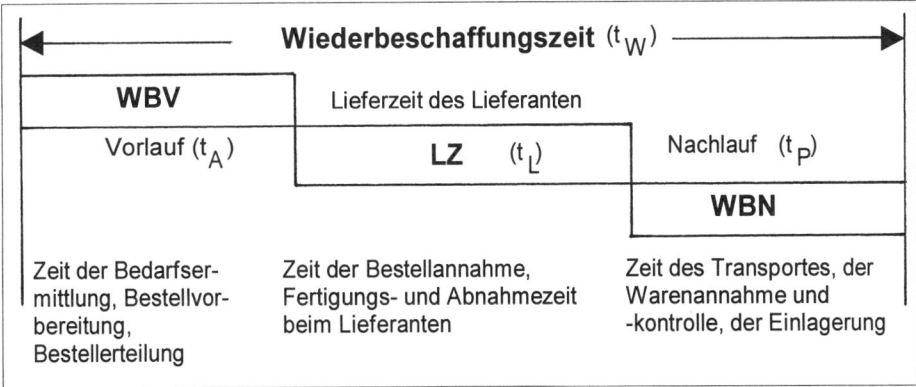

Abbildung 4.12: Bestandteile der Wiederbeschaffungszeit (Arbeitsmaterial IHK Industriefachwirt", 28)

Eine verallgemeinerungsfähige Aussage zu den Lieferzeiten der gebräuchlichsten Werkstoffe ist nicht möglich. Die *Abbildung 4.13* verdeutlicht als exemplarisches Beispiel die Wiederbeschaffungszeiten für ausgewählte Materialien:

Materialart	Wiederbeschaffungs-zeit (normal)	Wiederbeschaffungs-zeit (vordringlich)
lagerhaltige Normteile	1 ... 2 Wochen	< 24 Stunden
handelsübliche Stahlprofile	1 ... 2 Wochen	2 ... 3 Tage
einfache mechanisch bearbeitete Teile (z. B. Drehteile)	3 ... 5 Wochen	1 ... 2 Wochen
einfache Schmiedeteile	16 ... 20 Wochen	6 ... 10 Wochen
Stahlprofile (Sonderschmelzen, -profile)	5 ... 8 Monate	3 ... 4 Monate
Katalogwaren (z. B. Werkzeuge, Betriebsausstattung)	1 ... 2 Wochen	1 ... 2 Tage
Sonderanfertigungen Werkzeuge, Prüfmittel	3 ... 6 Monate	2 ... 3 Monate
Standardmaschinenbaukomponenten	6 ... 8 Wochen	3 ... 5 Wochen
Sonderanfertigungen Maschinenbaukomponenten	9 ... 12 Monate	5 .. 7 Monate

Abbildung 4.13: Beispiele von Wiederbeschaffungszeiten für Materialien (Richtwerte enthalten nicht Zeiten für Konstruktion und Werkzeugbau)

Um Negativfolgen im Rahmen von Dispositionshandlungen zu vermeiden, müssen die den Unternehmungen bekannten Wiederbeschaffungszeiten gepflegt, d. h. aktualisiert werden. Dies kann bei konventioneller datenverarbeitungsgestützter Disposition durch zyklische Lieferzeitanfragen erfolgen.

Unter **Sicherheitsbestand** (eiserner Bestand, Mindestbestand, Reserve) versteht man einen Puffer, der erforderlich ist, um bei Verbrauchs- oder Lieferterminüberschreitungen die Materialverfügbarkeit abzusichern.

Seine Größe wird entweder durch Schätzung (sog. Daumenformel) oder **Näherungsrechnungen** ermittelt. Nach *Bichler* 1993, 133ff. gilt:

Schätzung:

Sicherheitsbestand = 1/3 des Verbrauchs während der normalen Wiederbeschaffungszeit

Berechnung:

Sicherheitsbestand = Sicherheitszeit in Tagen × täglicher Verbrauch

Sicherheitsbestand = möglicher Mehrverbrauch während der normalen Wiederbeschaffungszeit und Überprüfungszeit + (mögliche Lieferzeitverzögerung × voraussichtlicher durchschnittlicher Verbrauch während dieser Zeit)

$$\text{Servicefunktion} = \frac{x_{opt.}}{AD} \ (1 - \text{gewünschter Servicegrad})$$

Betrachtet man das **Grundprinzip** dieses Verfahrens der verbrauchsorientierten Disposition unter dem Blickwinkel der eingangs fixierten **Lagerkennzahlen**, so ergibt sich folgender Sachverhalt:

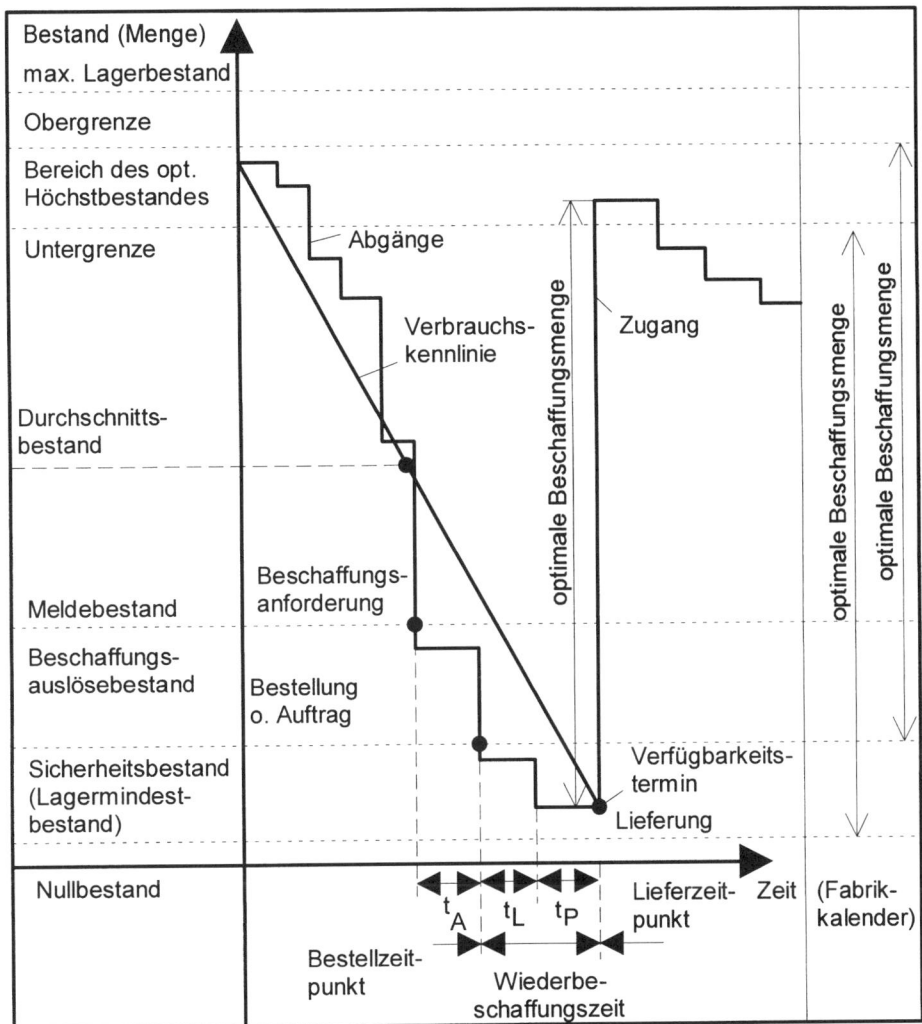

Abbildung 4.14: Modellansatz des Bestellpunktverfahrens (in Anlehnung an REFA 1985, 131f.)

Aus dem Modellansatz sind folgende **Erkenntnisse** ableitbar:

1. Jeder Bestand weist sowohl eine Untergrenze (**Nullbestand**) als auch eine Obergrenze (**Höchstbestand**)aus.

2. Der **Höchstbestand** gibt an, welche Materialmenge sich maximal im Lager befinden kann. Er wird ermittelt aus
    a) optimale Bestandsmenge + Sicherheitsmenge
    b) vorhandenen Lagervolumina, Haltbarkeit des Materials (z. B. Korrosionsgefahr bei Blechteilen)

3. Die Größe des **Beschaffungsauslösebestandes** entspricht dem Sicherheitsbestand plus der geschätzten Entnahmemenge während der Wiederbeschaffungszeit.

4. Die Ermittlung des **Durchschnittsbestandes** erfolgt in der Art, daß zu beliebigen Zeitpunkten eine Lagerbestandserfassung erfolgt und daraus der Mittelwert mittels verschiedener Berechnungsmethoden abgeleitet wird.

Als **Berechnungsmethoden** gelten:

*   **Mittelwert aus begrenzenden Beständen des Gesamtzeitraumes**

$$B_D = \frac{\text{Anfangsbestand} + \text{Endbestand}}{2}$$

*   **Mittelwert aus Überprüfungszeitpunkten**

$$B_D = \frac{\text{Summe der Bestände aus der Überprüfung}}{\text{Anzahl der Überprüfungen}}$$

*   **Bestandsdurchschnitt bei monatlicher Überprüfung**

$$B_D = \frac{\text{Anfangsbestand} + 12 \text{ Monats-Endbestände}}{13}$$

*   **Bestandsdurchschnitt bei quartalsmäßiger Bestimmung**

$$B_D = \frac{\text{Anfangsbestand} + 4 \text{ Quartalsbestände}}{5}$$

5. Der Bereich des **optimalen Höchstbestandes** ergibt sich aus der optimalen Liefermenge plus dem zum Lieferzeitpunkt vorhandenen Bestand.
    Die Unter- bzw. Obergrenze ergibt sich aus:

    Untergrenze ➡ Sicherheitsbestand + optimale Beschaffungsmenge
    Obergrenze ➡ Beschaffungsauslösebestand + optimale Beschaffungsmenge

Das Bestellpunktverfahren wird in drei Unterverfahren praktiziert:

Verfahren der **Sofortigen** Lagerergänzung	**Vereinfachte** Verfahren	Verfahren der **Langfristigen** Lagerergänzung

* Reihenfolgeverfahren
* Vorratsbehälterver-
  fahren

Abbildung 4.15: Unterarten des Bestellpunktverfahrens

Das **Verfahren der sofortigen Lagerergänzung** wird bei Lagersorten angewendet, deren

Wiederbeschaffungszeit < Lagerzeit

ist. Das heißt, die Materialergänzung erfolgt zwischen zwei Lagerabgängen. Die
Ergänzungsberechnung erfolgt durch die Lagerkennzahl des **Meldebestandes**:

$$B_M = (T_W \cdot P) + B_S$$

B_M = Meldebestand
T_W = Wiederbeschaffungszeit $t_A + t_L + t_P$ (ZE)
P = Bedarf pro Periode (ME/ZE)
B_S = Sicherheitsbestand (ME)

Die Wiederbeschaffungszeit ist dabei so zu bemessen, daß sie der durchschnittlichen Verbrauchsmenge in diesem Zeitraum entspricht. Wenn keine Materi-
aleingangsprüfung im Unternehmen erfolgt, ist t_P zu vernachlässigen.

Das **Verfahren der langfristigen Lagerergänzung** wird dann angewendet,
wenn die

Wiederbeschaffungszeit > Lagerzeit

ist. Das heißt, daß zwischen der Bestellauslösung und dem Liefereingang noch
weitere Materialentnahmen stattfinden. Dies hätte zur Folge, daß jede nachfolgende Entnahme zu einer neuen Bestellung führt, ohne daß die schon ausgelöste
Bestellung berücksichtigt wird. Als logische Schlußfolgerung ergibt sich deshalb die Notwendigkeit der Berücksichtigung dieser offenen Bestellungen.
Die Summe dieser Bestellungen nennt man **Eindeckung**.

Die Ergänzungsrechnung erfolgt nun durch einen präzisierten Meldebestand,
den **Eindeckungs-Meldebestand.**

$$B_E = B_L + B_B$$

B_E = Eindeckungs-Meldebestand
B_L = Lagerbestand
B_B = Bestellbestand

Dem Grundprinzip des Bestellpunktverfahrens folgend, daß beim Erreichen bzw. Unterschreiten des Meldebestandes eine Bestellung auszulösen ist, bedarf die Bestellauslösung an sich der Berücksichtigung folgender Regeln:

> • „Bei jeder Bestandsüberprüfung ist festzustellen, ob der Lagerbestand einschließlich der bereits bestellten Mengen den Meldebestand erreicht.
>
> • Ist der Meldebestand erreicht oder unterschritten, muß die Menge bestellt werden, welche die vorhandenen und bestellten Mengen bis zur Höhe des Grundbestandes ergänzt.
>
> • Ergibt die Bestandsprüfung, daß die verfügbare und bestellte Menge größer als der Meldebestand ist, erfolgt keine Bestellauslösung."
> (*Oeldorf/Olfert* 1995, 190)

Aufbauend auf dem Grundansatz des Bestellpunktverfahrens, nämlich dann eine Bestellauslösung zu tätigen, wenn ein vorher definierter Lagerbestand erreicht ist, lassen sich in der Betriebspraxis zwei **vereinfachte**, in Varianten gestaltete Verfahren der Bestellauslösung – auf die an dieser Stelle nicht näher eingegangen wird – ableiten. Zu ihnen gehören das
• Reihenfolgeverfahren und das
• Vorratsbehälterverfahren.

2. Bestellrhythmusverfahren:

Dieses verbrauchsorientierte Dispositionsverfahren ist dadurch gekennzeichnet, daß die Bestandsermittlung nicht wie beim Bestellpunktverfahren nach jeder Entnahme erfolgt, sondern in fixierten, **gleichlangen Zeitabschnitten** (Kontrollrhythmen). Steuerungsfaktor für die Bestellauslösung ist somit direkt die Zeitspanne der Kontrollen. Ist die Zeitspanne sehr lang, so können die Bestände den Meldepunkt erreichen bzw. unterschreiten, ohne daß eine Bestellauslösung erfolgt. Daraus resultiert die Gefahr von Fehlmengen und den sich daraus ergebenden Kosten (Fehlmengenkosten). **Fehlmengenkosten**, auch stock-out-costs genannt, fallen an, wenn ein auftretender Bedarf nicht aus dem Vorrat gedeckt werden kann. Diese Kosten können sein:

• **Mehrkosten** bei Stillegung bestimmter Anlagen, die in den Lohnkosten gleichzeitig als Wartezeiten (wegen Stockung in der Fertigung) und als Überstunden (wegen Nacharbeit des Produktionsausfalls) erkennbar sind;

• **Umsatzverluste**, wenn aufgrund von Unterbrechungen in der Materialversorgung im Absatzbereich Lieferschwierigkeiten auftreten;

• **Imageverluste**, die zwar nicht unmittelbar quantifizierbar sind, die jedoch auf lange Sicht zu Umsatzverlusten führen können, wenn Kunden wegen Lieferterminverzögerungen in Zukunft ihren Bedarf bei der Konkurrenz decken.

Als logische Schlußfolgerung aus dem genannten Sachverhalt ergibt sich die Tatsache, daß der Meldebestand nicht nur für die Wiederbeschaffungszeit ausreichen muß, sondern auch für den Zeitraum bis zur nächsten Kontrolle (Überprüfung). Somit ist der Bedarf während der Kontrollspanne mit zu berücksichtigen. In Erweiterung der Meldebestandsformel für das Bestellpunktverfahren gilt:

$$B_M = (T_W + T_K) \cdot P + B_S$$

T_K = Zeitspanne zwischen zwei Kontrollen (Kontrollspanne), um festzustellen, ob eine Nachbestellung erforderlich ist.

Erkenntnis:
Dieses Verfahren findet vor allem dort Anwendung, wo ein konstanter Lieferrhythmus durch den Lieferanten oder ein konstanter Fertigungsrhythmus beim materialwirtschaftlichen Abnehmer gegeben sind. Ein Berechnungsbeispiel, das den Gesamtzusammenhang der verbrauchsorientierten Disposition dokumentiert, ist in ❸ dargestellt.

Bedarfsorientierte Disposition

Wie schon angesprochen, kann der Veranlassungsgrund einer Disposition nicht nur – wie bei der verbrauchsgesteuerten Disposition – die Bestandshöhe oder der Dispositionstermin sein, sondern auch die bei hochwertigen Materialien (A- und B-Güter) zu ermittelnden Bedarfswerte. Der zur Berechnung erforderliche Primärbedarf kann dabei direkt aus den Kundenaufträgen abgeleitet werden oder indirekt aus einem auf der Basis der Marktforschung erstellten kurzfristigen Fertigungsprogramm. In beiden Fällen bilden die daraus resultierenden Angaben die materialwirtschaftliche Planungsgrundlage, d. h., sie werden in **Lageraufträge**, die den Materialentnahmeplan dokumentieren, umgewandelt. Im Lager erfolgt dann eine **Verfügbarkeitskontrolle** im Sinne einer Abstimmung zwischen den Bedarfs- und Bestandswerten. Die Aufgabe der bedarfsbedingten Bestandsergänzung besteht nun darin, die **Lagerreichweite** zu ermitteln und eine Ergänzung dann einzuleiten, wenn der verfügbare Lagerbestand (Lagerbestand – Vormerkbestand) oder/und die Eindeckung (Menge der laufenden Bestellungen) nicht mehr ausreicht, den deterministischen Bedarf zu decken. Unter diesem Denkansatz lassen sich zwei **Kategorien** unterscheiden, die die Lagerreichweite zeitlich repräsentieren:

• Isteindeckungszeit

• Solleindeckungszeit

Die **Isteindeckungszeit** ist die Zeitspanne, für die der verfügbare Lagerbestand einen zu erwartenden Bedarf abdeckt.

Offene Bestellungen bleiben damit unberücksichtigt. Bei der Berechnung ist dabei von der Maxime auszugehen, daß ein benötigter Bedarf jeweils zum Anfang einer Periode zur Verfügung stehen muß.

Aus der Umrechnung der Isteindeckungszeit (T_{ist}) auf den jeweils geltenden Fabrikkalender ergibt sich der **Isteindeckungstermin**. Zur Verdeutlichung der Problematik dient folgendes Demonstrationsbeispiel:

Demonstrationsbeispiel:

DI   Ausgangsdaten

- Der Materialbedarf der Perioden 1 bis 5 beträgt 100, 300, 200, 600 und 400 Einheiten.
- Der tatsächliche Lagerbestand umfaßt zu Beginn der ersten Periode 1300 Einheiten.
- Starttermin: 380. Fabriktag

DII Aufgabenstellung

Ermitteln Sie die Isteindeckungszeit bzw. den Isteindeckungstermin!

DIII Lösung

	Periode 1	Periode 2	Periode 3	Periode 4	Periode 5
tatsächlicher Lagerbestand	1300	1200	900	700	100
– Bedarf	100	300	200	600	400
= Restbestand	1200	900	700	100	– 300

- Der **verfügbare Lagerbestand** reicht für 4,25 Perioden.
- Unterstellt man, daß eine Periode 5 Arbeitstagen entspricht, so sind 21,25 Arbeitstage abgedeckt (Isteindeckungszeit = T_{IST})
- Wäre der Starttermin der Berechnung der 380. Fabriktag, so würde als Ist-Eindeckungstermin der 401,25. Fabriktag gelten.

Die **Solleindeckungszeit** verkörpert den Zeitraum, bis zu dem der verfügbare Bestand (verfügbarer Lagerbestand + Bestellbestand) ausreichen soll, einen berechneten Bedarf zu decken.

In Anlehnung an *Oeldorf/Olfert* 1987, 167 muß die Solleindeckungszeit (T_{soll}) folgende **Zeitaktivitäten** abdecken, um Produktionsunterbrechungen zu vermeiden:

- Zeit für die Wiederbeschaffung,
- Zeit für die Überprüfung,
- Sicherheitszeit,
- Länge der Planperiode.

Formelmäßig läßt sich der genannte Sachverhalt wie folgt festlegen (vgl. *Oeldorf/Olfert* 1995, 195f.):

$$T_{Soll} = T_X + T_W + T_U + T_P + T_S$$

T_X = Tag der Bestellung
T_W = Wiederbeschaffungszeit
T_U = Überprüfungszeit
T_P = Länge der Planperiode
T_S = Sicherheitszeit

Mit dieser Berechnung kann der aus einer Bestellauslösung resultierende **Zeitpunkt der Lagerbestandserhöhung** ermittelt werden. Ein Bestellvorgang wird ausgelöst, wenn folgende Ungleichung gilt (vgl. *Oeldorf/Olfert* 1987, 168):

$$T_{Ist} < T_{Soll}$$

Wann der Bestellvorgang ausgelöst wird, bestimmt der **Soll-Liefertermin** (Formelzeichen: $T_{L\text{-}Soll}$). Dieser verkörpert den letztendlichen Zeitpunkt, der die Lieferbereitschaft sicherstellt.

Damit gilt:

$$T_{L\text{-}Soll} = T_{Ist} - T_S - T_U$$

Die Umrechnung der Solleindeckungszeit in den **Solleindeckungstermin** erfolgt analog. Der rechnerische Ausdruck der genannten Termini wird in ❹ dargestellt.

4.3.2.2 Materialbestandsführung

Die zweite Phase der Materialbestandsrechnung ist die **Bestandsführung**. Diese hat die vorrangige Aufgabe, aktuelle Unterlagen über die Bestände nach **Menge und Wert** zu erstellen. Damit ergibt sich das Erfordernis – unter Beachtung der Anfangsbestände – den mengenmäßigen Verbrauch pro Material und Periode zu ermitteln. *Abbildung 4.16* gibt einen Überblick über die **Erfassungsmethoden,** die angewendet werden können.

Der Kenntnisstand über die Verbräuche ist nicht nur für die Materialdisposition wichtig, sondern auch für die Kostenrechnung (z. B. Preiskalkulation), aber auch für die Bilanzerstellung. Die Bewertung der Materialverbräuche ist originär nicht Aufgabe der Materialwirtschaft, sondern die des Rechnungswesens. Aus Rationalitätsgründen wird sie jedoch meistens von der **Lagerbuchhaltung** ausgeführt.

Verfahren der Verbrauchsmengenermittlung

Skontrations-verfahren (Fortschreibungs-methode)	Inventurverfahren (Befundrechnung)	Retrogrades Verfahren (Rückrechnung)
bei diesem in der Praxis gebräuchlichsten Verfahren werden in der Lagerverwaltung pro Materialart Belege (Lagerkarte) geführt, die die Veränderungen (Zu- und Abgänge) im Lager erfassen.	bei diesem Verfahren erfolgt keine laufende Ermittlung der Materialverbräuche. Damit sind Auftragsabrechnungen und Nachkalkulation unmöglich, da der Materialentnahmeschein oder andere Formulare nicht verwendet werden. Die Endbestände werden über eine Inventur, die Zugänge aufgrund von Lieferscheinen ermittelt.	bei diesem Verfahren wird der Materialverbrauch aus der Menge der fertigen und unfertigen Erzeugnisse abgeleitet. Mittels Erfahrungszahlen und unter Berücksichtigung des anfallenden Ausschusses bzw. des Verbrauches für Prüfzwecke etc. wird der Soll-Verbrauch ermittelt.

Kurzformel

Anfangsbestand
+ Zugänge
- Verbrauch
= Buchbestand

Kurzformel

Anfangsbestand
+ Zugänge
- Endbestand
= Verbrauch

Kurzformel

Soll-Verbrauch = Hergestellte Stückzahl * Soll-Verbrauchsmenge pro Stück

Kurzformel

Sollbestand = Anfangsbestand + Zugänge - Sollverbrauch

Mehr-/Minderverbrauch = Sollbestand - Istbestand

Istverbrauch = Sollverbrauch + Mehr-/Minderverbrauch

Abbildung 4.16: Erfassungsmethoden des Materialverbrauchs

Da im Abschnitt 2.3 schon Ausführungen zu diesem Problemkreis getätigt wurden, wird an dieser Stelle nur ein Überblick über die wesentlichsten **Material-Bewertungsverfahren** gegeben.

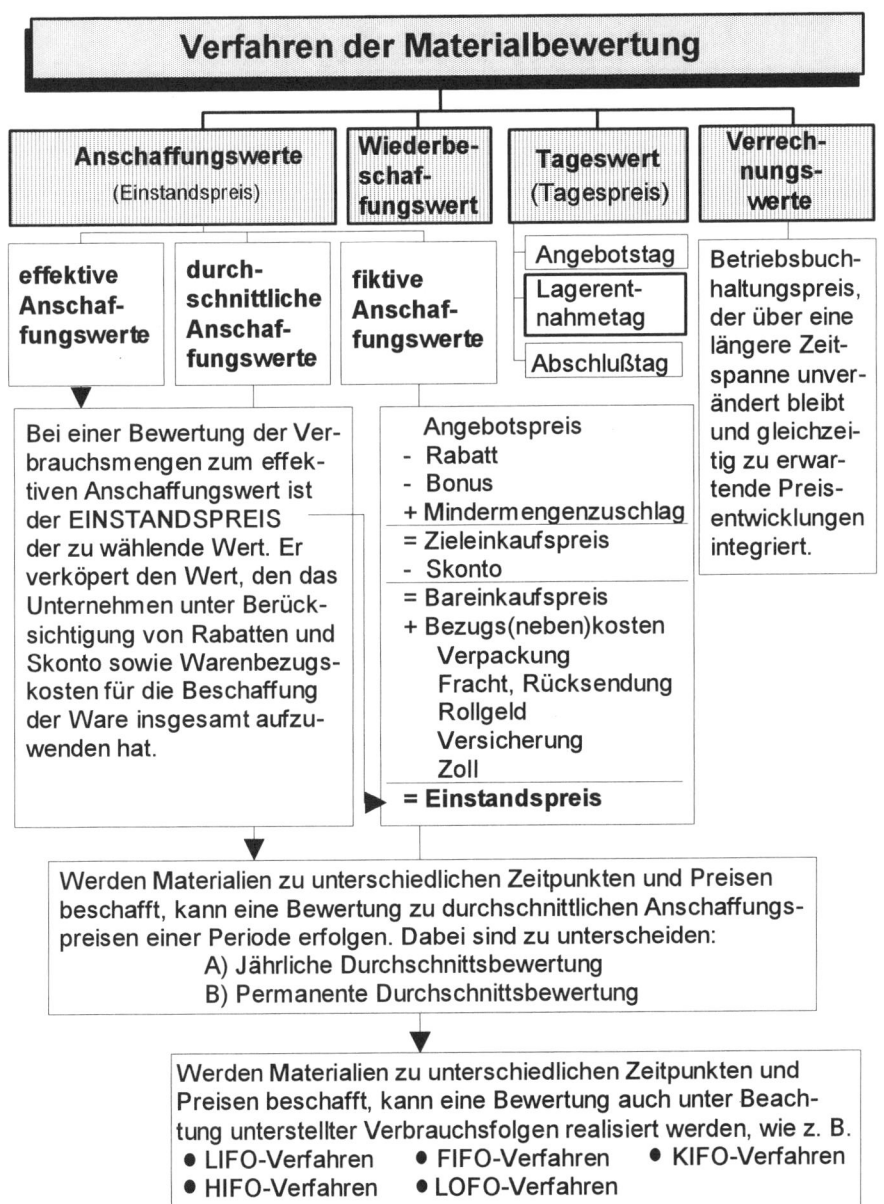

Abbildung 4.17: Material-Bewertungsmethoden

4.3.2.3 Materialbestandskontrolle

Die letzte - mit der Bestandsführung eng verzahnte - Phase der Materialbestands-rechnung ist die **Materialbestandskontrolle**. Innerhalb dieses Sachzusammenhanges sind folgende, in zeitlicher Chronologie ablaufende Aktivitäten zu realisieren:

| Eingangsüberwachung |

| Entnahmeüberwachung |

| Verfügbarkeitsüberwachung |

Die Detailinhalte der genannten Überwachungsbestandteile sind aus der nachfolgenden Übersicht ersichtlich:

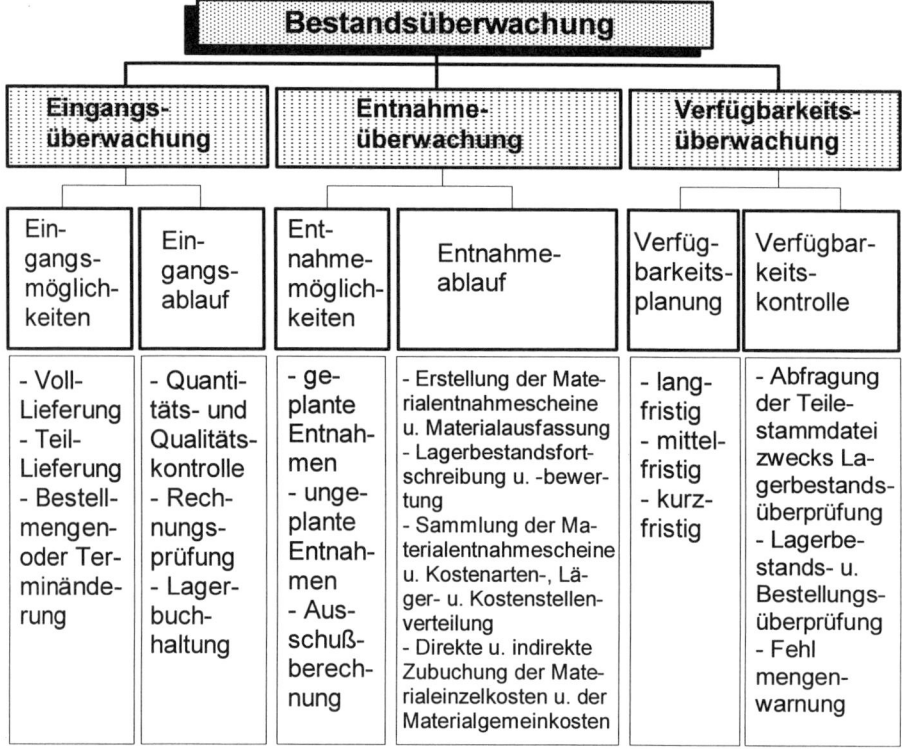

Abbildung 4.18: Bestandteile der Bestandsüberwachung (in Anlehnung an Oeldorf/Olfert 1995, 222ff.)

4.3.3 Materialbestellrechnung

Das Ziel dieser dritten Teilfunktion der Materialdisposition besteht in der Berechnung von **optimalen Bestellmengen**. Man geht dabei von der Erkenntnis aus, daß der im Ergebnis der vorangestellten Teilfunktionen ermittelte Nettobedarf eine rein technisch-organisatorische Losgröße ist, die i. d. R. aus wirtschaftlichen Erwägungen heraus nicht auf einmal bestellt wird.

4.3.3.1 Grundlagen

Die wirtschaftliche oder optimale Bestellmenge wird von **zwei Kostenkomponenten** beeinflußt:

- Beschaffungskosten

- Lagerhaltungskosten

Betrachtet man beide Kostenbestandteile in einem Gesamtzusammenhang, so ergibt sich die **optimale Bestellmenge** dort, wo beide Kostenkomponenten die gleiche Höhe aufweisen. Dies ist im Minimum der Gesamtkostenkurve der Fall. Grafisch ergibt das folgende Darstellung:

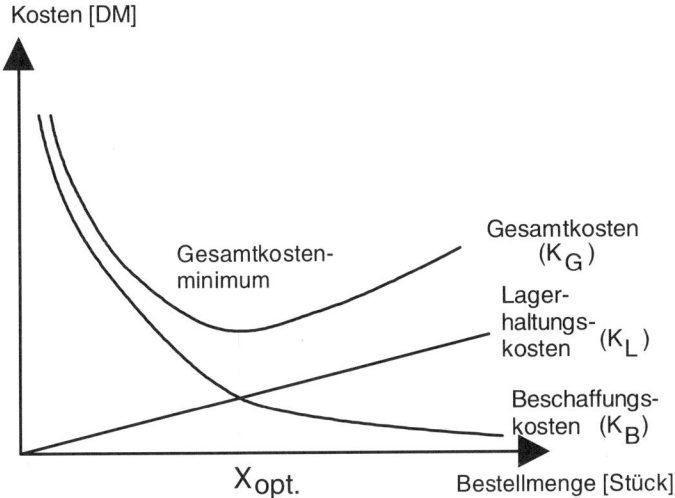

Abbildung 4.19: Optimale Bestellmenge

Betrachtet man zuerst die Beschaffungskosten, so gliedern sich diese (nach *Kopsidis* 1992, 197ff.) in die **unmittelbaren** und **mittelbaren Beschaffungskosten**. Die zuerst genannten umfassen alle bestellmengenabhängigen Kosten und ergeben sich aus der Multiplikation von

Periodenbedarf (M) × Einstandspreis (E)

Diese Kosten dokumentieren somit „die Summe der Einstandskosten aller Lieferungen zur Deckung des Periodenbedarfs."(*Kopsidis* 1992, 197)

Die **mittelbaren** (unternehmensinternen) **Beschaffungskosten** werden berechnet durch die Multiplikation von

Fixkosten je Bestellung (K_B) × Bestellhäufigkeit (n)

Zu den **Bestellkosten** zählen folgende Komponenten:

- „**Dispositionskosten**; dies sind die Kosten für Bedarfs-, Bestands- und Bestellrechnung;

- **Einkaufskosten**, welche anfallen für alle Arbeiten von der Bezugsquellenfindung bis zum Vertragsabschluß, und den

- **Zugangskosten** vom Wareneingang, von der Warenprüfung, Verbuchung, eventuell von der Bearbeitung von Beanstandungen, vom Rückversand der Mehrwegverpackungen sowie von der Rechnungsprüfung und Bezahlung." (IHK-Industriefachwirt, 30)

Läßt man den Sicherheitsbestand außer Ansatz, so ist der Bestand zum Anlieferungszeitpunkt gleich der Bestellmenge (X) zu setzen. Hieraus kann im Umkehrschluß gefolgert werden, daß am Dispositionsperiodenende der Bestand wieder null ist. Damit ergibt sich unter Anwendung der bereits an anderer Stelle aufgeführten Berechnungsmethoden zur Ermittlung des Durchschnittsbestandes ein Durchschnittsbestandswert von X/2. Da der Wert einer Lagereinheit sich aber aus der Addition des Einstandspreises (E) und der durchschnittlichen mittelbaren Beschaffungskosten K_B/X ergibt, läßt sich unter Einbeziehung des Durchschnittsbestandes ein Produkt von $\dfrac{X}{2}\left(E + \dfrac{K_B}{X}\right)$ ableiten. Dieses Produkt dokumentiert den **durchschnittlichen Lagerbestandswert**.

Die **Lagerhaltungskosten** erhält man, indem man den durchschnittlichen Lagerbestandswert mit dem Lagerhaltungskostensatz multipliziert:

$$\frac{X}{2}\left(E + \frac{K_B}{X}\right) \cdot L_{HS}$$

L_{HS} = Lagerhaltungskostensatz

Der Lagerhaltungskostensatz seinerseits resultiert aus der Addition von $p + L_S$

$$L_{HS} = p + L_S$$

p = Zinssatz (ca. 8 bis 10 %) für das während eines Jahres im Material durchschnittlich gebundene Kapital (%)

L_S = Lagerkostensatz für die während eines Jahres auftretenden Kosten der Lagerhaltung (%)

$$L_S = \frac{K_L \cdot 100 \cdot 2}{B_L \cdot E}$$

K_L = Lagerkosten (ca. 11 bis 18 % vom Lagerwert im Sinne aller Kosten, die im Lager anfallen, mit Ausnahme der Zinskosten)

B_L = Lagerhöchstbestand

Aus den genannten Einzelkomponenten läßt sich die **Gleichung der Gesamtkosten eines Beschaffungsvorganges** konstruieren:

$$K_G = M \cdot E + K_B \cdot n + \frac{X}{2}\left(E + \frac{K_B}{X}\right) \cdot \frac{p + L_S}{100}$$

Da sich in dieser Gleichung zwei Unbekannte befinden, setzt man n = X. Bei Deckung des Bedarfs durch eine Bestellung entspricht X = M, bei mehreren dagegen $X = \dfrac{M}{n}$. Durch Umstellung nach n ergibt sich $n = \dfrac{M}{X}$. Wird dieser letzte Quotient in die Ausgangsgleichung eingesetzt, so ergibt sich:

$$K_G = M \cdot E + K_B \cdot \frac{M}{X} + \frac{L_{HS}}{200}(X \cdot E + K_B)$$

Aus dieser Darstellung sind folgende **Aspekte** erkennbar:

- Die Gesamtkosten sind nur von der Bestellmenge abhängig.
- Erhöht sich diese, dann erhöhen sich auch die Kapitalbindungskosten und die Beschaffungskosten sinken.
- Sinken die Beschaffungskosten stärker als die Kapitalbindungskosten steigen, dann lohnt sich eine Bestellmengenerhöhung, denn die Gesamtkosten reduzieren sich damit insgesamt.
- Bei Ausgleich beider Kostenkomponenten ist die optimale Bestellmenge erreicht.

4.3.3.2 Berechnungsmethoden

Wird die dargestellte Gesamtkostengleichung nach X differenziert und die erste Ableitung gleich Null gesetzt, so ergibt sich:

$$\frac{d K_G}{d X} = K_B \cdot M \cdot (-1) \cdot X^{-2} + \frac{L_{HS}}{200} \cdot E = 0$$

Durch Auflösung dieses Beziehungsgefüges nach X ergibt sich die bekannte **Andler'sche Formel** als analytischer Berechnungsansatz zur Bestimmung der optimalen Bestellmenge:

$$X_{opt.} = \pm\sqrt{\frac{200 \cdot K_B \cdot M}{E \cdot L_{HS}}}$$

Aus dieser Formel läßt sich wiederum durch Umstellung eine weitere Optimie-
rungskategorie ableiten, die **optimale Bestellhäufigkeit**. Setzt man für $X = \dfrac{M}{n}$
ein und löst die Gleichung nach n auf, so erhält man:

$$n_{opt.} = \sqrt{\frac{M \cdot E \cdot L_{HS}}{200 \cdot K_B}}$$

Weitere aus der Andler´schen Formel abgeleitete Berechnungsgrößen sind:

- Berechnungsformel für die **optimale Bestellmenge** bei gegebenen Monats-
  bedarf
- **Bestellfaktor**
- **Mindestrabattsatz**

Wie aus den vorangestellten Darlegungen ersichtlich, ist die Anwendung dieser
Formel an definierte Voraussetzungen ❺ gebunden, wie:

- „Der Stückpreis ist unabhängig von der Beschaffungsmenge.
- Der Bedarf ist bekannt und konstant.
- Fehlmengen sind nicht zugelassen.
- Die zeitliche Verteilung der Lagerabgänge ist stetig.
- Die Lieferzeit ist praktisch Null.
- Mindestbestellungen sind nicht vorgesehen.
- Die Bestellung eines Materials kann unabhängig von anderen Materialien
  erfolgen." (*Oeldorf/Olfert* 1995, 266)
- Es ist jede beliebige Stückzahl zu jedem beliebigen Datum lieferbar (Ver-
  packungs- und Transportlosgrößen sowie Belieferungsrhythmen bleiben
  unberücksichtigt).

Da diese Voraussetzungen – bedingt durch ein verändertes Kundenverhalten,
aber auch durch eine zunehmende Optimierung der Transport- und Verpak-
kungslosgrößen sowie einer Risikoverschiebung der Lagerhaltung zum Lieferanten – in der Praxis kaum erfüllt werden können und andererseits der Aufwand
zur realitätsnahen Ermittlung der Größen L_{HS} und K_B sehr hoch ist, bedient man
sich darüber hinaus **heuristischer Modellansätze** ❻ zur Ermittlung der optimalen Bestellmenge. In der folgenden *Abbildung 4.20* sind die Modalitäten dieser
Berechnungsmethoden dargestellt.

Heuristischer Modellansatz

Gleitende Bestellmengenverfahren

1. Grundlagen

- beruht auf der ersten Eigenschaft der Andlerschen Formel:
  Das Minimum der jährlichen Kosten ist identisch mit dem Minimum
  der Stückkosten.

2. Grundprinzip

- Vergleich der Stückkosten, die bei der Zusammenfassung der Perioden-
  bedarfe entstehen
- steigen die Stückkosten bei Hinzunahme eines weiteren Periodenbedarfes
  wieder an, wird mit der Berechnung des nächsten Loses begonnen

3. optimale Bestellmenge

- liegt in der Periode mit den geringsten Stückkosten (einmalige Bestell-
  und anfallende Lagerhaltungskosten) vor

4. Formel

- opt. Bestellmenge = kumulierter Bedarf bis zu der Teilperiode, für die
  gilt:

$$\text{Minimum von} \quad \frac{(\text{Bestellkosten} + \text{kum. Lagerhaltungskosten})}{\text{kumulierter Bedarf}}$$

Kostenausgleichsverfahren

1. Grundlagen

- beruht auf der 2. Eigenschaft der Andlerschen Formel:
  Die optimale Bestellmenge und damit das Kostenminimum liegen genau
  dort, wo Bestellkosten und Lagerkosten gleich sind.

2. Grundprinzip

- Vergleich von Bestellkosten und kumulierten Lagerhaltungskosten
- Übersteigen die kumulierten Lagerhaltungskosten die Bestellkosten,
  ist mit der Berechnung der nächsten Bestellmenge zu beginnen.

3. optimale Bestellmenge

- liegt dann vor, wenn die Lagerhaltungskosten näherungsweise den
  Bestellkosten entsprechen

4. Formel

- opt. Bestellmenge = Kumulierter Bedarf bis zu der Teilperiode, für
  die gilt: kum. Lagerhaltungskosten $\longrightarrow$ Bestellkosten

Wagner-Within-Algorithmus

- sucht die Bestellmengenkombination, die die geringsten Kosten verursacht
  innerhalb eines fest vorgeschriebenen Planungszeitraumes

SELIM-Algorithmus

- legt zunächst nach definierten Kriterien eine vorläufige Bestellmenge fest,
  verändert diese dann systematisch und betrachtet die Veränderung der
  relevanten Kosten

Abbildung 4.20: Heuristische Modellansätze

4.4 Kontrollfragen

1. Wieso verkörpert die Disposition eine sinnvolle Materialversorgung und nicht Versorgungssicherheit um jeden Preis?   ➡ Kap. 4.2/85

2. Nennen Sie die wesentlichsten Optimierungsvoraussetzungen der Disposition!   ➡ Kap. 4.2/86

3. In welche drei prinzipiellen Teilfunktionen läßt sich die Materialdisposition untergliedern?   ➡ Kap. 4.3/87

4. Welche unterschiedlichen Bedarfsarten gibt es, und wie lautet das Prinzipschema der Nettobedarfsrechnung?   ➡ Kap. 4.3/88

5. Worin bestehen die Unterschiede zwischen einem verfügbaren Bestand, verfügbaren Lagerbestand und einem verfügten Bestand? ➡ Kap. 4.3/89

6. Welche drei grundlegenden Verfahren der Bedarfsermittlung werden in der Praxis angewendet, und welche Berechnungsgrundlage bildet die Basis der Ermittlung?   ➡ Kap. 4.3/91

7. Definieren Sie den Begriff „Stückliste" und erläutern Sie die Unterschiede zwischen den wesentlichsten Stücklistenarten!   ➡ Kap. 4.3/92

8. Zeichnen Sie eine schematisierte Erzeugnisstruktur, und ermitteln Sie daraus unter Anwendung des Dispositionsstufen-Verfahrens den periodengerechten Gesamtbedarf!   ➡ Kap. 4.3/97

9. Verdeutlichen Sie sich das Grundprinzip eines Gozinto-Graphen, und führen Sie anhand eines selbstgewählten Rechenbeispiels eine gozintobezogene Bedarfsmengenermittlung durch!   ➡ Kap. 4.3/99

10. Warum werden Teileverwendungsnachweise auch als umgekehrte Stücklisten betitelt?   ➡ Kap. 4.3/102

11. Erläutern Sie die Primärgründe der Anwendung einer verbrauchsgesteuerten Bedarfsermittlung! Auf welchen grundsätzlichen Verbrauchsmodellen fußt sie?   ➡ Kap. 4.3/104

12. Was versteht man unter den Begriffen der Basislänge und des Prognoseintervalls, und welche Zeitspannen gelten?   ➡ Kap. 4.3/106

13. Worin unterscheiden „gleitender" Mittelwert und „gewichtet-gleitender" Mittelwert, und welche Maxime gilt in bezug auf den Gewichtungsfaktor?   ➡ Kap. 4.3/107

14. Welche Aufgabe hat der Glättungsfaktor α im Rahmen der exponentiellen Glättung, und welche prinzipiellen Gewichtungsmodalitäten sind im Wertespektrum $0 \leq \alpha \leq 1$ zu beachten?   ➡ Kap. 4.3/108

15. Nennen Sie die Möglichkeiten der Wertebestimmung des Glättungsfaktors, und begründen Sie die Anwendungseinschränkung der exponentiellen Glättung 1. Ordnung auf das konstante Verbrauchsmodell!
          ➡ Kap. 4.3/109

16. Definieren Sie den Begriff „Lagerbestandsstrategie"! Durch welche grundlegenden Merkmalsausprägungen der beiden wichtigsten Lagerkennzahlen unterscheiden sich die Strategien?   ➡ Kap. 4.3/114

17. Wieso bestimmt die fixierte Bestandsstrategie die Art der jeweils anzuwendenden Bestandsergänzung und damit der Dispositionssteuerung?
    ➡ Kap. 4.3/115

18. Erläutern Sie das Wirkprinzip des Bestellpunktverfahrens, und skizzieren Sie den Modellansatz unter Einbeziehung aller notwendigen Lagerkennzahlen!
    ➡ Kap. 4.3/119

19. Deuten Sie die Symbole t_A, t_L und t_P im Rahmen der Kategorie „Wiederbeschaffungszeit"!
    ➡ Kap. 4.3/119

20. Was versteht man unter einem optimalen Höchstbestand, und aus welchen Komponenten ergeben sich seine Unter- und Obergrenze?
    ➡ Kap. 4.3/121

21. Welche Anwendungsprämissen müssen bei den Verfahren der sofortigen und langfristigen Lagerergänzung vorliegen, und was verkörpert im Rahmen des letzteren Verfahrens der Begriff „Eindeckung"? ➡ Kap. 4.3/123

22. Wie nennt man die Steuergröße beim Bestellrhythmusverfahren, und wodurch negiert man bei diesem Verfahren die Gefahr von Fehlmengen?
    ➡ Kap. 4.3/124

23. Welche beiden Kategorien fungieren als Steuergröße bei der bedarfsorientierten Disposition, und worin besteht die Grundsatzaufgabe dieser Dispositionsform?
    ➡ Kap. 4.3/125

24. Was versteht man unter den Begriffen der Ist- und Solleindeckungszeit, und worin besteht der Unterschied zum analogen Begriffspaar „Ist-„ und „Solleindeckungstermin"?
    ➡ Kap. 4.3/126

25. Welche Größenrelation zwischen der Ist- und Solleindeckungszeit muß bestehen, damit ein Bestellvorgang ausgelöst wird? ➡ Kap. 4.3/127

26. Welche Erfassungsmethoden des Materialverbrauchs sind denkbar, und wie lautet die Kurzformel zur Verbrauchserfassung nach der Befundrechnung?
    ➡ Kap. 4.3/128

27. Erarbeiten Sie tabellarisch den formallogischen Handlungsablauf zur Ermittlung des Materialeinstandspreises! ➡ Kap. 4.3/129

28. Welche Detailschritte umfaßt der Entnahmeablauf im Rahmen der Bestandsüberwachung, und welche Informationen enthält ein Materialentnahmeschein?
    ➡ Kap. 4.3/130

29. Worin besteht der Unterschied zwischen einer technischen und wirtschaftlichen Losgröße, und von welchen beiden Kostenarten wird die letztgenannte vorrangig beeinflußt? ➡ Kap. 4.3/131

30. Erarbeiten Sie sich einen Überblick über die wichtigsten, den analytischen Modellansatz kennzeichnenden Berechnungsgrößen! ➡ Kap. 4.3/132

31. Durchdenken Sie die These, daß eine Bestellmengenerhöhung auch zu einer Erhöhung der Kapitalbindungskosten führt bei gleichzeitiger Senkung der Beschaffungskosten! ➡ Kap. 4.3/133

4.5   Übungsaufgaben

❶ Gleitender Mittelwert / Gewogener gleitender Mittelwert und exponentielle Glättung erster Ordnung als Methoden der stochastischen Bedarfsermittlung

1.   Ausgangsdaten
Für 1995 liegen folgende Verbrauchswerte einer Materialart vor:

Monat	Juni	Juli	August	September	Oktober	November	Dezember
Mengeneinheiten	100	90	102	120	105	110	115

Der Vorhersagewert für Juni beträgt 95 ME.

2.   Aufgabenstellungen

2.1   Wie lauten die Vorhersagewerte für die Monate Oktober bis Dezember 1995 und für Januar 1996 bei Anwendung der Methode der gleitenden Mittelwertbildung?
Für eine neue Vorhersage sind der Berechnung jeweils die letzten 4 Monatswerte zugrundezulegen.

2.2   Berechnen Sie die Vorhersagewerte für die Monate Oktober bis Dezember 1995 und für Januar 1996 nach der Methode des gewogenen gleitenden Mittelwertes.
In die Berechnung gehen ebenfalls die letzten 4 Monatswerte ein.
Die Perioden sind wie folgt zu gewichten:
- jüngste Periode: 40%
- vorletzte Periode: 30%
- drittletzte Periode: 20%
- älteste (viertletzte) Periode: 10%.

2.3   Stellen Sie die Ergebnisse der Mittelwertbildung aus 2.1 und 2.2 dem tatsächlichen Verbrauch der einzelnen Monate tabellarisch gegenüber.

2.4   Ermitteln Sie mittels der exponentiellen Glättung erster Ordnung die Vorhersagewerte für die Monate Juli bis Dezember 1995 und für Januar 1996 bei
2.4.1 $\alpha = 0,1$
2.4.2 $\alpha = 0,2$ und
2.4.3 $\alpha = 0,5$.

2.5   Stellen Sie die jeweiligen Vorhersagewerte (auf 2 Stellen nach dem Komma gerundet) und den tatsächlichen Verbrauch tabellarisch und grafisch dar.

2.6   Was ist bei der Wahl des Glättungsfaktors α zu beachten?

❷ Bedarfsermittlung

1. Ausgangsdaten

Für ein Erzeugnis E1 ist folgende schematisierte Erzeugnisstruktur gegeben:

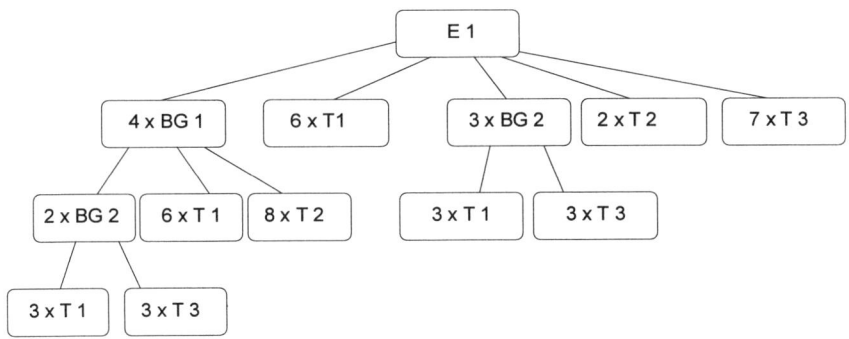

2. Aufgabenstellungen

2.1 Leiten Sie aus der vorgegebenen schematisierten Erzeugnisstruktur eine grafische Auflösung nach Dispositionsstufen ab, und bezeichnen Sie die Dispositionsstufen in aufsteigender Ziffernfolge!

2.2 Erstellen Sie auf der Grundlage der schematisierten Erzeugnisstruktur die Mengenstückliste und die Strukturstückliste nach Ebenennummern!

2.3 Ermitteln Sie den Nettobedarf für das Einzelteil T 3 des Erzeugnisses E 1 für die 5. bis 10. Kalenderwoche auf der Grundlage der Bedarfsauflösung nach dem Dispositionsstufenverfahren (also auf der untersten Ebene für T3), wenn Ihnen folgende Daten bekannt sind:

- Auftragslage für E 1

Kalenderwoche	8	9	10	11	12	13	14
Bedarf (Stück)	12	20	14	16	8	14	16

- die Bearbeitung des Einzelteiles T3 findet in der Fertigungsabteilung IV statt
- zwischen den Dispositionsstufen liegt jeweils 1 Woche Produktionszeit, die als Vorlaufverschiebung zu berücksichtigen ist
- für Garantiezwecke sind in der 7. und 8. Kalenderwoche jeweils 20 Stück T3 bereitzustellen
- der Lagerbestand an T3 beträgt in der 6. Periode 3000 Stück
- der Fertigungsabteilung IV müssen in der 8. Kalenderwoche 1200 Teile an T3 zur Verfügung gestellt werden (Vormerkbestand)
- ein Materialeingang an T3 in Höhe von 800 Stück wird in der 7. Kalenderwoche erwartet, in der 5. Kalenderwoche stehen in der Fertigungsabteilung IV noch 480 Teile T3 zur Bearbeitung bereit (Werkstattbestand)

❸ **Verbrauchsbedingte Bestandsergänzung**

1. **Ausgangsdaten**
Ein Unternehmen benötigt durchschnittlich 12.000 Stück Wellen pro Tag zum Einbau in ein Fertigerzeugnis.
Als Ausgangsdaten liegen vor:

- **für sofortige Lagerergänzung (2.1 - 2.3)**
    - Zeit für Beschaffungsvorbereitung: 2 Tage
    - Lieferzeit: 6 Tage
    - Transportzeit: 1 Tag
    - Zeit für Materialannahme und -prüfung: 1 Tag
    - Lagerhöchstbestand: 504.000 Stück

- **für langfristige Lagerergänzung (2.4 - 2.6)**
    - Meldebestand: 336.000 Stück
    - Wiederbeschaffungszeit: 16 Tage
    - eine Bestellmenge $x_0 = 48.000$ Stück wird zum Zeitpunkt t_0 ausgelöst
    - Lagerbestand zum Zeitpunkt $t_0 = 432.000$ Stück
    - Bei Erreichen des Meldebestandes soll stets eine Bestellauslösung in gleicher Höhe von 48.000 Stück ausgelöst werden.

2. **Aufgabenstellungen**

2.1 Vergewissern Sie sich über den Zielansatz des Sicherheitsbestandes und durchdenken Sie, von welchem Aspekt die Höhe des Sicherheitsbestandes abhängt!

2.2 Ermitteln Sie auf der Basis der Ausgangsdaten den erforderlichen Sicherheitsbestand B_S mit Hilfe der Näherungsrechnung 1!

2.3 Berechnen Sie auf der Grundlage der Ihnen bekannten Formel den Meldebestand (Bestellpunkt) bei sofortiger Lagerergänzung unter Beachtung der Regeln für die Auslösung von Bestellvorgängen! Stellen Sie Ihre Ergebnisse grafisch unter Einbeziehung aller Bestandsarten dar! Begründen Sie an der Abbildung die These: „Beschaffungszeit < Lagerzeit"!

2.4 Ermitteln Sie grafisch mit Bezug auf das Arbeitsblatt 4/14 für die langfristige Lagerergänzung anhand der gegebenen Ausgangsdaten den jeweiligen Eindeckungsmeldebestand für eine Betrachtungszeitraum von 40 Tagen.

2.5 Überprüfen Sie anhand der Zeichnung, ob an den jeweiligen Betrachtungszeitpunkten Bestellungen erforderlich sind.

2.6 Begründen Sie in diesem Zusammenhang rechnerisch die These: „Beschaffungszeit > Lagerzeit".

❹ Bedarfsbedingte Bestandsergänzung

1. Ausgangsdaten

Perioden	1	2	3	4	5
verfügbarer Lager-bestand (ME)	2300	1800	1200	1000	600
Bedarf (ME)	500	1000	200	400	600
Lagerzugänge (ME)		400			
Restbestand (ME)					

- eine Periode umfaßt 10 Fabrikkalendertage
- Planungsbeginn ist der 100. Fabrikkalendertag, an dem gleichzeitig eine Bestellung ausgelöst wurde
- $T_W = 30$ Tage
- $T_U = 10$ Tage
- $T_S = \ \ 5$ Tage
- $T_P = 10$ Tage

2. Aufgabenstellungen

2.1 Berechnen Sie den Isteindeckungstermin auf der Basis des Fabrikkalenders, wenn als Berechnungsstart der 100. Fabrikkalendertag gilt!

Wie lange reicht der Bestand zur Deckung der Produktion?

2.2 Ermitteln Sie die Solleindeckungszeit und vergleichen Sie Ist- und Solleindeckungszeit!

Ist eine Bestellung auszulösen?

2.3 Stellen Sie die unter 2.1. und 2.2 genannten Sachverhalte in einem Gesamtzusammenhang grafisch dar!

2.4 Berechnen Sie den Soll-Liefertermin!

❺ Ermittlung der optimalen Bestellmenge nach dem klassischen Bestellmengenmodell (Andler'sche Formel)

1. Ausgangsdaten
Der Einkaufsabteilung eines Unternehmens liegen für die Beschaffung einer Materialposition folgende Daten vor:
- Bestellkosten = 150 DM
- Jahresbedarf = 144.000 Stück
- Einstandspreis = 6,00 DM/Stück
- Zinssatz für im Lager gebundenes Material = 5%
- Kosten der Lagerung = 9.000 DM
- Mengenmäßiger Höchstbestand = 20.000 Stück

2. Aufgabenstellungen
2.1 Nennen Sie die Anwendungsvoraussetzungen der klassischen Bestellmengenformel!
2.2 Berechnen Sie die optimale Bestellmenge nach der klassischen Losgrößenformel!
2.3 Wie hoch ist die optimale Bestellhäufigkeit?

---

❻ Dynamische Bestellmengenrechnung bei schwankendem Bedarf

1. Ausgangsdaten
Für die Beschaffung eines Materials liegen folgende Angaben vor:

Monat	1	2	3	4	5	6	7	8	9	10	11	12
Bedarf (Stück)	200	180	190	160	120	140	140	60	20	20	100	100

- Lagerhaltungskosten pro Stück und Monat = 0,10 DM
- Bestellkosten = 40 DM je Bestellung

2. Aufgabenstellungen
2.1 Ermitteln Sie die optimale(n) Bestellmenge(n) nach dem gleitenden wirtschaftlichen Bestellmengenverfahren. (Die Werte sind auf zwei Stellen nach dem Komma zu runden!)
Wie hoch sind die jährlichen Lagerhaltungs- und Bestellkosten?
2.2 Ermitteln Sie die optimale(n) Bestellmenge(n) unter Nutzung des Kostenausgleichsverfahren.
(Die Werte sind auf zwei Stellen nach dem Komma zu runden!)
Welche jährlichen Lagerhaltungs- und Bestellkosten fallen bei dieser Methode an?

5 Materialbeschaffung

5.1 Studienziele

Dieses Kapitel soll es dem Leser ermöglichen
➡ den Begriff und damit die Grundsatzaufgabe der Beschaffung zu definieren und daraus abgeleitet, den Stellenwert dieser unternehmerischen Grundfunktion für den Unternehmenserfolg zu erkennen;
➡ die Kerninhalte der drei prinzipiellen Aufgabenkomplexe und die objektive Notwendigkeit des bestellvorbereitenden Komplexes im Sinne der Beschaffungsmarktforschung, Kontaktpflege mit den Lieferanten und Beschaffungsplanung für das optimale Marktverhalten des Einkäufers zu beschreiben;
➡ die Phasen und Unterarbeitsschritte des bestelldurchführenden Aufgabenkomplexes von der Bedarfsmeldung bis zur Rechnungsprüfung im Detail zu deuten und besonders die juristischen Möglichkeiten der Bestellung als Kernpunkt dieses Aufgabenfeldes herauszuarbeiten;
➡ die Prinzipaufgaben des Einkaufs-Controllings unter dem Aspekt des formelhaften Ergebnisnachweises aller Einkaufshandlungen zu interpretieren einschließlich der Darstellung des „Self-Controllings";
➡ den Grundsatz der Einordnungsmöglichkeit des Einkaufs in die Unternehmenshierarchie zu begründen sowie die einkaufsinternen Organisationsformen in bezug auf ihre Vor- und Nachteilhaftigkeit darzustellen.

5.2 Begriff und Grundsatzaufgabe

Die Materialbeschaffung als zweite grundlegende materialwirtschaftliche Teilfunktion fußt auf den Ergebnissen der Materialdisposition (Ermittlung von Brutto- und Nettobedarf bzw. optimale Bestellmengenberechnung). Die daraus resultierenden Informationen werden in einer **Bedarfsmeldung** zusammengefaßt. Diese bildet die Grundlage aller nachfolgenden Beschaffungsaktivitäten.

Der Begriff Materialbeschaffung ist nicht mit dem Terminus „Beschaffung" gleichzusetzen. Letzterer beinhaltet bekanntlich die Versorgung aller für die Realisierung der betrieblichen Leistungserstellungs- und -verwertungsprozesse erforderlichen Wirtschaftsgüter.

Die **Materialbeschaffung** – auch Einkauf oder Erwerb genannt – umfaßt alle strategischen, steuernden und operativen Tätigkeiten, die darauf gerichtet sind, eine wirtschaftliche, termin- und qualitätsgerechte Versorgung des Betriebes mit Materialien i. w. S., die dieser selbst nicht herstellt, zu gewährleisten.

Unter dem Attribut „strategisch" werden nach *Droege & Comp.*(1998, 18) dabei „alle internen Möglichkeiten zur kosten-, logistik- und qualitätsoptimalen Beschaffung" verstanden.

Entsprechend der juristischen Formgestaltung kann der **Einkauf** (Erwerb) von Eigentums- bzw. Verfügungs- oder Nutzungsrechten erfolgen durch:

- „Kauf,
- Miete/Leasing,
- Leihe,
- Tausch oder
- Selbsterstellung." (*Eschenbach* 1995, 127)

Die in dieser Definition enthaltene Grundsatzaufgabe läßt sich bei näherer Betrachtung in folgende **Aufgabenkomplexe** unterteilen:

- Einkaufsvorbereitung,
- Einkaufsabwicklung,
- Einkaufs-Controlling.

5.3   Aufgabenkomplexe des Einkaufs

5.3.1   Bestellvorbereitender Aufgabenkomplex

Dem eigentlichen Beschaffungsvorgang sind die bestellvorbereitenden und begleitenden Aufgaben des Einkaufs vorangestellt. Diese überwiegend strategischen Aufgaben dienen der effizienten Arbeitsgestaltung sowie der Entwicklung eines auf die unternehmensspezifischen Bedürfnisse abgestimmten Einkaufverhaltens. Sie sind dem Vertragsabschluß vorgelagert und erfordern:

- fundierte Kenntnisse über unternehmensrelevante Beschaffungsmärkte und Marktmechanismen,
- die Kontaktpflege mit gegenwärtigen und potentiellen Lieferanten sowie die Entwicklung von strategischen Lieferanten und Kooperationen,
- die Ausrichtung der Einkaufsaktivitäten auf die Beschaffungsmärkte gemäß dem gegenwärtigen und zukünftigen Beschaffungsspektrum des Unternehmens,
- die Planung der Einkaufsaktivitäten, insbesondere der Ablauforganisation, der Beschaffungsprinzipien und -wege sowie
- die Beachtung der Megatrends im Einkauf, beginnend bei der schnellsten und kostengünstigsten Informationsbeschaffung und endend bei der qualifizierten Einkäuferausbildung (vgl. Einkäufer im Markt 18, 3).

5.3.1.1 Beschaffungsmarktforschung und Beschaffungsmarketing

Eine profunde Kenntnis der Beschaffungsmärkte, insbesondere der Produkte und Produktentwicklungen, der Kostenstrukturen, des Lieferantenstammes, der aktuellen Markttrends etc. ist wesentliche Voraussetzung für einen **kostengünstigen**, **qualitäts-** und **termingerechten Einkauf**. Diesem Ziel dient die Beschaffungsmarktforschung.

Unter **planmäßiger Beschaffungsmarktforschung** versteht man im Gegensatz zur unsystematischen Markterkundung – die durch außergewöhnliche Ereignisse ausgelöst wird – das aktive, systematische und zielorientierte Gewinnen und Aufbereiten von für das unternehmensspezifische Einkaufsspektrum relevanten Beschaffungsmarktinformationen sowie die Ableitung von Prognosen für zukünftige Entwicklungen.

Das Aufbereiten erfolgt dabei über die Arbeitsschritte

- Informationsgewinnung,
- Informationsverarbeitung,
- Informationsweiterleitung und
- Informationsarchivierung.

Die Instrumente der Beschaffungsmarktforschung werden vor allem auf wertintensive Materialien (A-Teile) angewendet und sowohl in der operativen Einkaufsabwicklung als auch in der Vorbereitung von grundlegenden Entscheidungen genutzt, wie z. B.:

- Ermittlung der Materialkosten vor Einführung neuer Produkte,
- Preissenkungsprogramme zur Erhöhung der Wertschöpfung bzw. Verbesserung der Wettbewerbsfähigkeit laufender Produkte,
- Bewertung der Risiken aus eingekauften Materialien (kommerzielle, haftungsrechtliche, qualitative, logistische und technische Risiken),
- Reorganisation des Lieferantenstamms bzw. Auswahl von Entwicklungslieferanten oder
- Gegenüberstellung der hauseigenen mit den marktüblichen Konditionen.

Zur Realisierung des ersten Unterarbeitsschrittes der Informationsaufbereitung, der Informationsgewinnung bedient man sich in der Praxis verschiedener **Methoden der Beschaffungsmarktforschung**. Diese sind i. d. R. – aufgrund der Beschaffungsmarktspezifik (vgl. *Stange/Koppelmann* 1984, 347) – nicht mit den Methoden der Absatzmarktforschung identisch. Im Hinblick auf die untersuchten **Informationsquellen** werden die in *Abbildung 5.1* aufgeführten Methoden unterschieden.

Die Einteilung der Methoden der Beschaffungsmarktforschung kann aber auch nach anderen Aspekten erfolgen:

Einteilungskriterium $\longrightarrow$	Methoden
Zeitfaktor	– Materialmarktanalyse und Marktbeobachtung
ökonomische Marktgrößen	– ökoskopische Beschaffungsmarktforschung
äußeres Verhalten von Wirtschaftssubjekten	– demoskopische Marktforschung

```
                    ┌─────────────────────────┐
                    │   Informationsquellen   │
                    └─────────────────────────┘
```

| PRIMÄRFORSCHUNG (Field research) benötigte Informationen werden vom Unternehmen selbst erhoben und ausgewertet | SEKUNDÄRFORSCHUNG (Desk research) benötigte Informationen werden aus anderen Datenspeichern abgeleitet und ausgewertet |

Quellen:
— Kontakte mit Lieferanten
— Kontakte mit Verkäufern
— Besuche von Messen und Fachausstellungen
— Dienstreisen zu Lieferanten

Quellen:
— Fachzeitschriften, Kataloge
— Firmenzeitungen, Messeprospekte
— Branchenverzeichnisse, Messekataloge
— Markt- und Börsenberichte
— Datenbanken

Abbildung 5.1: Methoden der Beschaffungsmarktforschung

In Abhängigkeit von der speziellen Aufgaben- und Zielstellung können darüber hinaus jedoch auch noch andere Methoden eingesetzt werden, wie z. B. die Produktmarkt-, Risiko-, Konditions-, Lieferanten- oder Wertanalyse (siehe Kap. 3). In *Abbildung 5.2* sind die wesentlichsten Bewertungskriterien der Materialmarkt- und Lieferantenanalyse dargestellt.

	Materialmarktanalyse	Lieferantenanalyse
Ziel	Untersuchung des Beschaffungsmarkts bezogen auf ausgewählte Marktpositionen.	Umfängliche Beurteilung der Lieferanten hinsichtl. qualitativer, technischer, logistischer und kommerzieller Parameter.
Wesentliche Bewertungskriterien	• technische Funktion, Eigenschaften • Konkurrenzdruck am Markt • Substitutionsmöglichkeiten (alternative Rohstoffe oder Herstellung) • Risiken und Möglichkeiten der Risikodeckung durch Lieferanten • Entwicklungstendenzen (z. B. Preisverfall in der Elektronik, technische Änderungen) • Konditionsgestaltung durch derzeitige und potentielle Lieferanten • Qualitäts- und Logistikniveau • Kapazitäten, Auslastung, Konjunktur • wirtschaftliche Stabilität der Lieferanten • Verhalten konkurrierender Einkaufsorganisationen	• Interesse des Lieferanten an Zusammenarbeit, Bedeutung des einkaufenden Unternehmens für den Lieferanten, Vertrauensverhältnis, Kommunikation • Eigentümer, Beteiligungen, Bonität, wirtschaftliche Stabilität, Unternehmensstrategie • technischer Entwicklungsstand gemessen an Bestlösungen • Produktionstechnik, Mitarbeiterqualifikation, Betriebsorganisation • Lieferzeit, Liefertreue, Beratung, Zuverlässigkeit, Service, Kundenorientiertheit • Preis- und Konditionsgestaltung, Kostenstrukturen • Qualitätssicherungssystem, Qualitätsphilosophie, Reklamationshäufigkeit

Abbildung 5.2: Wesentliche Bewertungskriterien der Materialmarkt- und Lieferantenanalyse

Die *Abbildung 5.3* gibt einen Überblick über die prinzipielle Arbeitsschrittfolge bei der Anwendung der Marktforschung auf der Grundlage unternehmensinterner oder -externer Informationsquellen, wobei die wesentlichen Kerninhalte an *Bichler* 1992, 50 angelehnt sind. In Abhängigkeit der unternehmensspezifischen Erfordernisse kann diese Vorgehensweise angepaßt werden.

> Unter **Beschaffungsmarketing** wird eine einkaufsstrategische Methode verstanden, die neben der Beschaffungsmarktforschung auch die gezielte Beeinflussung des Beschaffungsmarkts im Interesse des beschaffenden Unternehmens enthält.

Nachfolgend werden ausgewählte **Strategien zur Marktbeeinflussung** angerissen. Wesentlich für die Erzielung guter Einkaufskonditionen ist die Erkenntnis des Lieferanten, einen attraktiven, zukunftsorientierten Kunden beliefern zu können. Insofern sollten wichtige Lieferanten durch die Darstellung des eigenen Unternehmens, der Geschäfts- und Einkaufsstrategien zur vollen Ausnutzung ihres Verhandlungsspielraumes motiviert werden. **Lieferantenkontakte** im Sinne von Einkäufer- aber auch Vertreterbesuchen oder Audits dienen gerade bei schwierigen zu erwartenden Verhandlungen der Förderung des partnerschaftlichen Verständnisses und der Klärung zahlreicher Detailfragen. Niemals jedoch darf der Einkäufer hierbei seine kritische Distanz gegenüber den Vertretern des Lieferanten preisgeben. Bei weniger wesentlichen Einkäufen sollte der Aufwand für Lieferantenkontakte aufgrund der damit verbundenen hohen Kosten eingeschränkt werden. Beim Lieferanten-Vertreterbesuch sollte vor allem darauf geachtet werden, daß sich der Einkauf die Besuchsentscheidung einschließlich der daraus resultierenden Modalitäten (Termin, Voranmeldung, Anmeldestelle, Verhandlungsräume) vorbehält. Umgekehrt tragen auch Besuche der Einkäufer bei den Lieferanten zur Stärkung der eigenen Einkaufsvorstellungen bei. In beiden Fällen gibt es aus der Sicht des Einkaufs – neben dem Persönlichkeitsprofil (Unabhängigkeit, Einkaufsgeschick, Überzeugungskraft, Optimismus, Ausdauer u. ä.) und der anzuwendenden Verhandlungtaktik (Verneinung, Vorwegnahme, Relativ-, Frage-, Polster, Wende-, Überraschungs- und Körpertaktik – siehe *Schötz* 1996, Abschnitt 10.4) – noch folgende allgemeingültige **Aktivitäten der Verhandlungsvorbereitung** (*Schötz* 1996, Abschnitt 10.3) zu beachten:

1. „Ermittlung der Bedeutung des Verhandlungsgegenstandes für den Einkauf und seinem Verhandlungspartner.
2. Festlegung der eigenen minimalen und maximalen Zielvorstellungen.
3. Schätzung der minimalen Ziele des Verhandlungspartners.
4. Feststellung des Standes der Geschäftsbeziehungen.
5. Entwicklung von Für- und Gegenargumenten.
6. Einholen von Informationen über die Persönlichkeit der Verhandlungspartner, ihre Stellung im Betrieb und ihre Entscheidungsbefugnisse.
7. Entwicklung einer Verhandlungsstrategie und -taktik.
8. Anfertigung einer Verhandlungs-Checkliste." (*Kopsidis* 1992, 98)

Arbeitsschritte der Beschaffungsmarktforschung

① Selektion der Beschaffungsobjekte anhand folgender Auswahlkriterien

- **Materialart** (technische Beschreibung, Entwicklungstendenzen, Substitutionsmöglichkeiten, strategische Bedeutung für das einkaufende Unternehmen)
- **Bedarfsstruktur** (gegenwärtige und zukünftige Einkaufsvolumina, Kontinuität des Bedarfs)
- **Beschaffungswert** (Anteil am Beschaffungsvolumen, Ergebniseinfluß)
- **Beschaffungsrisiko** (Haftungsrisiko, Gefahr von Versorgungsengpässen, Qualitäts-, Preis- und Währungsrisiko)
- **produktspezifischer Beschaffungsmarkt** (Marktmacht, Kapazitäten, Marktanteile, Marktstreuung)
- **Rahmenbedingungen** (Volkswirtschaft, Konjunktur, Kapazitäten etc.)

② Informationsbeschaffung

- **Primärmaterial** (Direktinformationen von Lieferanten bzw. potentiellen Lieferanten)
  Firmen- und Objektbesichtigungen, Audits
  Lieferantenbefragungen, Strategiegespräche
- **innerbetriebliche Sekundärinformationen**
  Erfahrungen aus den Fachabteilungen (Materialwirtschaft, Vertrieb, Produktion, Arbeitsvorbereitung, Konstruktion, Rechnungswesen, Qualitätswesen usw.)
- **externe Sekundärinformationen**
  Lieferantenkataloge, Bezugsquellennachweise, Prospekte
  Messen und Ausstellungen, Handelsvertretungen, Auskunfteien
  Marktforschungsinstitute, Marktberichte, Geschäfts-, Bank- und Börsenberichte,
  Verbandsstatistiken, Informationen von Fachverbänden
  Fachliteratur, Fachzeitschriften

③ Informationsanalyse und -aufbereitung

- Datensammlung, Systematisierung anhand der Fragestellungen
- Herstellung der Vergleichbarkeit zwischen Anbietern
- Ableitung von Prognosen und Zielstellungen (Preis- bzw. Entwicklungsziele)
- Aufbereitung von Grafiken, Tabellen, Statistiken und Variantenvergleichen als Entscheidungsvorlage
- Archivierung der Analysen zur späteren Verwendung

④ Informationsauswertung und Ableitung unternehmerischer Entscheidungen

- **Informationsauswertung**
  Erkenntnisse über Marktsituation und -trend, Leistungsfähigkeit potentieller Lieferanten und deren Beschaffungs- und Absatzsituation
  Marktpreisübersichten, Produktentwicklungstrends und Produktionsverfahren
- **strategische Entscheidungen**
  Entscheidung über Eigen- oder Fremdfertigung (Make-or-Buy)
  Entscheidung über strategische Kooperationen bzw. Lieferantenentwicklung
  Ableitung der zukünftigen Beschaffungsstrategie für diese Materialien
- **operative Entscheidungen**
  Lieferantenbeurteilung, Angebotsauswahl
  Entscheidungen zur spekulativen Lagerhaltung

Abbildung 5.3: Arbeitsschritte der Beschaffungsmarktforschung am Beispiel einer Material-marktanalyse

Die Effizienz der Vorbereitungshandlungen kann gesteigert werden, wenn die genannten allgemeingültigen Aktivitäten mittels einer **Checkliste** formallogisch und auf den persönlichen Bedarf modifiziert aufbereitet werden. Zusammenfassend gilt der **Vorbereitungsgrundsatz** (*Schötz* 1996, Abschnitt 10.3):

> „Je besser die **Vorbereitung**, desto sicherer, gelassener und überzeugender ist das eigene Auftreten."

Die aktive Gestaltung des Beschaffungsmarkts umfaßt auch die **Lieferantenentwicklung** mit z. B. günstigen Kostenstrukturen, aber noch unzureichenden Qualitätsmanagementsystemen. Um schnell Kostenvorteile zu erzielen, kann der potentielle Lieferant durch Schulungen, Assistenz beim Aufbau eines anforderungsgerechten QM-Systems oder abgestimmte Maßnahmepläne unterstützt werden. Ausgeprägte Formen der Lieferantenentwicklung können bis zu gemeinsamen Projekten und Entwicklungspartnerschaften führen.

Auch die **Quotierung** von Lieferanteilen je Materialposition (Lieferant A erhält z.B. 70 % und Lieferant B 30 %) ist ein geeignetes Instrument zur Marktsteuerung. Es können potentielle Lieferanten schrittweise an große Lieferpositionen herangeführt bzw. ausgeprägte Wettbewerbssituation geschaffen werden, wobei sich das qualitative bzw. kapazitive Risiko für die Beschaffung vermindert. Darüber hinaus kann eine langfristige Zusammenarbeit mit Lieferanten an die rechtzeitige Erlangung von fixierten Entwicklungsstadien oder Zielpreisen gekoppelt werden. Oftmals ist die **Vorgabe von Konditionen** z. B. in Einkaufsbedingungen (Qualitäts-, Logistik- und Entwicklungsanforderungen, Liefer- und Zahlungsbedingungen, Rechtsgrundlagen, Service- und Garantieanforderungen usw.) sinnvoll, um die vom Markt erwarteten Rahmenbedingungen durchzusetzen.

5.3.1.2 Beschaffungsplanung

Die Beschaffungsplanung umfaßt die Gesamtheit der Aufgaben zur Vorbereitung, Koordination und Optimierung von unternehmerischen Beschaffungsprozessen. Diese sind stark strategisch orientiert. Ihr **Hauptzweck** ist zu sehen in der

- „Sicherstellung der Lieferbereitschaft zu niedrigen Kosten und damit Verbesserung der Liquidität und Rentabilität des Unternehmens" (*Hartmann* 1993, 181)

- anforderungsgerechten Optimierung der Beschaffungsvorgänge (Genehmigungsverfahren, Arbeitsabläufe, Termine, Verantwortlichkeiten, Einsatz von Rechentechnik zur Automatisierung etc.) und

- Vorgabe von Einkaufsstrategien als Rahmenbedingungen für die operative Einkaufstätigkeit

Zu dem zuletzt genannten Aspekt vermittelt die *Abbildung 5.4* einige ausgewählte **Einkaufsstrategien** des modernen Material- und Investitionseinkaufs.

Einkaufsstrategie	Kurzcharakteristik
Forward Sourcing	• materialwirtschaftliche Unterstützung einer simultanen Produkt- und Prozeßentwicklung (**Simulaneous Engineering**) zur Verkürzung von Entwicklungszeiten (**Time-to-Market**), • Vereinbarung über Entwicklung und Lieferung von Produkten (zum Beispiel Module in der Automobilindustrie) mit Entwicklungslieferanten, wobei zum Zeitpunkt der Auftragsvergabe oftmals nur Rahmenbedingungen vorgegeben werden, innerhalb derer der Lieferant unter Funktions- und Kostenaspekten weitgehende Gestaltungsfreiheit hat.
Make or Buy	• Gegenüberstellung von Eigen- und Fremderstellung von Produkten/ Leistungen zur Ermittlung der in der Gesamtbilanz wirtschaftlichsten Variante. Die Kosten der Eigenerstellung sollten dabei nach der Prozeßkostenrechnung ermittelt werden (**Activity Based Costing**). • gleichzeitige Überprüfung der Wettbewerbsfähigkeit des eigenen Unternehmens.
Global Sourcing	• weltweite Nutzung von Beschaffungsmärkten zur Erzielung von Kostenvorteilen, die längerfristig Einsparpotentiale mit hoher Ergebniswirksamkeit gegenüber lokalen Kostenstrukturen erschließen können, • Einbindung globaler Kommunikations- und Logistiksysteme.
Qualitätssicherungsstrategien	• Verpflichtung des Lieferanten zur Etablierung von fähigen Prozessen, die durch ihre Organisation weitestgehend mängelfreie Produkte liefern (einschließlich einer ggf. erforderlichen juristischen Absicherung), • Erstellung von Verfahren zur Beurteilung bzw. Bewertung von Lieferanten und Lieferungen.
integrierte Produkt- und Prozeßoptimierung	• Einbeziehung von Lieferanten in die Entwicklung zur Ermittlung von Kostensenkungspotentialen aufgrund einer fertigungsgerechteren Gestaltung („Konstruktionskritik"), • Optimierung von Schnittstellen mit Lieferanten und gegebenenfalls Kunden (z. B. Transport, Lagerung, Verpackung etc.).
Rationalisierung von Einkaufsprozessen	• Vereinfachung von Beschaffungsvorgängen von Teilen mit geringem Ergebniseinfluß (C-Teile), z.B. durch Third-Party-Buying, Purchase-Card-Systems, verkürzte Genehmigungsverfahren, • Einsatz von Rechentechnik zur automatisierten Bedarfsermittlung, Bestellrechnung, Formularerzeugung usw.

Abbildung 5.4: Ausgewählte Strategien im modernen Material- und Investitionseinkauf

Egal, wie weit man das Spektrum der Planungshandlungen spannt, in der engeren Betrachtung verkörpert sie die **Mengen- und Terminplanung** im Rahmen der Bestandshaltung und des Einkaufsplanes. Im weiteren Sinne umfaßt sie die

Modalitäten des **Beschaffungsvollzugs**, wie die Fixierung der **Beschaffungsprinzipien** und **-wege**. Auf weitere Erläuterungen zur Mengen- und Terminplanung soll an dieser Stelle verzichtet werden, da hierzu im Rahmen der bedarfs- und verbrauchsgesteuerten Disposition und der Bestellung schon entsprechende Bemerkungen getätigt wurden.

Im Aufgabenfeld der Beschaffungsvollzugsplanung sind zwei **Teilaufgaben** besonders zu betrachten, Beschaffungsprinzipien und Beschaffungswege:

Beschaffungsprinzipien

Den Unternehmungen bieten sich drei **Prinzipien** der Materialbeschaffung (Materialbereitstellung) an:

1. Einzelbeschaffung im Bedarfsfall

Beim Bereitstellungsprinzip der **Einzelbeschaffung** besteht eine enge Kausalität zwischen dem Bedarf und dem Verbrauch, d. h., eine Beschaffung wird erst bei einem konkreten Auftrag ausgelöst. Damit erübrigen sich i. d. R. Lagerhaltungsaktivitäten bis auf solche Materialien, „die bei einer langen Produktionsdauer sukzessiv in Teilmengen an die Verbrauchsorte abgegeben werden" (*Grochla* 1990, 25). Der Vorteil dieses Materialbereitstellungsprinzips besteht in der Verringerung der **Lagerhaltungs- und Kapitalbindungskosten.** Letztere sind die kalkulatorischen Zinsen für das in den Materialbeständen gebundene Kapital einschließlich der Abschreibungen für veraltete Materialien.

Als Nachteile müssen die höheren Materialeinstandspreise und Transportkosten aufgrund kleinerer Bezugsmengen genannt werden. Außerdem besteht die Gefahr von Maschinenstillständen durch das Risiko von verspäteten bzw. Nichtlieferungen. Diese Tatsache hat auch negative Auswirkungen auf die Terminplanung. Dieses Bereitstellungsprinzip findet Anwendung vor allem in der Einzelfertigung.

2. Vorratsbeschaffung

Bei der **Vorratsbeschaffung** besteht keine Übereinstimmung von Beschaffungs- und Verbrauchsmengen, da die benötigten Materialien periodisch, verbrauchsorientiert oder spekulativ beschafft und eingelagert werden. Ergibt sich ein Bedarf, so stehen sie sofort oder kurzfristig zur Disposition. Die Vorteile liegen – bedingt durch den Bezug größerer Beschaffungsmengen – in den niedrigen Bestell- und Bewegungskosten. Nachteile sind die hohen Kapitalbindungs- und Lagerhaltungskosten. Außerdem besteht die Gefahr der Materialüberalterung und damit der außerplanmäßigen Abschreibung. Die fixierten Nachteile lassen sich durch den Abschluß von Sukzessivlieferverträgen mildern. In diesen wird zwar die Abnahme einer vereinbarten Gesamtmenge garantiert, es kann jedoch zu vertraglich und terminlich festgelegten Teillieferungen kommen, die die angeführten Nachteilwirkungen kompensieren.

3. Einsatzsynchrone Anlieferung (Just-in-Time-Beschaffung)

Die einsatzsynchrone Anlieferung – auch lagerlose Sofortverwendung genannt – versucht, die Vorteile der vorangestellten Prinzipien zu kombinieren, ohne deren Nachteile zu übernehmen. Das heißt, daß einerseits nur eine solche Warenbereitstellung erfolgt, wie es der Fertigungsablauf erfordert, andererseits werden aber **Rahmenlieferverträge** über große Beschaffungsmengen abgeschlossen. Diese sind meist durch hohe Konventionalstrafen abgesichert. *Nach Oeldorf/Olfert* 1995, 248f. sind zwei Voraussetzungen zur Anwendung der fertigungssynchronen Beschaffung notwendig:

- „Es muß eine Großserienfertigung oder Massenfertigung zugrunde liegen.

- Das beschaffende Unternehmen muß eine relativ starke Stellung am Markt haben, um angemessene Lieferverträge aushandeln zu können."

In *Abbildung 5.5* sind in einer komprimierten Zusammenfassung diese Einkaufsprinzipien hinsichtlich ihrer Vor- und Nachteile und der vorzugsweisen Anwendungsgebiete dargestellt.

Beschaffungswege

Eine weitere relevante Teilaufgabe im Rahmen des Beschaffungsvollzugs ist die Wahl des Beschaffungsweges. Vom Grundsatz stehen zwei Möglichkeiten zur Auswahl:

1. **direkter Beschaffungsweg**
2. **indirekter Beschaffungsweg**

Stehen einem Unternehmen innerhalb dieser grundsätzlichen Alternativen mehrere Untervarianten zur Verfügung, so wird die unternehmensspezifische Auswahlentscheidung durch die Integration und Analyse sowie Wichtung folgender **Entscheidungskriterien** bestimmt:

- „Materialart (z. B. Normteile oder Spezialanfertigungen)

- Materialmenge

- Materialqualität (z. B. stets gleichbleibende Qualität)

- Preisvorteile (Materialpreis, Rabatt, Transportkosten)

- Lieferfristen

- Zahlungsziele

- Beratung/Service

- Gegengeschäfte" (*Hartmann* 1993, 201)

Prinzip	Einzelbeschaffung im Bedarfsfall	Vorratsbeschaffung	Einsatzsynchrone Beschaffung (JIT)
Vor-gehen	Die Beschaffung wird erst bei Vorliegen eines **Bedarfs** (z. B. Fertigungs- oder Kundenauftrag) ausgelöst. Es besteht eine relativ hohe Übereinstimmung von Bedarf und Verbrauch.	Die Beschaffung erfolgt periodisch bzw. spekulativ zur Einlagerung. Sie ist nur unmittelbar verbrauchsorientiert.	Die Beschaffung erfolgt abrufgesteuert (JIT). Voraussetzungen sind ein attraktives Wertvolumen und eine starke Position des einkaufenden Unternehmens. Die Lagerung beim Abnehmer erfolgt höchstens zur Störungsbeherrschung. Dem Lieferanten wird oft die logistische Abwicklung übertragen. Transportmittel dienen als Lager.
Vor-teile	• geringe Kapitalbindung • geringe Lagerkosten • kaum Risiken aus Verderb oder Überalterung	• schnelle Verfügbarkeit auch bei ungenauer Bedarfsermittlung • geringe Bezugsnebenkosten (z. B. Transport) • gute Einkaufskonditionen	• geringe Kapitalbindung • geringe Lagerkosten • kaum Risiken aus Verderb bzw. Überalterung • bedarfsgerechte Verfügbarkeit • gute Einkaufskonditionen
Nach-teile	• hohe Bezugsnebenkosten (z. B. für Transport, Logistik)	• hohe Kapitalbindungs- und Lagerkosten • hohes Risiko des Verderbs oder der Überalterung	• aufwendiger Logistikprozeß und aufwendige Maßnahmen (Notstrategien bzw. hohe Konventionalstrafen bei Lieferterminverzug) zur Beherrschung der großen Terminsensibilität notwendig
Anwen-dungs-gebiet	• Einzelfertigung • unstetige, schwer vorhersagbare Fertigung oder Lieferung (z. B. Investitionsgüterindustrie) • wertintensive Güter	• Kleinserien- und Serienfertigung bzw. -lieferung • Wiederholcharakter des Bedarfs • weniger wertintensive Güter	• Großserien- und Massenfertigung bzw. -lieferung (z. B. Automobilindustrie) • wertintensive Güter
übliche Ver-trags-form	• Einzelvertrag (ggf. auch im Rahmen von Kontrakten [1])	• Einzelvertrag (ggf. auch im Rahmen von Kontrakten [1]) • Rahmenvertrag	• langfristiger Rahmenvertrag mit kurzfristigen Abrufen bzw. Liefervorschauen

[1]) Unter einem Kontrakt wird die Abnahme eines bestimmten Einkaufsvolumens (**Wertkontrakt**) oder einer bestimmten Menge (**Mengenkontrakt**) garantiert, wobei vorab Lieferrhythmus bzw. Erzeugnismix nicht bekannt sind.

Abbildung 5.5: Beschaffungsprinzipien im Materialeinkauf und deren Anwendung

Der **direkte Beschaffungsweg** bietet sich vor allem beim Einkauf von hochwertigen Materialien (A-Teile) oder Investitionen an. Durch eine kürzere Beschaffungskette

- können hierbei oftmals **günstigere Einkaufskonditionen** erzielt werden,
- ist eine fundierte **Beratungs- und Serviceleistung** zu erwarten und
- ist die direktere Einflußnahme auf die **Erzeugnisgestaltung** beim Hersteller bis zur kooperativen **Produktoptimierung** möglich.

Der unmittelbare Einfluß auf den Prozeß beim Hersteller kann die Wiederbeschaffungszeit erheblich verkürzen oder weitergehende Kulanz- bzw. Serviceregelungen ermöglichen. Die Nachteile des direkten Beschaffungsweges werden besonders bei unattraktivem Einkaufsvolumen wirksam. Oftmals werden Mindestabnahmemengen bzw. Mindermengenzuschläge gefordert, und es ist eine Anpassung an die logistischen Abläufe des Lieferanten (Produktions- oder Lieferzyklen) notwendig. *Abbildung 5.6* zeigt die typischen Varianten des direkten Beschaffungsweges.

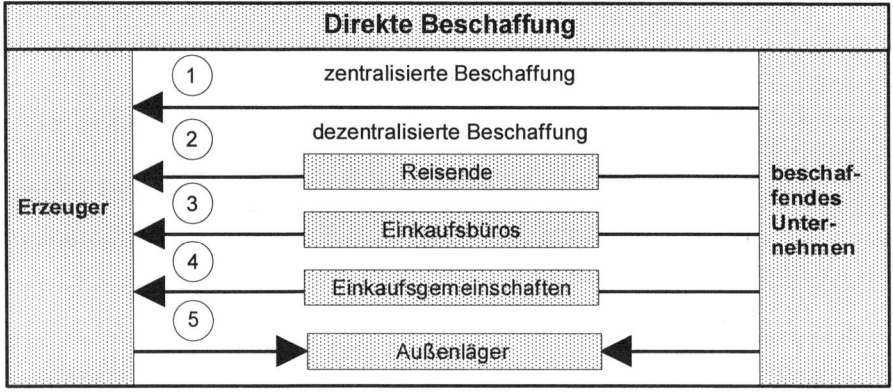

Abbildung 5.6: Direkter Beschaffungsweg

Beim **indirekten Beschaffungsweg** ist zwischen dem Lieferanten und dem beschaffenden Unternehmen mindestens ein Handelsorgan (auch Händler) zwischengeschaltet (*Abbildung 5.7*). Häufig ist der Einstandspreis durch die Aufwendungen beim Händler höher als bei der direkten Beschaffung. Jedoch kann der Händler aufgrund großer Mengenabnahmen und einer effizient organisierten Logistik **Preisvorteile** erzielen, die dem beschaffenden Unternehmen partiell weitergereicht werden und somit einen **günstigeren Einstandspreis** ermöglichen. Insofern soll eine fundierte Prüfung bei alternativ realisierbaren Beschaffungswegen erfolgen. Weitere Vorteile des indirekten Beschaffungsweges sind in kurzfristig beziehbaren **Kleinmengen** und somit reduzierten Beständen bzw. in der Lagerhaltung beim Händler zu sehen. Darüber hinaus bietet dieser Beschaffungsweg oftmals eine große Sortimentsbreite und somit die Nutzbarkeit eines Händlers für zahlreiche Produkte verschiedener Lieferanten. Insbesondere bei C-Teilen können Bestellungen unterschiedlichster Artikel effizient zusammengefaßt und kann der Verwaltungsaufwand stark reduziert werden. Hoch entwickelte Formen des indirekten Beschaffungsweges sind z. B. auf Katalogbasis arbeitende Handelshäuser für allgemeinen Betriebsbedarf, Normteile, Büroartikel und dergleichen mehr.

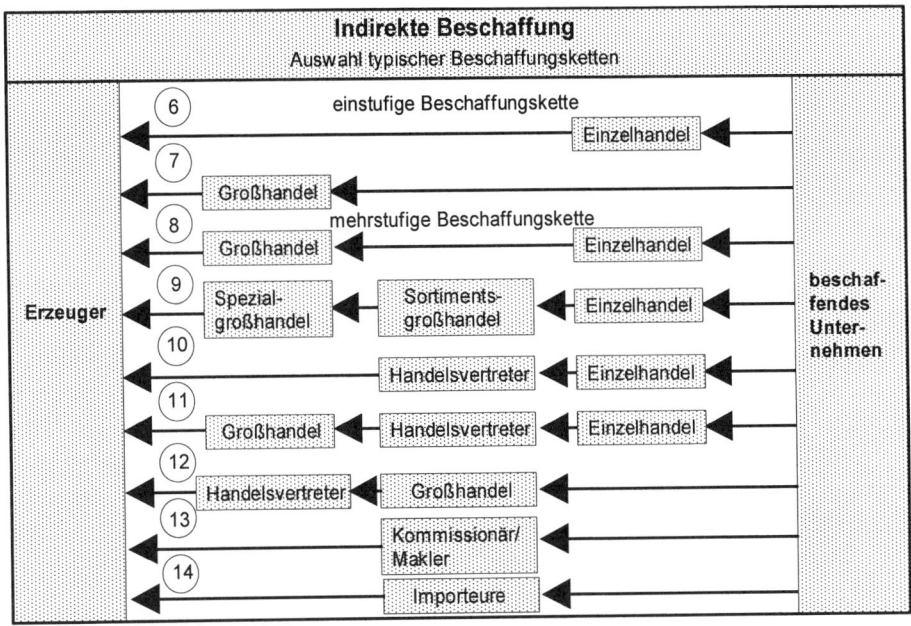

Abbildung 5.7: Indirekter Beschaffungsweg

5.3.2 Einkaufsabwicklung

An die Einkaufsvorbereitung schließt sich chronologisch der operativ orientierte Aufgabenkomplex der Einkaufsabwicklung, auch **Beschaffungsdurchführung** genannt, an. In diesem werden die Resultate und Informationen der Disposition (Nettobedarfsmeldung), Beschaffungsmarktforschung, Kontaktpflege mit den Lieferanten sowie der Beschaffungsplanung unter Beachtung der im Unternehmen herrschenden Beschaffungspolitik – mit den Kerngebieten Beschaffungsprogramm-, Vertrags- und Lieferantenpolitik (*Hartmann* 1993, 33) – verarbeitet und zu einem Entscheidungsprozeß geführt, der **Bestellung**. Die Bestellung ist der Kernpunkt des bestelldurchführenden Aufgabenkomplexes.

Der **Beschaffungsvorgang** umfaßt die Gesamtheit aller Handlungen, die, ausgehend von den Resultaten und Informationen der Disposition, des Beschaffungsmarketings und der Beschaffungsplanung und unter Berücksichtigung der unternehmensspezifischen Einkaufspolitik, die vertragliche Gestaltung mit Lieferanten über den Erwerb von Materialien, Dienstleistungen oder Nutzungsrechten betreffen. Insofern ist auch die Geltendmachung von Rechten bzw. Forderungen aus den Verträgen gegenüber dem Lieferanten eingeschlossen.

Die nachfolgenden Kapitel befassen sich detailliert mit den einzelnen Phasen der **Einkaufsabwicklung**. Zunächst werden hierbei

- die Beschaffungsanbahnung,

- der Vertragsabschluß und

- die Vertragsrealisierung

unterschieden. Die dargestellten Teilarbeitsschritte können dabei in der betrieblichen Praxis durchaus Überschneidungen aufweisen (z. B. mehrere Zyklen der Angebotseinholung und -prüfung) bzw. entfallen. Während in Klein- und mittelständischen Unternehmen zur Aufwandsreduktion oftmals stark vereinfachte Formen auftreten, sind in größeren Unternehmen mit teilweise zentralisierten Einkaufsabteilungen diese Vorgänge deutlich ausgeprägt und in organisatorischen Zwangsabläufen, Arbeitsanweisungen und Formularsätzen niedergelegt. Es sei jedoch darauf hingewiesen, daß insbesondere in größeren Unternehmen eine sehr disziplinierte Einhaltung der Arbeitsfolgen notwendig ist, um

- die Einkaufsmacht durch Bündelung der Einkaufsvolumina konsequent auszunutzen (Mengenboni, Nebenleistungen, Liefer- und Zahlungsbedingungen etc.),

- einen ordnungsgemäßen Betriebsablauf und die korrekte Lenkung von Informationen zu gewähren („Was?, Wann?, Wo?, Wer?, Wie?") und

- gegenüber Lieferanten keine Angriffspunkte durch unabgestimmte Aussagen oder unklare Kompetenzstrukturen zu geben.

5.3.2.1 Beschaffungsanbahnung

Unter Beschaffungsanbahnung werden alle Tätigkeiten in Vorbereitung eines rechtsverbindlichen Einkaufsvertrages zusammengefaßt. Sie sind für das beschaffende Unternehmen noch unverbindlich und können gemäß *Abbildung 5.8* untergliedert werden.

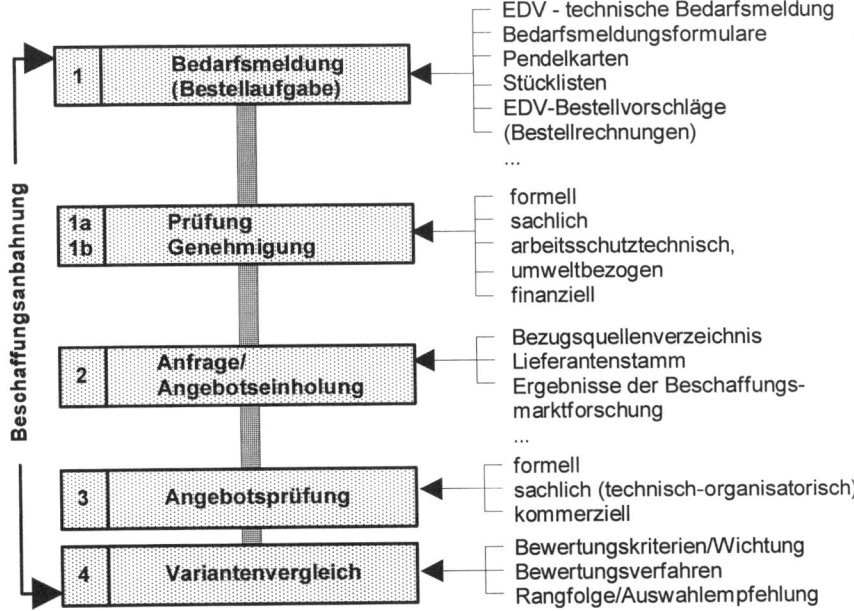

Abbildung 5.8: Beschaffungsanbahnung - Teilarbeitsschritte

Hinterfragt man die einzelnen Teilarbeitsschritte auf ihren Kerninhalt, so lassen sich folgende Erkenntnisse ableiten:

Teilarbeitsschritt 1:

Die **Bedarfsmeldung**, auch als Nettobedarfsmeldung, Bestellanforderung, Bedarfs- oder Bestellaufgabe bezeichnet, wird i. d. R. von den bedarfsermittelnden Funktionsbereichen ausgelöst. Für Werkstoffe im Sinne eines permanenten Wiederholbedarfs sind dies die **Disposition** (verbrauchsgesteuert) bzw. die **Arbeitsvorbereitung** (bedarfsgesteuert), für Hilfs- und Betriebsstoffe zeichnet dagegen die **Lagerverwaltung** verantwortlich, für Handelswaren der **Verkauf** und für Investitionsgüter der auslösende **Funktionsbereich**.

Ohne auf nähere Details der genannten Formen der Bedarfsmeldung einzugehen, sind für deren Datenträgerwahl drei **Anforderungskriterien** zu beachten:

1. Unternehmensgröße, Organisationsgrad und -struktur
2. Beschaffungsfall (einmaliger Bedarf, Wiederholbedarf bzw. Seriencharakter, Kauf oder Miete usw.) und
3. Art der Beschaffungsobjekte (Wert, Beschreibbarkeit z. B. mit Katalognummer, Zeichnung oder Pflichtenheft etc.)

Dementsprechend werden unterschiedliche Formen von Datenträgern für die Dokumentation und Übermittlung an die Einkaufsabteilung angewandt. Nach *Hartmann* 1993, 419ff. sind die typischen **Anwendungsformen**:

- Das **Bedarfsanmeldungsformular** bzw. die daraus abgeleitete Bedarfsliste ist dort anzuwenden, wo ein sporadischer, auftragsbezogener Bedarfsfall (z.B. Büromaterial-, Dienstleistungs- und Investitionsbedarf, kaum oder nicht wiederholende Sonderausstattungen usw.) vorliegt.

- Die **Pendelkarten** basieren auf einer festgelegten bzw. genormten Beschreibung des zu beschaffenden Materials und finden Anwendung bei Wiederholbedarfen, die beispielsweise unter Rahmenverträgen disponiert werden. Die detaillierte Beschreibung des Materials entfällt. Eine Ausprägung dieser Form ist das Kanban-Prinzip.

- Die **Stücklisten** finden bei einfach strukturierten Beschaffungsgegenständen, z. B. Handelswaren ohne Fertigungsplan, ihren Einsatz.

- Die **DV-Bestellvorschläge** werden dort benutzt, wo die Disposition computergestützt (z. B. SAP) realisiert wird. Im Ergebnis entstehen Bestellvorschlagslisten mit den Materialpositionen, die den Bestellpunkt bzw. Meldebestand erreicht oder unterschritten haben. Voraussetzung für diese sehr effiziente und zeitsparende Form der Bedarfsmeldung sind die äußerst disziplinierte Pflege des Materialstammes und die zeitgerechte, ordnungsgemäße Buchung von Materialbewegungen (z. B. Wareneingang, Auslagerung in Produktion und Versand, Erfassung von Ausschuß und für die Weiterverarbeitung gesperrter Materialien) sowie Bestellbeständen und Materialreservierungen.

Unabhängig von der Form der Bedarfsmeldung ist es erforderlich, eine eindeutige und vollständige **Materialbeschreibung** (Material- oder Katalognummer, Zeichnung, Pflichtenheft, mitgeltende Normen und Unterlagen usw.), **Bedarfstermin** und **Menge** sowie **Mengeneinheit** und **Referenzen** auf den Bedarfsanforderer (Nummer der Bedarfsmeldung, Abteilung, Name) auszureichen. Die Materialspezifikation sollte Nebenleistungen oder Verpackung mit enthalten. Abhängig von der Betriebsorganisation können gegebenenfalls weitere Angaben notwendig sein, wie z. B.

- Verwendungszweck, Lagerbestand zum Zeitpunkt der Bedarfsmeldung,

- Kennzahlen, wie Reichweite, Umschlag, Lagerdauer, typischer Verbrauch,

- Kontierung, Verwendungszweck, Klassifikationsnummer bzw. Warengruppe,

- Wunschlieferant, Ausweichmaterial, letzter Preis, Genehmigungsverfahren.

Die nachfolgende Abbildung dokumentiert eine konkrete Bedarfsmeldung für Nicht-Produktionsmaterial :

Bedarfsmeldung bleibt beim Aussteller							

Ausstelldatum | Abteilung | Abt. Kurzzeichen | Bestelldatum: | Bestell-Nr.:

Besteller für Kostenstelle | Abt.-Nr. | Datum | Lieferant:

Werkauftrags-Nr. | F/K/T | Datum

Projekt-Nr.

Menge	Einheit	Gegenstand	Einzelpreis	Rabatt	Gesamtpreis	Termin /KW
				Summe:		

Verwendungszweck:
_____
_____

bitte immer ankreuzen!
☐ Einzelpreis bis 800,- DM
☐ Einzelpreis über 800,- DM ▶ Projektvorschläge
   Gesampr. über 1.600,- DM   beifügen

Abbildung 5.9: Bedarfsmeldungsformular bei einem Just-in-time-Lieferanten der Automobilindustrie

> **Teilarbeitsschritte 1a und 1b:**

Dieser Arbeitsschritt ergibt sich aus dem **Grundsatz**, daß der Einkauf jede Bedarfsmeldung auf ihre formelle und sachliche Richtigkeit zu überprüfen hat. Dabei müssen in den Unternehmungen bestimmte **Genehmigungsebenen** und **Prozeduren** eingehalten werden. Die angewendeten Prüf- und Genehmigungsverfahren ihrerseits müssen eine fundierte Abwägung der sachlichen, wirtschaftlichen, arbeits- und umweltschutzbezogenen Interessen von Unternehmen und Gesellschaft ermöglichen, dürfen sich aber andererseits nicht zu übertriebenen Verwaltungsinstanzen entwickeln. Daher sollte der **Grundsatz** gelten, daß den Mitarbeitern Vertrauen für eine weitgehend eigenverantwortliche Tätigkeit entgegengebracht wird und ausgeprägte Prüf- und Genehmigungsverfahren nur bei tatsächlicher Notwendigkeit durchgeführt werden. Oftmals werden betriebliche Wertgrenzen als Entscheidungsspielraum für Mitarbeiter oder Führungskräfte (z. B. Disponent bis 10.000 DM, Werkleiter bis 100.000 DM usw.) vorgegeben. Natürlich können bei geringwertigen Wirtschaftsgütern ohne Arbeitsschutz- und Umweltrelevanz (z. B. Büromaterial) Prüfungs- und Genehmigungsverfahren ganz entfallen.

Typische **Prüfkriterien und -instanzen** sind aus *Abbildung 5.10* ersichtlich. Genehmigungsverfahren können sowohl durch Unterzeichnung der Bedarfsmeldung durch die Prüfinstanz als auch EDV-technisch erfolgen. Hierbei erteilen die befugten Mitarbeiter den Freigabestatus unter ihren Nutzungsrechten (Paß-wortschutz) auf rechnerinternen Dokumenten. Kann nach Prüfung und gegebe-nenfalls der Überarbeitung oder Ergänzung der Beschaffungsunterlagen keine Freigabe von einer Genehmigungsinstanz erteilt werden, ist der Bedarfsanmel-der zu informieren bzw. es sind Alternativen zu ermitteln.

Prüfung	charakteristische Prüf- und Genehmigungsmerkmale
formell	• Prüfung auf Vollständigkeit, Aussagefähigkeit und Richtigkeit der Unterlagen • Durchführung durch zuständige Führungskräfte bzw. Einkauf
sachlich	• Prüfung der Notwendigkeit bzw. Alternativen • Prüfung auf technische bzw. organisatorische Richtigkeit der Parameter bzw. Vorgaben und Zweckerfüllung • Prüfung der Zusammenfaßbarkeit von mehreren Bedarfsmeldungen zu einer Bestellung • Prüfung der Kontierung (Sachkonto, Kostenstelle, Auftrag) • Durchführung durch zuständige Führungskräfte (z. B. Kostenstellen- oder Pro-jektverantwortliche)
arbeits- und umwelt- schutz- technisch	• Überprüfung der Einhaltung von Gesetzen, Verordnungen, Verwendungsvor-schriften, Entsorgungsrichtlinien usw. • erforderlichenfalls kann die Freigabe zur Beschaffung mit Auflagen für die Behandlung verbunden sein (Ölabscheider, separate Lagerung, Mengenbe-grenzung etc.) • Durchführung durch Umwelt- bzw. Sicherheitsbeauftragten
finanziell	• in der Regel nur für wertintensive Investitionen • Prüfung der Finanzierbarkeit (z. B. Finanzierungsmodelle) • Durchführung durch zuständige Führungskräfte, Geschäftsleitung bzw. Con-trolling

Abbildung 5.10: Typische Formen der Prüfung und Genehmigung von Bedarfsmeldungen

Die nachfolgende Abbildung dokumentiert eine beispielhafte Genehmigungs-prozedur in einem Unternehmen der Chemiebranche:

3. Bedarfsmeldung (BM)

1. Unterschrift Anforderer zwecks Richtigkeit der BM
2. Unterschrift Kostenstellenverantwortlicher
   ⇒ Bei Ablehnung durch Kst.-Verantwortlichen muß eine Rückmeldung an den Anfor-derer erfolgen
   ⇒ Kst.-Verantwortliche können die Genehmigung bis zu 1.000 DM Bestellwert an na-mentlich autorisierte Mitarbeiter delegieren
3. Genehmigung durch Werksleitung bei Bestellwert > 10.000 DM
4. Überprüfung der Kontierung durch das Controlling (Konto, Kostenstelle, WA-Nummer)
5. Beendigung des Bestellvorganges durch Einkauf unter der Maßgabe der Zusammenfas-sung mehrerer Anforderungen, die einen Lieferanten betreffen
Hinweis: Bei Ausstellung der BM ist zu überlegen, ob im Text der Grund der Maßnahme zwecks Verringerung späterer Rückfragen aufgeführt wird. Dieser Text wird bei Bestellbear-beitung im Einkauf gelöscht.

Abbildung 5.11: Genehmigungsprozedur bei Bedarfsmeldungen

Teilarbeitsschritt 2:

Die Auslösungsursachen für eine **Angebotseinholung** – auch Anfrage genannt – reichen von der bloßen Informationseinholung für Konstruktionszwecke über die Lieferantenauswahl bis zur Informationsergänzung der Einkaufsformalien. Als Regelfall gilt jedoch der durch eine Bedarfsmeldung autorisierte Bedarfsfall. Im Mittelpunkt steht die Beantwortung der Frage:

WER fragt WAS, WANN und WIE an?

Anfragen und Angebote können bei geringwertigen Materialien zur Aufwandsreduktion mündlich erfolgen. Bei wertintensiveren Geschäften allerdings sollte schon aus Nachweisgründen nicht auf die Schriftform verzichtet werden. Ein Rückgriff auf die bereits EDV-technisch erfaßten Daten aus der Bedarfsmeldung vermindert hierbei den Aufwand für die Anfragenerstellung erheblich. Die Anzahl der einzuholenden **Angebote** richtet sich dabei in Anlehnung an *Röhl* 1997, 81 nach:

- dem Ergebniseinfluß der zu beschaffenden Materialien (Wert, Wiederholcharakter),
- der Marktkenntnis des Einkäufers,
- der Zufriedenheit mit den Einkaufsergebnissen bzw. Lieferanten,
- dem mit dem Einkauf verbundenen Risiko,
- dem markttypischen Erfüllungsstand der Anfrageanforderungen und
- der zur Verfügung stehenden Beschaffungzeit.

Üblicherweise sind nicht weniger als drei Angebote einzuholen. Einbezogen werden sollten Lieferanten, mit denen bereits zufriedenstellende Handlungsbeziehungen bestehen, aber auch in der Beschaffungsmarktforschung ermittelte alternative Lieferanten. Vor Abgabe des Angebotes nehmen interessierte Lieferanten oft Kontakt auf, um bezüglich in Frage kommenden Alternativen, der Hintergründe (z. B. Freiheitsgrade für konstruktive Überarbeitung) oder sachlicher Rückfragen gerade bei technisch erklärungsbedürftigen Produkten Details zu ermitteln.

Im Sinne einer einheitlichen Organisation und der Durchsetzung von Einkaufspotentialen (z. B. Einkaufsbedingungen, Boni) sollten die juristischen und kommerziellen Beschaffungshandlungen durch die beauftragten Einkaufsmitarbeiter wahrgenommen werden. Bei hohem technischen Abstimmungsaufwand sind dabei jedoch einzelne Aufgaben in die Fachabteilungen delegierbar. **Die Gesamtkoordination obliegt allerdings dem Einkauf**. Auch bei der Beschaffung von C-Teilen können zur Aufwandsoptimierung Aufgaben von den Bedarfsanforderern wahrgenommen werden. Rahmenbedingungen sind dabei durch die Einkaufsmitarbeiter (Liefer- und Zahlungsbedingungen, Rabattsätze etc.) z. B. in Form von Rahmenkontrakten oder Purchase-Card-Verträgen vorzubereiten.

Aus Praxisuntersuchungen haben sich folgende **wertorientierte Anfragemodalitäten** ergeben:

a)   bei Anfragen bis ca. 3.000 DM

Allgemeine Anfragen zu Waren und Dienstleistungen bis 3.000 DM können ohne den Einkauf durch den Anforderer erfolgen.

b)   Anfragen > 3.000 DM und < 10.000 DM

Anfragen zu Waren und Dienstleistungen mit der angeführten Wertekonstellation erfolgen durch den jeweiligen Anforderer, wobei für alle Leistungen ein Leistungsverzeichnis (LV) / Spezifikation erstellt werden muß.
Weiterhin wird für alle Vorgänge, bei denen ein Beschaffungswille besteht, eine **Bestell-Begleitformular** gefordert. Dieses Formular und eine Kopie des Leistungsverzeichnisses gehen direkt an den Einkauf. Der Einkauf behält sich vor, weitere Angebote zu den einzelnen Projekten anhand des LV einzuholen.

c)   bei Anfragen > 10.000 DM

Anfragen zu Waren und Dienstleistungen > 10.000 DM erfolgen immer durch den Einkauf. Die weitere Verfahrensweise ist analog zu b), mit der Einschränkung, daß die Aufträge an die Lieferanten nur durch den Einkauf verschickt werden. Da in vielen Anfragen nicht alle Leistungsmodalitäten exakt beschrieben werden können, versuchen beide Klientelen im nachhinein zu **claimen**, d.h., Nachforderungen in Form von Zu- und Abschlägen anzumelden.

Teilarbeitsschritt 3:

Nachdem alle Angebote erfaßt wurden, stellt sich nach Beendigung der Abgabefrist die Aufgabe, die unterbreiteten Angebote zu überprüfen und zu vergleichen, um das optimale Angebot zu ermitteln ๗. Bei der Angebotsprüfung sind drei **Arten** zu unterscheiden:

- formelle Angebotsprüfung,
- sachliche Angebotsprüfung,
- kommerzielle Angebotsprüfung.

Die **formelle Angebotsprüfung** kann mit dem Eintreffen des Angebots erfolgen und umfaßt folgende Fragestellungen (in Anlehnung an *Hartmann* 1993, 438):

- „Stimmt das Angebot formell mit der Anfrage überein?
- Liegt das Angebot vollständig (z. B. mit Zeichnungen) vor?
- Ist das Angebot eindeutig?"

Bei einfachen Materialien lassen sich diese Fragen beispielsweise anhand von eindeutigen Katalognummern schnell beantworten. Des weiteren können Unternehmen mit großer Einkaufsmacht (z. B. Automobilhersteller) vorgefertigte Formularsätze für die Aufschlüsselung der Preisbestandteile und der Konditionen verfassen, um abweichende und somit schwer vergleichbare Angebotsdarstellungen zu unterbinden. Oftmals jedoch werden von Anbietern Darstellungsformen gewählt, die nicht hinreichend auf die Anfrage zugeschnitten sind. Hierdurch können z. B. nicht notwendige, aber vom angebotenen Produkt erfüllte Eigenschaften hervorgehoben oder funktionell wesentliche Eigenschaften nur partiell zugesichert werden. Daher ist gerade bei technisch erklärungsbedürftigen Produkten die fachliche Hinterfragung, ggf. detailliertere Spezifikation und die eindeutige Formulierung in Angeboten notwendig. Diese ist Gegenstand der **sachlichen Angebotsprüfung**, die in Zusammenarbeit mit der bedarfsmeldenden Abteilung stattfinden sollte.

Darüber hinaus ist zu untersuchen, inwiefern der Lieferant in der Lage ist, das Angebot in qualitativer, terminlicher und logistischer Hinsicht zu realisieren. Häufig kann hierbei auf Erfahrungen aus bisherigen Lieferbeziehungen zurückgegriffen werden. Bei wertintensiven Materialien, hohen Beschaffungsrisiken und neuen Lieferanten jedoch empfiehlt sich eine Lieferantenbeurteilung, deren typische Formen in *Abbildung 5.12* zusammengestellt sind. Im Ergebnis der Lieferantenbewertung können Schlußfolgerungen auf die Kompetenz und Zuverlässigkeit gezogen werden.

Beurteilungsmaßnahme	Kurzcharakteristik
Lieferantenselbstauskunft	• kurze Selbstbewertung des potentiellen Lieferanten hinsichtlich Geschäftstätigkeit und -ergebnisse, Qualitätssystematik usw. • Einsatz von beispielsweise produktspezifisch zugeschnittenen Fragebögen • Ernennung und Darstellung von Referenzlösungen • durchschnittlicher Aufwand
Referenzbewertung	• Aufsuchen und Bewerten vom Lieferanten genannter bzw. nicht genannter Referenzen • Interview der Referenzkunden, Ermittlung deren Zufriedenheit • Ermittlung der Umgangsformen mit Kunden • hoher Aufwand, oft verbunden mit Dienstreisen
Lieferantenbesuch, System-, Produkt- oder Prozeßaudit	• Feststellung der betrieblichen Kompetenz, Struktur und Zuverlässigkeit • Beurteilung der Produkte, Prozesse bzw. des Systems des potentiellen Lieferanten bis zur Festlegung von Maßnahmen im Falle der Auftragserteilung • sehr hoher Aufwand durch Dienstreisen; nur für stark ergebnisbeeinflussende Materialien geeignet
Third-Party-Audit	• Bewertung durch Kunden des Anbieters bzw. durch unabhängige Zertifizierungsorganisationen (z. B. ISO 9001ff., QS 9000 etc.) hinsichtlich wesentlicher organisatorischer und qualitativer Anforderungen • geringer Aufwand, Nachweise sind vom Anbieter vorzulegen (Zertifizierungsurkunden etc.)

Abbildung 5.12: Kurzcharakteristik typischer Formen der Lieferantenbeurteilung

Für eine effiziente Durchführung des Variantenvergleichs müssen die sachlich akzeptablen Angebote möglichst einfach vergleichbar sein. Dies ist Aufgabe der **kommerziellen Prüfung**.

Als Grundsatz gilt: **Vergleichbar ist nur das, was vergleichbar ist!**

Das heißt, daß die mit unterschiedlichster Spezifikation versehenen Angebotskriterien, wie Preis, Qualität, Liefertermin u. ä., auf eine **einheitliche Vergleichsbasis** umzurechnen sind. Die Reihenfolge der Umrechnung ist beliebig, meist wird jedoch in einer 1. Stufe der Angebotspreis mittels einer zweistufigen Preisanalyse untersucht und auf eine einheitliche Vergleichsbasis (Einkaufskalkulation), den **Netto-Einstandspreis**, umgerechnet. In der 2. Stufe erfolgt dann die Untersuchung der **Preisangemessenheit**, d. h., ein Vergleich der heutigen Preise mit

- amtlichen Notierungen,
- früheren Bestellpreisen und
- Eigenkalkulationen, offenen Kalkulationen etc.

Die Ermittlung des Netto-Einstandspreises frei Haus oder Bestimmungsort erfolgt nach folgendem, bereits bekannten, **Berechnungsschema**:

	Preis pro Einheit
+	Mindermengenzuschlag
−	Rabatt
−	Skonto
−	Bonus
+	Fracht
+	Verpackung
−	Verpackungsrücksendung
+	Zoll
+	Gebühren
+	sonstige Kosten (Versicherung, Werkzeugumlagen usw.)
=	Nettoeinstandspreis frei Rampe Warenannahme

Abbildung 5.13: Berechnungsschema der materiellen Angebotsprüfung

Demonstrationsbeispiel

DI Sachverhalt

Nach dem Eingang der Angebote steht der Einkäufer vor der Aufgabe, die vorliegenden Angebote zu prüfen und das optimale Angebot auszu wählen. Voraussetzung ist, daß die Angebote vergleichbar sind oder vergleichbar gemacht werden können.

Bei der **Angebotsprüfung** ist zwischen formeller und materieller Prü fung zu unterscheiden. Formell werden die Angebote überprüft auf

- Übereinstimmung der Angebote mit der Anfrage,
- Eindeutigkeit des Angebotes,
- Vollständigkeit.

Die materielle Angebotsprüfung dient der eingehenden und systematischen Untersuchung aller bei der Lieferantenwahl ausschlaggebenden Faktoren wie

- Preis, Preisgestaltung und Zahlungsbedingungen,
- Qualität und Leistungsumfang,
- Lieferzeit,
- Standort/Transport,
- sonstige Faktoren.

Im folgenden Beispiel sollen vier Angebote überprüft und das günstigste Angebot ermittelt werden. Dabei ist der Preisvergleich zwischen den Anbietern in den Vordergrund zu stellen.

DII Ausgangsdaten

Ihre Einkaufsabteilung soll von einem bestimmten Material alternativ 100 kg, 250 kg bzw. 500 kg beziehen. Auf Ihre Anfrage sind folgende vier Angebote eingegangen:

Angebot A:

• Preis je kg:	25,60 DM
• Mindermengenzuschlag:	bei weniger als 200 kg 5 %
• Rabatt:	wird nicht gewährt
• Lieferbedingungen:	frei Haus
• Skonto/Zahlungsfrist:	Bei Zahlung innerhalb von 10 Tagen nach Rechnungsstellung ist ein Skontoabzug von 3 % möglich.
• Verpackung:	Für den Transport werden je 100 kg 2 Gitterboxpaletten leihweise zur Verfügung gestellt, die zurückgesandt werden müssen
• Verpackungsrücksende-kosten:	Als Rücksendekosten sind pro Palette 20 DM anzusetzen.
• Lieferzeit:	Die Ware ist innerhalb von 14 Tagen lieferbar.
• Qualität:	Die Ware genügt den geforderten Qualitätsvorstellungen.

Angebot B:

• Preis je kg:	26,00 DM
• Mindermengenzuschlag:	bei weniger als 120 kg 2 %
• Rabatt:	bei Abnahme von mehr als 200 kg 2,5 % 400 kg 4 %
• Lieferbedingungen:	Der oben genannte Preis gilt ab Werk. Als Frachtkosten sind pro 100 kg 40 DM zu veranschlagen.
• Skonto/Zahlungsfrist:	Bei Zahlung innerhalb von 14 Tagen nach Rechnungsstellung ist ein Skontoabzug von 2 % möglich.

- Verpackung:　　　　　　　Für die Verpackungskosten gilt netto einschließlich Verpackung.
- Lieferzeit:　　　　　　　Die Ware ist jederzeit lieferbar.
- Qualität:　　　　　　　Das Material ist von höherer Qualität als gefordert.

Angebot C:
- Preis je kg:　　　　　　　23,50 DM
- Mindermengenzuschlag:　bei weniger als 300 kg 10 %
- Rabatt:　　　　　　　　bei Abnahme von mehr als 600 kg 20 %
- Lieferbedingungen:　　　frei Haus
- Skonto/Zahlungsfrist:　　30 Tage netto Kasse
- Verpackung:　　　　　　　brutto einschließlich Verpackung, je 100 kg Ware 4 kg Verpackung
- Lieferzeit:　　　　　　　Die Ware ist frühestens in 28 Tagen lieferbar.
- Qualität:　　　　　　　Die Qualität ist angemessen.

Angebot D:
- Preis je kg:　　　　　　　28,00 DM
- Mindermengenzuschlag:　wird nicht erhoben
- Rabatt:　　　　　　　　bei Abnahme von mehr als
　　　　　　　　　　　　　200 kg　　6 %
　　　　　　　　　　　　　480 kg　　12 %
- Lieferbedingungen:　　　frei Haus
- Skonto/Zahlungsfrist:　　zahlbar innerhalb von 21 Tagen netto Kasse
- Verpackung:　　　　　　　Bei einer Bestellung über 300 kg fallen keine Verpackungskosten an, ansonsten werden pro 100kg 4 DM berechnet.
- Lieferzeit:　　　　　　　Die Ware kann innerhalb einer Woche geliefert werden.
- Qualität:　　　　　　　Die Qualität der Ware übersteigt die geforderten Qualitätsvorstellungen.

D III Aufgabenstellung

1. Prüfen Sie die vier Angebote zunächst formell! Zu welchen Schlußfolgerungen kommen Sie, wenn Sie in Ihrer Anfrage folgende Prämissen gesetzt haben:
   - Preis je kg nicht höher als 30 DM
   - Lieferzeit nicht länger als 14 Tage?
2. Ermitteln Sie für die Angebote, die formell Ihrer Anfrage entsprechen, die Einstandspreise je kg (unter Ausnutzung der Skonti) für den Bezug von 100 kg, 250 kg bzw. 500 kg Material.
3. Welches Angebot ist das jeweils günstigste?
4. Ihre Einkaufsabteilung wählt für die Bestellmenge von 250 kg nicht den kostengünstigsten Lieferanten, sondern Lieferant B aus. Begründen Sie diese Entscheidung.

4. Ermitteln Sie auch für das Angebot, das nicht den Anforderungen Ihrer Anfrage entspricht, den Einstandspreis je kg für 100 kg, 250 kg und 500 kg. Wie sollte die Einkaufsabteilung aufgrund der Prüfung mit diesem Angebot weiter verfahren?

DIV Lösungen

zu 1. Hinsichtlich des Preises erfüllen alle vier Angebote die gestellte Bedingung.

Der Anbieter C kann den gewünschten Liefertermin nicht realisieren. Dieses Angebot ist auszusondern; eine materielle Prüfung erübrigt sich.

zu 2. Für die Angebote A, B und D ist der Einstandspreis je kg zu ermitteln.

| (Angaben in DM) | Angebot A bei einer Bestellmenge von | | |
	100 kg	250 kg	500 kg
Angebotspreis	25,60	25,60	25,60
+ Mindermengenzuschlag	1,28		
− Rabatt			
= Zieleinkaufspreis	26,88	25,60	25,60
− Skonto	0.81	0,77	0,77
= Bareinkaufspreis	26,07	24,83	24,83
+ Fracht			
+ Verpackung			
+ Verpackungsrücksendung	0,40	0,40	0,40
= Einstandspreis pro kg	26,47	25,23	25,23

| (Angaben in DM) | Angebot B bei einer Bestellmenge von | | |
	100 kg	250 kg	500 kg
Angebotspreis	26,00	26,00	26,00
+ Mindermengenzuschlag	0,52		
− Rabatt		0,65	1,04
= Zieleinkaufspreis	26,52	25,35	24,96
− Skonto	0,53	0,51	0,50
= Bareinkaufspreis	25,99	24,84	24,46
+ Fracht	0,40	0,40	0,40
+ Verpackung			
+ Verpackungsrücksendung			
= Einstandspreis pro kg	26,39	25,24	24,86

(Angaben in DM)	Angebot D bei einer Bestellmenge von		
	100 kg	**250 kg**	**500 kg**
Angebotspreis	28,00	28,00	28,00
+ Mindermengenzuschlag			
– Rabatt		1,68	3,36
= Zieleinkaufspreis	28.00	26,32	24,64
– Skonto			
= Bareinkaufspreis	28,00	26,32	24,64
+ Fracht			
+ Verpackung	0,04	0,04	
+ Verpackungsrücksendung			
= Einstandspreis pro kg	28,04	26,36	24,64

Bei einer Bestellmenge von

- 100 kg ist das Angebot B mit 26,39 DM/kg,
- 250 kg ist das Angebot A mit 25,23 DM/kg,
- 500 kg ist das Angebot D mit 24,64 DM/kg am günstigsten.

zu 3. Die Angebote A und B liegen bei einer Bestellmenge von 250 kg preislich eng beieinander (25,23 DM zu 25,24 DM). Aufgrund der Bedingungen bei Angebot B (höhere Qualität, kürzere Lieferzeit) ist die Wahl der Einkaufsabteilung berechtigt.

zu 4.

(Angaben in DM)	Angebot C bei einer Bestellmenge von		
	100 kg	**250 kg**	**500 kg**
Angebotspreis	23,50	23,50	23,50
+ Mindermengenzuschlag	2,35	2,35	
– Rabatt			
= Zieleinkaufspreis	25,85	25,85	23,50
– Skonto			
= Bareinkaufspreis	25,85	25,85	23,50
+ Fracht			
+ Verpackung	0,80	0,80	0,80
+ Verpackungsrücksendung			
= Einstandspreis pro kg	26,65	26,65	24,30

Das Angebot C ist bei einer Beschaffungsmenge von 500 kg mit dem Preis 24,30 DM sehr günstig, das Angebot liegt unter dem derzeitigen günstigsten Angebot. Daher sollte die Einkaufsabteilung für spätere Bestellauslösungen bei dieser Menge den Anbieter C ins Auge fassen. Dafür ist es notwendig, aufgrund der bestehenden Lieferfrist den Bestellvorgang früher auszulösen.

Es erscheint zweckmäßig, die Umrechnung der Nettoeinstandspreise auf einem „**Angebots-Vergleichsblatt**" zu vollziehen. Zum Problemkreis der Untersuchung der Preisangemessenheit soll festgehalten werden, daß der **Kalkulationsvergleich**, also die Analyse der einzelnen Preisbestandteile, die besten Ergebnisse in bezug auf die zu akzeptierenden Preisobergrenzen liefert.

Teilarbeitsschritt 4:

Der **Variantenvergleich** dient der vergleichenden Gegenüberstellung aller Angebote, die formell und sachlich den Anforderungen entsprechen. Bei der Auswahlentscheidung sollten nicht nur die vergleichbaren Netto-Einstandspreise Berücksichtigung finden, wenngleich diese eine herausragende Rolle spielen. Sensibler ist die gleichzeitige und fallspezifisch ausgewogene Bewertung zusätzlicher **nicht** oder **schwer quantifizierbarer** Kriterien, die vor allem bei wenig streuenden Angebotspreisen an Bedeutung gewinnen. Hierzu zählen z. B.

*   Erweiterungs- und Ausbaufähigkeit und Adaptionsfähigkeit, technischer Stand
*   über die Mindestanforderungen hinausgehende Funktionalitäten,
*   erweiterte Nebenleistungen (Schulung, Ersatzteilpaket, Finanzierung, Serviceleistungen, Kulanz usw.),
*   Image, Marktstellung, Stabilität und Kundenorientiertheit des Lieferanten,
*   strategische Bedeutung des Lieferanten für das beschaffende Unternehmen,
*   Lieferantenkonzentrationsprozesse,
*   Möglichkeit von Gegengeschäften, Kooperationen etc.

Als einfache und zugleich bewährte Verfahren zur Wichtung der einzelnen Faktoren bei Mehrfaktorenvergleichen gelten **Punktbewertungsverfahren**, sog. Scoring-Modelle. Durch Addition der gewichteten Bewertungspunkte erhält man den optimalen Lieferanten. Bei einem Unternehmen der Nahrungsmittelbranche gilt das in der *Abbildung 5.14* dargestellte Bewertungsschema, wobei die einzelnen Kriterien mit maximal 5 Punkten bewertet werden können.

Bei anderen Unternehmen erfolgen die Bewertungen anhand von **Fragekatalogen** bzw. **Lieferantenbesuchen**. Auch **Qualitätsaudits** (DIN EN ISO 9000) geben wichtige Anhaltspunkte über die vom Kunden geforderte Qualität der Lieferantenprodukte bzw. -dienstleistungen. Die abschließende Entscheidung, bei welchem Lieferant bestellt wird, obliegt dem Einkäufer oder einem autorisierten Entscheidungsorgan. ❷ Im letzteren Fall liefert der Einkäufer die Entscheidungsvorlage. In vielen Unternehmungen fußt die Entscheidungskompetenz auf klar fixierten **Wertgrenzen** (z. B. Angebote < 10.000 DM → Entscheidung durch den Einkauf, Angebote > 10.000 DM → Entscheidung nächsthöheres Gremium).

Lieferant:

1. allgemeine Daten:
- Marktstellung ....
- Finanzielle Lage ....
- Sicherheit ....
- Technischer Stand ....
- Standortbewertung ....
- Bereitschaft zur Qualifizierten Marktinformation ....

max. 30 Punkte

2. Service:
- Bereitstellung von anwendungstechnischen Informationen ....
- Angebotsabgabe (z. B. Reaktionszeit) ....
- Auftragsabwicklung (z. B. Zuverlässigkeit) ....
- Reklamationsverhalten ....

max. 20 Punkte

3. Qualität:
- ....

max. 20 Punkte

4. Qualitätssicherung:
- ....

max. 30 Punkte

Summe   max. 100 Punkte

Abbildung 5.14: Punktbewertungsschema (vgl. Röhl 1997, 83)

Die *Abbildung 5.15* dokumentiert das Beispiel eines Variantenvergleiches und einer Angebotsauswahl von einem Unternehmen der Automobilzulieferindustrie.

Variantenvergleich und Angebotsauswahl

Projekt/	**Materialnummer**	**PC:**	Mechan. Fert.
Produkt: Gebläse D32	**Erzeugnis:** 10003204		

Teil/Bau-	**Materialnummer** 47003586	**Datum:**	04.06.96
gruppe: Gehäuserohling	**Teil/Baugruppe**		

Jahres-	**Laufzeit:**	ca. 5 Jahre
stückzahl: ca. 12.800		

Grund: <u>Ersatz von Gebläse D30-5 durch D 32 ab 01/1997</u>

[x]	Erstbeschaffung/ Neukauf	[ ] Technologie-/ Konstruktionsänderung	[ ] Lieferanten- wechsel

Kommerziell vergleichbare Angebote, sachlich wird den Anforderungen entsprochen:

Nr.	Angebot/Lieferant	EKP in DM	WK in DM	LB	ZB	Kurzbewertung Qualität, Logistik u. Bemerkungen
1	Mustermann GmbH	36,85	12.800	frei Haus	30 Tg. netto	Audit erforderlich, nur 6 Monate Gewährleistung
2	Schnellguß GmbH	35,43	18.600	frei Haus	14 Tg. 2 %	bereits Lieferant, keine Qualitäts- probleme
3	Gießfix GmbH & Co.	39,95	5.000	ab Werk	60 Tg. netto	anteilige Werkzeugkosten, Min- destlosgröße 5000, Audit
:						

Entscheidung: Schnellguß GmbH   Begründung: Lieferantenkonzentration, Qualität bestehender Lieferungen
günstiger Teilepreis, frei Haus Lieferung
höhere WK nach 4.100 Teilen (ca. 16 Wochen) amortisiert

abgeleitete Maßnahmen	*Termin*	*Verantw.*	*Kosten*
abschließende Abstimmung Konstruktion, Freigabe	KW 24	K	
Beauftragung Modelle, Muster für Qualitätsbewertung, Ferti- gungserprobung	KW 24	EK	
qualitative Bewertung Musterteile	KW 40	QW	ca. 300 DM
Prüfung mechanische Bearbeitung	KW 42	AV	ca. 400 DM
Qualitätsvereinbarung mit Lieferanten	KW 42	QW	
Produktaudit beim Lieferanten	KW 42	QW, EK	ca. 200 DM
Serienauftrag auslösen	KW 43	EK	

Konstruktion/Entwicklung: _____   Profitcenter: _____

Arbeitsvorbereitung: _____   Rechnungswesen/Controlling: _____

Qualitätswesen: _____   Sonstige: _____

Einkauf: _____

Legende:	EKP	Einkaufspreis
	WK	Werkzeugkosten
	LB	Lieferbedingung
	ZB	Zahlungsbedingung

Abbildung 5.15: Beispiel für Variantenvergleich und Angebotsauswahl

5.3.2.2 Vertragsabschluß

Die zweite Phase des Beschaffungsvorganges enthält folgende Aktivitäten:

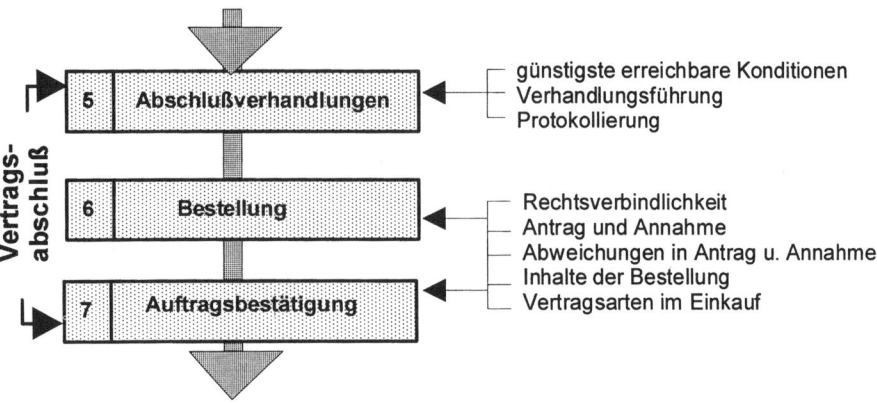

Abbildung 5.16: Beschaffungsabschluß/Teilarbeitsschritte

Teilarbeitsschritt 5:

Im Regelfall folgt nach der Lieferantenwahl unmittelbar die Bestellung. Falls noch Unklarheiten zu beseitigen oder Verbesserungen des Angebotes zu erwarten sind, bieten sich **Abschlußverhandlungen** an. Da ein Aufwand für solche Verhandlungen entsteht, müssen diese den entstehenden Erträgen (Vorteilen) gegenübergestellt werden. Ist der Aufwand höher, sollte die Bestellung sofort ausgelöst werden; das gleiche gilt für Kleinbestellungen. Bei mehreren günstigen Angeboten, wiederholendem Bedarf und hochwertigen Gütern sollten prinzipiell Abschlußverhandlungen geführt werden. Das Ziel solcher Verhandlungen besteht darin, dem verbindlichen Vertragsabschluß erst dann zuzustimmen, wenn nach Auffassung des Einkäufers der potentielle Vertragspartner die im konkreten Falle günstigstmöglichen Konditionen unterbreitet hat und „keine Reserven" mehr besitzt. Dies können neben Preiszugeständnissen auch verbesserte Nebenleistungen sein. Natürlich sind Abschlußverhandlungen auch mit mehreren Anbietern parallel durchführbar. Oftmals verwenden Einkäufer Zielpreise, um selbst den Anbieter in die passive Rolle zu drängen, wobei in Abhängigkeit der Marktsituation für das betreffende Material die Verhandlungsführung sehr sensibel differenziert werden muß. Schließlich obliegt es maßgeblich dem Verhandlungsgeschick des Einkäufers, die richtigen Methoden und eine plausible Argumentation zur Durchsetzung der Einkaufsziele zu finden und dabei die Verhandlungssituation nicht unangemessen zu überstrapazieren, zumal hierdurch die Motivation des Verhandlungspartners und mögliche Einkaufsergebnisse infrage gestellt werden können. Hilfreich ist die Protokollierung der Verhandlung , um Korrekturen der vorliegenden Angebote für die Vertragsausfertigung nachweislich festzuhalten.

Teilarbeitsschritte 6 und 7:

Wie schon eingangs erläutert, ist die **Bestellung** die Kernaufgabe des Beschaffungsvorganges.

Juristisch gesehen, verkörpert eine **Bestellung** die Willenserklärung eines Unternehmens, Materialien oder Dienstleistungen zu mieten oder pachten und die Verpflichtung zur Entrichtung der vereinbarten Vergütung.

Eine Bestellung kann sowohl **Antrag** als auch **Annahme** sein. Bei der Bestellerteilung gilt folgender **Bestellgrundsatz**:

Stimmen Antrag und Annahme überein, so ist ein **Kaufvertrag** zustande gekommen.

Prinzipiell existieren damit folgende **Möglichkeiten für den Vertragsabschluß**:

a) Das **Angebot** des Lieferanten (Antrag) wird durch die **gleichlautende Bestellung** des Kunden angenommen. Eine eventuelle Auftragsbestätigung hat hierbei nur formellen Charakter, da der Vertrag bereits mit der Bestellung zustande gekommen ist.

b) Die **Bestellung** des Kunden (Antrag) wird durch die **gleichlautende Auftragsbestätigung** des Lieferanten angenommen. In diesem Falle entsteht das Vertragsverhältnis erst mit der Auftragsbestätigung.

Es ist zu berücksichtigen, daß die Daten von Angebot und Bestellung im Fall a) bzw. Bestellung und Auftragsbestätigung im Fall b) in wesentlichen Punkten **nicht voneinander abweichen dürfen**. Insofern verkörpert eine von der Bestellung wesentlich abweichende Auftragsbestätigung ein neues Angebot und begründet kein Vertragsverhältnis.

In der Praxis mußte allerdings die Erfahrung gewonnen werden, daß vor allem bei für das Zustandekommen des Vertrages untergeordneten Nebenabreden bzw. vereinbarten Liefer- und Zahlungsbedingungen die schriftliche Fixierung häufig von den verhandelten Vereinbarungen abwich. Daher ist die umfängliche Prüfung der von der anderen Vertragspartei zugesandten Unterlagen dringend angeraten. Gegebenenfalls ist abweichenden Klauseln schriftlich zu widersprechen bzw. eine entsprechende Klärung mit der anderen Partei herbeizuführen. Im Zweifelsfalle gilt der Grundsatz, daß die letzte Äußerung den Willen der Vertragsparteien repräsentiert. Bei Bagatellabweichungen kann nach Ermessen der Verhandlungspartner aus Kulanz und Auftragsgründen auf den Widerspruch, somit aber im Streitfalle auch auf die hieraus resultierenden Rechte, verzichtet werden. ❸

Verträge können mündlich oder schriftlich geschlossen werden. Während sich für viele kleinere und risikoarme Einkaufsverträge die mündliche Gestaltung anbietet, sollte bei größeren Wertvolumen, hohem Risiko, neuen Lieferanten, Mitteilungspflichten im Unternehmen z. B. gegenüber Bedarfsanforderer bzw. Rechnungswesen oder weitergehenden Nebenabreden der Vertrag schriftlich geschlossen bzw. nachträglich niedergeschrieben werden.

Die wesentlichen Inhalte einer Bestellung sind in *Abbildung 5.17* dargestellt:

Datengruppe	Bestellinhalte
Daten des Bestellers	• Bezeichnung, Liefer- und Rechnungsadresse • Handelsregistereintrag, Sitz der Gesellschaft, Geschäftsführer bzw. Vorstand • verantwortlicher Einkäufer / Ansprechpartner mit Durchwahl und Fax, ggf. Kurzzeichen • Bestellnummer, Bestelldatum und weitere Daten zur Zuordnung der Bestellung • Lieferantennummer des Vertragspartners • rechtskräftige Unterzeichnung
Daten des Lieferanten	• Name und Anschrift • Ansprechpartner ggf. mit Durchwahl, Fax, Kurzzeichen etc. • Kundennummer des bestellenden Unternehmens
Spezifikation der Vertragsgegenstände	• eindeutige Beschreibung jedes Vertragsgegenstandes • Referenz zu Angebotsnummer, -datum • zum Angebot evtl. abweichende Vereinbarungen • mitgeltende Anlagen zur Bestellung (Zeichnungen, Stücklisten, Spezifikationen) • mitgeltende Normen, Richtlinien, Verordnungen etc. • Mengen und Mengeneinheiten je Vertragsgegenstand
Vertragsbedingungen	• geltende Vertragsbedingungen (z. B. Einkaufsbedingungen, Rechtswahl, Erfüllungsort) • Lieferfristen, Liefer- und Zahlungsbedingungen • vereinbarte Vergütung und Handelswährung • Nebenabreden (Garantie, Verpackung, Verzollung, Service, ...)

Abbildung 5.17: Wesentliche Inhalte einer Bestellung

Die Daten des Bestellers und des Lieferanten sind zunächst zur eindeutigen Zuordnung und Steuerung des Vorganges erforderlich. Die Daten des Bestellers enthalten darüber hinaus Geschäftsangaben, die dem Lieferanten die Prüfung der rechtlichen Verhältnisse ermöglichen. Analog muß der Lieferant diese Daten in seinem Schriftverkehr führen. Außerdem werden **Vertragsgegenstand und -bedingungen** in der Bestellung definiert.

Die bisherigen Ausführungen beziehen sich auf einen Kaufvertrag. Das BGB unterscheidet jedoch in Ergänzung hierzu noch eine Vielzahl weiterer grundsätzlicher **Vertragsarten** für den Einkauf.

Dazu gehören (*Abbildung 5.18*):

Vertragsarten nach BGB		
Vertragsart	**Rechtsnorm**	**Erläuterung**
Kaufvertrag	§§ 433ff. BGB	auch **Liefervertrag** genannt, verpflichtet den Verkäufer zu liefern und den Besteller, die Ware zu übernehmen und zu bezahlen.
Werkvertrag	§§ 631ff. BGB	verpflichtet den Unternehmer zur Herstellung des versprochenen Werkes, den Besteller zur Entrichtung der vereinbarten Vergütung - das benötigte Material stellt der Besteller bei.
Werk-lieferungs-vertrag	§§ 651ff. BGB	ist eine andere Form des Werkvertrages, bei dem sich der Lieferant verpflichtet das zur Herstellung notwendige Material selbst zu beschaffen.
Mietvertrag	§§ 535ff. BGB	„durch diesen Vertrag wird der Vermieter verpflichtet, dem Mieter den Gebrauch der vermieteten Sache zu gewähren. Der Mieter ist zur Mietzinszahlung verpflichtet."
Pachtvertrag	§§ 581ff. BGB	„durch diesen Vertrag wird der Verpächter verpflichtet, dem Pächter den Gebrauch und Genuß des Pachtgegenstandes während der Pachtzeit zu gewähren. Der Pächter ist zur Pachtzinszahlung verpflichtet."
Leihvertrag	§§ 598ff. BGB	„durch diesen Vertrag wird der Verleiher verpflichtet, dem Entleiher den Gebrauch einer Sache unentgeltlich zu gestatten"
Darlehens-vertrag	§§ 607ff. BGB	„durch diesen Vertrag wird ein Darlehens-nehmer verpflichtet, dem Darleiher das Empfangene in Sachen von gleicher Art, Güte und Menge zurückzuerstatten."

Abbildung 5.18: Vertragsarten

Neben diesen grundsätzlichen Vertragsarten sind in der betrieblichen Einkaufspraxis noch eine Reihe **spezieller Vertragsarten** relevant, die nicht oder nur teilweise im BGB festgeschrieben sind. Typische Beispiele hierzu sind in *Abbildung 5.19* dargestellt.

Vertragsart	Kurzcharakteristik
Rahmenvertrag	• regelt die wesentlichen Vertragsbedingungen für längerfristige Geschäftsbeziehungen • dispositive Gestaltung (Mengen, Liefertermine) erfolgt durch Abrufe • inwiefern verbindliche oder unverbindliche Gesamtmengenvereinbarungen getroffen werden, obliegt den Vertragsparteien
Mengen- bzw. Wertkontrakt	• verbindliche Vereinbarung zum Kauf einer bestimmten Menge (Mengenkontrakt) bzw. eines bestimmten Einkaufsvolumens (Wertkontrakt) in einem festgelegten Zeitraum • die dispositive Feinsteuerung erfolgt während der längerfristigen Laufzeit
Konsignations-lagervertrag	• der Besteller stellt Fläche für ein Lager des Lieferanten in seinem Unternehmen bereit • der Lieferant führt das Lager, trägt das Risiko der Waren • die Fakturierung erfolgt mit der Entnahme der Waren durch den Kunden • Möglichkeit zur Absicherung logistischer Risiken bei unsicheren Transportwegen oder weiten Entfernungen • das einkaufende Unternehmen kann sich von Lagerverwaltung und Kapitalbindung befreien
Streckengeschäft	• Form des Handels, wobei die Materialien nicht in das durchhandelnde Unternehmen, sondern vom Lieferanten an eine vom Händler spezifizierte Lieferadresse (Endkunde) verbracht werden
Verträge mit Preisvorbehaltsklauseln	• Anwendung erfolgt, wenn Preisbestandteile einem hohen Änderungsanfall unterliegen und infolge der Lieferzeit bzw. der Langfristigkeit kein Festpreis akzeptiert wird • z. B. Preiskorrekturen für börsengehandelte Rohmaterialien (Materialpreisbasis für Aluminiumschmiedestücke oder Kupferdraht)

Abbildung 5.19: Auswahl spezieller Vertragsarten im Einkauf (in Anlehnung an IHK-Material, Industriefachwirt, 52)

5.3.2.3 Vertragsrealisierung

Die 3. Phase des Beschaffungsvorganges enthält folgende Teilarbeitsschritte:

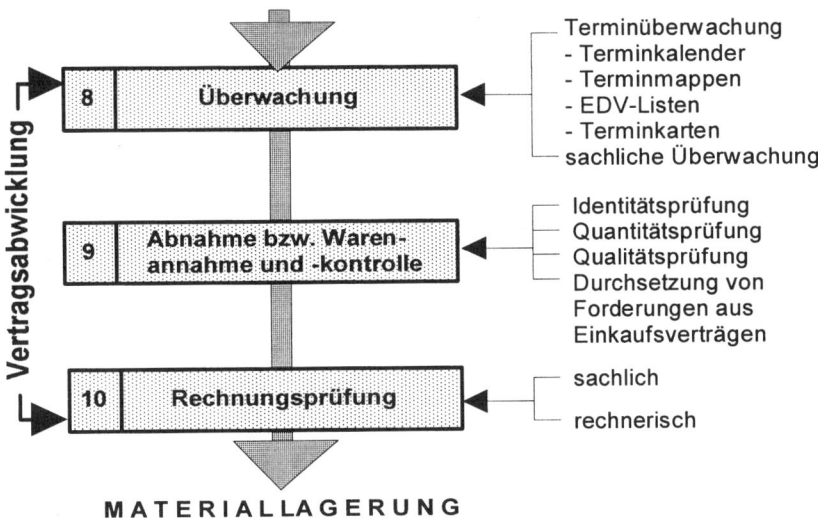

Abbildung 5.20: Vertragsabwicklung - Teilarbeitsschritte

Teilarbeitsschritt 8:

Der Einkaufsprozeß kann nur erfolgreich abgeschlossen werden, wenn die vertraglich vereinbarte Lieferung oder Leistung (nachfolgend nur Lieferung genannt) fristgerecht erfüllt sowie vom Abnehmer geprüft und anerkannt worden ist. Die betriebliche Praxis zeigt jedoch, daß bisweilen Liefertterminverzug ebensowenig wie fehlerhafte Lieferungen aus unterschiedlichsten Gründen vorkommen. Daher muß generell, besonders jedoch bei terminsensiblen bzw. funktionell kritischen Lieferungen, eine terminliche und erforderlichenfalls auch sachliche **Überwachung** durchgeführt werden. Prinzipiell sollte daher der Grundsatz beachtet werden:

Die Lieferungen sollten aufgrund der Liquiditäts- und Kostennachteile **nicht zu früh**, aber aufgrund der möglichen Fertigungsstörungen auch **nicht zu spät** eintreffen!

Die Terminkontrolle enthält neben den Liefer- bzw. Inbetriebnahmeterminen vor allem bei Investitionen und umfangreichen Dienstleistungen auch **Zwischentermine**. Das Ziel besteht einerseits darin, den Lieferanten zur fristgerechten Erbringung seiner Vertragsbestandteile anzuhalten und andererseits zu erwartende Abweichungen frühzeitig zu erkennen ggf. Maßnahmen zur Absicherung der Produktion bzw. der Auslieferung des einkaufenden Unternehmens zu ergreifen. Je früher abzeichnender Verzug festgestellt wird, um so größer sind die Möglichkeiten der Einflußnahme (z. B. Prüfung von Ausweichprodukten bzw. -lieferanten, nachdrückliche Erklärung der Forderungen an den Lieferanten, z. B. nach Kapazitätserweiterung mit Darlegung der Konsequenzen von Verzug). Die Terminkontrolle wird üblicherweise durch eine der folgenden Vorgehensweisen durchgeführt:

- Der **Einkäufer** führt einen Terminkalender bzw. Terminmappen/-karten, z.B. mit Reitern und überprüft turnusmäßig (täglich, wöchentlich, ...) die Fälligkeit der einzelnen Verträge.

- Eine zentrale **Terminüberwachungsstelle** führt die Überwachung mittels Bestellkopien bzw. Terminkalender durch.

- Den oftmals geringsten laufenden Aufwand verursacht die **EDV-technische Überwachung**. Hierbei können auf verschiedenste betriebliche Anforderungen zugeschnittene Modi eingesetzt werden. (Erinnerung vor Fälligkeit für terminsensible Lieferungen, Mahnliste, automatische Mahnschreiben, Überfälligkeitsliste nach Tagen usw.). Häufig angewendet wird jedoch die explizite Ausgabe der überfälligen Lieferungen (Liefertermin überschritten und Wareneingang nicht gebucht).

Liefertermüberschreitungen sollten aus Nachweisgründen durch **Mahnungen** bzw. **Inverzugsetzung** vorzugsweise schriftlich gerügt werden. Darüber hinaus ist bei umfangreichen, nicht einem Standardsortiment entstammenden Materialien eine **sachliche Überwachung**, ggf. begleitet durch die Abstimmung zu weiteren Arbeitsschritten, sinnvoll. Hierbei kann frühzeitig steuernd Einfluß auf die Weiterbearbeitung genommen werden.

Teilarbeitsschritt 9:

Mit diesem Arbeitsschritt wird die Lieferung abgenommen und hinsichtlich Vertragserfüllung überprüft. Insofern sind zunächst folgende Aktivitäten durchzuführen:

- **Identitätsprüfung**: Durch Vergleich von Vertrag, Lieferschein und Ware ist festzustellen, ob die gelieferte Ware dem Vertrag entspricht.
- **Quantitätsprüfung**: Sie erfolgt z. B. durch Zählen, Messen, Wiegen.
- **Qualitätsprüfung**: Sie kann als Voll- oder Stichprobenprüfung durchgeführt werden und dient der Prüfung auf Einhaltung qualitativer Parameter. Oftmals wird vom Lieferanten auch die Zusicherung von 100% einwandfreier Ware verlangt, so daß auf eine redundante Ausgangskontrolle beim Lieferanten und Eingangskontrolle beim Kunden verzichtet wird.

Während die Identitäts- und Quantitätsprüfung in der Regel durch den Wareneingang wahrgenommen werden, obliegt die Qualitätsprüfung oftmals dem Qualitätswesen.

In *Abbildung 5.21* ist der Ablauf eines mangelfreien Wareneingangs für ein Unternehmen der Zulieferindustrie schematisch dargestellt. Bei komplizierteren und wertintensiven Wirtschaftsgütern wird häufig eine Abnahme vereinbart, wobei der Lieferant die Erfüllung der vertraglich vereinbarten Eigenschaften nachweisen muß.

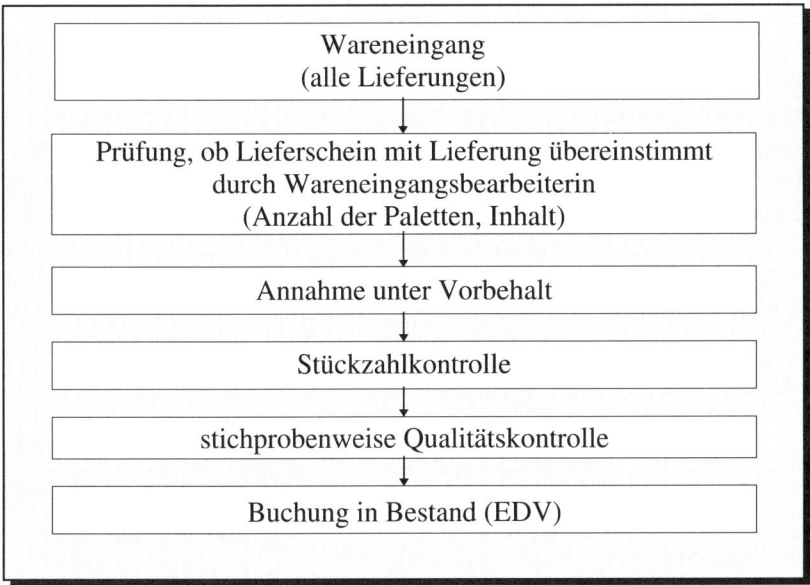

Abbildung 5.21: Ablauf bei Wareneingang ohne Mängel

Treten im Rahmen der Prüfung Mängel oder Differenzen auf, müssen sie mittels Tatbestandsaufnahme, Prüf- oder Reklamationsbericht bzw. Abnahmeprotokoll gegenüber dem Lieferanten unverzüglich geltend gemacht werden, zumal mit Annahme der Lieferung in der Regel die Beweislast auf den Kunden übergeht. Die Folgen einer verspäteten Mängelrüge sind in §§ 377/378 HGB dargestellt. Je nach vertraglicher Gestaltung kann der Kunde Nachbesserung, Ersatzlieferung, Minderung des Kaufpreises oder Schadenersatz verlangen. Der Einkauf ist verpflichtet, die Rechte gegenüber dem Lieferanten durchzusetzen. Hierzu gehören:

- die eventuell erforderliche Klärung bei Streitfällen bezüglich der Mangelanerkennung und -kompensation sowie die Abfassung des Schriftverkehrs zur Wahrung der Rechte des einkaufenden Unternehmens,
- die Vorbereitung von hieraus resultierenden 'Rechtsstreitigkeiten bis zur Übergabe an die Rechtsabteilung bzw. den Anwalt,
- die verursachergerechte Kostenbelastung und Nachweisführung über anfallende Kosten,
- der Einsatz kommerzieller Mittel gegenüber dem Lieferanten (Streichung als zugelassener Lieferant, keine Vergabe von Folgeaufträgen, ...)

Darüber hinaus ist oftmals zur Überbrückung der mangelhaften oder in Verzug befindlichen Lieferung ein **Überbrückungsmanagement** notwendig. Hierzu zählt unter anderem die Abstimmung mit der eigenen Produktionsplanung, die Ermittlung von Alternativen bzw. die Information des Kunden.

Teilarbeitsschritt 10:

Auch für diesen Arbeitsschritt gilt die Feststellung, daß er je nach Unternehmensgröße von unterschiedlichen Ressorts durchgeführt werden kann. Oftmals ist der Bedarfsanforderer oder der Einkauf für die sachliche und das Rechnungswesen für die rechnerische Prüfung zuständig. In jedem Fall muß die Prüfstelle über bestimmte Unterlagen (Bestellkopie, Vertrag, Liefer- bzw. Wareneingangsschein und -befundbericht evtl. Reklamationsanzeigen) verfügen, will sie ihr Aufgabenspektrum anforderungsgerecht vollziehen ❹. Die Prüfung selbst vollzieht sich in folgenden **Stufen** (in Anlehnung an IHK-Material, Industriefachwirt, 52):

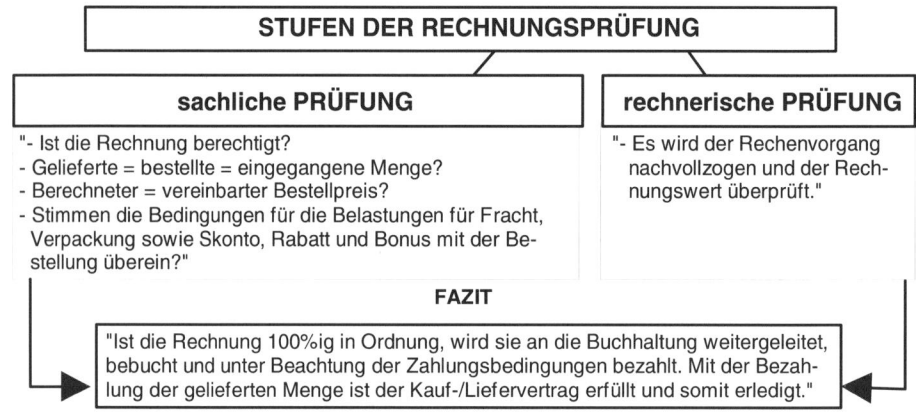

Abbildung 5.22: Stufen der Rechnungsprüfung

5.3.3 Einkaufs-Controlling

Der letzte zu realisierende Aufgabenkomplex des Einkaufs ist das Einkaufs-Controlling.

Unter Einkaufs-Controlling versteht man die strategisch orientierten Aufgaben der mittel- und langfristigen Steuerung der Einkaufsprozesse. Es umfaßt die beständige Analyse von Lieferanten- und Einkaufsleistung (Soll-Ist-Vergleiche), die Ableitung von Erkenntnissen für die Einkaufsplanung (Anforderungen, Ziele, Kennzahlen, Rahmenbedingungen) und das Berichtswesen.

Eine der wesentlichsten Aufgaben des Einkaufs-Controllings ist die Verfolgung der **Kostenentwicklung von Materialien** mit wesentlichem Ergebniseinfluß (bei A-Teilen). Hierbei sind die vom Markt geforderten Preise und Konditionen kritsch zu überprüfen. Dabei können Instrumente, wie die Wertanalyse (siehe Kap. 3.3) oder die offene Kalkulation bzw. Marktforschungsinstrumente, eingesetzt werden. An den so relativ objektiv ermittelten Marktpreisen kann die Beurteilung der eigenen Einkaufsleistung erfolgen. Ebenso sind Targetpreise als Zielstellungen ableitbar oder es werden weiterreichende Ursachen für einen zu hohen Einstandspreis offensichtlich, wie z. B.

- überzogene konstruktive Gestaltung (Toleranzfestlegung usw.)
- zu geringe Planung in der Fertigungssteuerung und somit Aussetzen des Einkaufs unter das Preisdiktat der kurzfristig lieferfähigen Lieferanten,
- zu geringe Losgrößen und somit hoher Rüst- und Handlingskostenanteil.

Anliegen ist es, durch die Reduktion der Einkaufspreise die Wertschöpfung des eigenen Unternehmens zu steigern. Üblicherweise gilt hier der **Materialeinsatz,** bezogen auf den Umsatz (produkt- bzw. unternehmensbezogen), als wichtige Kennziffer:

$$\text{Materialeinsatzquote} = \frac{\sum \text{Materialeinstandspreise}}{\sum \text{Umsatz}}$$

Einen weiteren Untersuchungsschwerpunkt bilden die **Personal- und Sachgemeinkosten** in der Materialwirtschaft sowie die hierauf basierenden Gemeinkostenzuschlagssätze. Diese werden maßgeblich durch die Aufbau- und Ablauforganisation beeinflußt und drücken den mit der Materialwirtschaft/Einkauf verbundenen Verwaltungsaufwand aus. Das Ziel der Steuerung ist hierbei, daß beispielsweise für C-Teile eine viel einfachere Einkaufsabwicklung (Genehmigungsverfahren, Anzahl der Anfragen, ...) gefunden werden sollte als für A-Teile. Gleichzeitig können weitergehende Strategien, wie z. B.

- eine weitestgehende Umstellung auf frei Haus Lieferung zur Reduktion des hohen Aufwandes für die Frachtkoordination und -prüfung
- Nutzung von Dienstleistern zum Betreiben von Hilfsmaterial- oder Büromateriallagern oder
- Festlegungen zu Grenzen der Wechselkurssicherung

abgeleitet werden. Um die Einkaufsleistung, aber auch den Verwaltungsaufwand meßbar zu gestalten, können z. B. die folgenden Kennziffern festgelegt werden:

$$\text{Bestellkostensatz} = \frac{\sum \text{Bestellkosten}}{\sum \text{Bestellungen}}$$

$$\text{Anfragerate} = \frac{\sum \text{angefragter Positionen}}{\sum \text{bestellter Positionen}}$$

Darüber hinaus kann in Abhängigkeit von betrieblichen Erfordernissen eine Vielzahl weiterer Kennziffern generiert werden, wie z. B.

$$\text{Terminverzugsquote} = \frac{\sum \text{Verzugslieferungen}}{\sum \text{Lieferungen}}$$

$$\text{Nachbearbeitungsquote} = \frac{\sum \text{Nachbearbeitungen}}{\sum \text{Bestellungen}}$$

$$\text{Eilbestellungsquote} = \frac{\sum \text{Eilbestellungen}}{\sum \text{Bestellungen}}$$

Diese Kennziffern geben ihrerseits oftmals Rückschlüsse auf Mängel in der Lieferanten-Kunden-Beziehung. Beispielsweise deuten erhöhte Eilbestellungsquoten auf unzureichende Planungsprozesse im eigenen Unternehmen und hohe Nacharbeitsquoten auf unzureichende Qualitätsstabiliät des Lieferanten hin.

Unter dem Einkaufs-Controlling darf allerdings nicht nur die kostenbezogene Steuerung der Einkaufsprozesse verstanden werden. Die Lieferantenbewertung bezüglich der qualitativen und logistischen Leistung ist ein ganz wesentliches Instrument zur Steuerung der Lieferströme. In der Automobilindustrie sind beispielsweise Systeme zur Bewertung jedes Wareneingangs nach Einhaltung von Qualitätsanforderungen, Liefertermin und -menge sowie Verpackungsvorschrift verbreitet. In Abständen von 6 bzw. 12 Monaten wird dann die Lieferleistung in Abhängigkeit von Anzahl und Einfluß der auftretenden Fehler bewertet (Vorgehensweise siehe *Abbildung 5.23*). Der Lieferant wird über seinen Status (A-, B- C-Lieferant) informiert. Uneingeschränkte Freigaben werden in der Regel für A-Lieferanten erteilt, während B- und C-Lieferanten fehlerspezifischen Maßnahmeplänen oder Qualitätsstabilisierungsprogrammen unterzogen werden. Hierbei können Forderungen z. B. nach 100 % Kontrolle bei Qualitätsproblemen oder Einrichtung eines Lieferantenlagers bei gehäuften Lieferbezug auftreten. Sollte durch derartige Maßnahmen keine signifikante Verbesserung der Bewertung erzielt werden, kann im Sinne der Steuerung ein Lieferantenwechsel abgeleitet werden.

Schließlich besteht die Aufgabe, Ergebnisse der Materialwirtschaft gegenüber der Geschäftsführung im Sinne des „Self-Controllings", beispielsweise im Rahmen eines **Managementinformationssystems,** darzustellen. Hilfreich ist hierbei eine längerfristig einheitliche Gestaltung der Kennziffern und Darstellungsformen. Sie erlaubt das konsequente Verfolgen von Soll-Ist-Vergleichen und das Erkennen von wesentlichen Abweichungen. Da ohnehin der Großteil der Analysen im Controlling vorliegt, ist die Zuordnung des Berichtswesen hier sinnvoll.

Fehlerart/ Wichtungsfakor W	Kriterien	Beispiele
fehlerfrei W = 1	Lieferung zu 100 % in Ordnung	
Nebenfehler W = 5	Fehler die voraussichtlich die Brauchbarkeit für den vorgesehenen Verwendungszweck nicht oder nur geringfügig einschränken. Mehr- oder Nacharbeit ist nicht / kaum erforderlich. Die Funktion ist nicht beeinträchtigt.	geringer Grat, geringe Abweichungen bei Mengen, Verpackung oder Termin
Hauptfehler W = 30	Fehler, die die Brauchbarkeit für den Verwendungszweck wesentlich herabsetzen.	höherer Anfall von Nacharbeit, kritische Terminverzüge, Funktionsbeeinträchtigungen
kritische Fehler W = 100	Fehler, von denen bekannt oder anzunehmen ist, daß die Nutzung der Einheit eine gefährliche oder unsichere Situation schafft bzw. Fehler, die die ordnungsgemäße Funktion verhindern.	Ausschuß, Falschlieferungen, Korrosion, Deformation, Transportschäden, etc.
$QKZ = 101 - \left(\dfrac{\sum\limits_{i=1}^{n} W_i}{\sum\limits_{i=1}^{n} WE_i} \right)$	Legende: W_i = Wichtungsfaktor des i-ten Wareneingangs WE = Wareneingang des Lieferanten i = Zählindex QKZ = Qualitätskennzahl	

A-Lieferant: $100 \geq QKZ > 98$
B-Lieferant: $98 \geq QKZ > 90$
C-Lieferant: $90 \geq QKZ > \ 0$

Abbildung 5.23: Beispiel für die Bewertung der Lieferleistung eines Lieferanten

5.4 Kontrollfragen

1. Worin besteht der prinzipielle Unterschied zwischen den Begriffsdeutungen der Materialbeschaffung im weiteren und engeren Sinn?
➥ Kap. 5.2/143

2. Durch welche juristischen Gestaltungsmöglichkeiten läßt sich der Erwerb von Eigentums-, Verfügungs- und Nutzungsrechten unterscheiden?
➥ Kap. 5.2/144

3. Welche qualitativen Unterschiede bestehen zwischen der Beschaffungsmarktforschung und der unsystematischen Markterkundung?
➥ Kap. 5.3/145

4. Wie nennt man die Methoden der Beschaffungsmarktforschung, bei der nicht die Informationsquelle das bezeichnende Merkmal verkörpert, sondern der Zeitfaktor bzw. die ökonomischen Marktgrößen oder das äußere Verhalten?
➥ Kap. 5.3/145

5. Stellen Sie die Materialmarkt- und Lieferantenanalyse als Methoden, Märkte zu erforschen, gegenüber!
➥ Kap. 5.3/146

6. Auf welche Besonderheiten ist beim Lieferanten-Vertreter-Besuch zu achten, und welche Arten von Verhandlungstaktiken können angewendet werden?
➥ Kap. 5.3/147

7. Zeigen Sie den Hauptzweck der Beschaffungsplanung auf! ➥ Kap. 5.3/149

8. Geben Sie einen Überblick über moderne Einkaufsstrategien beim Materialeinkauf!
➥ Kap. 5.3/150

9. Welches sind die Kriterien zur Wahlentscheidung über die Untervarianten des direkten und indirekten Beschaffungsweges? ➥ Kap. 5.3/152

10. Ist die These richtig, daß sich der direkte Beschaffungsweg bei der Beschaffung geringwertiger Materialien anbietet? ➥ Kap. 5.3/154

11. Erarbeiten Sie sich die Gründe, warum beim indirekten Beschaffungsweg die Beschaffungskosten nicht automatisch höher sind als beim direkten Materialbezug!
➥ Kap. 5.3/154

12. Wieso ist die Bestellung der Kernpunkt des bestelldurchführenden Aufgabenkomplexes?
➥ Kap. 5.3/155

13. Nennen Sie die drei in der Praxis am meisten vorkommenden Einteilungsphasen des Beschaffungsvorganges!
➥ Kap. 5.3/156

14. Von welchen bedarfsermittelnden Funktionsbereichen wird die Bedarfsmeldung für Werkstoffe, Hilfs- und Betriebsstoffe sowie Investitionsgüter ausgelöst?
➥ Kap. 5.3/157

15. Testen Sie die These, daß das Bedarfsanmeldungs-Formular überall dort anzuwenden ist, wo ein Wiederholbedarf besteht! ➥ Kap. 5.3/158

16. Begründen Sie die Kriterien der einzuholenden Angeboteanzahl!
➥ Kap. 5.3/161

17. Für welche weiterführende Einkaufsaktivität wird das Verhalten der Lieferanten nach Angebotsaufforderung genutzt? ➡ Kap. 5.3/162

18. Durch welche qualitativen Gesichtspunkte unterscheidet sich die formelle von der sachlichen Angebotsprüfung? ➡ Kap. 5.3/162

19. Wie heißt das nachrechenbare Ergebnis der ersten Stufe der zweistufigen Preisanalyse und auf welchem Formular erfolgt die Umrechnung auf eine einheitliche Vergleichsbasis? ➡ Kap. 5.3/164

20. Welcher Anwendungsvoraussetzung bedarf der Einfaktorenvergleich und welche Bewertungsverfahren kommen zum Einsatz? ➡ Kap. 5.3/164

21. Welche Informationen sind aus Qualitätsaudits zu entnehmen ? ➡ Kap. 5.3/169

22. Wozu dienen Punktbewertungsschemata? ➡ Kap. 5.3/169

23. Unter welchem Blickwinkel bieten sich Abschlußverhandlungen an, und welche Argumentationstechniken sind seitens des Einkäufers nutzbar? ➡ Kap. 5.3/172

24. Begründen Sie den Sachverhalt, daß eine Bestellung sowohl Antrag als auch Annahme sein kann! ➡ Kap. 5.3/173

25. Welche prinzipiellen Arten von Kaufverträgen liegen einer Bestellung zugrunde; welche Spezialverträge sind darüber hinaus einsetzbar? ➡ Kap. 5.3/175

26. Begründen Sie die Tatsache, daß im Regelfall eine Bestellbestätigung seitens des Lieferanten nicht erforderlich ist. ➡ Kap. 5.3/177

27. Wieso ist der Einkauf verpflichtet, eine Bestelltterminkontrolle vorzunehmen, und auf welche Art und Weise erfolgt sie? ➡ Kap. 5.3/177

28. Wie heißt der Grundsatz der Terminüberwachung? ➡ Kap. 5.3/177

29. Welche Rechte stehen laut BGB dem Einkäufer im Falle von Sachmängeln durch den Lieferanten zu? ➡ Kap. 5.3/179

30. Nach welchen Stufen vollzieht sich die Rechnungsprüfung, und welcher Stufe würden Sie die Kausalität „gelieferte = bestellte = eingegangene Menge" zurechnen? ➡ Kap. 5.3/180

Welche drei Aufgabenbereiche obliegen dem Einkaufscontrolling, und welche Kennzahlen resultieren aus den Quotienten? ➡ Kap. 5.3/181

$$\text{Bestellkostensatz} = \frac{\sum \text{Bestellkosten}}{\sum \text{Bestellungen}}$$

$$\text{Anfragerate} = \frac{\sum \text{angefragter Positionen}}{\sum \text{bestellter Positionen}}$$

5.5   Übungsaufgaben

❶   Angebotsprüfung

Ein Mitarbeiter der Einkaufsabteilung soll 1.000 Stück (Jahresbedarf) einer
bestimmten Materialposition beschaffen. Die Bestellkosten betragen 100 DM
pro Bestellung. Als Lagerkosten sind 20 % p. a. des durchschnittlichen
Lagerbestandswertes bei gleichmäßigen Lagerabbau anzusetzen, dabei ist der
Angebotspreis zugrundezulegen. Ihm liegen folgende zwei Angebote vor:

ANGEBOT A:
Angebotspreis: 48,– DM
Mindestbestellmenge: 100 Stück
Mengenrabatt bei min. 250 Stück   5 %
              bei min. 500 Stück   10 %
Der Angebotspreis enthält Verpackung und Transport bis zur Bahn-
station des Abnehmers. Der Transport von der Bahnstation bis zum
Unternehmen erfolgt durch ein betriebseigenes Fahrzeug. Die Fahr-
strecke beträgt 20 km, pro km sind 8 DM Selbstkosten zu veran-
schlagen.
Zahlungsbedingungen: Bei Erhalt der Rechnung mit 3 % Skonto oder
innerhalb 30 Tagen rein netto.

ANGEBOT B:
Angebotspreis: 42,– DM
Mindestbestellmenge: 500 Stück
Mindermengenzuschlag: 4 %
Die Lieferung erfolgt frei Haus. Für jede Verpackungseinheit (= 100
Stück) sind 10 DM zu zahlen. Eine Lieferung kostet pauschal
400,– DM. Selbstabholung ist nicht möglich.
Zahlungsbedingungen: innerhalb von 30 Tagen rein netto

Welches der Angebote ist das kostengünstigste bei Abnahme von 100 Stück,
250 Stück und 500 Stück je Lieferung?
Hinweis: Das Unternehmen ist in der Lage, das Skonto auszunutzen.

(in Anlehung an: *Melzer-Ridinger* 1991, 208)

❷ **Lieferantenbewertung**

Ein Einkäufer soll sich im Rahmen der Lieferantenbewertung für einen von drei Lieferanten entscheiden. Auf welchen Lieferanten wird seine Wahl fallen, wenn folgende Daten gegeben sind:

Lieferant	Angebots-preis pro Stück	einmalige Werkzeug-kosten	Qualitäts-beurtei-lung	Liefer-treue	Ser-vice	Ent-schei-dung
1	16 DM	4.500 DM	gut	mittel-mäßig	sehr gut	
2	19 DM	6.000 DM	mittel-mäßig	sehr gut	gut	
3	9 DM	4.900 DM	gut	am An-fang schlecht, später gut	sehr gut	

in Anlehnung an: *Bichler* 1992, 77

❸ **Bestellbestätigung**

Prüfen Sie folgende Aussage:
"Bestellungen müssen immer bestätigt werden, damit ein Kaufvertrag zustande kommt."
Diese Aussage ist
1   richtig, weil der Verkäufer sonst keine Kontrolle darüber hat, ob die Bestellung richtig war.
2   richtig, weil ohne Bestätigung kein Vertrag zustande gekommen ist.
3   falsch, weil jeder Bestellung ein Angebot vorausgehen muß, so daß ein Vertrag vorliegt.
4   falsch, weil auch durch die Lieferung ein Vertrag zustande kommen kann.

(in Anlehnung an: *Dehmel/Dunkel* 1993, 33)

❹   Rechnungsprüfung

Die Rechnung eines Lieferers wird in der Abteilung "Rechnungsprüfung"
bearbeitet.
Bringen Sie die folgenden Arbeitsschritte in eine richtige Reihenfolge, indem
Sie die Ziffern "1" bis "8" vergeben!

a)   Die Bestellunterlagen und die Wareneingangsmeldung
     werden herausgesucht.   _____

b)   Die Wareneingangsmeldung und die Bestellunterlagen
     werden verglichen.   _____

c)   Die Rechnung wird auf rechnerische Richtigkeit
     überprüft.   _____

d)   Die Änderung des Rechnungsbetrages wegen des
     Additionsfehlers wird dem Lieferer mitgeteilt.   _____

e)   Die Rechnung wird zur Zahlung freigegeben.   _____

f)   Die Rechnung wird vom Rechnungsprüfer
     entgegengenommen und registriert.   _____

g)   Die Angaben auf der Rechnung werden mit
     der Bestellung und der Wareneingangsmeldung
     verglichen.   _____

h)   Ein Additionsfehler wird festgestellt, der
     Rechnungsbetrag entsprechend geändert: _____

     (vgl. *Dehmel/Dunkel* 1993, 44)

6 Materiallagerung

6.1 Studienziele

Dieses Kapitel soll es dem Leser ermöglichen

➡ die Notwendigkeit der Materiallagerung zu begründen und ihre Begriffsvielfalt unter dem Aspekt der Praxisrelevanz zu deuten;

➡ die unterschiedlichen zeitlichen und räumlichen Pufferfunktionen im Rahmen der Lagerhauptfunktionen aufzuzählen und zu interpretieren sowie die anderen Lagerhauptfunktionen erläuternd zu benennen;

➡ den Begriff der Lagerstufen zu erklären und eine Zuordnung definierter Lagerarten zu diesen vorzunehmen bei gleichzeitiger Erläuterung ihrer vorrangigen Lagerhauptfunktionen;

➡ den originären Unterschied zwischen den Begriffen „Lagerart" und „Lagertyp" herauszuarbeiten sowie zu begründen, daß eine alleinige prozeßstufenorientierte Betrachtungsweise der Lagerbezeichnung nicht ausreicht;

➡ die wichtigsten Aktivitäten des vorbereitenden Aufgabenkomplexes der Lagerung zu nennen und deren Kerninhalte in einer Kurzdarstellung zu beschreiben;

➡ den Idealgrundsatz der Lagereinrichtungplanung abzuleiten sowie die Lagereinrichtungen nach definierten Unterscheidungsmerkmalen einzuteilen;

➡ die prägnanten technischen Arbeitsschritte des Lagerungsablaufs aufzuzählen sowie deren Einzelinhalte schwerpunktbezogen zu erläutern;

➡ die hauptsächlichsten betriebswirtschaftlich orientierten Aktivitätenfelder der Lagerverwaltung, besonders der Lagerbuchhaltung darzustellen; einschließlich der Interpretation der wichtigsten Lager- und Transportkennzahlen.

6.2 Grundlagen

6.2.1 Begriffsdeutungen

Nachdem die Materialien durch den Einkauf beschafft wurden, gilt es im Rahmen des betrieblichen Leistungsprozesses eine dritte materialbezogene Kerntätigkeit, die **Lagerung**, zu realisieren. Die Notwendigkeit dieser Teilfunktion ergibt sich – bedingt durch eine Vielfalt von Einflußgrößen – aus den unterschiedlichen Bewegungsrhythmen der beweglichen Sachgüterströme, auch Materialfluß genannt, in den Unternehmen. Resultierend aus diesem Sachverhalt, entstehen **Disparitäten** zwischen den stoffabgebenden und -annehmenden Unternehmensbereichen. Um diese Bruchstellen innerhalb des betrieblichen Ablaufes zu minimieren, wurde als Ausgleichsmittel die Lagerung geschaffen. Die Stauungsorte selbst heißen **Läger**, die gestauten Materialien **Lagergüter**. Eine eindeutige begriffliche Deutung der Lagerung ist schwierig, nach *Hart-*

mann 1993, 506 ergeben sich mit Bezug auf Korndörfer 1974, 201 folgende **Begriffsdeutungen**:

1. "Lagerung umfaßt den Raum, in dem die Materialien bevorratet werden.
2. Lagerung beinhaltet alle Gegenstände, die gelagert werden.
3. Lagerung dokumentiert die Lagerverwaltung, die für die Lagerung und Abrechnung Verantwortung trägt."

Alle drei Begriffe sind praxisrelevant.

Nach **VDI 2411** versteht man **definitorisch** unter Lagerung: ... ist das geplante Liegen von Arbeitsgegenständen im Materialfluß

Nach *Oeldorf/Olfert* 1995, 299, erfaßt sie alle Vorgänge, beginnend bei der Aktivität des Materialeinganges, fortfahrend über die des Materiallagerns, bis hin zur Materialentnahme.

Damit verkörpert sie eine entscheidende Voraussetzung zur Realisierung einer aussagefähigen Materialbestandsplanung und -führung.

Faßt man die Gedanken der bisherigen Ausführungen zum Lagerbegriff zusammen, läßt sich auch im Zeitalter der „Just-in-time"-Fertigung und der daraus resultierenden vernetzten prozeßnahen Logistik auf betriebliche Vorratshaltungen nicht verzichten. Nur in ganz wenigen Fällen läßt sich eine Vollsynchronität aller bonitären Bewegungsrhythmen erreichen.

6.2.2 Puffer- und Lagerhauptfunktionen

Wie eingangs schon angesprochen, können die Ursachen für das Zustandekommen der unterschiedlichen Bewegungsrhythmen des Materialflusses vielfältig sein. Dementsprechend vielfältig sind auch die **Pufferfunktionen**, die durch die Lagerung zu realisieren sind. Zu nennen sind (vgl. *Bichler* 1997, 155):

- „Pufferfunktion zwischen Beschaffungsmarkt und Produktion
- Pufferfunktion zwischen den Bearbeitungsstufen innerhalb eines Produktionsbetriebes
- Pufferfunktion zwischen Beschaffungsmarkt und Absatzmarkt
- Verteilfunktion zwischen größeren Anliefermengen und kleineren Bedarfsmengen (Kommissionierung)"

Neben dieser zeitlichen und räumlichen Ausgleichsfunktion haben Läger auch noch andere Funktionen zu verwirklichen. Diese sind identisch mit den **Hauptaufgaben** von Lägern. Ihre **Motive** und **Zwecke** sowie Benennungen sind in Anlehnung an *Kopsidis* 1992, 114 zusammengefaßt in der nachfolgenden Abbildung dargestellt:

Abbildung 6.1: Lagerfunktionen

6.3 Lagerstufen

Da der unternehmerische Leistungsprozeß i. d. R. bekanntlich in drei zeitlich aufeinanderfolgenden Prozeßstufen realisiert wird, kann man – entsprechend dem erforderlichen Materialfluß – die Lagerung den analogen **Lagerstufen** zuordnen und daraus definierte **Lagerbezeichnungen** ableiten:

Lagerstufe 1: (vor dem Produktionsprozeß)
Diese enthält alle Lager, die sich zeitlich <u>zwischen</u> der Beschaffung und der Fertigung befinden. Bezeichnet werden diese Lager als **Wareneingangs-, Beschaffungs-** oder **Kaufteilelager.** Sie dienen vorrangig zur Realisierung der Puffer-, Sicherheits- und Spekulationsfunktion.

Lagerstufe 2: (zwischen den Stufen des Produktionsprozesses)
In dieser befinden sich alle Lager, die zeitlich <u>mit</u> dem Fertigungsprozeß tangieren. Man nennt sie deshalb **Parallel-, Fertigungs-, Zwischen-** oder **Halbfabrikatelager.** Vorrangig vollziehen sie die Puffer- und Veredelungsfunktion.

Lagerstufe 3: (nach dem Produktionsprozeß)
Sie beherbergt alle Lager, die zeitlich <u>nach</u> der Produktionsphase liegen. Sie werden deshalb auch als **Absatz-, Fertigwarenlager-** und **Halbfabrikate-, Handelswaren-** oder **Versandlager** tituliert. Sie können zur Verwirklichung aller Lagerhauptfunktionen dienen.

In einigen Literaturquellen werden die Handelswarenlager einer gesonderten **Lagerstufe 4** zugeordnet. Das gleiche gilt für die Lager, die der Lagerung von Verwaltungs- und Büromaterial dienen. Sie werden in die **Lagerstufe 5** integriert.

6.4   Lagerarten und Lagertypen

Die genannten Begriffe entstehen – im Gegensatz zu den im Vorpunkt fixierten Lagerbezeichnungen – durch eine Zuordnung der Lager über die rein an den zeitlichen Prozeßstufen orientierte hinausgehende Betrachtungsweise, das heißt durch Einbeziehung weiterer **Unterscheidungskriterien.** Als solche gelten:

- Lagerbauart,

- Lagertechnik,

- Lagerbesitzer,

- Lagerstandort,

- Lagergut,

- Lagertechnologie.

Wird bei dieser Einordnung nur ein Lagermerkmal benutzt, so entstehen die **Lagerarten**; im anderen Fall die **Lagertypen.** Die Kausalität des genannten Sachverhaltes einschließlich der daraus resultierenden Lagerkurzbeschreibungen verdeutlicht die nachfolgende *Abbildung 6.2.*

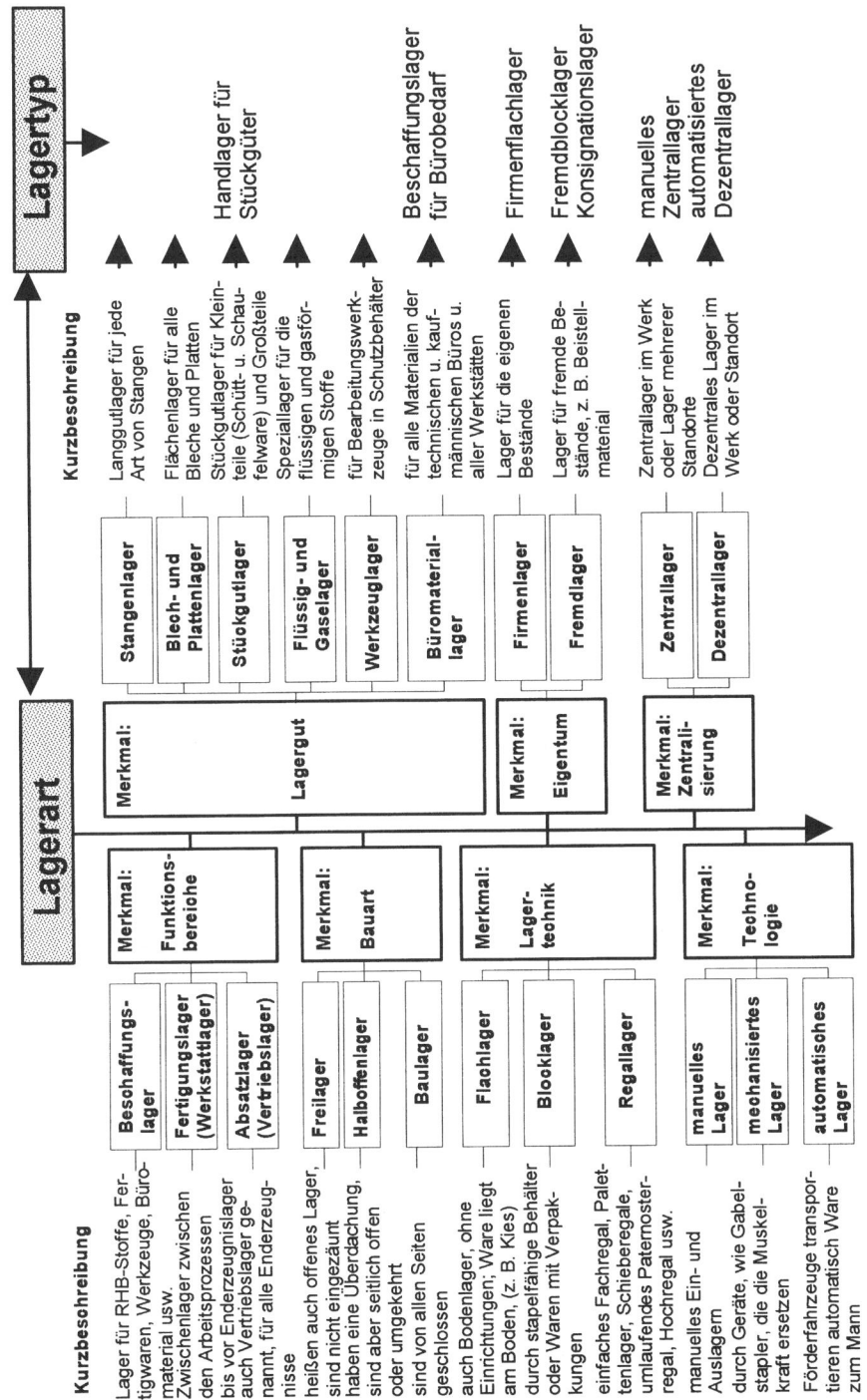

Abbildung 6.2: Lagerarten/Lagertypen

6.5 Aufgabenkomplexe der Lagerung

6.5.1 Vorbereitender Aufgabenkomplex

6.5.1.1 Planung des Lagerstandortes und der Lagerkapazität

Für die Wahl des optimalen Lagerstandortes zeichnen meist mehrere **Entscheidungskriterien** verantwortlich. Nach *Hartmann* 1993, 509f. sind dies:

- „**Grundstücksverhältnisse** (Eigenschaften des Bodens, Tragfähigkeit, Bebauungsplan, Bebauungsweise),

- **Verkehrslage** (Ein- und Ausfahrtmöglichkeiten, Gleisanschluß, Fahrwege, Parkplätze),

- **Gas-, Wasser-** und **Stromversorgung**,

- **Umweltbedingungen** (Abgase, Dämpfe, Staub, Erschütterungen),

- **Entsorgung** (Lagerung und Abtransport von Produktionsabfällen)".

Egal, wieviele Kriterien letztendlich in die Entscheidungsfindung einbezogen werden, das Optimum wird immer durch das **Minimum** aus den **Lagerhaltungs-** und **Transportkosten** bestimmt.

Ausgangspunkt für die Kapazitätsberechnung sind nach der o. g. Quelle dagegen Größen wie:

- Platzbedarf der einzelnen Materialien, fußend auf ihren Abmessungen, Bezugsmengen sowie den Entnahmemengen und der -häufigkeit.

- „Platzbedarf für Transport- und Lagereinrichtungen.

- Platzbedarf für Kontroll- und Kommissionierungsvorgänge.

- Platzbedarf für Zwischenlagerungen".

6.5.1.2 Planung der Lagergestaltung

Die mit diesem Punkt in Zusammenhang stehende Problemkreise der
- Planung der **Lagerbauart,**
- Planung der **Lagereinrichtungen und**
- Planung der **Lagerordnung**
werden an dieser Stelle nur kurz erörtert.

Lagerbauartplanung:

Die Planung der Lagerbauart wird im wesentlichen bestimmt von
a) den **Materialeigenschaften** (z. B. Lagergut-Querschnitt, Aggregatzustand, Formkonstanz, Gefährlichkeit, Volumen u. ä.) und
b) dem **Erfordernis der Materialflußgeradlinigkeit**

Als prinzipielle Unterscheidungen gelten die in *Abbildung 6.2* genannten Lagerarten.

Lagereinrichtungsplanung:

Unter diesem Begriff versteht man das gesamte Rüstzeug, mit dessen Hilfe das Material einschließlich des Transports gelagert wird.

Bei dieser Planung ist von dem Idealgrundsatz auszugehen, daß

Liefereinheit = Transporteinheit = Lagereinheit = Entnahmeeinheit

sein sollte. Die Lagereinrichtungen lassen sich nach mehreren Aspekten unterscheiden, z. B., ob mit oder ohne Regale gelagert wird (Boden- bzw. Regallagerung) oder ob eine statische bzw. dynamische Lagerung erfolgt. Das immer noch verbreitetste **Unterscheidungsmerkmal** ist die Einteilung in:

- feste Lagereinrichtungen
- bewegliche Lagereinrichtungen

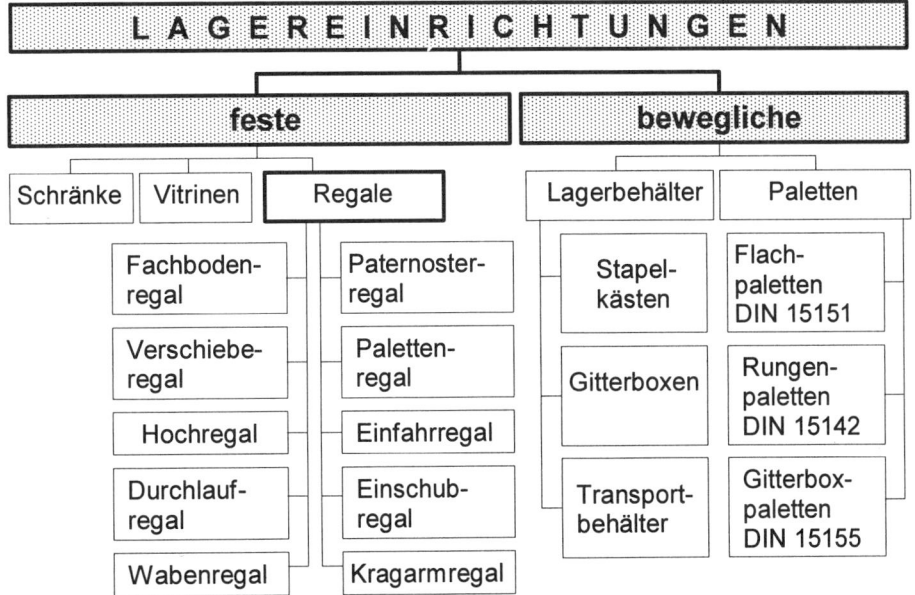

Abbildung 6.3: Einteilung von Lagereinrichtungen

Auf eine konkretisierte Darstellung der technischen und organisatorischen Merkmale der in der Abbildung dargestellten Kommissioniersysteme wird an dieser Stelle verzichtet (vgl. Dück 1998, Kap. 2.2.2)

Lagerordnungsplanung:

Unter einer Planung der Lagerordnung versteht man alle Aktivitäten, die der Zuordnung des Lagergutes zum Lagerraum dienen.

Grundsätzlich bestehen zwei **Zuordnungsmöglichkeiten**:

- Festplatzsystem (Magazinierprinzip)
- Freiplatzsystem (Lokalisierungsprinzip)

Ohne auf Details der Vor- und Nachteile der genannten Systeme näher einzugehen, besteht der Grundgedanke des **Festplatzsystems** in der ständigen Zuordnung einer Materialposition zu einem festen Stammplatz. Demgegenüber funktioniert das **Freiplatzsystem** nach dem Prinzip, daß jeder freie Stellplatz zur Materiallagerung genutzt werden kann. Diese Art der Zuordnung führt leicht zum Lagerchaos, wenn es nicht gelingt, dem Erfordernis einer permanenten Belegungsaufzeichnung zu entsprechen.

6.5.1.3 Planung des innerbetrieblichen Transports

Da die Orte der betrieblichen Leistungserstellung im Fertigungs- und damit Materialfluß sehr unterschiedlich angeordnet sein können einschließlich des Ortes der Leistungsverwertung, besteht die Notwendigkeit von Aktivitäten zur Raumüberbrückung – auch innerbetrieblicher Transport genannt. Weil die mit diesen Handlungen verbundenen Aufwendungen einen nicht unwesentlichen betrieblichen Kostenfaktor verkörpern, sollten Transporte auf ein Minimum beschränkt werden. Das kann erreicht werden durch:

- kurze Transportroutengestaltung
- anforderungsgerechten Transportmitteleinsatz.

Während der erste Aspekt durch Anwendung mathematischer Optimierungsmodelle (z. B. klassische Transportaufgabe mit modifizierter Distributionsmethode) erreicht werden kann, müssen bei der Realisierung des unter b) genannten Sachverhaltes eine Reihe von **Differenzierungen** beachtet werden.

Nach der **klassischen Transportmitteleinteilung** gilt:

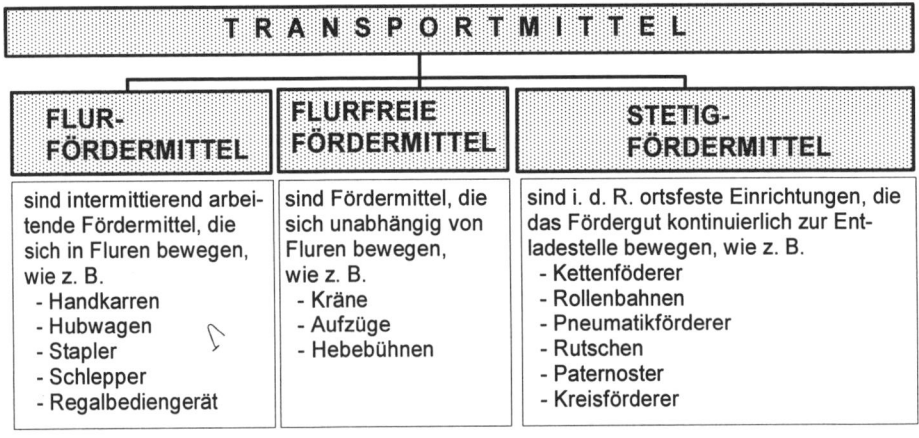

Abbildung 6.4: Einteilung der Transportmittel

Nach DIN 30781 sind **Fördermittel** Transportmittel, die innerhalb von örtlich begrenzten und zusammenhängenden Betriebseinheiten (Lager, Werk) verfahren und Personen und Güter befördern.

Der Fördervorgang selbst besteht aus dem Aufnehmen, Fortbewegen und Wiederablegen des Gutes. Die Wahl des geeigneten Fördermittels ist abhängig vom Fördergut, der Fördermenge und der Förderstrecke.

6.5.2 Durchführender Aufgabenkomplex

Aus den vorangestellten Ausführungen ist ersichtlich, daß die Hauptaufgabe der Lagerung in der Bildung und Verwaltung von Lagerbeständen besteht. Die Realisierung dieser Aufgabe erfordert somit **technische Teilaufgaben**, beginnend bei der Einlagerung, fortführend über die Bestandsüberwachung und Bestandspflege, Umformung und Lagereinrichtungswartung bis hin zur Auslagerung und **betriebswirtschaftliche Teilaufgaben** der Lagerverwaltung, beginnend bei der Verbrauchs- und Bestandsrechnung bis hin zur Lagerkontrolle.

6.5.2.1 Technische Teilaufgaben

Analog der Darstellung der Phasen und Arbeitsschritte der Beschaffung läßt sich für diese materialwirtschaftliche Teilfunktion folgender **Lagerungsablaufalgorithmus** ableiten:

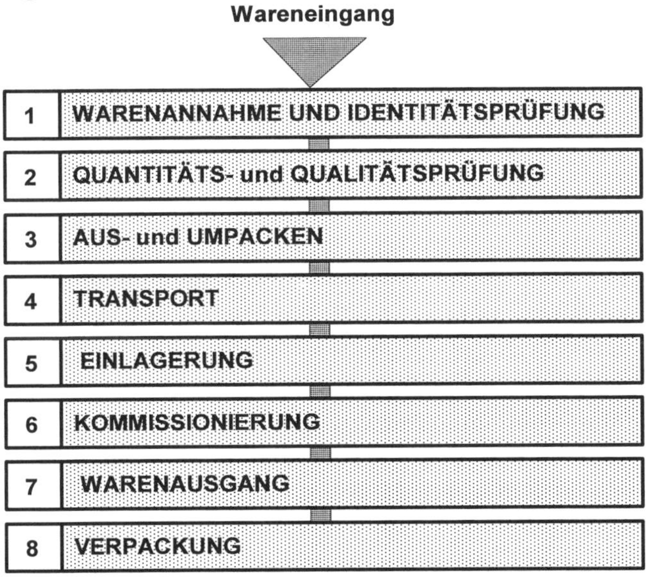

Abbildung 6.5: Lagerungsablaufalgorithmus

Da die Arbeitsinhalte der beiden ersten Arbeitsschritte schon im Rahmen des Teilarbeitsschrittes 9 des Einkaufs behandelt wurden, wird sich im folgenden auf die Erläuterung der Schritte 3 – 8 beschränkt.

Arbeitsschritt 3: Aus- und Umpacken

In der Regel werden die angelieferten Materialien, bevor sie zum Lager weitergeleitet und eingelagert werden, ausgepackt und auf geeignete tragende, um- und abschließende Ladehilfsmittel umgepackt.

Nach DIN 30781 versteht man unter einem **Ladehilfsmittel** ein „tragendes Mittel zur Zusammenfassung von Gütern zu einer Ladeeinheit."

Unter **Ladeeinheiten** versteht man nach DIN 30781 Güter, „die zum Zwecke des Umschlags durch den Ladungsträger zusammengefaßt sind."

Zur Bildung von Ladeeinheiten werden neben den Ladehilfsmitteln (Ladungsträger) auch wiederverwendbare oder verlorengehende **Ladeeinheitensicherungsmittel** verwendet. Als solche gelten z. B. Zurrgurte, Hauben/Überwürfe, Schnüre, Stahl- und Kunststoffbänder.

Die *Abbildung 6.6* zeigt in Anlehnung an *Jünemann* 1989, 128 und *Schulte* 1996, 243 den Zusammenhang zwischen den angesprochenen Begriffen.

Das nicht mehr benötigte Packmaterial muß artgerecht und umweltverträglich entsorgt werden (vgl. Gliederungspunkt 7).

Arbeitsschritt 4: Transport

Der (durch den Wareneingang ausgelöste) indirekte **Transport** zum Lagerort kann auf verschiedene Weise erfolgen:

- „**Bereichstransporteure**, die nur in einem abgegrenzten Einsatzbereich arbeiten und über Zuruf gesteuert werden,

- **Transporte nach festen Fahrplänen**, bei denen Transporteure regelmäßig feste Sammelpunkte ansteuern und das dort stehende Material mitnehmen,

- **Steuerung über schriftliche Transportaufträge**. Hier werden dem Transporteur mehrere Transportaufträge gleichzeitig übergeben, die nach Prioritäten oder nach Wegeoptimierungs-Kriterien abgearbeitet werden,

- **Funk-/Infrarotkommunikation**. Dabei verfügt der Transporteur über ein mobiles Terminal oder Anzeigegerät, über welches Transportaufträge von einer Zentrale aus direkt übertragen werden können." (*Bichler* 1997, 157f.).

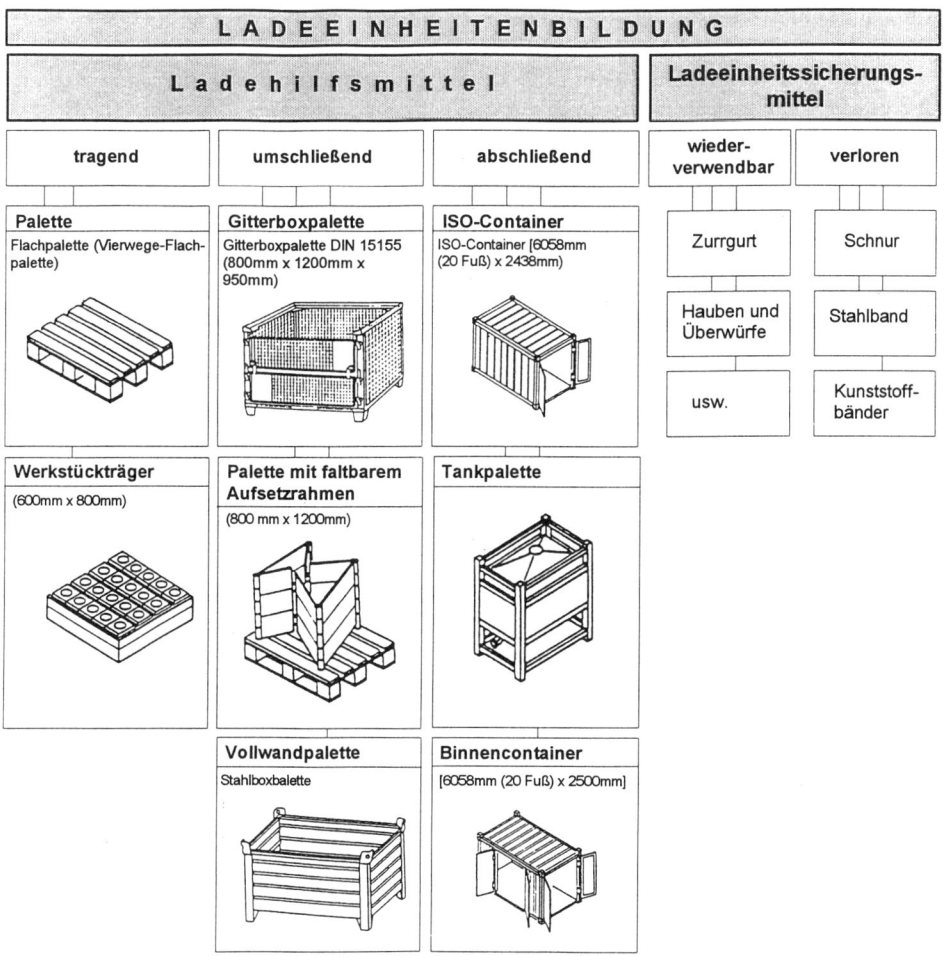

Abbildung 6.6: Ladeeinheitenbildung

Arbeitsschritt 5: Einlagerung

Voraussetzung für das körperliche Einlagern ist die vorherige **Identifizierung** und **Positionierung** des Lagergutes.

„Im Rahmen der Identifizierung werden die einzelnen Materialien nach entsprechenden Präferenzen wie zum Beispiel Materialgruppe bzw. Güterart, Materialuntergruppe, Technische Daten (z. B. Abmessungen); ABC-Schlüssel, Lagerort, Charge, Freigabevermerke u. ä. untergliedert und verschlüsselt. Welche einzelnen warenspezifischen Kennwerte in diesem Schlüssel codiert werden, ist vom jeweiligen Anwendungsfall abhängig" (*Baum* 1996, 45).

Die Verschlüsselung der Materialien mittels Nummerungssystemen ist damit eine wesentliche Komponente zum Aufbau einer effizienten Lagerlogistik. Bei der Positionierung der Materialien erfolgt die Zuordnung des Lagerplatzes. Dies kann je nach Lagerplatzsystem nach einer festen Lagerordnung oder freien (chaotischen) Lagerplatzzuteilung erfolgen (s. Abschnitt 6.5.1.2).

Das Einstapeln selbst kann entweder manuell oder mit Hilfsgeräten erfolgen. Dabei sollte der an anderer Stelle fixierte Idealgrundsatz der Planung der Lagereinrichtung beachtet werden.

Nach dem Prozeß der Einlagerung sind oft aufgrund technisch-technologischer und räumlich-organisatorischer Beweggründe Umlagerungen erforderlich.

Arbeitsschritt 6: Kommissionieren

Unter **Kommissionieren** versteht man „die Entnahme von Teilmengen oder das Sammeln von unterschiedlichen Artikeln, um für die Produktion oder den Kunden eine bedarfsorientierte Zusammenstellung liefern zu können." (*Bichler* 1997, 158)

Laut dieser Definition gehört zum Kommissionieren „auch das Suchen und Auffinden der Lagerplätze, die Entnahme, der Transport und die Abgabe der verlangten Güter an einem vorbestimmten Ort (Materialausgabe, Packerei, Arbeitslager u. ä." (*Schulte* 1996, 263) Der jeweilige Material- und Informationsfluß eines Kommissionierungssystems ist wesentlich von der angewandten Kommissionierungsstrategie (z. B. Zero Defect Picking Strategien) abhängig. Mit diesen wird versucht, den erforderlichen Kommissionierungsaufwand und die Versorgungszeiträume zu verkürzen. Nach *Jünemann* setzt sich der gesamte Kommissioniervorgang materialflußtechnisch aus mehreren Grundfunktionen zusammen.

Eine Möglichkeit, den Gesamtprozeß des Kommissionierens zu instrumentalisieren, sind die **Planzeittabellen** (Order Picking Data).

Arbeitsschritt 7: Warenausgang

Nach dem Kommissionieren werden die verlangten Artikel an einem entsprechenden Ab- bzw. Übergabeort bereitgestellt. Bei der nachfolgenden Zuführung zum Verwendungsort sind zwei in einer Organisationsstruktur sich ausschließende ablauforganisatorische **Gestaltungsregeln** möglich:

Holsystem:

Beim **Holsystem**, das vor allem in Klein- und Mittelbetrieben angewendet wird, holen die Mitarbeiter selbständig das Material aus dem Lager, wobei folgende **Anwendungsvoraussetzungen** gegeben sein müssen:

* Die zurückgelegten Wegstrecken sollten kurz sein.
* Mehrere Werkstätten müssen sich einer Arbeitskraft zum Abholen des Lagermaterials bedienen.

- Wartezeiten im Lager müssen gesteuert werden können. (vgl. *Hartmann* 1993, 541)

Ein typisches Fertigungssteuerungssystem, das die Holpflicht impliziert hat, ist das japanische **„Kanban-System"** (siehe *Vahrenkamp* 1996, 227ff.; *Corsten* 1995, 481ff.).

Bringsystem:

Im Rahmen des Bringsystems wird das Material, das auf Basis der Fertigungs-aufträge angefordert wurde, termin- und mengenmäßig zum Ort des Verbrauches gebracht, so daß dadurch Stillstandszeiten vermieden werden. Dieses System wird speziell bei Großunternehmen, die auf Basis der Fließfertigung arbeiten, angewendet. Nach *Eichner* 1995, 45 ist dieses System an einige **Voraussetzungen** gebunden:

- Bei der Bedarfsmeldung an das Lager muß wie beim Holsystem auch eine genaue Spezifizierung des Materials vorgenommen werden.
- Weiterhin ist es notwendig, eine genaue Bedarfsplanung und Bedarfsrechnung beim Verbraucher (Fertigung) vorzunehmen, da auch Bringsysteme nicht sofort reagieren können.
- Die Transportmittel bzw. Fördermittel müssen vom Lager entsprechend dem wechselnden Auftragsvolumen einsetzbar sein.
- Um die Zeit zwischen Materialanforderung im Lager und entsprechender Auslieferung so gering wie möglich zu halten, ist es notwendig, daß die einzelnen Verbraucher mit dem Lager in einem integrierten EDV-System verbunden sind.

Egal mit welchem System gearbeitet wird, eine Erstellung von **Materialent-nahmescheinen** (MES) ist unumgänglich. Diese benötigt die Lagerbuchhaltung für die entsprechende Abgangsbuchung. Der Materialschein muß vom jeweiligen Verbraucher ausgefüllt und nach Erhalt der Ware quittiert werden.

Auch bei der Materialrückgabe wird mittels eines **Materialrückgabescheins** ein Vermerk vorgenommen. Dieser dient der Lagerbuchhaltung als Beleg für eine Zugangsbuchung und bei der Nachkalkulation als Gutschrift.

Bei hochpreisigen Gütern erfolgt meist eine Warenausgangskontrolle, um Folgekosten von eventuellen Kommissionierfehlern zu vermeiden.

Arbeitsschritt 8: Verpackung

Die Verpackung der Materialien muß für den anschließend zu vollziehenden inner- oder/und außerbetrieblichen Transport geeignet sein.

Dabei gilt der allseits bekannte Grundsatz, des „nicht so gut wie möglich, sondern **so gut wie notwendig!**"

Nach **DIN 55405**, Begriffe für das Verpackungswesen – Teil 6, wird wie folgt definiert:

> „Eine **Verpackung** ist ein allgemeiner Begriff für die Gesamtheit der von der Verpackungswirtschaft eingesetzten Mittel und Verfahren zur Erfüllung der Verpackungsaufgabe. Sie ist im engeren Sinne der Oberbegriff für die Gesamtheit der Packmittel und Packhilfsmittel."

Für die diese Definition tragenden Begriffe der **Packmittel** und **Packhilfsmittel** gilt nach der angeführten Quelle folgende Begriffsdeutung:

> „Ein **Packmittel** ist ein Erzeugnis aus Packstoff, das dazu bestimmt ist, das Packgut zu umhüllen oder zusammenzuhalten, damit es versand-, lager- und verkaufsfähig wird."
>
> „Ein **Packhilfsmittel** ist ein Sammelbegriff für Hilfsmittel, die zusammen mit Packmitteln zum Verpacken, wie z. B. Verschließen einer Packung/eines Packstückes, dienen. Sie können ggf. allein, z. B beim Bilden einer Versandeinheit, verwendet werden."

Nach *Jünemann* 1989, 128 lassen sich die angeführten Begriffe wie folgt untersetzen:

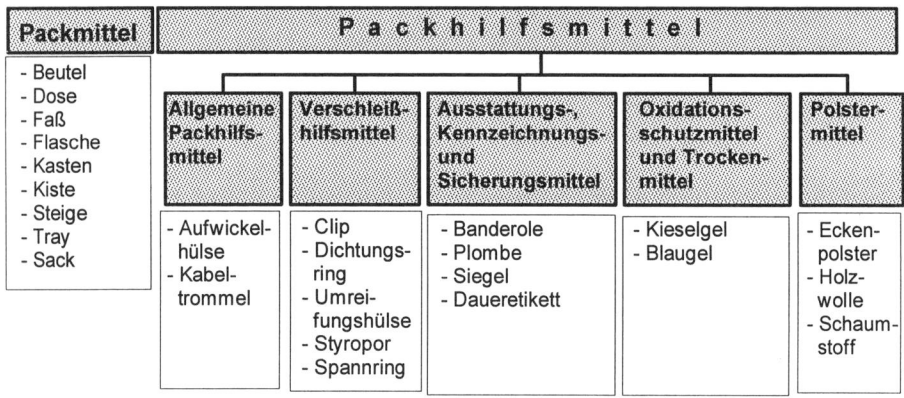

Abbildung 6.7: Packstückbildung

6.5.2.2 Betriebswirtschaftliche Teilaufgaben

Wie schon im Punkt 6.5.2 erläutert, besteht die Hauptaufgabe der Lagerung – neben der Kostenoptimierung der Bestände und der optimalen, nicht isoliert vollzogenen Materialbereitstellung – auch in der **Verwaltung** der Lagerbestände. Diese wird durch zwei hauptsächliche Aktivitätenfelder realisiert:

- **Lagerbuchhaltung**
- **Materialdisposition**

Lagerbuchhaltung:

Nach *Schulte* 1996, 266 dient die Lagerbuchhaltung, auch Materialrechnung, Materialabrechnung oder Lagerbuchführung genannt, der rechnerischen Erfassung der Materialbewegungen und -bestände im Lager. Zum Vollzug dieser Erfassung bedient man sich der **Materialbestandsrechnung**. Diese wird bekanntlich als einheitliche Mengen- und Wertrechnung durchgeführt und bildet die Grundlage für die Disposition und Betriebsabrechnung. Die zu ermittelnden Informationen werden dabei mittels der **Materialrechnung** als eine vorrangige Hilfsrechnung des Rechnungswesens gewonnen. Formallogisch untergliedert sich diese in eine **Verbrauchsrechnung**, auch laufende Materialrechnung oder Stoffrechnung genannt, und in eine **Bestandsrechnung**. Im Rahmen der Verbrauchsrechnung werden die Zu- und Abgänge der einzelnen Materialarten laufend mengen- und wertmäßig erfaßt und aufgezeichnet.

Da auf die Verbrauchsmengenermittlung und die Materialbewertung schon an anderer Stelle eingegangen wurde, wird hier nur noch etwas zur Inventur, zu den Inventurarten, die zur Realisierung des Inventurverfahrens benötigt werden, und zur Lagerstatistik gesagt:

Das Wort **Inventur** leitet sich bekanntlich aus dem Lateinischen ab (lat. invenire) und bedeutet soviel wie „finden", „vorfinden" oder „Bestandsaufnahme". Bei allen körperlichen Gegenständen (z.B. Bargeld, Waren, Einrichtungsgegenständen) erfolgt sie durch Zählen, Messen, Wiegen. Bei den unkörperlichen Vermögensteilen (z.B. Forderungen oder Verbindlichkeiten) durch eine buchmäßige Bestandsaufnahme. Die gesetzlichen Vorschriften (z.B. § 240, Abs. 2 HGB) fordern, daß am Ende eines jeden Geschäftsjahres ein **Abschlußinventar** erstellt wird, dessen Basis die durch eine Inventur festgestellten Bestände sind. Bei Vermögensgegenständen, die wie das Material regelmäßig ersetzt werden und deren Wert von nachrangiger Bedeutung ist (vgl. § 240, Abs. 3 HGB), ist i.d.R. nur alle drei Jahre eine Inventur durchzuführen. Weiterhin darf bei der Inventaraufstellung der Bestand auch mit Hilfe mathematisch-statistischer Methoden auf Stichprobengrundlage ermittelt werden (vgl. § 241, Abs. 1 HGB).

Abbildung 6.8 zeigt die **Inventurarten**, die sowohl nach dem Zeitpunkt als auch nach dem Umfang der Bestandsaufnahme unterschieden werden.

Da sich in der Lagerwirtschaft und im innerbetrieblichen Transportwesen erhebliche Rationalisierungspotentiale befinden, ergibt sich das Erfordernis auf Basis entsprechender firmeninterner Daten, einen Vergleich mit anderen Unternehmungen der Branche durchzuführen. Diese Vergleiche sollen die Potentialunterschiede zu anderen Unternehmen aufdecken, um aufbauend darauf spezielle Lagerhaltungspolitiken abzuleiten.

Die **Lagerstatistik** die Aufgabe, „die Zahlen der Lagerbuchhaltung (Urmaterial) übersichtlich zusammenzustellen, rechnerisch zu bearbeiten und in einer geeigneten Form darzustellen" (*Kopsidis* 1992, 150).

INVENTURARTEN

nach dem ZEITPUNKT der Bestandsaufnahme

Stichtagsinventur

- Aufnahme des körperlichen Bestandes am Bilanzstichtag
- erfordert z. T. einen erheblichen Personaleinsatz,
  meist nicht an einem Tag durchführbar
- darf daher innerhalb von 10 Tagen vor oder nach
  dem Bilanzstichtag eines jeden Geschäftsjahres
  durchgeführt werden.

vor- oder nachverlegte Inventur

- findet gem. § 241, Abs. 3 HGB innerhalb von 3
  Monaten vor oder bis zu 2 Monaten nach dem Bilanzstichtag statt, so daß eine körperliche Bestandsaufnahme am Bilanzstichtag entfällt
- dies macht eine wertmäßige (nicht mengenmäßige!) Fortschreibung bzw. Rückrechnung auf
  den Abschlußtag erforderlich

nach dem UMFANG der Bestandsaufnahme

Vollinventur

- vollständige Bestands-
  aufnahme

Stichprobeninventur

- gem. § 241, Abs. 1 HGB
- ermittelt den Bestand nach Art,
  Menge und Wert mit Hilfe an-
  erkannter mathematisch-statistischer Verfahren aufgrund
  von Stichproben
- dabei wird aus dem Gesamtbestand eine Anzahl von Wirtschaftsgütern ausgewählt, körperlich aufgenommen und bewertet
- Hochrechnungen erlauben, den
  Gesamtbestand zu ermitteln

permanente Inventur

- ist eine Kombination von körperlicher und buchmäßiger Bestandsaufnahme
- die körperliche Bestandsaufnahme der Vermögensgegenstände kann zu einem beliebigen Zeitpunkt während des Geschäftsjahres (mind. einmal) vorgenommen werden
- die Bestände werden mengenmäßig bis zum Bilanzstichtag laufend fortgeschrieben, das
  Inventar trägt (im Unterschied zur verlegten Inventur) das Datum des Bilanzstichtages
- Voraussetzung für die Anwendung und Zuverlässigkeit dieser Inventurart ist eine exakte
  Lagerbuchführung mit fortlaufender, lückenloser Aufzeichnung der Zu- und Abgänge
  nach Art und Menge

Abbildung 6.8: Inventurarten

Die am meisten praktizierte Art der statistischen Datenaufbereitung und -aus-
wertung ist die **Kennzahlenbildung**. Die nachfolgende *Abbildung 6.9* verdeutlicht die wichtigsten Kennzahlen des Lagers und Transports:

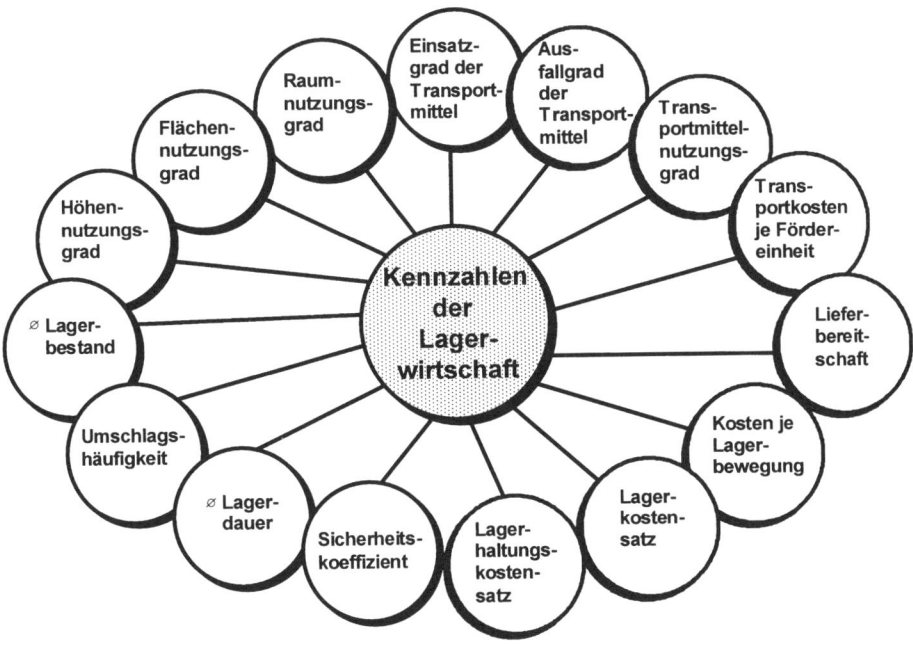

Abbildung 6.9: Lager- und Transportkennzahlen (vgl. Baum 1996, 86)

Nachstehend erfolgt eine Darstellung ausgewählter Lager- und Transportkennzahlen ❶:

Kennzahlen des Lagers	
Sicherheitskoeffizient	$\dfrac{\text{Sicherheitsbestand}}{\varnothing\ \text{Lagerbestand}} \times 100$
Höhennutzungsgrad	$\dfrac{\text{Genutzte Lagerhöhe}}{\text{Vorhandene Lagerhöhe}}$
Durchschnittliche Verweildauer (Tage) bzw. Durchschnittliche Reichweite (Tage) bzw. Durchschnittliche Eindecktage (Tage)	$\dfrac{\text{Durchschnittlicher Bestand}}{\text{Verbrauch je Zeiteinheit (Tag)}}$
Lagernutzungsgrad	$\dfrac{\text{Belegte Lagerfläche}}{\text{Gesamtlagerfläche}} \times 100$
Lagerquote	$\dfrac{\text{Lagerbestand im } \varnothing}{\text{Umsatz}} \times 100$

Kennzahlen des Lagers	
Vorräte zum Umlaufvermögen	$\dfrac{\text{Lagerbestand im } \varnothing}{\text{Umlaufvermögen ges.}} \times 100$
Personalanteile	$\dfrac{\text{Personalkosten Lager}}{\text{Personalkosten ges.}} \times 100$
Lagerhaltungskostensatz	$\dfrac{\text{Lagerkosten ges.}}{\text{Lagerbestandswert}} \times 100$

Kennzahlen des Transports	
Nutzungsgrad der Transportmittel	$\dfrac{\text{transportierte Menge}}{\text{Transportkapazitä t}} \times 100$
Einsatzgrad	$\dfrac{\text{Einsatzzeit}}{\text{Arbeitszeit}}$
Ausfallgrad	$\dfrac{\text{Stillstandszeit}}{\text{Einsatzzeit}}$
Transportflexibilität	$\dfrac{\text{Anzahl erfüllter Transport - sonderanforderungen}}{\text{Gesamtzahl aller Transport - sonderanforderungen}}$
Durchschnittliche Transportweite	$\dfrac{\text{Summe aller Transport - leistungen pro Periode}}{\text{Gesamtaufkommen pro Periode}}$

Will ein Unternehmen wissen, wie gut sein logistischer Bereich – auf der Basis der fixierten Kennzahlen – im Vergleich zu anderen Unternehmungen ist und an welchen Schwachstellen vorrangig organisatorische Veränderungen eingeleitet werden müssen, muß es ein strategisches **Analyse-, Management-** und **Benchmarkingsystem** anwenden. Nach *Kemmner* 1995, 1, besteht ein solches System aus einer Kennzahlendatenbank mit einem integrierten Auswerte- und Analysetool. Das Grundproblem solcher Szenarien bestand bisher in ihrer zum Teil mangelnden Anwendungsnähe, bedingt durch überdimensionierten Branchenmix und unterbelichtete Datensicherheit. Mit dem von *Kemmner* unterbreiteten **morphologischen Kennzahlenvergleich** (SAMBESY) wird der angeführte Widerspruch beseitigt. Das System errechnet aufgrund komplexer statistischer Datenbankanalysen aus dem Datenpool der Benchmarking-Partner zu jeder der in der Datenbank integrierten Kennzahlen das anonymisierte und extremwertorientierte **Kennzahlenprofil** aller Unternehmen. Mit diesem Ansatz lassen sich sowohl Bestwertvergleiche als auch Zielwerte realisieren.

6.6   Kontrollfragen

1. Worin liegen die Schwierigkeiten einer eindeutigen Fixierung des Lagerbegriffes begründet, und wie wird dieser nach VDI 2411 definiert?
➡ Kap 6.2/190

2. Welche Lagerhauptfunktionen lassen sich unterscheiden, und worin bestehen ihre Hauptaufgaben?
➡ Kap. 6.2/190

3. Welcher Lagerstufe würden Sie Halbfabrikatelager zuordnen, und welche Lagerhauptfunktionen hat es zu vollziehen?
➡ Kap. 6.3/192

4. Nach welchen – neben den zeitlichen und räumlichen – Unterscheidungsmerkmalen lassen sich Lagerarten und Lagertypen einordnen, und wie heißt der prinzipielle Einordnungsgrundsatz?
➡ Kap. 6.4/192

5. Von welchen Aspekten ist die Wahl des optimalen Lagerstandortes abhängig, und welche beiden Kostenarten dienen als Optimalitätsgrößen?
➡ Kap. 6.5/194

6. Welche Problemkreise beinhaltet die Planung der Lagergestaltung, und welches originäre Erfordernis ist bei Planung der Lagerbauart zu berücksichtigen?
➡ Kap. 6.5/194

7. Von welchem Idealgrundsatz ist bei der Planung der Lagereinrichtungen auszugehen, und nach welchen Unterscheidungsmerkmalen lassen sich Lagereinrichtungen einteilen?
➡ Kap. 6.5/195

8. Was versteht man unter der Planung einer Lagerordnung, und welche grundsätzlichen Zuordnungsmöglichkeiten gibt es?
➡ Kap. 6.5/195

9. Welche andere Begriffsbezeichnung besteht für das Magazinierprinzip, und welche vorrangigen Vor- und Nachteile sind damit verbunden?
➡ Kap. 6.5/196

10. Nennen Sie die klassische Einteilung der Transportmittel. Welchen Oberbegriffen würden Sie Stapler, Hebebühnen und Paternoster zuordnen?
➡ Kap. 6.5/196

11. Was versteht man unter einem Ladehilfsmittel, und welchen unterscheidenden Attributen würden Sie die Begriffe Flachpalette, Vollwandpalette, Binnencontainer zuordnen?
➡ Kap. 6.5/198

12. Welcher Begriff wird benötigt, um neben den Ladehilfsmitteln den Oberbegriff „Ladeeinheit" zu bilden?
➡ Kap. 6.5/198

13. Welchen Kerninhalt verkörpern die Begriffe „Identifizierung" und „Positionierung" im Rahmen der Einlagerungsaktivität?
➡ Kap. 6.5/199

14. Erläutern Sie den Grundsatz der chaotischen Lagerplatzzuteilung!
➡ Kap. 6.5/200

15. Wie würden Sie den Begriff der Kommissionierung interpretieren, und wie heißen die wesentlichen materialflußbezogenen Grundfunktionen dieses Begriffes?
➡ Kap. 6.5/200

16. Welche beiden ablauforganisatorischen Gestaltungsregeln sind beim Warenausgang möglich und welches beinhaltet das „Kanban-System"?
➡ Kap. 6.5/201

17. Welche Grundvoraussetzungen sind bei der Anwendung des Bringsystems erforderlich, und unter welchem vorrangigen Blickwinkel werden Warenausgangskontrollen durchgeführt? ➡ Kap. 6.5/201
18. Welche beiden tragenden Termini verkörpern den Oberbegriff der Verpackung? ➡ Kap. 6.5/201
19. Ist die These richtig, daß Kabeltrommeln, Spannringe und Kieselgel den Packmitteln zuzuordnen sind? ➡ Kap. 6.5/202
20. Begründen Sie, warum die Materialrechnung als Hilfsrechnung des Rechnungswesens bezeichnet wird, und welche Synonyma verkörpern den Begriff der Verbrauchsrechnung? ➡ Kap. 6.5/202
21. Welche Voraussetzungen sind für die Anwendung einer permanenten Inventur zu erfüllen? ➡ Kap. 6.5/203
22. Welche Grundsatzaufgabe erfüllt die Lagerstatistik, und welche synonyme Lagerkennzahlen lassen sich aus dem Quotienten

$$\frac{\text{Durchschnittlicher Bestand}}{\text{Verbrauch je Zeiteinheit}} \text{ ableiten?}$$ ➡ Kap. 6.5/203

6.7 Übungsaufgabe

❶ **Lagerwirtschaft**

In einem Industrieunternehmen wurden folgende Zahlen ermittelt:

	Berichtsjahr (Stück)	Vorjahr (Stück)
Lageranfangsbestand	120.000	30.000
Lagerendbestand	80.000	70.000
Lagerabgang	260.000	300.000

a) Wieviel Stück wurden jeweils eingekauft?
b) Berechnen Sie für jedes Jahr
   – den durchschnittlichen Lagerbestand,
   – die durchschnittliche Lagerdauer und
   – den Lagerzinssatz bei einem Jahreszinssatz von 8% für das Berichtsjahr und 11% für das Vorjahr!
c) Nehmen Sie zu den Ergebnissen Stellung!

7 Materialentsorgung

7.1. Studienziele

Dieses Kapitel soll dem Leser
➡ den differenzierten Begriff der Entsorgung verdeutlichen und die objektive Einordnung dieses Tätigkeitsfeldes zum materialwirtschaftlichen Kontext begründen;
➡ die aktuelle Abfalldefinition unterbreiten und gleichzeitig die bestimmenden Zuordnungsattribute von Abfallprodukten zum Geltungsbereich des rechtsnormbegründeten Begriffes unterbreiten;
➡ die unterschiedlichen Möglichkeiten der Abfallklassifikation in Abhängigkeit zur Entsorgungsart und Schadstoffintensität oder zum Entstehungsort aufzeigen;
➡ das grundlegende Aufgabenspektrum der entsorgungsspezifischen Teilaufgaben Vermeidung, Verwertung und Beseitigung erläutern und die Priorität der quantitativen und qualitativen Abfallvermeidung begründen;
➡ einen Überblick über die wichtigsten umweltrelevanten Rechtsvorschriften, besonders auf dem Gebiet des Abfallrechts dokumentieren.

7.2 Grundlagen

7.2.1 Begriffsbestimmungen

Der Begriff der Entsorgung wird sowohl in der materialwirtschaftlichen Fachliteratur (vgl. *Hartmann* 1993, *Bichler* 1997, *Oeldorf/Olfert* 1995) als auch im umgangssprachlichen Gebrauch sehr differenziert interpretiert. Egal, zu welcher Begriffsauffassung man gelangt, die Zuordnung dieses Komplexes zur Materialwirtschaft ist jedoch von jeher unbestritten, denn es gilt der Grundsatz:

„Wer beschafft, ist auch für die Entsorgung zuständig!" (Arbeitsgruppe Entsorgung 1987, 20)

Nimmt man diese Maxime ernst, so hat die Materialwirtschaft – komplementär zu ihrer Versorgungsfunktion – zunächst auch die Verwertung und Beseitigung der beschafften Güter zu übernehmen. Oftmals erfolgt die Abgabe von Abfällen in Märkte, von denen auch die ursprünglichen Einsatzstoffe beschafft wurden. Resultierend aus dieser Erkenntnis, gilt es, den überwiegenden Teil der Informationen des Beschaffungsvorganges in Umkehrung auf den Entsorgungsvorgang zu übertragen.

Die nachfolgende Darstellung in Anlehnung an Blank 1997, 61 verdeutlicht zusammengefaßt die Kausalität von Einkauf und Entsorgung und damit das Zusammenspiel der entsorgungsspezifischen Teilaufgaben **Vermeidung, Verwertung** und **Beseitigung**.

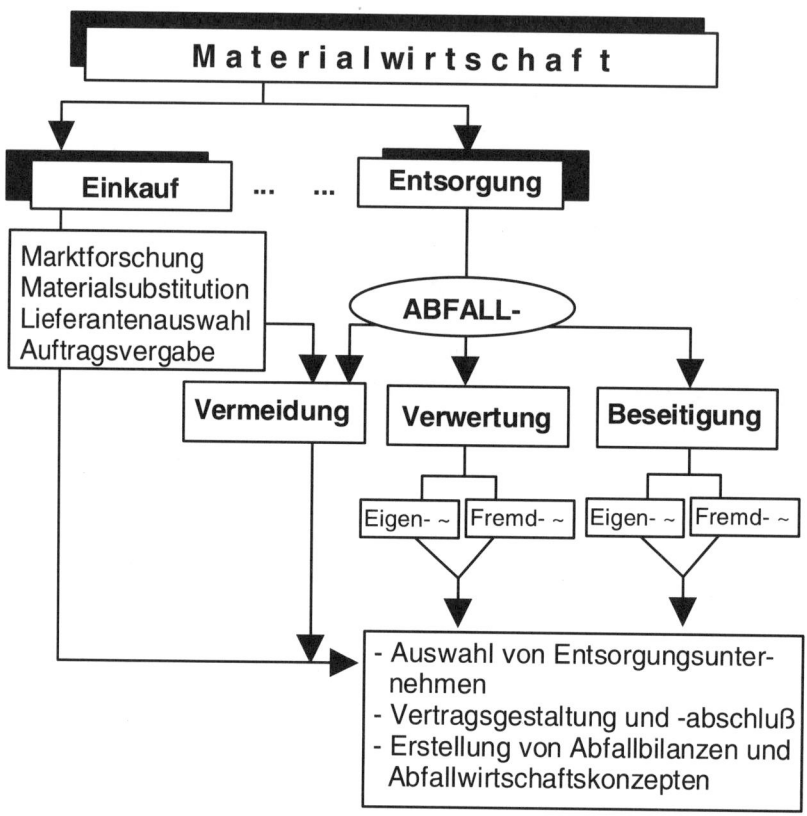

Abbildung 7.1: Einkauf und Abfallentsorgung

Bezieht man sich auf die Begriffsaussage des Kreislaufwirtschafts- und Abfall-
gesetzes (KrW-/AbfG – § 3, Absatz 7), so definiert sich die **Entsorgung** zunächst nur als **„Verwertung und Beseitigung von Abfällen"**.

Unter **Abfällen**, auch Müll oder Reststoffe genannt, versteht man – bezugneh-
mend auf die angeführte Rechtsnorm, Absatz 1, in Übereinstimmung mit dem
EG-Abfallbegriff (vgl. EU Abfallrahmenrichtlinie, Nr. 75/442/EWG. Art. 1,
Abs. 1, Buchstabe a, Satz 1):

> „Abfälle sind ... alle beweglichen Sachen, welche in die in Anhang I der genann-
> ten Rechtsnorm aufgeführten Gruppen (Q_1 - Q_{16}) fallen und deren sich ihre Be-
> sitzer entledigt, entledigen will oder muß."

Ohne auf die Gesamtheit aller 16 Abfallgruppen näher einzugehen, soll an dieser
Stelle nur eine Deutung von einigen ausgewählten Abfallgruppen erfolgen,
wie z. B.

Q_3	➡	Produkte, bei denen das Verfalldatum überschritten wurde
Q_6	➡	Nichtverwendbare Elemente (z. B. verbrauchte Batterien, Katalysatoren)
Q_8	➡	Rückstände aus industriellen Verfahren (z. B. Schlacken)
Q_{12}	➡	Kontaminierte Stoffe (z. B. mit PCB verschmutztes Öl)

Gasförmige und flüssige Abfälle fallen nicht unter diese Definition, sondern werden durch andere gesetzliche Normen interpretiert, wie z. B. das Wasserhaushaltgesetz (WHG) und Bundesimmissionsschutzgesetz (BImSchG).

Die bestimmenden Begriffe der Zuordnung von Stoffen zum Geltungsbereich dieser Rechtsnorm sind damit die Attribute „**beweglich**" und „**entledigen**". Im KrW-/AbfG, § 3 Abs. 2 wird der subjektive Abfallbegriff – bedingt durch das Attribut „entledigen" – näher konkretisiert. Dabei begründen sowohl schon die **Zuführung zur Beseitigung**, deren Verfahren im Anhang II A KrW-/AbfG aufgeführt werden, als auch die Aufgabe der Sachherrschaft (vgl. BGB, § 90) **unter Wegfall jeder weiteren Zweckbindung ...**" die Entledigungsabsicht. In Erweiterung gegenüber der alten Rechtsnorm (vgl. AbfG vom 27.08.1986) wird auch die **Zuführung zur Verwertung** [Verwertungsverfahren vgl. Anhang II B (R_1 – R_{13})] als Entledigungswille gewertet.

Unter R_1 versteht man dabei das Verwertungsverfahren der Rückgewinnung/ Regenerierung von Lösungsmitteln. Unter R_{13} versteht man demgegenüber eine Ansammlung von Stoffen, die für eines der in diesem Anhang beschriebenen Verfahren vorgesehen ist.

Die Abfallprodukte, die keine Wirtschaftsgüter im klassischen Sinn mehr verkörpern, werden hinsichtlich ihrer Abhängigkeit zur **Entsorgungsart** und ihrer **Schadstoffintensität** unterteilt in:

1. Abfälle zur Verwertung
2. Abfälle zur Beseitigung und
3. Abfälle, die überwachungsbedürftig oder besonders überwachungsbedürftig (vgl. §§ 41ff. KrW-/AbfG) sind

Die konzipierte Unterteilung bestimmt primär das Quantum der behördlichen Nachweismodalitäten.

Die **Abfallentstehung** hat mehrere Ursachen, die einerseits originär mit der Menschheitsexistenz selbst, aber auch derivativ mit der zunehmenden Industrialisierung, dem Wirtschaftswachstum und den Modalitäten des Marktes i. w. S. begründet sind.

In Anlehnung an *Rinschede* 1995, 35 lassen sich Abfälle auch bezogen auf ihren **Entstehungsort** differenzieren. Daraus ergibt sich eine Einteilung in:

1. Abfälle im Ergebnis der Produktion
2. Abfälle als Resultat logistischer Prozesse
3. Abfälle durch Güternutzung

Abfälle als Ergebnis der Produktion

Bei dieser Art der Abfallentstehung, die durch eine Reihe von Faktoren (vgl. *Blank* 1997, 26), wie z. B. „Rohstoffart, Produktstruktur und -qualität, Produktionsverfahren und -equipments u. ä." beeinflußt wird, läßt sich darüber hinaus noch eine Klassifikation in Abhängigkeit von den Entstehungsgründen ableiten. In Anlehnung an *Arnolds* 1996, 403ff. ergibt sich folgende produktionsprozeßorientierte **Abfallklassifikation**:

Entstehungsgründe ➡	Abfallklassifikation
Rückstände an Roh-, Hilfs- und Betriebsstoffen, die für den ursprünglichen Verwendungszweck unbrauchbar geworden sind ➡	Materialabfall
ungängige und überzählige Materialvorräte ➡	Lagerhüter
Zwischen-/Endprodukte mit Fehlern unterschiedlicher Art und Güte, die ebenfalls für den ursprünglichen Verwendungszweck unbrauchbar geworden sind ➡	Fertigungsausschuß
unverkäufliche End- und Zwischenprodukte mit fehlender (anderweitiger) Verwendungsmöglichkeit (Überschußproduktion) ➡	nicht absetzbare Endprodukte
vom Produzenten zurückgenommene Altprodukte, wie z. B. Altautos, Elektronikschrott u. a. ➡	ausgediente Endprodukte

Abbildung 7.2: Abfallklassifikation

Abfälle als Resultat logistischer Prozesse

Als Besonderheit der im Rahmen der Transport-, Lagerungs- und Umschlagsprozesse benötigten Pack- und Packhilfsmittel (vgl. Abschn. 6.5.2.1), wie z. B. Kisten, Flaschen, Dosen, Aufwickelhülsen, Spannringe, Etiketten und Holzwolle, gilt, daß diese mitunter ein größeres Abfallquantum erreichen als die Abfälle, die sich aus der Produktion ergeben.

Abfälle durch Güternutzung

Die Wirtschaftsgüter, die während ihres Lebenszyklus einer materiellen, moralischen oder außerordentlichen Abnutzung unterliegen, stellen ein nicht zu unterschätzendes Abfallpotential dar. Wie schon an anderer Stelle angesprochen, wird die Entscheidung, wann dieser betriebliche Inputfaktor zum Abfall wird, von einer Vielzahl von Einflußgrößen bestimmt. Nach *Rinschede* 1995, 36f. sind dies folgende Gründe:

- **technische Gründe** (z. B. unzureichende Erfüllung sicherheitstechnischer Anforderungen)
- **wirtschaftliche Gründe** (z. B. hoher Wiederverkaufswert)
- **psychologische Gründe** (z. B. Modetrends)
- **juristische Gründe** (z. B. sicherheitsbegründete Reparaturverbote)"

7.2.2 Teilaufgaben

Gemäß des KrW-/AbfG gilt es im Spektrum der Entsorgung drei prinzipielle Teilaufgaben zu vollziehen, dabei besitzt die zuerst genannte absolute Priorität:

- **Abfallvermeidung**
- **Abfallverwertung**
- **Abfallbeseitigung**

7.2.2.1 Abfallvermeidung

Der Handlungsrahmen der Abfallvermeidung läßt sich in eine quantitative und qualitative Komponente untergliedern. Die **quantitative Vermeidung** verkörpert das Prinzip der Senkung der Abfallmengen durch den verstärkten Einsatz wieder- und weiterverwendbarer Materialien. Die erfolgreiche Realisierung dieser Maxime gebietet auf allen betrieblichen Ebenen die konsequente Durchsetzung von produktions-, logistik- und verwaltungsspezifischen **Vermeidungshandlungen**. Einen Überblick über Strategien zur Abfallvermeidung gibt in Anlehnung an *Arnolds* 1996, 406ff. die nachfolgende *Abbildung 7.3:*

Abfallkategorie	Strategien zur Abfallvermeidung
Materialabfälle	• Dimensionierung auf technisch erforderliches Maß reduzieren • Einsatzstoffe besser nutzen (z. B. Near-Net-Shape-Philosophie – Umformen statt Spanen) • Materialsubstitution • konsequente Anwendung abfallreduzierender Konstruktionsprinzipien
Lagerhüter	• restriktive Lagerhaltung bezüglich Anzahl der Lagerpositionen und Höchstbeständen bis zum lagerlosen Einkauf • programmgesteuerte Disposition, JIT-Produktion • verbesserte Lagermöglichkeiten und Schutzvorkehrungen (z. B. konsequente FIFO-Lagerung zur Vermeidung „eingestaubter", unattraktiver Materialien
Fertigungsausschuß	• Mitarbeiterschulung und -motivation • regelmäßige Wartung und Instandhaltung des Maschinenparks • regelmäßige Kontrollen bzw. Etablierung fähiger Fertigungsprozesse • Prozeßregelung mit Vorwarnstufe und automatischer Abschaltung z. B. bei Überschreitung von Toleranzen

Abbildung 7.3: Ausgewählte Strategien zur quantitativen Abfallvermeidung

Die **qualitative Vermeidung** verkörpert dagegen die Substitution von solchen Einsatzmaterialien, die in bezug auf ihre spätere Entsorgung eine umweltverträglichere und kostengünstigere Materialalternative darstellen. Dabei gilt der Grundsatz, daß Alternativmaterialien dann eingesetzt werden sollten, wenn die Gebrauchsfähigkeit eines Einsatzmaterials kleiner ist als seine späteren Kosten der Entsorgung. Als sekundäre Entscheidungshilfen für die Beantwortung dieses Sachverhaltes dienen dabei einerseits DIN-Vorschriften und Umweltkennzeichen (z. B. Blauer Umweltengel, Logo der Vereinigung für Werkstoffrecycling u. a. – vgl. *Grommes* 1994, 141ff.) und andererseits als methodisches Instrumentarium ABC- und Wertanalysen. Wie schon im Abschn. 7.2.1 angesprochen, resultiert der spätere Erfolg einer Abfallvermeidung bereits im entsorgungsbezogenen Einkauf. Im Stadium der Angebotseinholung und -prüfung, aber auch der Lieferantenbewertung sollten daher die Höhe der späteren Entsorgungskosten mit in den Entscheidungsprozeß integriert werden.

7.2.2.2 Abfallverwertung

Ein dem eigentlichen Entsorgungsaspekt der Verwertung vorgeschaltetes Handlungsspektrum ist die **Abfallvorbehandlung**.

Unter Abfallvorbehandlung versteht man solche Aktivitäten wie das Erfassen, Sammeln, Aufbereiten und Lagern von Abfällen.

Zur Realisierung der genannten Maßnahmen sind zum einen spezielle **Aufbereitungshandlungen,** wie z. B.

- Klärung,
- Zentrifugierung,
- Nachsortierung,
- Bündelung und
- Pressung

vonnöten, die ihrerseits an bestimmte **Verwertungsvoraussetzungen** (vgl. nachfolgende *Abbildung 7.4*) gebunden sind. Zum anderen bedingt Abfallvorbehandlung die Installation klarer, organisatorischer Regelungen in den Unternehmen.

Abfallart	Verwertungsvoraussetzungen
Pappe	• sauber, trocken, fettfrei ➡ getrennte Erfassung und Schutz vor Schmutz und Feuchtigkeit • Ballenpressung und Bündelung
Schrott	• Trennung zwischen Eisen- und Nichteisenschrott (u. U. auch innerhalb jeder Kategorie nach Arten • Restleerung von Gebinden: tropf-, staubfrei, trocken, spachtelrein
Styropor	• Erfassung in Säcken • u. U. Trennung nach Arten: Formecken, Plattenreste, Chips • sauber: ohne Klebereste u. ä.

Abbildung 7.4: Beispielhafte Verwertungsvoraussetzungen nach Grommes 1994, 75ff.

Der Begriff Abfallverwertung ist aus dem englischen Wort **Recycling** entlehnt und bedeutet Wiederaufbereitung. Das KrW-/AbfG definiert den Begriff als Gewinnen von Stoffen oder Energien aus Abfällen. In der VDI-Richtlinie 2243 „Konstruieren recyclinggerechter technischer Produkte, Blatt 1" wird dieser Begriff dagegen wie folgt definiert:

„Recycling ist die erneute Verwendung oder Verwertung von Produkten oder Teilen von Produkten in Form von Kreisläufen."

Der Begriff Recycling läßt sich nach unterschiedlichsten Aspekten strukturieren. In Anlehnung an WISU, Jg. 1995, 690 wird hinsichtlich des Wiedereinsatzortes der Recyclate unterschieden:

- **innerbetriebliches Recycling**
- **interindustrielles Recycling**

Beim zuerst genannten Kriterium werden die Abfälle zur Verwertung in den Ursprungsprozeß zurückgeführt (z. B. Wiedereinschmelzen von Gratabfällen bei Leichtmetallguß). Im zweiten Fall schließen sich mindestens zwei oder mehrere Unternehmen mit dem Ziel der Installation von Wiederverwertungskreisläufen für ausgewählte Recyclate zusammen (z. B. Aufbereitung von Altpapier zu Recyclingpapier). Dabei vollzieht das Unternehmen, welches den Stoff annimmt, aufbereitet und einsetzt, **intra-** und das oder die abgebenden Unternehmen **extrabetriebliches Recycling**. Unabhängig von der Wahl, das Resultat des Recyclings sind **Sekundär(roh)stoffe**, die im Gegensatz zu Primärrohstoffen bereits in einem Fertigungsprozeß genutzt wurden und nach den schon fixierten Maßnahmen der Abfallvorbehandlung einschließlich der dazu erforderlichen Aufbereitungshandlungen wieder als Einsatzstoffe zur Verfügung stehen. Als weitere Voraussetzungen für die Ableitung von Recyclingeffekten sind die Gewährleistung eines „flächendeckenden Redistributionsnetzes" (*Blank* 1997, 37) und von Preisvorteilen gegenüber Primärstoffen zu nennen. Eine weitere Strukturierung des Recyclings ist nach der Unterscheidung bezüglich der Kreislaufarten gegeben. Dabei sind entsprechend den Phasen des Produktlebenszyklusses eines Materials folgende drei Recyclingarten zu unterscheiden:
1. Produktionsabfallrecycling
2. Recycling während des gewerblichen bzw. privaten Produktgebrauchs
3. Altstoffrecycling

Produktionsabfallrecycling
Das Grundprinzip dieser Recyclingart besteht darin, daß die Abfälle, z. B. der rohstofferzeugenden oder verarbeitenden Industrie (Angüsse aus Gießereien, Stanzabfälle oder Späne sowie vor allem Betriebsstoffe) nach entsprechenden Aufbereitungsaktivitäten wieder der Produktion zugeführt werden.

Recycling während des gewerblichen bzw. privaten Produktgebrauchs

Die Maxime dieser Art des Recycling lautet, daß bereits genutzte Produkte unter Beibehaltung ihrer physischen Gestalt in ein neues Nutzungsstadium unter der Zielstellung der Weiterverwendung überführt werden. Ein Pilotbeispiel dazu ist die Austauscherzeugnisfertigung in der Automobilbranche, wo z. B. aus Einzelteilen und Baugruppen vieler Altaggregate (Motoren, Lichtmaschinen, Anlasser) über die Arbeitsfolge der De- bis Wiedermontage („Regenerierung") wiederverwendbare Erzeugnisse entstehen.

Altstoffrecycling

Beim Altstoffrecycling erfolgt eine Rückführung verbrauchter Erzeugnisse oder/und Abfälle in einem neuen Produktionsprozeß unter Beibehaltung der qualitativen Merkmale, wie z. B. Altölregenerierung und Verpackungsaufarbeitung.

Zieht man ein Resümee aus den bisher dargelegten Sachverhalten, so lassen sich zwei grundlegende **Erkenntnisse** ableiten:

1. Die qualitativ ansprechendere Recyclingform ist die, bei der die bisherige Produktgestalt erhalten bleibt, wobei nur zu unterscheiden ist, ob der Gebrauchsgegenstand für den gleichen (Wiederverwendung) oder einen anderen (Weiterverwendung) Verwendungszweck genutzt wird.

2. Bei der bloßen Verwertung der Gegenstände wird dagegen die originäre Produktform aufgelöst, wobei auch in diesem Kontext eine Wieder- oder Weiterverwertung möglich ist. Im ersten Fall ergeben sich gleichwertige, im zweiten Fall dagegen ungleichwertige Werkstoffeigenschaften.

Es muß noch eine weitere Gliederungsmöglichkeit des Recyclings genannt werden: die Unterscheidung (bezogen auf die **Behandlungsprozesse**), die Recyclate vor einer nochmaligen Verwendung oder Verwertung absolvieren. Grundlegend unterscheidet man die Begriffe Aufbereitung und Aufarbeitung.

Während die **Aufbereitung** primär bei Produktionsrücklauf- und Altstoffrecycling unter Anwendung definierter verfahrenstechnischer Rückgewinnungsprozesse angewendet wird, besteht das Ziel der **Aufarbeitung** in der Produktformerhaltung durch Anwendung fertigungstechnischer Prozesse.

Ein Gestaltungskonzept, das alle Phasen des Produktlebenszyklusses ganzheitlich – unter Beachtung ökologischer und ökonomischer Prämissen, bezogen Dabei wird versucht, Stoffflüsse in Kreisläufen annähernd zu schließen, ohne den vollständig geschlossenen Naturkreislauf zu erreichen. Nach *Dück* 1995, Bd.3, 1 läßt sich das verbal interpretierte Prinzip grafisch in der nachfolgenden *Abbildung 7.5* darstellen, wobei die primäre Zielstellung darin besteht, das **Abfallaufkommen** und daraus resultierende **Entsorgungskosten** zu senken (jedoch unter dem Blickwinkel eines gesamtheitlichen Kostenoptimums des Unternehmens).

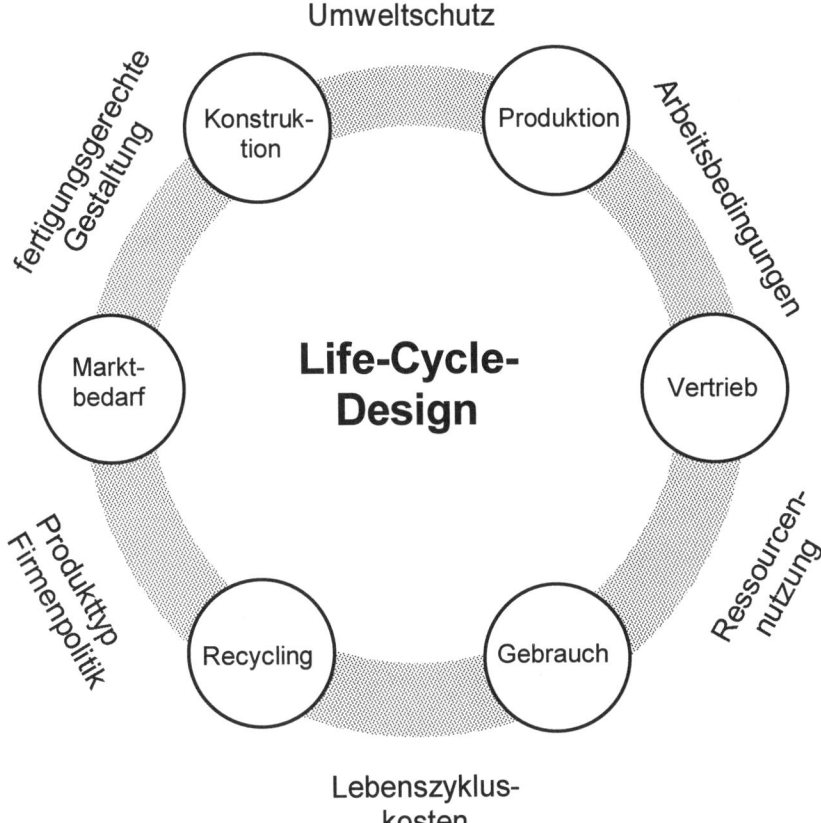

Abbildung 7.5.: Life-Cycle-Engineering

Unter dem genannten ökonomischen Aspekt gilt damit der Forderungsanspruch:

Verwertung von Abfällen besitzt oberste Priorität, jedoch nicht um jeden Aufwand!

Nach WISU, Jg. 1995, 692ff. entstehen durch das Recycling folgende Kosten:

- **„Einmalige Kosten:** Investitionskosten für Entwicklung und Errichtung der notwendigen Anlagen (entweder für Vorbehandlungsprozesse oder den Recyclingprozeß selbst, außerdem Beschaffung der entsprechenden Erfassungs- und Transportbehältnisse, der Sammelpunkte etc.).

- **Laufende Kosten:** Personal- und Sachkosten für vorbereitende Maßnahmen (Sammlung, Lagerung, Sortierung u. a.) sowie für den Betrieb von Recyclinganlagen."

Der **Wirtschaftlichkeitsnachweis** von Recyclingverfahren läßt sich nach Strebel in Adam 1983, 37 wie folgt berechnen:

$$K^S M + K^S F + A^S \quad < \quad K^P M + K^P F + A^P - E$$

Kosten des Recyclings, d. h. Ersatz des Primärstoffes durch Sekundärstoffe (Alternative I)	Kosten der Produktion mit Primärstoff und Entsorgung von entstandenem Abfall (Alternative II)
Legende: $K^S M$: Kosten für Sekundärrohstoffe (von Rückstandserfassung bis zum Rückstandseinsatz) $K^P M$: Kosten der Primärstoffe bis zum Produktionseinsatz $K^S F$: Fertigungskosten bei Einsatz von Sekundärstoffen $K^P F$: Fertigungskosten bei Einsatz von Primärstoffen	A^S: Entsorgungskosten bei Einsatz von Sekundärstoffen A^P: Entsorgungskosten bei Einsatz von Primärstoffen E: Erlös aus Verkauf von Abfällen zur Verwertung

Abbildung 7.6: Wirtschaftlichkeit des Recycling

Zur Verdeutlichung des vorher angeführten Sachverhaltes dient das nachfolgende Demonstrationsbeispiel:

Demonstrationsbeispiel

DI Sachverhalt

Nach der angeführten Berechnungsmethodik zum Wirtschaftlichkeitsnachweis von Recyclingverfahren stehen bekanntlich zwei Alternativen zur Verfügung. Bei der ersten Alternative soll nachgewiesen werden, ob sich der Ersatz eines verbrauchten Primärstoffes durch einen recycelten adäquaten Sekundärstoff lohnt. Im zweiten Fall besteht der Denkansatz darin, einen definierten Primärstoff nicht zu recyceln, sondern durch einen neuen Primärstoff zu ersetzen und den entstandenen Abfall zu entsorgen. Die Zahlendemonstration bezieht sich auf den Zeitraum eines Jahres und erfolgt am Beispiel eines Bohr- und Fräszentrums (VZ 750). Für die Bearbeitung von Gußteilen ist ein Kühlschmierstoff „Kompakt W3CF – Neu" zur Gewährleistung der Kühlung und Schmierung notwendig.

DII Ausgangsdaten

• Kosten für Sekundärrohstoff von Rückstandserfassung bis zum Wiedereinsatz 236 DM/Jahr [setzen sich vorrangig aus der anteilmäßigen Abschreibung für einen Testkoffer mit Handfraktometer (82 DM) sowie aus Materialpreisen für benötigten Systemreiniger SR-X1 (49 DM), Stabilisierungsmittel Z 22 (39 DM) und einer Öl-Aufsaugmatte (12 DM) sowie einem Lohnkostenanteil von 54 DM zusammen]

- Kosten des Primärstoffes bis zum Produktionseinsatz 381 DM/Jahr (setzen sich aus 337 DM Materialeinstandspreis und 44 DM Gemeinkostenanteil zusammen)
- Fertigungskosten beim Einsatz von Sekundär- und Primärstoffen können aufgrund des annähernd gleichen Betrages vernachlässigt werden
- Entsorgungskosten bei Einsatz von Sekundärstoffen 45 DM [setzen sich aus Kosten für den Entsorgungsnachweis (34 DM) und den anteilmäßigen Lohnkosten (11 DM) zusammen]
- Entsorgungskosten bei Einsatz von Primärstoffen 428 DM/Jahr [setzen sich aus Kosten für den Entsorgungsnachweis der Kühlemulsion (102 DM), anteilige Lohnkosten (44 DM) sowie Transport- und Entsorgungskosten (282 DM) zusammen]
- Erlöse aus Verkauf der Emulsion können aufgrund des vorangestellten Sachverhaltes nicht erzielt werden. Bei den angeführten Entsorgungskosten bei Primärstoffeinsatz wurde ein 100prozentiger Verbrauch unterstellt.

D III Aufgabenstellungen

1. Berechnen Sie auf der Basis der fixierten Ausgangsdaten die effizientere Alternative.
2. Ermitteln Sie zusätzlich die effizientere Alternative, wenn noch folgende Zusatzdaten bekannt sind:
   - Anstelle der Ölaufsaugmatte würde zur Abscheidung von Gleitbahnöl XG 68 ein Bandöl-Skimmer mit einem Abschreibungsbetrag von 96 DM eingesetzt
   - Senkung des Materialeinstandspreises des Primärstoffes um 52 % durch Lieferantenwechsel
   - Verringerung der Transport- und Entsorgungskosten des Primärstoffes durch Verkauf von noch nutzbaren Teilmengen um 74 %
   - Erlöse in Höhe von 14 DM durch den Verkauf von 15 kg Kühlschmierstoff
   - Durch die relativ verminderte Gebrauchswerteigenschaft des recycelten Schmierstoffes ist die angenommene Gleichwertigkeit der Fertigungskosten nicht mehr gegeben. Im Gegenteil, die K^SF sind um 320 DM höher als die K^PF.

DIV Lösungen

zu 1. Berechnungsmethode nach *Strebel*

$$K^S M + K^S F + A^S \quad < \quad K^P M + K^P F + A^P + E$$

$$182 \text{ DM/a} + 0 + 45 \text{ DM/a} \quad < \quad 381 \text{ DM/a} + 0 + 428 \text{ DM/a}$$

$$287 \text{ DM/a} \quad < \quad 809 \text{ DM/a}$$

Auswertung:
Da die Kosten bei der Produktion mit einem neuen Kühlschmierstoff einschließlich der Entsorgung des alten um 528 DM (35%)
größer sind als die mit einem aufbereiteten Kühlschmierstoff ist der
Recyclingvariante der Vorzug zu geben.

zu 2.
266 DM/a + 320 DM/a + 45 DM/a < 219 DM/a + 0 + 354 DM/a + 14 DM/a

$$631 \text{ DM/Jahr} \quad > \quad 587 \text{ DM/Jahr}$$

Auswertung:
Unter der Annahme der gegebenen Zusatzdaten kehrt sich der Wirt-
schaftlichkeitsaspekt gegenüber der Ausgangsvariante um. Bei beiden Berechnungen gilt jedoch der Grundsatz, daß der Aufwand für
die Ermittlung der Summanden nicht größer sein darf als das zu
erwartende Einsparungspotential.

Eine Möglichkeit, dem genannten ökonomischen Teilaspekt zu entsprechen,
sind die vom Verband der Chemischen Industrie (VCI) und dem Deutschen In-
dustrie- und Handeltag (DIHT) eröffneten **Recyclingbörsen**. Deren Zielstellung
ist die überbetriebliche und -regionale vorteilsorientierte Abfallverwertung. Die
für das Unternehmen zuständige Industrie- und Handelskammer (IHK) vermittelt dabei entsprechende Kontakte zwischen dem Inserent (Anbieter) und Inter-
essent (Nachfrager). An die zu unterbreitenden Inserate sind dabei eine Reihe
von Daten zu stellen, die von der Abfallart bis zu den -transportmodalitäten reichen.

Nach *Birn* 1996, 25f. sollte ein **Formblatt** für die Teilnahme an einer IHK-
Recyclingbörse den in *Abbildung 7.7* dargestellten Inhalt besitzen.

7.2.2.3 Abfallbeseitigung

Auch mit noch so großen Aktivitäten in bezug auf das Recycling kann nicht
verhindert werden, daß **Restabfälle** entstehen. Damit ergibt sich die Notwendigkeit der Abfallbeseitigung. Aufbauend auf der Begriffsdefinition lt. § 10
KrW-/AbfG gibt es folgende Methoden, deren rechtliche Rahmenbedingungen

durch Spezialgesetze, wie z.B. das Bundes-Immissionsschutzgesetz (BImSchG) oder Wasserhaushaltgesetz (WHG) untersetzt werden:

- Ablagerung auf Deponien (gemeinsam mit dem Hausmüll),
- Müllverbrennung in speziellen Müllverbrennungsanlagen (MVA),
- Einleitung flüssiger Rückstände in Gewässer,
- Emission von Rauch und Abgasen in die Atmosphäre.

Recycling-Börse

An die
zuständige
Industrie- und Handelskammer   Datum:

Recyclingbörse

1. Angebot und Nachfrage*)

2. Art des Stoffes: ....

3. Chemische Analyse: ....

4. Menge pro Woche/Monat/Jahr*)
   (regelmäßig/unregelmäßig/einmalig*):   ....

5. Art der Verpackung oder des
   Behältnisses: ....

6. Transportart: ....

7. Anfallstelle: ....

Wir bitten um Aufnahme in die Rubrik Recyclingbörse Ihrer Kammerzeitschrift sowie in die bundesweite Recyclingbörse des Deutschen Industrie- und Handelstages.

Firma: ....   Tel.: ....
       ....   Fax: ....
                                                  ....
Ansprechpartner: ....

*) Nichtzutreffendes bitte streichen.

Abbildung 7.7: IHK-Recyclingbörse: Formblatt

Aufgrund des relativ großen Kostenfaktors wird der Großteil der Unternehmen nicht die Eigen-, sondern die Fremdbeseitigung durch spezialisierte Unternehmen wählen. Wird dem entsprochen, so ist zu beachten, daß grundsätzlich der gewerbliche Abfallerzeuger/-besitzer für den Akt der ordnungsgemäßen und umweltverträglichen Beseitigung selbst verantwortlich ist. Dies ist auch dann der Fall, wenn sich der Verantwortliche einer dritten Person (Entsorgungsunternehmen, Verbände u. ä.) zur Pflichterfüllung bedient. Damit muß der Abfalleigentümer selbst auch über genügend rechtliche und technische Kenntnisse der Vorbehandlungs- und Beseitigungsverfahren besitzen.

Vorbehandlungsverfahren sind im Unterschied zu den im Rahmen der Abfallverwertung genannten:

- **Abfallsortierung,**

- **thermische Verfahren**: Pyrolyse, Müllverbrennung,

- **biologisch-mechanische Verfahren** (z. B. Kläranlagen),

- **chemisch-physikalische Verfahren** (z. B. Zentrifugierung).

Bis vor kurzem war die Müllverbrennung das effektivste Vorbehandlungsverfahren vor der endgültigen Deponieablagerung. Das Wirkprinzip dieses Verfahrens fußt auf der Erkenntnis, daß sich Abfälle unter hohem Druck und hoher Temperatur am umweltverträglichsten verbrennen lassen. Probleme bereiten die entstehenden Nebenprodukte (z. B. Granulate, Synthesegase u. ä.). Die angesprochene Endablagerung fester Abfälle erfolgt auf Deponien. Nach *Rinschede* 1995, 205 werden folgende **Deponieklassen** unterschieden:

- Hausmülldeponie (hier erfolgt auch die Ablagerung von haushaltähnlichen Gewerbeabfällen),

- Monodeponien,

- Inertdeponien,

- Sonderabfalldeponien,

- Untertagedeponien.

Die *Abbildung 7.8* dokumentiert nach *Hermann* 1995, 118 den Grundaufbau einer **Deponie**. Aus dem Handlungsspektrum von Deponien ergibt sich das Erfordernis der lückenlosen Nachweisführung des Abfallweges von der Entstehung bis zur Entsorgung. Die **Pflicht zur Nachweisführung** (obligatorisches Nachweisverfahren) bezieht sich auf besonders überwachungsbedürftige Abfälle. Eine diesbezügliche Einstufung erfolgt durch § 41 KrW-/AbfG, den Europäischen Abfallkatalog (EWC) und das Europäische Verzeichnis gefährlicher Abfälle (HWC). Für nur **überwachungsbedürftige Abfälle** kann die Nachweisführung behördlicherseits angeordnet werden. Man spricht dann von einer fakultativen Nachweisführung (siehe *Abbildung 7.9*).

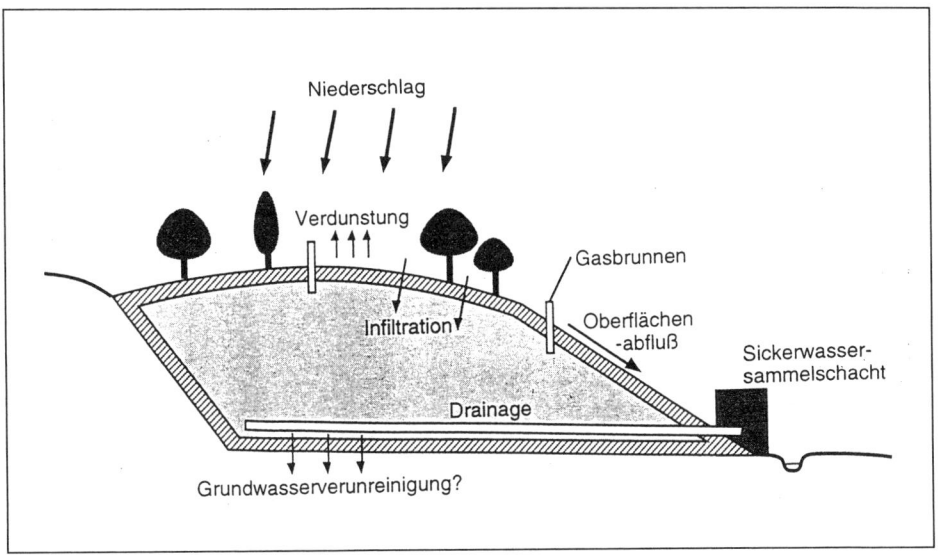

Abbildung 7.8: Aufbau einer Deponie

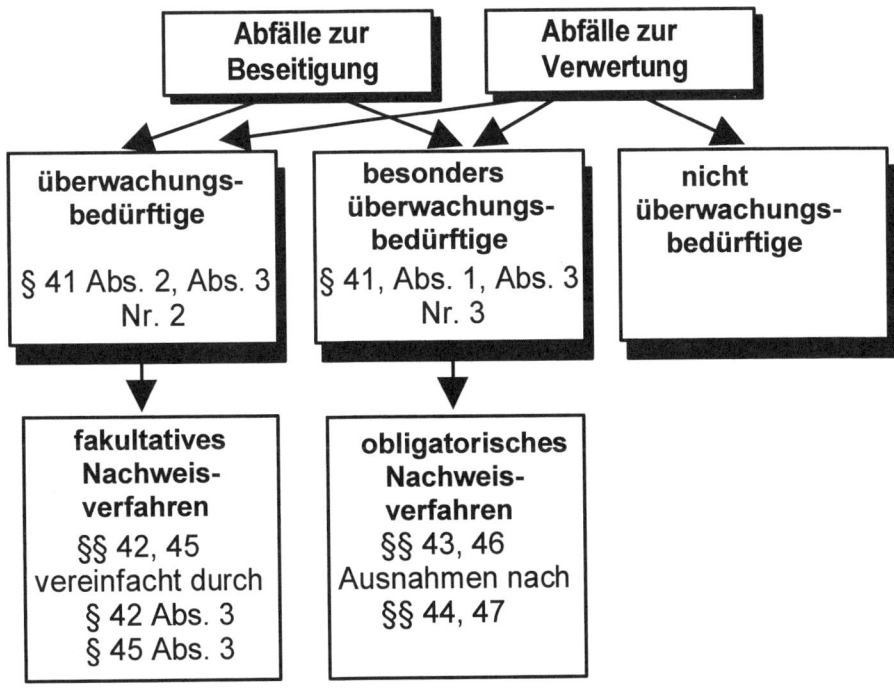

Abbildung 7.9: Übersicht über anzuwendende Nachweisverfahren

Das Nachweisverfahren selbst besteht aus zwei Grundschritten;

Schritt 1: **Vorabkontrolle**
Kontrolle, ob die vorgesehene Entsorgung überhaupt zulässig ist

Schritt 2: **Verbleibskontrolle**
Kontrolle, ob die tatsächliche Entsorgung auch so durchgeführt wird

Für die **Vorabkontrolle** sind in bezug auf die genannten Abfallspezifikationen (besonders überwachungsbedürftige und überwachungsbedürftige) folgende **Verfahren** anzuwenden:

I **Grundverfahren,** bei einem Jahresabfall von mehr als 2.000 Kilogramm besonders überwachungsbedürftige Abfälle

II **Vereinfachter Entsorgungsnachweis,** bei einem Jahresabfall von mehr als 5 Tonnen je Abfallschlüssel überwachungsbedürftiger Abfälle

III **Privilegiertes Verfahren**
Das Grundanliegen dieses Verfahrens besteht darin, daß unter der Beachtung genau definierter Voraussetzungen die Pflicht zur Einholung der behördlichen Bestätigung entfällt.

Mittels des zweiten Grundschrittes der Nachweisführung, der **Verbleibskontrolle**, soll der Nachweis über die ordnungsgemäße Verwertung/Beseitigung der Abfälle erbracht werden. Die dazu erforderlichen farbunterschiedlich gestalteten Begleitscheine (sechsfacher Formularsatz) sind für jede Abfallart und Abfallcharge gesondert allen am Prozeß beteiligten Gruppen (Erzeuger, Beförderer und Besitzer) auszufertigen. Nach *Birn* 1996, 32 gilt dabei das in *Abbildung 7.10* dargestellte Procedere.

Beim Anfall geringerer Mengen einzelner Abfallarten kann auch bei der Gewährleistung bestimmter Voraussetzungen eine **Sammelentsorgung** erfolgen. Bei dieser sammelt, transportiert und entsorgt ein Entsorger die Abfälle mehrerer Erzeuger. Durch diese Konstruktion erlangt der Entsorger die Rechtsposition des Erzeugers. Die Nachweispflicht für den letzteren reduziert sich damit auf den Nachweis der Übergabe des Übernahmescheines.

Unabhängig von den angeführten gesetzlichen Modalitäten sind die Unternehmen gut beraten, wenn sie sich **Entsorgungskonzepte** und **Abfallbilanzen** erstellen. Damit sind Instrumentarien gegeben, die den Verantwortlichen einen guten Überblick über die Art, den Umfang und den Ort des Abfallanfalls ermöglichen. Für eine mögliche Neustrukturierung von Entsorgungskonzepten sollten Checklisten, die die Verfahrensweise für die Analyse und Diagnose der Neustrukturierung wiedergeben, genutzt werden (vgl. *Weigelt* 1998).

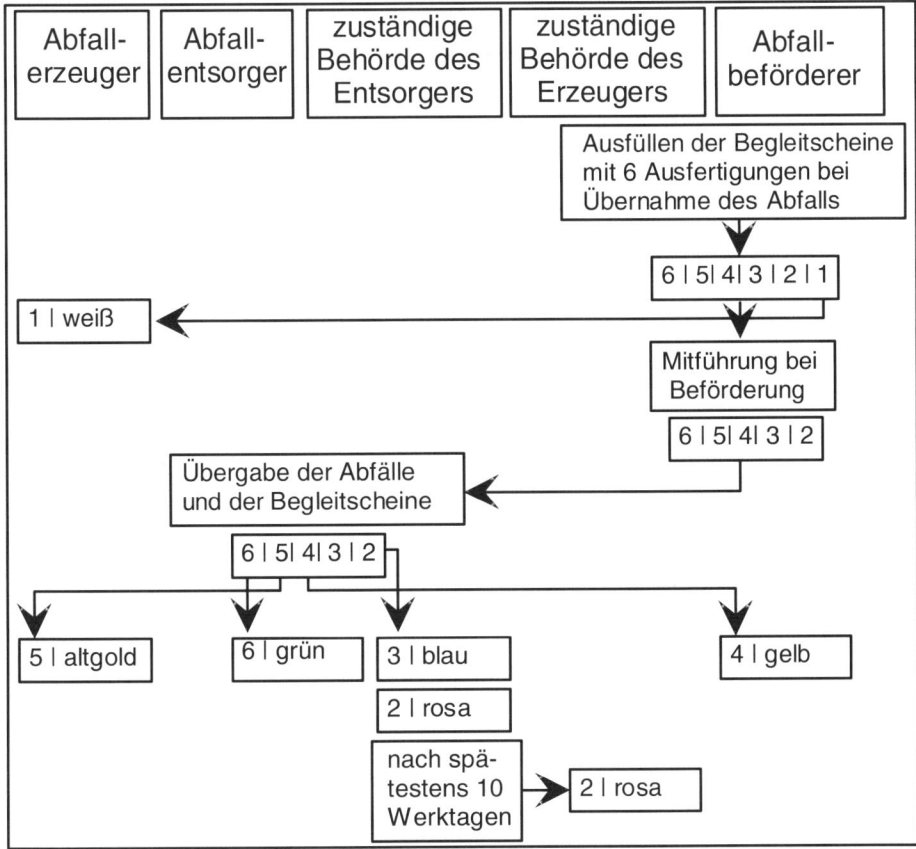

Abbildung 7.10: Procedere Begleitscheinverfahren

7.3 Umweltrelevante Rechtsvorschriften

Das Umweltschutzrecht mit seinen Hauptbestandteilen (Wasser-, Immissions-schutz- und Abfallrecht) ist entsprechend seiner ordnungspolitischen Gliederung in EU-, Bundes-, Länder- und Kommunalrecht unterteilt. Dieser Strukturierung sind Rechtsquellen (z. B. Gesetze, Verordnungen, Verwaltungsvor-schriften) beigestellt, aus denen konkrete Rechtsnormen oder verwaltungsinterne Regelungen entwickelt werden. Bezogen auf das Abfallrecht, sind dazu folgende Beispiele zu nennen:

EU-Recht	➡	EG-Abfallrahmenrichtlinie
Bundes-Recht	➡	Kreislaufwirtschafts- und Abfallgesetz
Länder-Recht	➡	Erstes Gesetz zur Abfallwirtschaft und zum Boden-schutz im Freistaat ...
Kommunal-Recht	➡	Abfallsatzung der Stadt ...

Abbildung 7.11: Rechtsquellen/Rechtsnormen

Für den Verantwortungsbereich der Materialwirtschaft einer Unternehmung gilt es darüber hinaus noch weitere Rechtsaspekte, besonders das **Chemikalien-, Arbeitsschutz- und Gewerberecht** zu beachten. Die nachfolgende *Abbildung* vermittelt einen Überblick über die wichtigsten umweltrelevanten **Rechtsvorschriften** und deren Grundsatzinhalte primär für die materialwirtschaftliche Kerntätigkeit der Entsorgung, aber auch der Teilfunktionen des Einkaufs und der Lagerung (Stand: Mai 1998):

Rechtsgebiet/Vorschrift	Grundsatzinhalte
Wasserrecht Wasserhaushaltsgesetz	§§ 19a ff. Vorschriften zum Umgang mit wassergefährdenden Stoffen, Definition des Anlagenbegriffs und Anforderungen an diese Anlagen; Definition wassergefährdender Stoffe
Allgemeine Rahmen-Abwasser-Verwaltungs-Vorschrift und deren Anhänge	Mindestanforderungen an das Einleiten von Abwasser und gefährlichen Stoffen in Gewässer
Verordnung über Anlagen zum Umgang mit wassergefährdenden Stoffen	Landesrechtliche Einzelregelungen zum WHG Anforderungen an das Lager, Anzeigeverfahren, Gefährdungspotential, Überprüfung der Anlagen (in Verbindung mit WHG)
Immissionsschutzrecht Immissionsschutzgesetz	Schutz vor schädlichen Einwirkungen auf die Umwelt § 38ff. Beschaffenheit und Betrieb von Fahrzeugen
Abfallrecht Kreislaufwirtschafts- und Abfallgesetz	§ 4 Grundsatz der Kreislaufwirtschaft Vermeidung besitzt Priorität Dritter Teil - Produktverantwortung (Entwicklung, Herstellung, Bearbeiten und Inverkehrbringen)
Nachweisverordnung	abfallrelevante Nachweispflicht und -führung
Altölverordnung	Entsorgung, Vermischungsverbote, Lagerung von Altölen
Transportgenehmigung	Wer darf Abfälle befördern, welche Genehmigungen sind erforderlich? Kennzeichnung der Fahrzeuge.
HKW-Verordnung	Zurücknahme halogenierter Lösemittel
Verpackungsverordnung	Rücknahmepflicht gebrauchter Verpackungen
Allgemeine Verwaltungsvorschrift zum Schutz des Grundwassers bei der Lagerung und Ablagerung von Abfällen	Einhaltung von Maßnahmen zum Schutz des Grundwassers

Rechtsgebiet/Vorschrift	Grundsatzinhalte
Chemikalienrecht Gefahrstoffverordnung	Einstufung (§ 4) und Kennzeichnung gefährlicher Stoffe und Zubereitungen (§§ 6, 7) § 14 DIN Sicherheitsdatenblatt § 15 Herstellungs- und Verwendungsverbote § 16 Anlegen von Gefahrstoffverzeichnissen im Unternehmen
Technische Regeln Umgang mit Gefahrstoffen	z. B. 201 Kennzeichnung von Abfällen
Chemikalienverbots- verordnung	Neuordnung und Ergänzung der Verbote und Be-schränkungen des Herstellens, Inverkehrbringens und Verwendens gefährlicher Stoffe, Zubereitungen und Erzeugnisse nach § 17 ChemG
Weitere relevante Vor- schriften Verordnung über brennbare Flüssigkeiten	Anforderungen an Anlagen zum Lagern, Abfüllen und Befördern brennbarer Flüssigkeiten
Druckbehälterverordnung	Anforderungen an die Sicherheit von Druckbehäl-tern
Arbeitsschutzgesetz	Vermeidung bzw. Minimierung von Gefährdungen für die Beschäftigten
Arbeitsstättenverordnung	Arbeitsstätten nach allgemein anerkannten sicher-heitstechnischen, arbeitsmedizinischen und hygieni-schen Regeln ausstatten und betreiben
Gerätesicherheitsgesetz	Anforderungen an das Inverkehrbringen und Auf-stellen technischer Arbeitsmittel
StVO und StZO	HU und ASU, allg. Forderung zur Zulassung von Kraftfahrzeugen
Gesetz zur Beförderung gefährlicher Güter	Anforderung zum sicheren Transport gefährlicher Güter
Technische Regelwerke DIN- und ISO-Normen VDI-Richtlinien Umweltzeichen	
verschiedene UVV	jährliche UVV-Abnahme von Fahrzeugaufbauten, technischen Einrichtungen, Behältern

Abbildung 7.11: Umweltrelevante Rechtsvorschriften

7.4　Kontrollfragen

1. Was versteht man unter dem Begriff der Entsorgung aus rechtsnorm-adäquater Sicht, und aus welchen objektiven Gründen erfolgt ihre Einordnung in den materialwirtschaftlichen Kontext? ⮕ Kap. 7.2/210
2. Wie würde man den Abfallbegriff definieren; und welches sind die bestimmenden Zuordnungsattribute von Stoffen zum Geltungsbereich dieses rechtsnormbasierenden Begriffes? ⮕ Kap. 7.2/210
3. Welche Abfallklassifikation ergibt sich aus der Abhängigkeit der Abfälle zur Entsorgungsart, Schadstoffintensität oder auf ihren Entstehungsort? ⮕ Kap. 7.2/211
4. Stimmt die These, daß ungängige und überzählige Materialvorräte als nicht absetzbare Endprodukte bezeichnet werden? ⮕ Kap. 7.2/212
5. Wieso besitzt im Kontext der Abfalltrilogie die Abfallvermeidung die absolute Priorität? ⮕ Kap. 7.2/213
6. Worin bestehen die grundlegenden Unterschiede zwischen der quantitativen und qualitativen Abfallvermeidung? ⮕ Kap. 7.2/213
7. Welche produktions-, logistik- und verwaltungsspezifischen Vermeidungshandlungen kann man zur Senkung von Abfallmengen aufführen? ⮕ Kap. 7.2/213
8. Stimmt der Grundsatz, daß der Wechsel von Klein- zu Großgebinden zu den verwaltungsspezifischen Vermeidungshandlungen zählt? ⮕ Kap. 7.2/213
9. Welche konkreten Aktivitäten sind im Handlungsspektrum der Abfallvorbehandlung im Rahmen der Abfallverwertung notwendig? ⮕ Kap. 7.2/214
10. Wie nennt man die erneute Verwendung und Verwertung von Produkten in Form von Kreisläufen? ⮕ Kap. 7.2/215
11. Worin bestehen die qualitativen Unterschiede zwischen dem innerbetrieblichen und interindustriellen Recyclings? ⮕ Kap. 7.2/215
12. Wieso verkörpert die Recyclingform, in derem Ergebnis die originäre Produktgestalt erhalten bleibt, gegenüber anderen Formen die qualitativ ansprechendere? ⮕ Kap. 7.2/215
13. Worin besteht das grundlegende Gestaltungskonzept des Life-Cycle-Engineerings? ⮕ Kap. 7.2/215
14. Nach welchem formelmäßigen Denkansatz läßt sich der Wirtschaftlichkeitsnachweis von Recyclingverfahren berechnen? ⮕ Kap. 7.2/218
15. Worin besteht der Zielansatz von Recyclingbörsen, und welchen bestimmenden Inhalt besitzt das Teilnahmeformular? ⮕ Kap. 7.2/220
16. Welche Möglichkeiten der Abfallbeseitigung sind prinzipiell denkbar, und warum wird in der Praxis überwiegend dem Aspekt der Fremdbeseitigung entsprochen? ⮕ Kap. 7.2/221
17. Unterbreiten Sie Beispiele für Aktivitäten von Vorbehandlungsverfahren der Abfallbeseitigung! ⮕ Kap. 7.2/222

18. Nach welchen Klassen werden Deponien unterschieden, und worin besteht der Unterschied zwischen Inert- und Monodeponien? ➡ Kap. 7.2/222

19. Dokumentieren Sie den Unterschied zwischen einer obligatorischen und fakultativen Nachweisführung des Abfallweges! ➡ Kap. 7.2/222

20. Nennen Sie die spezifischen Verfahren der Vorabkontrolle im Rahmen der Nachweisführung von Abfällen, und erläutern Sie deren Modalitäten!
➡ Kap. 7.2/224

21. Welche Hauptbereiche umfaßt das Umweltschutzrecht, und auf welchen Rechtsquellen fußt es? ➡ Kap. 7.3/225

22. Welchen Hauptbereichen würden Sie die Altöl-, Verpackungs-, Gefahrstoff- und Druckbehälterverordnung zuweisen? ➡ Kap. 7.3/227

8 Organisation von Materialwirtschaftsbereichen

8.1. Studienziele

Dieses Kapitel soll dem Leser
➡ den Terminus der Organisation erläutern sowie den Unterschied zwischen formaler und informaler Organisation aufzeigen;
➡ die allgemeinen und speziellen Organisationsgrundsätze und -elemente als Voraussetzung einer geeigneten Verständigungsbasis nachfolgender Grundtatbestände der Organisation unterbreiten;
➡ die vorrangig methodisch begründete Unterscheidung sowie sachbezogene Kausalität zwischen Aufbau- und Ablauforganisation beweisen;
➡ die wesentlichen allgemeingültigen Organisationsschritte der Aufbau- und Ablauforganisation und deren Detailinhalte darstellen;
➡ die derzeitigen und zukünftigen Grundmodelle von aufbauorganisatorischen Leitungsgefügen einschließlich deren Anwendungsvoraussetzungen und -grenzen aufzeigen;
➡ die Wege der Einbindung von materialwirtschaftlichen Organisationseinheiten unter dem Aspekt einer hohen volks- und betriebswirtschaftlichen Ergebniswirksamkeit in die Unternehmensstruktur unter Integration definierter Einstufungshilfen darstellen;
➡ die Grundsätze der Materialflußplanung und -gestaltung näher bringen sowie die enge Verzahnung von Material- und Informationsfluß beweisen;
➡ die für einen kontinuierlichen und zweckmäßigen Betriebsablauf notwendigen Organisationsmittel einschließlich der Interpretation erforderlicher Begriffsinhalte aufzeigen;
➡ die Bedeutung einer rechnergestützten Verarbeitung funktionsorientierter materialwirtschaftlicher Informationsflüsse begründen sowie eine adäquate beispielhafte Softwareaufstellung unterbreiten.

8.2 Zur allgemeinen Organisationsproblematik

Bevor auf die Probleme der eigentlichen organisatorischen Gestaltung von Materialwirtschaftsbereichen einschließlich deren interne Aktionseinheiten eingegangen wird, soll in diesem Abschnitt eine Kurzdarstellung der mit dem Organisationsbegriff immanenten Problemfelder erfolgen.

8.2.1 Organisationsbegriff

Die effiziente Realisierung betrieblicher, marktbezogener Formal- und Sachziele erfordert i. d. R. eine arbeitsteilige und koordinierte Aufspaltung der Gesamtaufgabe in differenzierte Teilaufgaben. Damit dem Aspekt der Koordination entsprochen wird, bedarf es der Schaffung einer formalen Organisation (Koordination durch Organisation). Diese ist im Unterschied zur informalen eine

„bewußt geschaffene, rational gestaltete Struktur" (vgl. *Bühner* 1989, 6) zum Vollzug der objektiv definierten Zielstellung. Der Terminus **Organisation** wird – wie viele betriebswirtschaftliche Kategorien – vielschichtig gedeutet. Zum einen versteht man darunter die Tätigkeit des Organisierens (z. B. Ermitteln und Zuordnen der Aufgaben und Erstellen des Ablaufs) durch das Management (**funktionaler Organisationsbegriff**), zum anderen das Resultat organisatorischer Handlungen (**instrumentaler Organisationsbegriff**), d. h., „als Ordnung, die eine Unternehmung durch das Organisieren erhält" (*Jung* 1998, 240). In Anlehnung an den zuletzt genannten Aspekt definiert *Schwarz* die Organisation (in *Steinbuch* 1990, 17):

> „Organisation ist ein System dauerhaft angelegter betrieblicher Regelungen, das einen möglichst kontinuierlichen und zweckmäßigen Betriebsablauf sowie den Wirkzusammenhang zwischen den Trägern betrieblicher Entscheidungsprozesse gewährleisten soll."

Zu dieser Definition sind noch folgende **Ergänzungen** notwendig:

- Die Organisation selbst formuliert keine Zielstellungen, sondern umreißt nur den Rahmen, in dem sich die Zielerreichungsaktivitäten vollziehen.

- Der **Wirkungsgrad** einer Organisation ist dann am höchsten, wenn eine sinnvolle Synthese zwischen formaler und informaler Organisation besteht. Das heißt, rein rational geschaffene Strukturgebilde müssen mit den persönlichen Ambitionen (Fähigkeiten und Fertigkeiten, Wünschen, Interessen) der Organisationsträger übereinstimmen.

Eine dritte Deutung verbindet den Organisationsbegriff mit dem geschaffenen Organisationsgebilde.

8.2.2 Grundsätze und Elemente der Organisation

Bevor auf die beiden grundlegenden Komponenten der Organisationslehre, der Aufbau- und Ablauforganisation, näher eingegangen wird, bedarf es zum besseren Verständnis der Darlegung einiger Grundtatbestände der Organisation, wie z. B. den allgemeinen und speziellen Organisationsgrundsätzen und -elementen.

Als **allgemeine Grundsätze** gelten:

- **Prinzip der Wirtschaftlichkeit** bei Alternativauswahl,

- **Prinzip der Zweckmäßigkeit** im Sinne der Ziel-Mittel-Dialektik,

- **Prinzip des Gleichgewichts** zwischen organisatorischer Stabilität und Elastizität und das

- **Prinzip der Ausgewogenheit** zwischen Aufgabenangemessenheit, Flexibilität, kaufmännischer Ordnungsmäßigkeit und Effizienz.

Die speziellen Grundsätze liefern Fingerzeige zum besseren Vollzug der organisatorischen Zielstellungen in bezug auf die fixierte Aufbau- und Ablauforganisation einschließlich der personellen Aufgabenerfüllung. Nach *Jung* 1998, 244 gelten als **spezielle Grundsätze**:

- „Stellenbildung durch exakte Aufgabengliederung und Aufgabenzuweisung,

- Konkrete Festlegung der Kompetenz,

- Maximierung der Durchlaufgeschwindigkeit,

- Minimierung der Durchlaufwege,

- Kontrolle ja, aber durch Überzeugung, nicht durch Strafe,

- Ausreichende Information an die Mitarbeiter,

- Einhaltung des Dienstweges,

- Einhaltung des Beschwerdeweges."

Die aus der Aufspaltung einer Gesamtaufgabe in viele Teilaufgaben (Aufgabenanalyse) und anschließende Zusammenfassung der untereinander in sachlicher Beziehung stehenden Teilaufgaben (Aufgabensynthese) führt zu definierten Organisationseinheiten, die in ihrer Gesamtheit das **Aufbauorganigramm** der Unternehmung ergeben. Als solche gelten u. a.:

- **Stelle**: verkörpert die kleinste organisatorische Einheit für ausführende Aktivitäten, die durch Zuordnung von Teilaufgaben ohne zeitliche Begrenzung auf eine einzige abstrakte Person entsteht und die immer einem Leiter untersteht.

- **Abteilung**: Summe aus mehreren Stellen unter einheitlicher Leitung.

- **Instanz**: organisatorische Bezeichnung für eine Organisationseinheit mit Vorgesetztencharakter, der i. d. R. Stellen nachgeordnet sind.

- **Stabsstelle**: ist eine im Stab-Linien-System nebengeordnete Stelle mit Dienstleistungsaufgaben ohne Weisungsrecht gegenüber den Abteilungen und Instanzen.

Neben den vorher angesprochenen Organisationseinheiten gehören u. a. die organisatorischen **Regelungen** zum Spektrum der Organisationselemente. Diese Regelungen sollen gewährleisten, daß eine Stelle oder Instanz die zur sachgerechten und wiederholbaren Aufgabenerfüllung neben der Aufgabenzuordnung notwendigen Informationen erhält. Nach *Bühner* 1989, 8 lassen sich folgende voneinander unabhängig zur Anwendung kommende Regelungen unterscheiden:

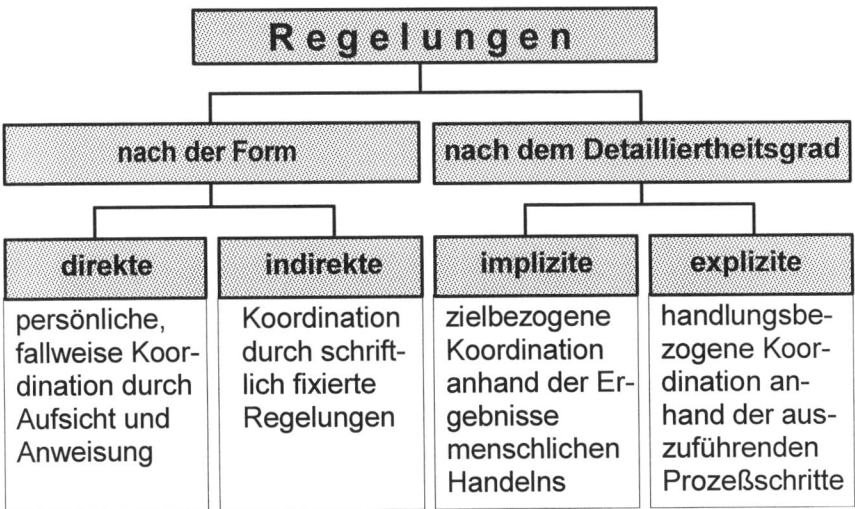

Abbildung 8.1: Arten von organisatorischen Regelungen

8.2.3 Aufbau- und Ablauforganisation

Die betriebswirtschaftliche Organisationslehre unterscheidet aus vorrangig methodischen Gründen eine zweiseitige Betrachtungsweise der in der Definition der Organisation fixierten Problemstellung, nämlich eine Aufbau- und eine Ablauforganisation. Beide Komponenten verkörpern dabei eine unmittelbar nicht zu vernachlässigende gegenseitige Kausalität. Das in der Definition verankerte Attribut „dauerhaft" demonstriert den betriebswirtschaftlichen Denkansatz, indem der mit der Gestaltung von Organisationseinheiten verbundene Aufwand durch organisatorische Wiederholtätigkeiten wirtschaftlich relativiert wird.

Unter **Aufbauorganisation** versteht man eine auf langfristige Sicht nach verschiedenen Merkmalen ausgerichtete Gliederung des Betriebes in arbeitsteilige Organisationseinheiten (z. B. Stellen, Abteilungen, Instanzen). Sie stellt damit ein Regelwerk von Rechten und Pflichten dar, das auf das postulierte Organisationsziel ausgerichtet ist und unabhängig von konkreten Personen existiert.

Die wesentlichen Organisationsschritte der Aufbauorganisation bestehen in:

1. der Zerlegung der betrieblichen Gesamtaufgabe in Teilaufgaben bzw. Arbeitsschritte und

2. der Zusammenfassung der Einzelaufgaben zu Aufgabeneinheiten im Sinne von Organisationseinheiten und Personen.

Die genannten Schritte werden auch als **Aufgabenanalyse** und **Aufgabensynthese** bezeichnet, wobei der zuletzt genannte Aspekt streng genommen die eigentliche organisatorische Tätigkeit verkörpert. Im Rahmen der Aufgabenanalyse erfolgt eine Zerlegung der Gesamtaufgabe primär nach den Bestimmungselementen einer Aufgabe wie der Verrichtung, des Objektes und Ranges sowie der Phasen und Zweckbeziehung. Innerhalb der **Verrichtungsanalyse** wird dabei festgestellt, durch welche Art von unmittelbaren Aktivitäten (geistige oder körperliche) die Aufgabe gelöst wird. Bei der **Aufgabenanalyse** nach Objekten wird dagegen analysiert, an welchem materiellen oder immateriellen Gegenstand die vorher ermittelten Verrichtungen durchgeführt werden. Die Aufgabenanalyse nach Rang strukturiert die Teilaufgaben nach leitenden und ausführenden. Unter leitenden Teilaufgaben versteht man dabei solche Entscheidungen, die sich sowohl auf die eigene als auch auf fremdausgeführte Tätigkeiten bezieht. Bei der Aufgabenanalyse nach der Phase werden alle Teilaufgaben nach ihrem Sachbezug des bekannten Phasenschemas der Planung, Realisation und Kontrolle gegliedert. Beim zuletzt genannten Aspekt der Zweckbestimmung erfolgt die Aufgabenanalyse in bezug auf die Zerlegung der Gesamtaufgabe in Zweck- und Verwaltungsaufgaben.

Ist der Prozeß der Aufgabenanalyse abgeschlossen, das heißt, alle vorher genannten Bestimmungselemente wurden realisiert, erfolgt der zweite Organisationsschritt, die Aufgabensynthese. Durch sie werden die ermittelten Teilaufgaben zu strukturierten, erfüllbaren Aufgabengebilden, den Stellen, zusammengefaßt. Auf nähere Ausführungen der Grundsätze der Stellenbildung wird in diesem Zusammenhang verzichtet.

Die **Ablauforganisation** (Prozeßstrukturierung) regelt die „Arbeitsabläufe durch Arbeitsanweisungen bezüglich des zeitlichen und räumlichen Zusammenwirkens von Menschen, Informationen und Sachen (Maschinen und Material)". (*Specht* 1990, 383)

Durch sie soll damit vor allem eine rationale Ablaufprozeßgestaltung unter Beachtung unternehmensinterner und -externer ablauforganisatorischer Einflußgrößen (vgl. *Weidner* 1992, 196) gewährleistet werden. In Analogie zur Aufbauorganisation vollzieht sich dieses Phänomen ebenfalls in zwei Organisationsschritten, der **Arbeitsanalyse** und **-synthese**. Während im ersten Schritt eine tiefere Aufspaltung der durch die Aufgabenanalyse nach definierten Bestimmungselementen einer Aufgabe gewonnenen Teilaufgaben (besonders nach dem Verrichtungsmerkmal) erfolgt, besteht die Grundsatzaufgabe der Arbeitssynthese in der nachfolgenden Zusammenführung der einzelnen Arbeitstätigkeiten zu Arbeitsgängen unter Integration der aufgabenbezogenen, organisationsrelevanten Merkmale von Raum, Zeit, Hilfsmittel und Aufgabenträger. *Kosiol* 1968, 102 (in *Jung* 1998, 273) spricht deshalb auch von einer **personellen, temporalen** und **lokalen Arbeitssynthese**.

8.2.3.1 Grundmodelle von aufbauorganisatorischen Leitungsgefügen

Wie im Abschn. 8.2.2 bereits festgestellt, führt die Aufgabensynthese zu definierten Organisationseinheiten, die in ihrer Ganzheit das Strukturorganigramm der Unternehmung bilden. Für diese Gesamtheit gibt es in der wissenschaftlichen Literatur eine Vielzahl synonymer Begriffe, wie z. B. Organisationsformen, Leitungssysteme oder Leitungsgefüge.

In der Theorie wird bei der Gestaltung von Unternehmensstrukturen zwischen zwei **idealtypischen Grundformen** von Leitungsgefügen unterschieden:

- Einliniensystem

- Mehrliniensystem

Das Grundprinzip des zuerst genannten Systems besteht darin, daß alle Stellen bzw. Instanzen nur einer jeweils unmittelbar übergeordneten Instanz angehören und von dieser ihre Anweisungen bzw. Informationen erhalten. Durch diese Konstruktion sind die Kommunikationswege klar definiert, allerdings besteht die Gefahr zu langer Informationswege und von Informationsverfälschungen.

Beim **Mehrliniensystem** haben dagegen mehrere Instanzen eine Anweisungsbefugnis gegenüber ihren untergeordneten Stellen. Voraussetzung für diese Systemanwendung der spezialisierten Führung und kurzen Informationswege ist jedoch eine exakte Aufgaben- und Kompetenzabgrenzung zwischen den übergeordneten Instanzen, um Weisungskonflikte zu vermeiden.

Eine Spezialform des Einliniensystems verkörpert das **Stab-Linien-System**. Bei diesem System werden den jeweiligen Linieninstanzen Stabsstellen zugeordnet, deren Hauptaufgabe die Ausarbeitung entscheidungsrelevanter Unterlagen für die Linieninstanzen ist.

Weitere Möglichkeiten der Gestaltung aufbauorganisatorischer Organisationsgebilde sind

- die **Spartenorganisation** mit den Abarten der Cost-, Profit- und Investment-Center-Organisation,

- die **Matrixorganisation**, mit den Abarten des Produkt- und Projektmanagements und

- die **Teamorganisation**.

Das Grundprinzip der Sparten- oder Divisionsorganisation besteht darin, unüberschaubare, komplexe Organisationssysteme in kleine und damit flexiblere Subsysteme (**Sparten/Divisionen**) zu unterteilen. Diese Gebilde beziehen sich auf gleichartige Erzeugnisse oder Erzeugnisgruppen bzw. Kunden, wobei innerhalb der einzelnen Sparten weiter die Organisation des Einliniensystems vorherrscht. Querschnittsfunktionen, wie z. B. das Rechnungswesen, die Personal-, Anlagen- und Materialwirtschaft, werden als sog. Zentralabteilungen direkt der Unternehmensleitung unterstellt, allerdings mit fachbezogener Weisungsbefugnis. Damit verkörpert dieses Organisationssystem eine Mischform zwischen den beiden idealtypischen Grundformen.

Das Grundanliegen der **Matrixorganisation** besteht in der Negierung der Negativpunkte (z. B. Divergenz zwischen Formal- und Sachzielen, hoher Koordinierungsaufwand u. ä.), indem die Zentralabteilungen nicht nur fachbezogene Weisungsbefugnis sondern auch darüber hinausgehende Anweisungsbefugnisse erhalten.

Die Teamorganisation zeichnet sich dadurch aus, daß eine Stelle mit einem Team gleichgesetzt wird, das relativ selbständig und gemeinsam eine übertragene Aufgabe, die differenziertes Fachwissen erfordert, bearbeitet.

Die nachfolgende Abbildung nach *Much/Nicolai* 1995, 35 verdeutlicht die Grundstruktur der einzelnen Systeme, ohne auf die jeweiligen Vor- und Nachteile näher einzugehen.

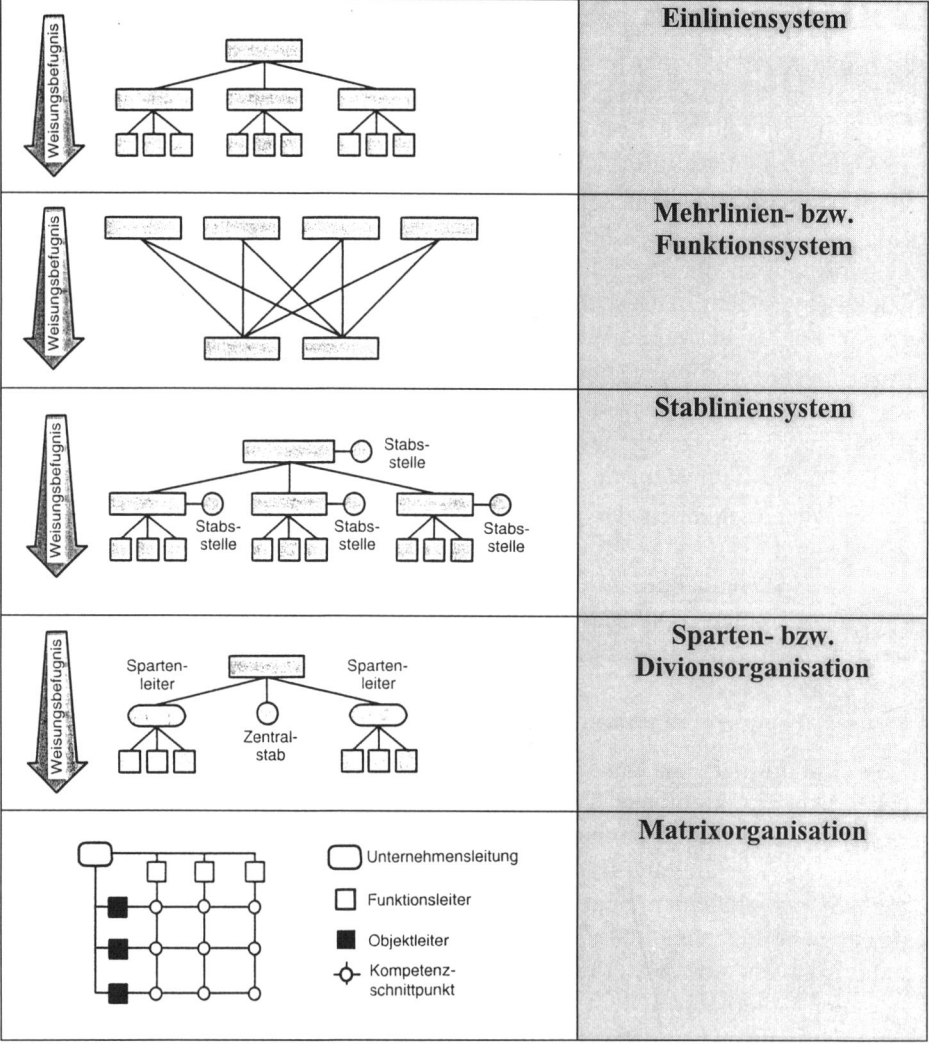

Abbildung 8.2: Grundformen der Aufbauorganisation

8.2.3.2 Zukünftige Organisationskonzepte

Es ist Tatsache, daß mit den derzeit in den Unternehmungen praktizierten konventionellen Grundmodellen von aufbauorganisatorischen Leitungsgefügen aufgrund ihrer großen Unflexibilität und Aufgaben- bzw. Kompetenzredundanz sowie geringer Synergieergiebigkeit den Anforderungen der Zukunft in bezug auf eine sich ständig verändernde Markt- und Wettbewerbsumgebung – im Sinne der zunehmenden Globalisierung und Fragmentierung der Märkte – nur noch bedingt entsprochen wird. Deshalb müssen Organisationsmodelle kreiert werden, die eine höhere Anpassungsfähigkeit an die genannten Veränderungen ermöglichen. In der Literatur (vgl. *Jung* 1998, 276) wird deshalb auch von einer **„Organisation der flexiblen Führerschaft"** gesprochen. Nach *Lauk* 1992, 83 sind die tragenden Elemente, die eine solche Organisationsvision enthalten soll, „die Flexibilität, das Zulassen von Innovation, rechtzeitiges Ansprechen neuer Segmente, weltweites Operieren sowie Handlungs- und Entscheidungsfreiheit vor Ort." Um diesem Anspruch gerecht zu werden, bedarf es nicht nur der partiellen Veränderung der derzeitigen Organisationssysteme, sondern eines zyklischen **Quantensprunges** in bezug auf die Organisationsgestaltung. Praktisch läßt sich dieser Sprung jedoch nur in logischen, die Spezifika der Unternehmen beachtenden Veränderungsschritten vollziehen. Um die Gegensätzlichkeit zu beseitigen, die zwischen dem theoretischen und praktischen Denkansatz besteht, bedarf es eines integrativen Handlungskonzeptes, das die Konjunktion von Rationalität und Emotionalität unter dem Aspekt der Globalität verwirklicht. Anders ausgedrückt: Zukunftsorientierte Organisationen integrieren stärker als bisher den emotionalen Managementfaktor und eine „offene Unternehmenskultur" (*Lauk* 1992, 87f.). Angesagt sind damit nicht verstärkte Arbeitsanweisungen, Richtlinien und Verordnungen, im Sinne von starren Reglementierungen, sondern Gebilde, die den Faktor der menschlichen Selbstorganisation, wie z. B. die schon dargelegte Teamorganisation, berücksichtigen. Nach *Jung* 1998, 276ff. sind folgende **Leitungssysteme** geeignet, dem genannten Zukunftsanspruch zu folgen:

- Lean-Management
- Chaos-Management
- Visionäres Management
- Internationales Management
- Qualitäts-Management
- Umwelt-Management
- Innovatives Management

Unter **Lean-Management**, abgewandelt aus dem Begriff Lean Production, versteht man bekanntlich eine flexible und durch wenige Hierarchieebenen gekennzeichnete Unternehmensorganisation mit dem Ziel, über angereicherte Arbeits- und Verantwortungsinhalte der Stellen effizientere Fertigungsabläufe zu gestalten.

Das **Chaos-Management** vollzieht sich in einem System von vernetzten inner- und überbetrieblichen Einzelsystemen nach dem Grundsatz der Selbstorganisation. Dabei darf Chaos nicht als heilloses Durcheinander, sondern als situationsadäquates Verhalten auf Wirtschafts- und Unternehmensturbulenzen verstanden werden, als deren Ergebnis neue, effektivere Organisationen hervorgehen können.

Beim **Visionären Management** besteht der Grundsatz darin, alle Mitarbeiter eines Unternehmens auf die strategische und ideelle Unternehmensvision – basierend auf der für das Unternehmen zutreffenden Philosophie – auszurichten und daraus organisationsbezogene Erfolgspotentiale abzuleiten.

8.3   Zur Aufbauorganisation in der Materialwirtschaft

Nachdem in den vorangestellten Kapiteln allgemeingültige Organisationsaspekte behandelt wurden, gilt es jetzt, die dort gewonnenen Erkenntnisse in den materialwirtschaftlichen Kontext zu übertragen. Geht man davon aus, daß bei der Gestaltung von Aufbauorganisationen immer zwei grundlegende Arbeitsschritte im Sinne der Aufgabenanalyse und Aufgabensynthese zu vollziehen sind, so stellt sich zunächst die Frage nach der Definition der Gesamtaufgabe der Materialwirtschaft und deren Zerlegung in vorrangig verrichtungsbezogene Teilaufgaben. Orientiert man sich am materialwirtschaftlichen Oberziel (vgl. Abschn. 1.3), so besteht die Grundsatzaufgabe der Materialwirtschaft in der permanenten Realisierung materialwirtschaftlicher Erfolgspotentiale für das Unternehmen. Zerlegt man diese Gesamtaufgabe – entsprechend der Formallogik des Materialflusses vom Lieferanten bis zum Kunden – so resultieren daraus die in *Abbildung 1.2* dargestellten technisch-organisatorischen und ökonomischen Teilaufgaben der Materialsicherung und Wertorientierung. Durch den nachfolgenden zweiten Arbeitsschritt, die Aufgabensynthese, werden dann die im ersten Schritt erarbeiteten Verrichtungsaufgaben (Funktionen) zu Aufgabenkomplexen im Sinne von arbeitsteiligen, organisatorischen Einheiten zusammengefaßt, die in ihrer Gesamtverknüpfung die Unternehmenshierarchie verkörpern. Im Rahmen der Gestaltung von unternehmensbezogenen Aufbauorganisationen gilt es dann diese materialwirtschaftlichen Organisationseinheiten unter dem Aspekt eines hohen Wirkungsgrades in die Gesamthierarchie einzubinden.

Theoretisch sind **drei Wege** möglich:

1.   Die als das Resultat der Aufgabenanalyse nach sechs grundlegenden Funktionen (vgl. *Abbildung 1.1*) zusammengefaßten Teilaufgaben werden unterschiedlichen Unternehmensbereichen (z. B. Produktion und Absatz) zugeordnet. Ergebnis: ➡ **Dezentrale Materialwirtschaft**

2. Die genannten Funktionen werden in einer Organisationseinheit zusammengefaßt. Ergebnis: ➡ **Zentrale Materialwirtschaft**

3. Einige Funktionen werden dezental und andere zentral zugeordnet. Ergebnis: ➡ **Kombinierte Materialwirtschaft**

Ein neuer Lösungsansatz zur rentablen Gestaltung des zuletzt angeführten Aspektes ist das Materialgruppenmanagement als ein Handlungsspektrum zur Verbesserung der Beschaffungsabläufe, Bestandsoptimeirung und Organisationseffizienz.

Die differenzierten Vor- und Nachteile der beiden zuerst genannten Einbindungswege werden in der folgenden *Abbildung* zusammengefaßt dargestellt:

dezentralisierte Abwicklung	zentralisierte Abwicklung
• Nähe zum Produkt, zur Arbeitsvorbereitung, Konstruktion etc. (Teamgedanke) • höhere Produkt- und Kundenorientierung • Personalmehraufwand (v. a. mehrfache Verwaltung in den Strukturen) • bessere operative Ausrichtung • quantitative Überforderung der Zentraleinkäufer durch kumulierte Probleme aus Segmenten wird vermieden • keine Gefahr des „Verselbständigens" bzw. „Abhebens" der Zentraleinkäufer • klare Verantwortlichkeiten durch Linien- statt Matrixorganisation • weniger interne Schnittstellen	• höhere Spezialisierung auf Warengruppen, Lieferanten, höherer Tiefgang, konzentriertere Einkaufsmacht, keine systematischen Redundanzen • Übersicht und Weitsicht der Zentraleinkäufer, Synergien, Informationsaustausch unter Einkäufern • ein Lieferant – ein Ansprechpartner • Vertreterregelung, Schwerpunktkonzentration • Glättung von Kapazitätsgebirgen • Controlling zwischen Zentraleinkauf und Struktur • bessere strategische Ausrichtung (Beschaffungsmarktforschung, Controlling, SAP-Entwicklung, Koordination der Unternehmenstätigkeit nach außen etc.) • Nähe zu peripheren Zentralfunktionen (v. a. Zentrales Rechnungswesen) • weniger Lieferanten als Ansprechpartner

Abbildung 8.3.: Vor- und Nachteile der dezentralisierten und zentralisierten Abwicklung von Aufgaben der Materialwirtschaft

Zusammenfassend muß jedoch festgestellt werden:

Die Materialwirtschaft wird ihrer konzipierten Zielstellung, das Unternehmen sicher und wirtschaftlich mit den benötigten Materialien bzw. Dienstleistungen strategisch und operativ zu versorgen und gegebenenfalls auch ökologisch effizient zu entsorgen, nur dann gerecht, wenn sie selbstverantwortlich alle dazu erforderlichen planenden, organisierenden, steuernden und kontrollierenden Arbeitsschritte im Sinne der Erhöhung der volks- und betriebswirtschaftlichen Ergebniswirksamkeit unter Beachtung ökologischer Erfordernisse des Unternehmens insgesamt vollziehen kann.

Diesem Denkansatz wird mit der **integrierten Materialwirtschaft** als der höchsten und modernsten Form der Zentralisation am besten entsprochen. Integration bedeutet dabei nicht eine zwingende Einbindung aller materialwirtschaftlichen Kerntätigkeiten in eine Organisationseinheit, wohl aber deren Gesamtverantwortung. Nach *Bierhals* 1993, 34f. läßt sich diese Organisationsform grafisch wie folgt darstellen:

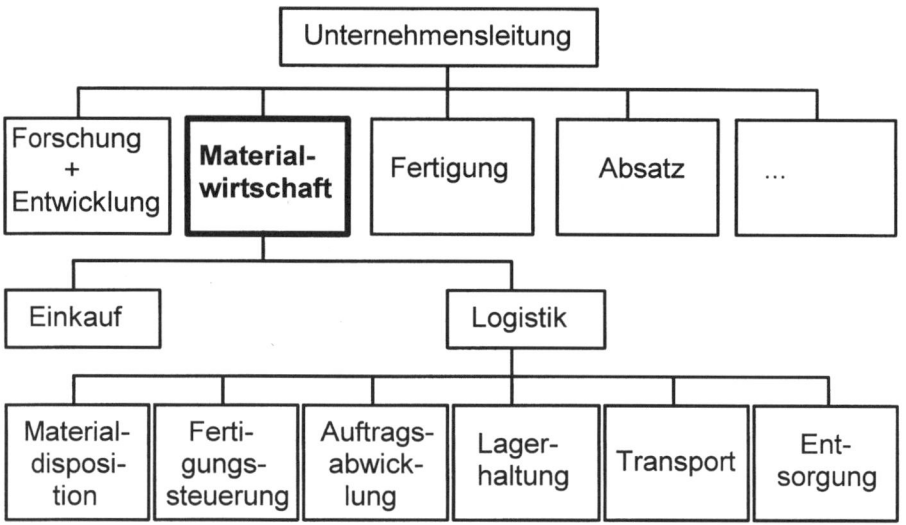

Abbildung 8.4: Organisationsform integrierte Materialwirtschaft

Die Unterteilung in Einkauf und Logistik ist dabei dem Erfordernis einer marktorientierten Einkaufs- und materialflußorientierten Logistikpolitik geschuldet. *Bierhals* 1993, 34f. faßt die kennzeichnenden **Merkmale einer integrierten Materialwirtschaft** wie folgt zusammen:

- „Ausgewogenheit zwischen marktgerichtetem Einkauf und logistischen Planungs- und Steuerungsaufgaben sowie ausführende Lager-, Transport-, Distributions- und Auftragsabwicklungsaufgaben,
- gute Möglichkeiten einer reibungslosen Abstimmung zwischen Auftragszufluß und Materialversorgung,
- günstige Voraussetzung eines Ausgleichs zwischen den Anforderungen der Absatzmärkte, den Produktions- und Beschaffungsmöglichkeiten,
- ganzheitliche Planung und Steuerung der Material- und Warenflüsse über alle Stufen des Versorgungssystems hinweg,
- klare Verantwortung für die Materialkosten, die Kapitalbindung in Vorräten an Vormaterial, Halbfabrikaten und Fertigwaren,
- klare Verantwortung für die Lieferbereitschaft gegenüber dem Absatzmarkt,
- einheitliche Verantwortung für die Gemeinkosten der materialwirtschaftlichen Teilfunktionen."

Aus der *Abbildung 8.4* ist neben dem Aspekt der Ganzheitlichkeit der materialwirtschaftlichen Kompetenz und Verantwortung aber auch der hohe Stellenwert der Einordnung in die Unternehmenshierarchie erkennbar. Letzterer ist i. d. R. stark vom prozentualen Anteil der jeweiligen Materialkosten an den Umsatzerlösen bzw. Selbstkosten eines Unternehmens abhängig. Weitere Einordnungskriterien sind die **Unternehmensphilosophie** und **-größe** sowie der **Wirtschaftszweig**. Für den zuerst angesprochenen Sachverhalt der Einstufung gilt folgende **Faustformel**:

Je größer der Materialkostenanteil, desto höher die Hierarchieeinstufung.

Als konkrete Entscheidungshilfe zur Ableitung der Organisationsstufen aus den Materialkostenanteilen dienen vor allem bei Großunternehmen folgende Richtwerte (*Zoth* 1991, 6):

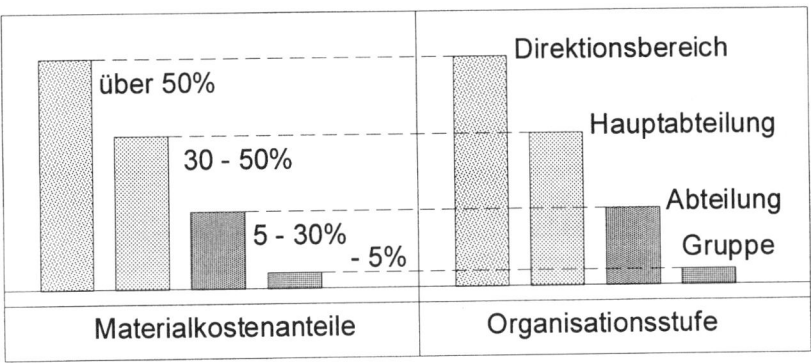

Abbildung 8.5: Richtungsweiser für die hierarchische Einordnung der Materialwirtschaft

Mit Bezugnahme auf die im Punkt 8.2.3.1 dargestellten zwei idealtypischen Grundformen von Leitungssystemen (Ein- und Mehrliniensystem) ergibt sich für das Einliniensystem und seiner Spezialform dem Stab-Liniensystem – bezogen auf die grundlegenden Kernfunktionen der Materialwirtschaft – folgendes **Beispielorganigramm** (*Abbildung 8.6*).

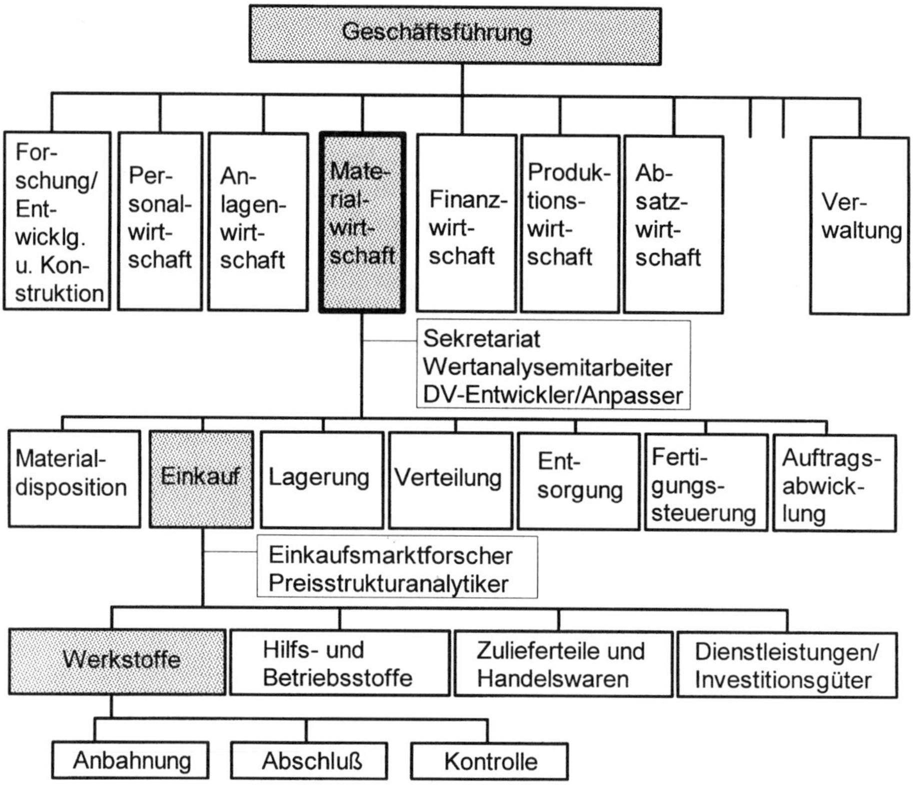

Geschäftsführung
For-schung/Ent-wicklg. u. Kon-struktion
Per-sonal-wirt-schaft
An-lagen-wirt-schaft
Mate-rial-wirt-schaft
Finanz-wirt-schaft
Produk-tions-wirt-schaft
Ab-satz-wirt-schaft
Ver-waltung
Sekretariat
Wertanalysemitarbeiter
DV-Entwickler/Anpasser
Material-disposition
Einkauf
Lagerung
Verteilung
Ent-sorgung
Ferti-gungs-steuerung
Auftrags-abwick-lung
Einkaufsmarktforscher
Preisstrukturanalytiker
Werkstoffe
Hilfs- und Betriebsstoffe
Zulieferteile und Handelswaren
Dienstleistungen/ Investitionsgüter
Anbahnung
Abschluß
Kontrolle

Abbildung 8.6: Beispielorganigramm für das Einlinien- und Stab-Liniensystem

Überträgt man dagegen das ebenfalls im vorher angesprochenen Abschn. 8.2.3.1 fixierte Wirkprinzip des Mehrliniensystems auf den Materialkontext – vorbehaltlich der dort angeführten Anwendungsvoraussetzungen und -grenzen, so läßt sich in Analogie zum Einliniensystem folgendes Beispielorganigramm darstellen:

Geschäftsführung
Material-wirtschaft
Produktions-wirtschaft
Absatz-wirtschaft
Material-disposition
Einkauf
Lagerung
Verteilung
Ent-sorgung
Ferti-gungs-steuerung
Auftrags-erfüllung

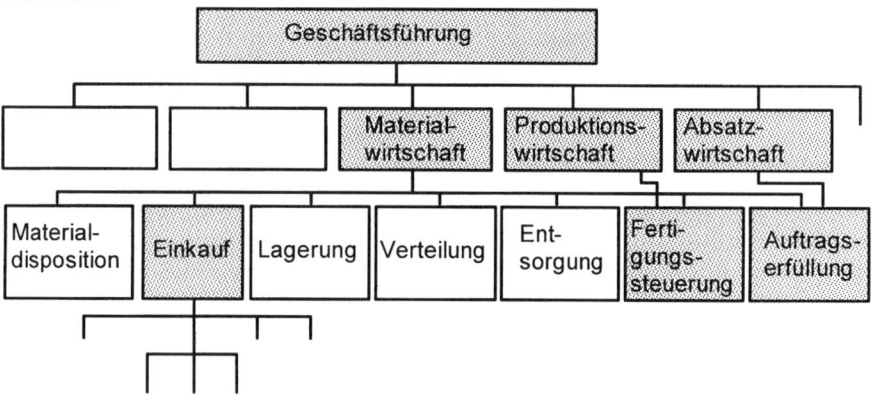

Abbildung 8.7: Beispielorganigramm für das Mehrliniensystem

Aus dieser Abbildung ist die Doppelunterstellung der Stellen „Fertigungssteuerung" und „Auftragserfüllung" unter die darüberliegenden Bereiche klar erkennbar. Genaugenommen heißt das, daß z. B das Material-Management für die Aktivitäten der Fertigungssteuerung im Sinne einer **hohen Ressourcenauslastung**, eines **kurzen Materialdurchflusses** und einem **anforderungsgerechten Lieferservice** verantwortlich zeichnet, wogegen das Produktions-Management für die Fertigungsplanung Verantwortung trägt. Dieser Sachverhalt gilt auch für die Kausalität von Material- und Absatzwirtschaft. Während das Absatz-Management die vorrangige Verantwortung für alle Aktivitäten der Auftragsgewinnung übernimmt, trägt das Material-Management die Verantwortung für alle Aktivitäten der Auftragserfüllung. Grundvoraussetzung für den Erfolg dieser Organisationsvariante ist die schon geforderte klare Aufgaben- und Kompetenzabgrenzung.

Bei der Spartenorganisation würde die Materialwirtschaft als Querschnittsfunktion z. B. in der Form einer Zentralabteilung fungieren, die als solche direkt der Geschäftsleitung unterstellt wäre und die für alle Sparten (z. B. gleichartige Produkte) definierte materialwirtschaftliche Kerntätigkeiten (z. B. Einkauf) mit fachbezogener Weisungsbefugnis ausübten.

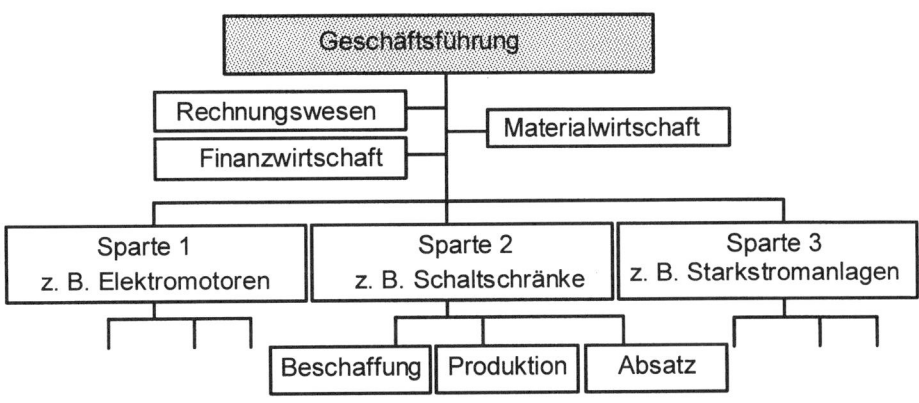

Abbildung 8.8: Beispielorganigramm für das Spartensystem

Bei der Matrixorganisation werden nur die strategischen materialspezifischen Aufgabenfelder (z. B. Fixierung der Einkaufsstrategien, Materialstandardisierung) dem der Unternehmensführung direkt und nur mit voller Weisungskompetenz ausgestatteten Zentralbereich „Materialwirtschaft" unterstellt, während die operativen materialwirtschaftlichen Tätigkeiten, wie z. B. Bedarfs- und Bestandsermittlung, Fertigungssteuerung und Auftragsabwicklung, dezentral, d. h. den Bereichen der Produktion oder des Absatzes direkt, zugeordnet werden. Da bei dieser Organisationsart keine Hierarchiepriorität zwischen Fach- und Zentralbereichen vorliegt, hängt der Erfolg vom Verständigungswohlwollen beider Bereiche ab.

Erfahrungen aus der Praxis haben gezeigt, daß für die konkrete aufbauorganisatorische Gestaltung von Materialwirtschaftsbereichen immer eine Kombination von mehreren Einflußfaktoren verantwortlich zeichnet. Deshalb kann es auch das klassische, für alle Unternehmungen zutreffende materialwirtschaftliche Organisationsgefüge nicht geben.

8.4   Zur Ablauforganisation in der Materialwirtschaft

Legt man die im Abschn. 8.2.3 fixierte allgemeingültige Definition der Ablauforganisation zugrunde, so besteht deren Hauptaufgabe in der optimalen funktionalen zeitlichen und räumlichen Gestaltung von Arbeitsabläufen. Auf den integrierten materialwirtschaftlichen Denkansatz übertragen, bedeutet das eine Optimierung des Material- und Informationsflusses einschließlich des Entsorgungsprozesses über die gesamte Wertschöpfungskette hinweg.

> Unter **Materialfluß** versteht man „in Anpassung an die örtlichen, terminlichen und organisatorischen betrieblichen Aufgabenstellungen alle Funktionen der Bewegung, der Verteilung und der Lagerung von Gütern. (*Bierhals* 1993, 60)

Im Rahmen dieser Materialflußkette gibt es – um dem geforderten Optimierungsanspruch zu entsprechen – folgende prägnante **Grundsätze der Materialflußplanung und -gestaltung** (*Dück* u. a. 1996, Teil 11, 2f.):

1. „Planen Sie alle Stufen im Materialfluß, einschließlich der Vorgänge in den Lagern, um den Gesamtbetrieb so leistungsfähig wie möglich zu machen.
2. Integrieren Sie so viele Transporte wie möglich zu einem System, das einheitlich vom Materialeingang bis zum Versand des fertigen Erzeugnisses gehandhabt wird.
3. Sorgen Sie dafür, daß die Arbeitsfolge und die Anordnung der Maschinen einen optimalen Materialfluß gewährleisten.
4. Vereinfachen Sie Ihr Materialflußsystem, indem Sie weniger Materialbewegungen durchführen oder diese mechanisieren und indem Sie manche Transporte und/oder Fördermittel ganz eliminieren oder kombinieren.
5. Machen Sie sich, wo immer das möglich ist, die Schwerkraft zunutze, um Material zu bewegen.
6. Nutzen Sie den umbauten Raum so gut es geht aus.
7. Vergrößern Sie die Menge oder das Gewicht der Transporteinheiten oder die Geschwindigkeit des Materialflusses.
8. Führen Sie alle Transporte mit Hilfe von zweckmäßigen Fördermitteln durch.
9. Automatisieren Sie die Fertigung, den Transport und die Lagerhaltung.
10. Berücksichtigen Sie bei der Wahl der Fördermittel alle Eigenarten des zu transportierenden Materials. Überlegen Sie, welche Fördermethode angewandt werden soll.

11. Wenden Sie einheitliche Transportmethoden an und setzen Sie Fördergeräte ein, die nach Typ und Größe genormt sind.
12. Setzen Sie Fördermittel ein, die für mehrere Aufgaben geeignet sind. Verwenden Sie Spezialfahrzeuge nur da, wo besondere Bedingungen es erfordern.
13. Achten Sie darauf, daß das Eigengewicht der beweglichen Fördergeräte im Verhältnis zur beförderten Last gering ist.
14. Sorgen Sie durch Planung für die volle Auslastung der Fördermittel und der Arbeitskräfte.
15. Stellen Sie Wartungs- und Reparaturpläne für den Fuhrpark auf.
16. Schaffen Sie veraltete Fördermethoden ab, wo sich durch wirksamere Methoden eine Verbesserung erzielen läßt.
17. Üben Sie mit Hilfe des Materialflusses eine bessere Kontrolle über die Produktion, Disposition und Auftragsbearbeitung aus.
18. Setzen Sie Fördermittel ein, um die gewünschte Produktionskapazität zu erzielen.
19. Messen Sie die Leistung Ihres Fördersystems an den pro Transporteinheit aufgewandten Kosten.
20. Sorgen Sie durch geeignete Methoden und die Einhaltung der Unfallverhütungsvorschriften für Sicherheit im Transport."

Ein besonders wichtiger Optimierungsaspekt, der sich aus dem unter 2. genannten Grundsatz ableitet, ist die Forderung der Durchgängigkeit von

> **Bestelleinheit = Transporteinheit = Lagereinheit**
> **= Fertigungseinheit = Versandeinheit**

Die optimale Gestaltung des Materialflusses bedarf einer allseitigen, alle materialwirtschaftlichen Teilfunktionen integrierenden Betrachtung. Diesem Anspruch wird mit der **ganzheitlichen Materialwirtschaft** und **Materiallogistik** am besten entsprochen.

Da bei den Darlegungen zu den einzelnen materialwirtschaftlichen Kerntätigkeiten schon die wesentlichen Details des Materialflusses dargestellt wurden (vgl. 4.3, 5.3, 6.5 und 7.2.2), soll an dieser Stelle auf weitere Erläuterungen verzichtet werden. *Schweitzer* 1990, 452ff. stellt in seinem Grundmodell der Materialwirtschaft alle bonetären, dispositiven und monetären Beziehungsgrößen erläuternd dar, die sich im Betrachtungsspektrum zwischen Lieferant und Kunden abspielen.

Besonders in den Unternehmen der Automobilindustrie wird der Aspekt einer perfekten **Materialflußgestaltung** – bedingt durch neue Strategien der werksnahen Arbeitsteilung (Modulstrategie) zum zunehmenden strategischen Erfolgsfaktor. Die Durchsetzung dieses Konzeptes gebietet nicht nur die Anwendung neuer Dienstleistungsstrategien (vgl. Abbildung 5.3) sondern auch eine vernetzte Logistik sowie eine regionale Revitalisierung.

Die dispositiven Beziehungsgrößen verkörpern dabei einen den bonetären und monetären Handlungen vor- bzw. nachgelagerten **Informationsfluß**. Dieser ist eng mit dem **Materialfluß** verbunden (vgl. *Dück* 1998, Kap. 3) und hat die Aufgabe, den zur Aufgabenerfüllung jeder Stelle notwendigen Informationsbedarf zu befriedigen.

Betrachtet man die Informationsbeziehungen, die in einem Materialflußsystem ablaufen, etwas näher, so lassen sich folgende Grundstrukturen erkennen (in Anlehnung an Eschenbach 1990, 86ff.):

1. Es gibt Informationen von **hierarchisch untergeordneten zu hierarchisch übergeordneten** Stellen, meist in Form von mündlichen oder schriftlichen Informationsberichten.

2. Es gibt Informationen von **hierarchisch übergeordneten zu hierarchisch untergeordneten** Stellen, meist in Form von Berichten, aber auch durch arbeitsbezogene bzw. -begleitende oder auch organisatorisch bedingte Weisungen.

3. Es gibt **Querinformationen** zwischen räumlich bzw. fachlich tangierenden Stellen gleicher Hierarchieebene.

4. Es gibt **Informationen von außen**, wobei die Materialwirtschaft sowohl als Informationsversorgungsstelle als auch als Informationssieb (gate keeper) fungiert.

5. Es gibt Informationen, die **von der Materialwirtschaft** an die **Unternehmensumwelt** abgestrahlt werden. Diese beeinflussen nicht unerheblich das Imagepotential des Unternehmens.

Analog den Grundsätzen der Materialflußgestaltung gilt es auch bei der Gestaltung des Informationsflusses, definierte **Grundsätze** zu berücksichtigen. Nach Hartmann 1993, 108f. sollte beachtet werden, daß

- „die Informationen konsequent an ihrem Ursprungsort erfaßt und für alle weiteren Verarbeitungen verwendet werden,

- bereits einmal erfaßte Daten durch andere Stellen nicht neu erfaßt oder verarbeitet werden,

- die stellenorientierte Aufbereitung der Daten schnell, sicher und kostengünstig vorgenommen wird und

- die Informationen in der richtigen Quantität und Qualität dem Entscheidungsträger zur Verfügung stehen."

Besonders durch die Nutzung von **Telekommunikationssystemen,** wie z. B. Telefax, Rechnernetze, Monitoring, Talking Pictures, Intranet/Internet, Visualisierungstools usw., wird den geforderten Grundsätzen im Informationskanal zwischen dem Abnehmer und den Lieferern entsprochen.

8.5 Organisationsmittel

Soll dem im Abschn. 8.2.1 fixierten Organisationsbegriff entsprochen werden, insbesondere dem geforderten kontinuierlichen und zweckmäßigen Betriebsablauf, bedarf es nicht nur einer optimalen Materialfluß- und Informationsflußgestaltung, sondern auch der Erarbeitung und Anwendung definierter **Organisationsmittel** der Materialwirtschaft.

Solche sind:

*   Stellenbeschreibungen,

*   Arbeitsanweisungen,

*   Richtlinien,

*   Handbücher,

*   Karteien/Formulare,

*   Checklisten.

Verbal betrachtet, gelten für die angeführten Organisationsmittel folgende Begriffsinhalte:

„Unter einer **Stellenbeschreibung**, auch Arbeits- oder Tätigkeitsbeschreibung genannt, versteht man eine schriftliche, verbindliche und in einheitlicher Form abgefaßte Festlegung
*   der Eingliederung der Stelle in den Betriebsaufbau,
*   ihrer Ziele und Aufgaben und damit ihrer Verantwortung,
*   ihrer Kompetenzen sowie
*   ihrer wichtigsten Beziehungen zu anderen Stellen" (*Eschenbach* 1990, 94).

„Unter **Richtlinien und Arbeitsanweisungen** sind alle internen Vorschriften zu verstehen, die von den Mitarbeitern in den Funktionsbereichen zu beachten sind. Es geht darum, diesen eine verläßliche Grundlage für ihr Handeln an die Hand zu geben, da sie darüber informiert sein müssen,
*   was sie zu tun haben,
*   was sie nicht tun dürfen,
*   was sie zu berichten haben,
*   wen sie zu informieren haben." (*Hartmann* 1993, 110)

Unter einem **Handbuch** versteht man ein Führungsinstrument, „das die Grundlage für eine einheitliche und zweckentsprechende Durchführung der Aufgaben schafft. Es soll die Mitarbeiter zum Mitdenken, zum Mithandeln und zur Mitverantwortung anregen." (*Hartmann* 1993, 111)

Karteien/Dateien/Formulare speichern bei manuellen und datenverarbeitungsgestützten Organisationssystemen alle internen und externen Informationen. Beispiele der verwendeten Karteien/Dateien sind, bezogen auf den materialwirtschaftlichen Sachverhalt: Preis-, Artikel-, Lieferanten-, Inventur-, Material-, Bestell- und Lagerkarteien/-dateien. Als wesentliche Formulare gelten: Bedarfsanforderungs- und Bestell- bzw. Entsorgungsformulare oder Wareneingangs- und Materialentnahmescheine.

Die folgende *Abbildung 8.9* veranschaulicht in Kurzform eine praxisbezogene Stellenbeschreibung für einen Einkäufer in einem mittelständischen Maschinenbauunternehmen:

Antragsteller: Leiter Einkauf	Datum Struktur Bearbeiter Telefon	27.08.98

Tätigkeitsbezeichnung:	**Einkäufer**

1. Beschreibung des Arbeitssystems

1.1 Kurzbeschreibung der Arbeitsaufgabe
- wirtschaftlicher, termin- und qualitätsgerechter Einkauf von Roh-, Hilfs- und Betriebsstoffen, Anlagen, Dienstleistungen, Nutzungsrechten etc.

1.2 Arbeitsgegenstand
- Abwicklung von Einkaufsprozessen ...

1.3 Arbeits- und Betriebsmittel
- PC, SAP R/3, Microsoft Standardsoftware, Software zur Beschaffungsmarktforschung,
- ...

1.4 Arbeitsunterlagen
- Organisationsmittel (Bedarfsanforderung, Pflichtenhefte, Zeichnungen, Stücklisten, Investitionsanträge, Projektpläne, Anfragen, Angebote, Bestellungen, Auftragsbestätigungen, Reklamationen, Rechnungen, Lieferscheine,
- QMH. QUSVA, AA, Organisationshandbücher, Arbeits- und Gefahrstoffverzeichnis, Liste verbotener Stoffe, Sicherheitsdatenblätter, ...

1.5 Bedingungen am Arbeitsplatz
- Büroarbeitsplatz mit Einhaltung der ArbStättV, UVV und ZH 1
- < 0,05 Tätigkeiten in Werkstätten ggf. unter Lärmbelästigung

1.6 Arbeitsablauf

- Im Hauptaufgabenbereich Bestellwesen bildet der termin-, qualitäts-, mengengerechte und preiswerte Einkauf von Materialien, Diensten oder Rechten die Kerntätigkeit. Im einzelnen sind dies:
  - Prüfung Bedarfsanforderung
  - Formulierung und Versand Anfrage/Angebotseinholung
  - Angebotsklärung, -auswahl und Verhandlung nach folgenden Kriterien
    - Funktionsfähigkeit und -sicherheit
    - Terminangemessenheit, ...
- Beauftragung der Einzel- und Rahmenbestellungen einschl. der Klärung von Rückfragen, Vertragsformulierung oder -prüfung, Ausreichung von Bestellungen mit allen erforderlichen Unterlagen
- Abrufe, Terminkontrolle
- Überwachung Wareneingang und Rechnungsprüfung (sofern nicht automatisch durch SAP)
- Transportabwicklung, ggf. Veranlassung der Versicherung von Waren
- Mitarbeit bei Reklamationsbearbeitung und verursachergerechte Belastung von Mehrkosten
- Auftragsabschluß/Archivierung, ...

1.7 Organisatorische Einordung

Vorgesetzte Stelle:	Erhält zusätzliche Anleitung von:
• Einkaufsleiter, Gruppensprecher Nichtserieneinkauf	• Geschäftsführung, Qualitätswesen, Rechnungswesen, Bedarfsanforderer
Kontrolle durch:	**Kontrolliert:**
• Einkaufsleiter, Bedarfsanforderer, Controlling, Rechnungswesen	• Bedarfsanforderer, Wareneingang, Rechnungswesen
Vertritt:	**Unterstellte Mitarbeiter:**
• Mitarbeiter Einkauf	• keine
wird vertreten durch:	
• Mitarbeiter Einkauf	

Besondere Befugnisse und Verpflichtungen:
- Durchführung von Einkaufsgeschäften bis TDM je Bestellung
- Vorbereitung und Abwicklung von Einkaufsgeschäften ab 10 TDM für o. g. Gesellschaften, wobei die juristisch verbindliche Erklärung durch Einkaufsleitung/Geschäftsführung erfolgt.
- Verantwortung für wirtschaftlichen, qualitäts- und termingerechten (Liefertermkontrolle) Einkauf
- Prüfung der sachlichen Richtigkeit, Genehmigung und Angemessenheit von Einkäufen (Kontrollberechtigung gegenüber dem Bedarfsanforderer)
- Verpflichtung zur Überwachung hinsichtlich zunehmender Standardisierung und vorausschauender Materialplanung zur Erhöhung des Rohertrages

2. Ermittlung der Anforderungen

2.1 Kenntnisse (Ausbildung, Erfahrung, Denkfähigkeit)

- abgeschlossene Fachhochschulausbildung oder Vergleichbares mit mind. 5 Jahren Berufserfahrung
- Fachkenntnisse Materialwirtschaft und Einkauf, Kenntnisse des produktspezifischen Beschaffungsmarkts
- ...

2.2 Geschicklichkeit

- Verhandlungsgeschick, Geschicklichekit in der Vermittlung von Interessenslagen an Lieferanten und betriebsinterne Strukturen
- großes Organisationstalent, ...

2.3 Verantwortung für die eigene Arbeit/Arbeit anderer/eigene Sicherheit/ Sicherheit anderer

- zeitweise hohe Verantwortung für die unternehmerischen Risiken Wirtschaftlichkeit, Umweltschutz und Sicherheit bei zugekauften Leitungen, Produkten und Rechten
- ...

2.4 Geistige Belastung (Aufmerksamkeit und Denkfähigkeit)

- erhöhte geistige Belastung durch Arbeitsumgebung
- strategische Denkfähigkeit
- ...

2.5 Muskelmäßige Belastung

- keine

2.6 Umgebungseinflüsse

- Büroarbeitsplatz mit nervlicher Belastung durch parallele Kommunikation (Telefon, Gespräche)
- ...

3. Bewertung der Arbeit

Vorschlag der Struktureinheit Entgeltgruppe

4. Entscheidung

Entgeltgruppe

5. Unterschriften

Struktureinheit:	Personalwesen:
Betriebsrat:	Stelleninhaber:

Abbildung 8.9: Beispiel einer Stellenbeschreibung für einen Einkäufer in einem Maschinenbauunternehmen nach Thieme (Auszug)

8.6 Zum EDV-Einsatz in der Materialwirtschaft

Die in den Unternehmungen anfallenden zunehmenden Datenmengen bedürfen einer schnellen, sicheren, kosteneffizienten, komplexen und aussagefähigen Informationsverarbeitung. Mit dem **EDV-Einsatz** in allen betrieblichen Funktionsbereichen – also auch der Materialwirtschaft – wird dem genannten Forderungen entsprochen. Die Materialwirtschaft ist einerseits aufgrund ihres breiten innersystemaren Aufgabenspektrums und der daraus resultierenden großen kontinuierlichen Informationsmenge und andererseits aufgrund ihrer breiten Komplexität zur Unternehmensumwelt besonders zum EDV-Einsatz prädestiniert. Diesen Sachverhalt haben die professionellen Anbieter von Softwareprodukten frühzeitig erkannt und entsprechende mehr oder weniger komplexe **Anwenderprogramme** angeboten. Die *Abbildung 8.10* dokumentiert eine kleine Auswahl von momentan verfügbaren Softwarekonzepten ohne wertende Erläuterungen. Eine über die in dieser Abbildung hinausgehende Auflistung von weiteren Top-Paketen der Materialwirtschaft ist in *Grupp* 1994, 39ff. enthalten.

Bevor in den nachfolgenden Ausführungen auf die konkreten Anwendungsfelder einer rechnergestützten Informationsverarbeitung für die drei wichtigsten materialwirtschaftlichen Teilfunktionen näher eingegangen wird, sollen an dieser Stelle zunächst die Gründe und Anwendungsvoraussetzungen für den EDV-Einsatz in der Materialwirtschaft kurz angesprochen werden. Es sprechen sowohl **wirtschaftliche** als auch **arbeitsablauforganisatorische Gründe** für einen DV-Einsatz. Mit diesem können besonders periodisch wiederkehrende Arbeitsabläufe automatisiert und damit vor allem zeitlich effizienter gestaltet werden. Damit werden Ansatzpunkte geschaffen, das Zeitbudget des operativen Material-Management zugunsten der strategischen Aufgabenkomponente zu verschieben. **Anwendungsvoraussetzungen** für den Einsatz von EDV-Anlagen sind (vgl. *Eschenbach* 1995, 274):

- „gründliche Istanalyse der vorhandenen Daten und Verfahren,
- Konzeption für den gewünschten Sollzustand unter Einschluß der geforderten Leistungen,
- Auswahl der erforderlichen Hard- und Softwaresysteme und Festschreibung der erforderlichen organisatorischen Umstellungsvoraussetzungen."

In diesem Zusammenhang sollte jedoch darauf hingewiesen werden, daß die fixierten Anwendungsprämissen in modernen Softwaresystemen als **Referenzmodelle** o. ä. bereits enthalten sind. Damit sind jedoch schon die primären Grundlagen geschaffen, das eigene Fachkonzept und/oder das gekaufte DV-Konzept in Übereinklang zu bringen. Diese Vorgehensweise spart nicht nur Finanzmittel, sondern insbesondere Zeit.

Anbieter	Name	Version	materialwirtschaftliche Teilfunktionen				
			Disposition	Einkauf	Lagerhaltung	Vertrieb	Entsorgung
(1) möglicher Einsatz in Industrie und Handel							
SAP	SAP	R/3	ja	ja	ja	ja	ja
(2) möglicher Einsatz in Handelsunternehmen							
KHK	PC-Kaufmann	2.5	ja	ja	ja	ja	nein
KHK	PC-Freiberufler Profi	2.5	ja	ja	ja	ja	nein
Microtech	BüroPlus Standard	Win Auftrag	ja	ja	ja	ja	nein
Microtech	BüroPlus Professional	Win Auftrag	ja	ja	ja	ja	nein
(3) möglicher Einsatz in Fertigungsunternehmen							
KHK	PC-Handwerker	2.5	ja	ja	ja	ja	nein
abis GmbH	dFact III		ja	ja	ja	ja	nein
ADN GmbH	Apertum						
CE GmbH	CE-Imperator						
Exact GmbH	E-PAS	2.4	ja	ja	ja	ja	ja
Lämmerzahl GmbH	LÄMMcom W		ja	ja	ja	ja	nein
GBS GmbH	PC-Lagersystem	6.4	ja	(ja)	ja	ja	nein
OSY GmbH	OSY-MMS	7.0	ja	ja	ja	ja	ja
Soft & Hard	Lager 2000	5.0	ja	ja	ja	nein	nein
DB-Soft AG	DB-Best	5.7	ja	ja	ja	ja	nein
INPLAN GmbH	INPLAN Einkauf+Lager		ja	ja	ja	ja	nein
Nissen & Velten GmBH	SQL-Einkauf	3.1	ja	ja	ja	nein	nein

Abbildung 8.10: Softwareaufstellung für die materialwirtschaftlichen Teilfunktionen

Die Realisierung der Anwendungsvoraussetzung bezüglich der Daten bedarf der Beschaffung und Speicherung einer Vielzahl von materialwirtschaftlichen Basisdaten aus dem Gesamtspektrum aller materialwirtschaftlichen Teilfunktionen. In ihrer Zusammenfassung verkörpern sie die **materialwirtschaftliche Datenbank**. Da diese nicht nur dem Zugriffsbereich der Materialwirtschaft unterliegt, sondern bei integrierten Informationsverarbeitungssystemen – wo die Materialwirtschaft nur ein Systemmodul verkörpert – allen betrieblichen Anwendern (z. B. Vertrieb, Produktion, Rechnungswesen usw.) zugänglich ist, bedarf der Aufbau der materialwirtschaftlichen Datenbank definierter **Mindestanforderungen** (vgl. *Eschenbach* 1995, 274).

Als solche gelten:

- „einfache Direkteingabe und Möglichkeit der Datenänderung;
- jede Information darf nur einmal gespeichert werden;
- kurze Antwortzeiten bei Dialogprogrammen;
- Erweiterungen müssen ohne Änderung der Datenbank möglich sein;
- Verknüpfung mit der Datenbank von vor- und nachgelagerten Unternehmensbereichen muß möglich sein."

Das in einer materialspezifischen Datenbank aufgeführte Datenspektrum muß systematisiert eingelagert werden. Dazu sind vielfältige Variationen möglich. Bezieht man sich auf die Systematik, die beim Aufbau einer Materialstammdatenbank nach SAP vollzogen wurde, so heißen die **segmentären Datenstrukturen**:

- Allgemeine Daten (z. B. Materialklasse, Erzeugnisstruktur, ...)
- Firmenspezifische Daten (z. B. Lieferanten, Angebote, ...)
- Standortspezifische Daten (Bestandsveränderungen, Preise, ...)
- Lagerortspezifische Daten (Lagerbestand, Gewichte, ...)

Grupp 1994, 63 gruppiert dagegen die grundlegenden verknüpften Datenbestände einer Materialdatenbank in „**Stamm-, Bedarfs-, Bestands- und Bewegungsdaten**" mit folgenden Unterdatenbeständen (z. B. Artikelstammdaten, Lagerbestandsdaten usw.):

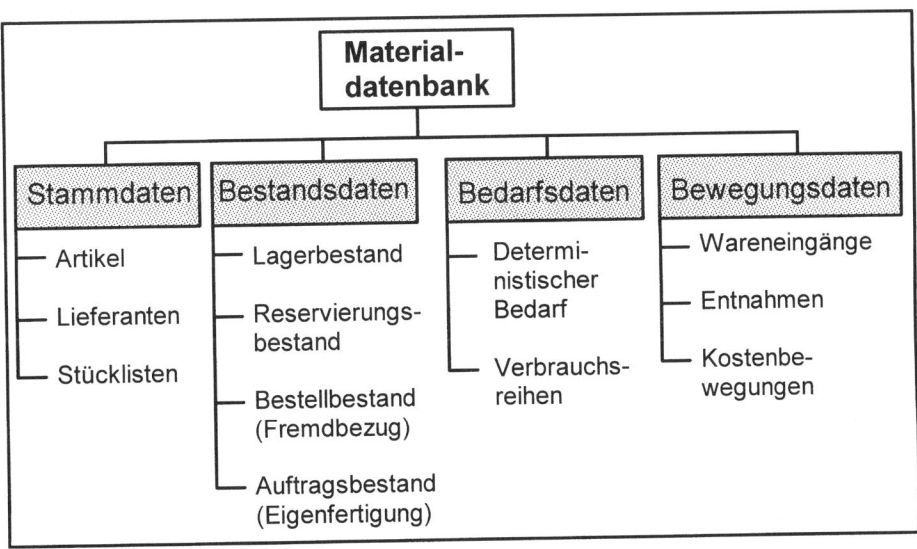

Abbildung 8.11: Die Datenbestände einer Materialdatenbank

Beim Aufbau einer solchen Materialdatenbank sind in Anlehnung an den oben genannten Autor prinzipiell 3 Möglichkeiten gegeben:

1. Einzeldateienzugriff ohne Datenvernetzung
2. Gesamtdatenzugriff durch Dateienverkettung
3. Datenbanken (z. B. Foxbase, Paradox, Informix, Oracle oder MS-Access)

Letztere stellen die höchste Stufe der Informationsverarbeitung dar, und sie enthalten nach *Riemann* 1996, 429 folgende Bestandteile:

- die eigentlichen **Datenbanken** mit Datenbankverwaltungssystem, Datenbeschreibungs- (DDL), Datenmanipulations- (DML) und Abfragesprache(QL),

- einfache **Editiermöglichkeit** für die gespeicherten Daten,

- Elemente einer **Programmiersprache der vierten Generation** (4GL),

- eine **integrierte prozedurale Programmiersprache** (der dritten Generation, 3GL).

Werden komplexe Softwarelösungen von den in der *Abbildung 8.10* genannten Anbietern bezogen, so haben beide Parteien (Nutzer und Anbieter) das Recht und die Pflicht, eine sinnvolle Synthese zwischen Fach- und DV-Konzept zu finden. Nur unter diesem Handlungsansatz ist eine anforderungsgerechte und effiziente **Implementierung** des DV-Konzepts auf eine gegenständliche Hardware möglich.

Kernpunkt jeder Materialdatenbank sind die **Material-** oder **Artikel-Stammdaten**, da auf diese alle anderen in der *Abbildung 8.11* fixierten Datengruppen und damit Subdatenbestände zurückgreifen. Nach *Grupp* 1994, 66 besteht ein Materialstamm aus mehreren **Stammdatengruppen**, wie z. B.

- „technische Stammdaten,

- Dispositionsstammdaten und

- Einkaufsstammdaten."

Die *Abbildung 8.12* nach Grupp 1994, 66 dokumentiert eine inhaltliche Untersetzung der genannten drei Stammdatengruppen für einen Serienfertigungsbetrieb unter Integration der vom jeweiligen Artikel abhängigen Bestands-, Bedarfs- und Bewegungsdaten. Zusammengefaßt verkörpern diese Daten den **Artikelsatz**. Die Datenverwaltung der in der Abbildung aufgeführten Datengruppen erfolgt durch die jeweiligen materialspezifischen Funktionsbereiche (z.B. Einkaufsstammdaten durch den Einkauf, Lagerbestandsdaten durch die Lagerwirtschaft usw.). Wie aus der nachfolgenden Abbildung ersichtlich, steht an erster Stelle im Spektrum der technischen Grunddaten die **Artikelnummer**. Sie verkörpert ein relevantes materialspezifisches Indentifikationsmerkmal. Auf weitere Problemkreise bezüglich der Grundsätze, Nummernbildung und Nummerungssysteme einschließlich der Prüfziffernbildung soll an dieser Stelle verzichtet werden, da diese Aspekte im Abschn. 2.4.3 schon dargestellt wurden.

Technische Grunddaten	*Lagerbestandsdaten*	*Daten Bestellrechnung*
Artikelnummer	Materialgruppe	Dispositionsartenschlüssel
Benennung Kurztext	Lagerort	Bestellpunkt
Benennung ausführlicher	Lagerbestand (Menge)	Mindestbestand
Text	ABC-Klassifizierung	Sicherheitsbestand
DIN-Formel	Datum letzter Zugang	Losgrößenschlüssel
Abmessungen	Datum letzte Entnahme	Verpackungseinheit
Rohgewicht	Datum letzte Inventur	Maximale Eindeckzeit
Fertiggewicht	Entnahmeschlüssel	Summe Bestellbestand
Freigabe-/Änderungs-	Verrechnungspreis	
datum	Durchschnittspreis	
Freigabe-/Änderungs-	Letzter Einstandspreis	*Einkaufsstammdaten*
nummer	Preiseinheit	Lieferzeit
Teilecharakter	Materialkonto	Datum letzte Lieferung
Maßeinheit	Summe Reservierungen	Mengeneinheit Einkauf
Zeichnungsnummer	Letzte Inventurdifferenz	Umrechnungsfaktor
Bemerkungen	(Menge)	Nummer Festlieferant
		Summe Bestellbestand
Daten deterministische	*Bedarfsvorhersage-*	
Bedarfsrechnung	*daten*	
Dispositionsstufe	Summe Entnahme	*Kalkulationsstammdaten*
Bedarfsfelder je	letzter Monat	Materialkosten
Bedarfsperiode	Monatsverbrauch (x 24)	Lohnkosten
Vorlaufzeit in Tagen	Alpha-Faktor	
	Letzte Prognose (Menge)	

Abbildung 8.12: Inhalt des Artikelsatzes in einem Materialwirtschaftspaket für einen Mittel- und Kleinbetrieb der Serienfertigung

Die nachfolgend aufgeführten Darlegungen verkörpern Auswahlbeispiele zu den **EDV-Einsatzopportunitäten** in ausgewählten materialwirtschaftlichen Kerntätigkeiten und erheben damit keinen Anspruch auf Vollständigkeit.

1. EDV-Einsatzmöglichkeit in der Teilfunktion der Disposition

Bezieht man sich auf die im Abschn. 4.2 getroffene Begriffsdefinition, so versteht man unter Materialdisposition bekanntlich alle Tätigkeiten, das Unternehmen in der **erforderlichen Art und Menge** sowie zum **richtigen Zeitpunkt** optimal mit Material zu versorgen. Damit diesem Anspruch entsprochen wird, ist der Prozeß des Disponierens in den drei Phasen der **Bedarfs-**, **Bestands-** und **Bestellrechnung** zu vollziehen. Zur Realisierung der in den genannten Phasen integrierten Dispositionsaufgaben werden vielfältige Informationen benötigt. Mit Bezug auf *Fandel* u. a. 1997, 128ff. zeigt die nachfolgende *Abbildung 8.13* einige ausgewählte PPS-Produkte/Anbieter auf, mit deren Hilfe DV-gestützte Lösungen durchgeführt werden können:

Produkt/Anbieter Dispositionsinhalte	B CPlus-PPS altan GmbH	4 PM VSS GmbH	A+F TEAM Albers + Frommberger	AD/JOB AP GmbH	ANTAS-PPS LUTZ GmbH	CA-PRMS Computer Associates	debis-PPS debis SHE GmbH
Programmgesteuerte Bedarfsermittlung							
• Kapazitätsgrobplanung	*	*	*	*	*	*	*
• Kapazitätsfeinplanung		*		*	*		*
• Stücklistenauflösung	*	*	*	*	*	*	*
• Teileverwendungsnachweis	*	*	*	*	*	*	*
• Fertigungsstufenverfahren	*	*	*		*	*	
• Dispositionsstufenverfahren	*	*	*	*	*		*
• Renettingverfahren							*
• Gozintoverfahren	*	*					
Verbrauchsgesteuerte Bedarfsermittl.							
• Einfacher Mittelwert	*	*		*	*	*	*
• Gleitender Mittelwert	*	*	*	*		*	*
• Exponentielle Glättung 1. Ordnung	*	*	*		*		*
• Exponentielle Glättung 2. Ordnung						*	*
• Lineare Regressionsanalyse							
Materialbestandsrechnung							
• Bestellpunktverfahren	*	*		*	*	*	*
• Bestellrhythmusverfahren		*		*	*	*	*
Materialbestellrechnung							
• Andler-Verfahren							*
• Dynamische Bestellrechnung						*	*
• Kostenausgleichsverfahren	*						
• Wagner-Within-Algorithmus		*					

Abbildung 8.13: EDV-Produkte/Anbieter für die grundlegenden Dispositionsinhalte

Weitere rechnergestützte Dispositionsprogramme zur optimalen Unterstützung des strategischen und operativen Bestandsmanagements, besonders zur Kontrolle und Optimierung grundlegender Planungswerte und des Bestandsverlaufs, werden mit den Produkten „DISKOVER" und „DIKON" angeboten (vgl. *Risse* 1995, 1 und 2).

2. EDV-Einsatzmöglichkeiten in der Teilfunktion des Einkaufs

Ausgehend von den im Abschn. 5.3 dargestellten Aufgabenkomplexen des Einkaufs, der **Einkaufsvorbereitung** und **Einkaufsabwicklung** sowie des **Einkaufs-Controllings**, erfordert eine effiziente DV-gestützte Einkaufsgestaltung die Durchsetzung des **Online-Verfahrens**. Damit wird sichergestellt, daß ein schneller und in sich geschlossener Informationskreislauf zwischen allen am Einkaufsprozeß beteiligten internen und externen Informationsträgern erfolgt. Die nachfolgende *Abbildun 8.14* nach *Schulte* 1996, 188 verdeutlicht den **Datenflußstrom** im Rahmen des Aufgabenkomplexes der **Einkaufsabwicklung**:

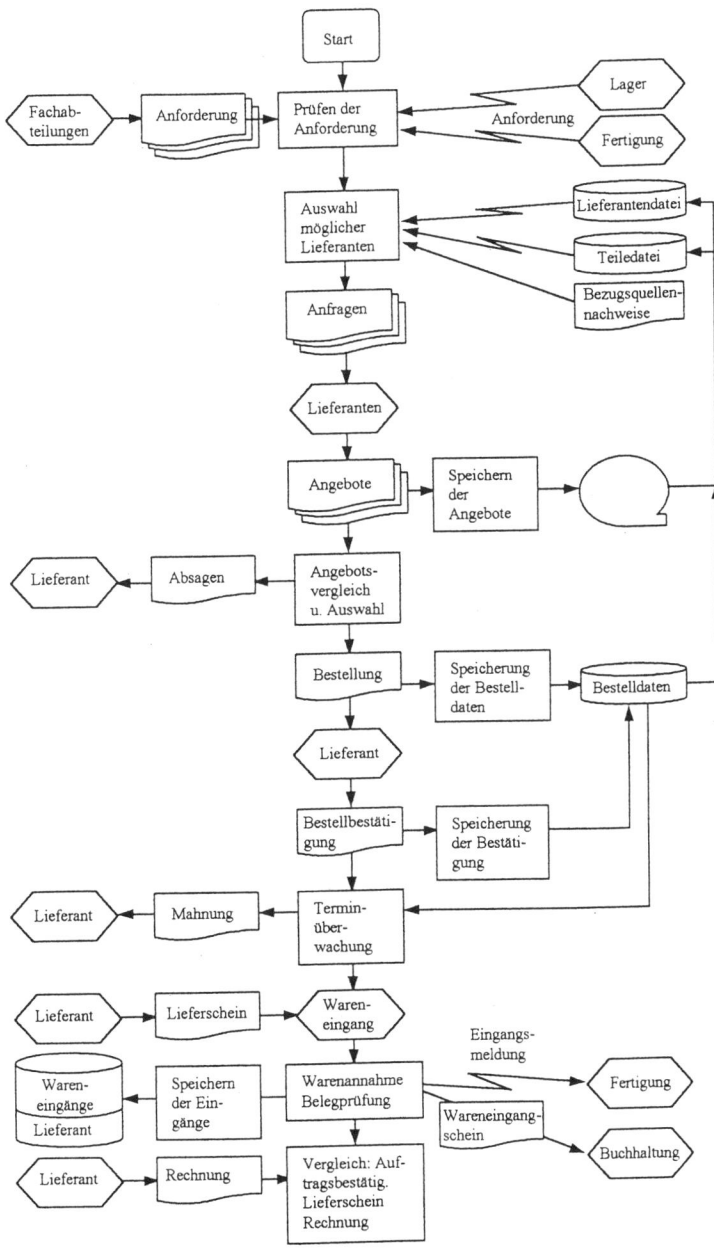

Abbildung 8.14: Datenflußplan für den Einkauf

Wie aus der *Abbildung 8.14* ersichtlich ist, eignet sich besonders dieser Aufgabenkomplex mit den in den Unterkomplexen **Beschaffungsanbahnung** (vgl. 5.3.2.1), **Vertragsabschluß** (vgl. 5.3.2.2) und **Vertragsrealisierung** (vgl. 5.3.2.3) verankerten Teilarbeitsschritten zur DV-gestützten Ausgestaltung. Mit dieser kann besonders der **Bestellvorgang** wesentlich beschleunigt werden. Voraussetzung dafür sind allerdings ständig gepflegte Material- und Lieferantenstammdaten. Damit werden aktualisierte Einkaufspreise gewährleistet, die jedoch auch lieferantenabhängig hinterlegt werden müssen. Bei der Beschaffungsanbahnung ist dem **Lieferanten-Management**, das die Lieferantenwahl und die Lieferantenbewertung umfaßt, besonders große Beachtung zu schenken. Nur so ist es möglich, daß die von der Disposition festgelegten Materialien in der erforderlichen Menge, zum exakten Termin und zu den günstigsten Kosten zu beschaffen sind.

Mit einem DV-gestalteten **Wareneingangsbuch** ist darüber hinaus eine ideale Auswertung aller Bestellungen einer Periode möglich, womit entsprechende Konsequenzen für die Zukunft getroffen werden können. Gleiches betrifft die adäquate **Wareneingangskontrolle**. Mit dieser kann anhand der Bestellung schnell überprüft werden, ob es sich um eine Unter- oder Überlieferung handelt. Bei korrektem Wareneingang erfolgt anschließend die Aktualisierung des Lagerbestandes hinsichtlich Wert und Menge.

3. EDV-Einsatzmöglichkeiten in der Teilfunktion der Lagerung

In der *Abbildung 8.15* werden mit Bezug auf die schon angeführte Literaturquelle zum PPS-Lagermodul die in diesem System implementierten DV-Lösungen ebenfalls fragmentarisch dargestellt:

Produkt/Anbieter **Einkaufsinhalte**	B CPlus-PPS altan GmbH	4 PM VSS GmbH	A+F TEAM Albers + Frommberger	AD/JOB AP GmbH	ANTAS-PPS LUTZ GmbH	CA-PRMS Computer Associates	debis-PPS debis SHE GmbH
Technische Teilaufgaben							
• Festplatzsystem	*	*	*	*	*	*	*
• Chaotische Lagerhaltung	*	*	*	*	*	*	*
Betriebswirtschaftliche Teilaufgaben							
• Reichweitenberechnung		*			*	*	*
• Lagerzeitüberwachung		*	*			*	*
• Wegeoptimierung			*			*	
• Stichtagsinventur	*	*	*	*	*	*	*
• Permanente Inventur	*	*	*	*	*	*	*

Produkt/Anbieter Einkaufsinhalte	B CPlus-PPS altan GmbH	4 PM VSS GmbH	A+F TEAM Albers + Frommberger	AD/JOB AP GmbH	ANTAS-PPS LUTZ GmbH	CA-PRMS Computer Associates	debis-PPS debis SHE GmbH
• Bewertung nach gleitendem Durch-schnittspreis	*	*	*	*	*	*	*
• Bewertung nach letztem Einstands-preis	*	*	*	*	*	*	*
• Materialklassifikation nach Lagerbe-standswert	*	*	*	*	*	*	*

Abbildung 8.15: EDV-Produkte/Anbieter für grundlegende Lagerinhalte

8.7   Kontrollfragen

1. Was versteht man unter dem allgemeinen Organisationsbegriff, und welche qualitative Diskrepanz besteht zwischen den Attributen der formalen und informalen Interpretation?   ➡ Kap. 8.2/231
2. Worin besteht der Deutungsunterschied zwischen dem funktionalen und instrumentalen Begriff der Organisation?   ➡ Kap. 8.2/231
3. Gehört die Aktivität der „Minimierung der Durchlaufwege" zu den allgemeinen oder speziellen Grundsätzen der Organisation?   ➡ Kap. 8.2/232
4. Definieren Sie den Begriff einer Stabsstelle, und erläutern Sie am Beispiel der Materialwirtschaft deren wesentlichen Hauptaufgaben!   ➡ Kap. 8.2/232
5. Welches sind die tragenden Definitionsmerkmale der Aufbau- und Ablauforganisation, und warum ist die Differenzierung vorrangig methodisch begründet?   ➡ Kap. 8.2/233
6. Wie heißen die wesentlichen Organisationsschritte der Aufbau- und Ablauforganisation?   ➡ Kap. 8.2/233
7. Nennen Sie die grundlegenden Gestaltungsmöglichkeiten aufbauorganisatorischer Organisationsgebilde!   ➡ Kap. 8.2/235
8. Worin bestehen die Unterschiede in bezug auf die Weisungs- und Anweisungsbefugnisse zwischen der Stabsstelle und den Zentralabteilungen der Sparten- und Matrixorganisation?   ➡ Kap. 8.2/235
9. Durch welche Negativmerkmale zeichnen sich die derzeit praktizierten Organisationskonzepte aus, und durch welche tragenden Elemente sind die Organisationsvisionen der Zukunft gekennzeichnet?   ➡ Kap. 8.2/237
10. Nach welchen Kriterien erfolgt die Einordnung der Materialwirtschaft in die Unternehmenshierarchie, und wie lautet die Faustformel der Materialkosteneinordnung?   ➡ Kap. 8.3/241
11. Wie bezeichnet man eine Einbindung der Materialwirtschaft in die Unternehmenshierarchie, wenn einige materialwirtschaftliche Teilfunktionen dezentral und andere zentral zugeordnet werden?   ➡ Kap. 8.3/242
12. Erstellen Sie ein Beispielorganigramm für die Materialwirtschaft einerseits nach dem Einlinien- und Stabliniensystem und andererseits nach dem Mehrlinien- und Spartensystem!   ➡ Kap. 8.3/242
13. Definieren Sie den Begriff des Materialflusses, und nennen Sie mindestens 5 prägnante Grundsätze der Materialflußplanung und -gestaltung!
                                                          ➡ Kap. 8.4/244
14. Interpretieren Sie den Grundsatz „Bestelleinheit gleich Transporteinheit gleich Lagereinheit gleich Fertigungseinheit gleich Versandeinheit!"
                                                          ➡ Kap. 8.4/245
15. Nach welchen Grundstrukturen lassen sich die Informationsbeziehungen, die in einem Materialflußsystem ablaufen, unterscheiden?   ➡ Kap. 8.4/246
16. Nennen Sie mindestens 3 Grundsätze der Informationsflußgestaltung!
                                                          ➡ Kap. 8.4/246
17. Was versteht man unter einer Arbeitsanweisung bzw. Richtlinie, und welche Kerninhalte sind darin verankert?   ➡ Kap. 8.5/247

Lösungen zu den Übungsaufgaben

1 Einführung in die Materialwirtschaft

- **Ermittlung des materialwirtschaftlichen Erfolgspotentials**

zu 3.1

Aufwand	GuV	Ertrag	
Aufwendungen für RHB	800.000	Umsatzerlöse	1.800.000
Personalkosten	340.000	Erlöse aus Nebenge.	80.000
Abschreibungen	40.000	Zinserträge	20.000
Zinsaufwand	60.000		
sonstige Aufwendungen	50.000		
Gewinn	610.000		
	1.900.000		1.900.000

zu 3.2

Aufwand	GuV	Ertrag	
Aufwendungen für RHB	680.000	Umsatzerlöse	1.800.000
Personalkosten	280.000	Erlöse aus Nebenge.	90.000
Abschreibungen	30.000	Zinserträge	90.000
Zinsaufwand	40.000		
sonstige Aufwendungen	40.000		
Gewinn	910.000		
	1.980.000		1.980.000

zu 3.3

$$\text{Effizienz}_\text{I} = \frac{\text{Ertrag}_\text{I}}{\text{Aufwand}_\text{I}} = \frac{1.900.000}{1.290.000} = 1,478$$

$$\text{Effizienz}_\text{II} = \frac{\text{Ertrag}_\text{II}}{\text{Aufwand}_\text{II}} = \frac{1.980.000}{1.070.000} = 1,850$$

Es wird eine Effizienzsteigerung um 25,17 % erreicht.
Dies erfolgt ohne zusätzlichen Investitionsaufwand.

zu 3.4 $\text{BzG} = \dfrac{59,44\% \cdot 17,05\%}{5\%} = 202,69\%$

Schlußfolgerung: 202,69 % v. 1.800.000 DM = 3.648.000 DM

zu 3.5

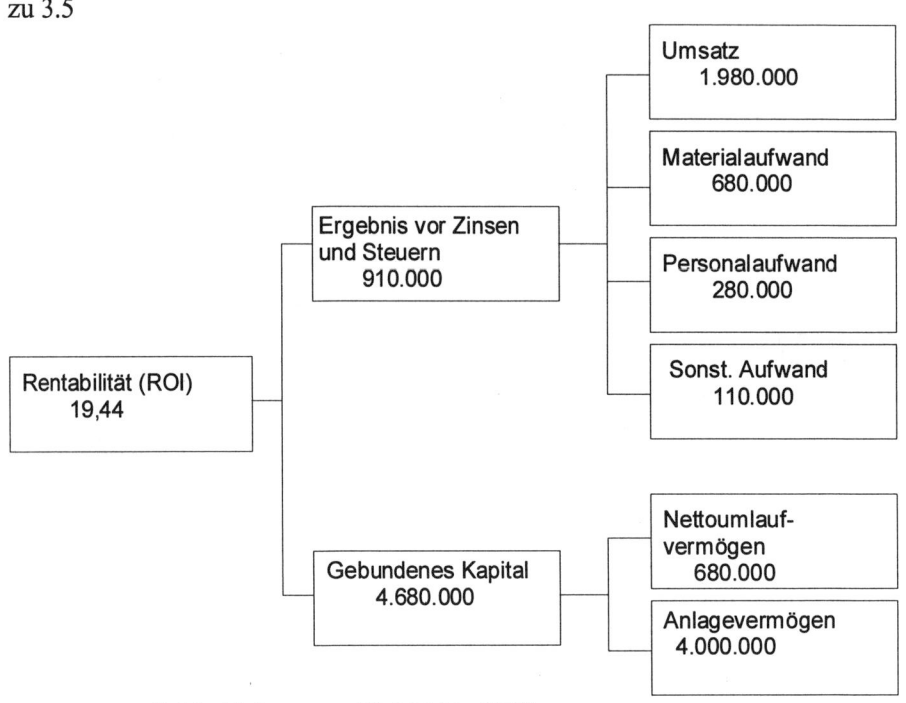

Schlußfolgerung: 19,44 % > 17 %

Rationalisierungsmaßnahmen empfehlen.

zu 3.6 I) $L_{3.Grad} = \dfrac{300.000 + 120.000 + 800.000}{976.000} = 1,25$

II) $L_{3.Grad} = \dfrac{300.000 + 120.000 + 680.000}{976.000} = 1,13$

Senkung Liquiditätsgrad 3. Grades!

zu 3.7 AV: 4.000.000 DM $\longrightarrow$ 3.360.000 DM

$L_{4.Grad} = \dfrac{EK}{AV} = \dfrac{3.400.000}{3.360.000} = 1,01$

zu 3.8 $L_{1.Grad} = \dfrac{ZM}{sof. + kf.V.} = \dfrac{300.000 + 15.000}{976.000} = 0,32$

zu 3.9 $Z = \dfrac{3 \cdot 360}{40 - 20} = 54\%$

2 Grundlagen der Materialwirtschaft

❶ Materialnummerung

zu 2.1 **Bildung einer Quersumme**
- Erweiterung des Nummernschlüssels um eine Prüfziffer
- Bildung der Quersumme des Nummernschlüssels; die Einerstelle der Quersumme wird als Prüfziffer angehängt
- *Nachteil des Verfahrens:*
  ➡ Zahlendreher zwischen zwei benachbarten Zahlen werden nicht erkannt

Modulus 11
- Erweiterung des Nummernschlüssels um eine Prüfziffer
- die einzelnen Stellenwerte der Nummer – beginnend mit der Einerstelle – werden jeweils mit den Faktoren 2, 3, 4, 5, 6, 7 multipliziert
- bei Nummern, die mehr als 6 Ziffern umfassen, beginnt die Folge wieder mit 2, 3, 4, 5, 6, 7
- die ermittelten Produkte werden addiert
- die sich aus der Addition ergebende Summe wird durch 11 dividiert
- der sich ergebende Divisionsrest wird von 11 subtrahiert; das Ergebnis ist die Prüfziffer
- *Nachteile des Verfahrens:*
  ➡ bei mehrfachen Vertauschungen bleiben alle jene Fehler unerkannt, die einen Ausgleich der Produktdifferenz ergeben oder wenn die Summe der Produkte ein ganzes Vielfaches von 11 ergibt
  ➡ die Prüfziffer 10, die sich aus der Subtraktion eines Restwertes von 11 ergibt, kann nicht vergeben werden, da sie nicht darstellbar ist

zu 2.2
- Prüfziffer nach Quersummenverfahren:
- Quersumme = 36, die „6" wird als Prüfziffer angehängt
- neuer Nummernschlüssel lautet: 45789216
- Prüfziffer nach „Modulus 11":

Grundzahlen	4	5	7	8	9	2	1
Faktoren	2	7	6	5	4	3	2
Produkte	8 +	35 +	42 +	40 +	36 +	6 +	2 = 169

Division durch den Modulus 11:   169 : 11 = 15 Rest 4
Subtraktion des Restwertes von 11: 11 – 4 = 7
die „7" wird als Prüfziffer angehängt

Die Materialnummer lautet nun: **45789217**

zu 2.3 • **Selbstprüfender Nummernschlüssel**

Grundzahlen	4	5	7	8	9	2	1	7
Faktoren	2	7	6	5	4	3	2	1
Produkte	8 +	35 +	42 +	40 +	36 +	6 +	2 +	7 = 176

$$176 : 11 = 16 \quad \text{Rest } 0$$

zu 2.4

Grundzahlen	4	7	5	8	9	2	1	7
Faktoren	2	7	6	5	4	3	2	1
Produkte	8 +	49 +	30 +	40 +	36 +	6 +	2 +	7 = 178

$$178 : 11 = 16 \text{ Rest } 2$$
$$11 - 2 = 9 \quad \longrightarrow \quad \text{Nummernschlüssel ist falsch!!!}$$

3 Vorbereitende und begleitende Instrumentarien der Materialwirtschaft

❶ **Auswertung einer ABC-Analyse**

zu 2.1 **Einsparung Beschaffungskosten**
bisher:
6.000 Teile * 4 Bestell./Teil u. Jahr = 24.000 Bestellungen im Jahr
24.000 Bestellungen * 40 DM/Bestellung = 960.000 DM

neu:
A-Teile: 600 Teile * 12 Bestell./Teil und Jahr = 7.200 Bestell./a
B-Teile: 1.200 Teile *   4 Bestell./Teil und Jahr = 4.800 Bestell./a
C-Teile: 4.200 Teile *   1 Bestell./Teil und Jahr = 4.200 Bestell./a
                                                          16.200 Bestell./a

16.200 Bestellungen * 40 DM/Bestellung = 648.000 DM
960.000 DM – 648.000 DM = 312.000 DM

Einsparung Beschaffungskosten: 312.000 DM

zu 2.2 **Einsparung Lagerhaltungskosten**
bisher:
4 Bestellungen/Jahr   Bestellwert: 3.000.000 DM

Wert einer Bestellung: $\dfrac{3.000.000\,\text{DM}}{4} = 750.000\,\text{DM}$

mittlerer Lagerbestandswert: $\dfrac{750.000\,\text{DM}}{2} = 375.000\,\text{DM}$

Lagerhaltungskosten: 20 % von 375.000 DM = 75.000 DM

neu:

		Wert einer Bestellung	mittlerer Lagerbestandswert
A-Teile:	$\dfrac{2.100.000\,DM}{12}$	= 175.000 DM : 2 =	87.500 DM
B-Teile:	$\dfrac{750.000\,DM}{4}$	= 187.500 DM : 2 =	93.750 DM
C-Teile:	$\dfrac{150.000\,DM}{1}$	= 150.000 DM : 2 =	75.000 DM
			256.250 DM

20 % von 256.250 DM = 51.250 DM

75.000 DM – 51.250 DM = 23.750 DM

Einsparung Lagerhaltungskosten: 23.750 DM

zu 2.3 Gesamteinsparung
312.000 DM + 23.750 DM = 335.750 DM

❷ Wertanalyse

T1:   Keine Wertanalyse trotz relativ hoher Materialkosten pro Stück, da die Restlebensdauer sehr klein ist und der Absatz sich für diese Zeit voraussichtlich noch vermindert.

T2:   Hier ist auf alle Fälle eine Wertanalyse durchzuführen, da die Restlebensdauer noch groß ist sowie Materialwert und Umsatz (durchschnittlich und erwartet) beträchtlich sind.

T3:   Keine Wertanalyse, da die Restlebensdauer zu gering ist, wodurch die Summe der Einsparungen nicht allzu groß werden kann; zumal, wenn die Kosten für die Wertanalyse berücksichtigt werden.

T4:   Keine Wertanalyse, da bereits zu einem früheren Zeitpunkt eine solche durchgeführt wurde, weshalb zu vermuten ist, daß die Einsparungen pro Erzeugniseinheit nicht mehr allzu groß sein werden; auch ist der Materialwert hier am geringsten.

T5:   Die Restlebensdauer, der Materialwert pro Stück und der durchschnittliche Umsatz sprechen für eine Wertanalyse, allerdings wurde bereits eine Wertanalyse durchgeführt; erfolgte dies vor längerer Zeit, z. B. vor 4 Jahren, dann ist denkbar, daß dennoch eine Wertanalyse durchgeführt wird, allerdings nur dann, wenn genügend Kapazitäten vorhanden sind, außer dem Traktorentyp T2 auch diesen Typ zu untersuchen; erfolgte die Wertanalyse erst vor 1 bis 2, evtl. auch 3 Jahren, dann bietet sich eine neuerliche Wertanalyse nicht an.

4   Materialdisposition

❶   **Gleitender Mittelwert/ Gewogener gleitender Mittelwert und exponentielle Glättung erster Ordnung als Methoden der stochastischen Bedarfsermittlung**

zu 2.1   anzuwendende Formel: $V = \dfrac{T_1 + T_2 + T_3 + T_4}{4}$

$$V_{Nov.} = \frac{T_{Juli} + T_{Aug.} + T_{Sep.} + T_{Okt.}}{4} = \frac{90 + 102 + 120 + 105}{4} = 104,25$$

$$V_{Dez.} = \frac{T_{Aug.} + T_{Sep.} + T_{Okt.} + T_{Nov.}}{4} = \frac{102 + 120 + 105 + 110}{4} = 109,25$$

$$V_{Jan.} = \frac{T_{Sep.} + T_{Okt.} + T_{Nov.} + T_{Dez.}}{4} = \frac{120 + 105 + 110 + 115}{4} = 112,5$$

zu 2.2   anzuwendende Formel: $V = \dfrac{T_1 G_1 + T_2 G_2 + T_3 G_3 + T_4 G_4}{G_1 + G_2 + G_3 + G_4}$

hier: $V = \dfrac{T_1 \cdot 10 + T_2 \cdot 20 + T_3 \cdot 30 + T_4 \cdot 40}{100}$

$$V_{Okt.} = \frac{T_{Juni} \cdot 10 + T_{Juli} \cdot 20 + T_{Aug.} \cdot 30 + T_{Sep.} \cdot 40}{100} = \frac{1000 + 1800 + 3060 + 4800}{100} = 106,60$$

$$V_{Nov.} = \frac{T_{Juli} \cdot 10 + T_{Aug.} \cdot 20 + T_{Sep.} \cdot 30 + T_{Okt.} \cdot 40}{100} = \frac{900 + 2040 + 3600 + 4200}{100} = 107,40$$

$$V_{Dez.} = \frac{T_{Aug.} \cdot 10 + T_{Sep.} \cdot 20 + T_{Okt.} \cdot 30 + T_{Nov.} \cdot 40}{100} = \frac{1020 + 2400 + 3150 + 4400}{100} = 109,70$$

$$V_{Jan.} = \frac{T_{Sep.} \cdot 10 + T_{Okt.} \cdot 20 + T_{Nov.} \cdot 30 + T_{Dez.} \cdot 40}{100} = \frac{1200 + 2100 + 3300 + 4600}{100} = 112$$

zu 2.3

Monat	Vorhersage gleitender Mittelwert (ME)	Vorhersage gewogener gleitender Mittelwert (ME)	tatsächlicher Verbrauch (ME)
Oktober	103	106,6	105
November	104,25	107,4	110
Dezember	109,25	109,7	115
Januar	112,5	112	

zu 2.4

2.4.1 anzuwendende Formel: $V_n = V_a + \alpha\,(V_t - V_a)$

$\alpha = 0,1$

$V_{Juli} = 95 + 0,1\,(100 - 95) = 95,5$

$V_{Aug.} = 95,5 + 0,1\,(90 - 95,5) = 94,95$

$V_{Sep.} = 94,95 + 0,1\,(102 - 94,95) = 95,655$

$V_{Okt.} = 95,655 + 0,1\,(120 - 95,655) = 98,0895$

$V_{Nov.} = 98,0895 + 0,1\,(105 - 98,0895) = 98,78055$

$V_{Dez.} = 98,78055 + 0,1\,(110 - 98,78055) = 99,902495$

$V_{Jan.} = 99,902495 + 0,1\,(115 - 99,902495) = 101,41224$

2.4.2 $\alpha = 0,2$

$V_{Juli} = 95 + 0,2\,(100 - 95) = 96$

$V_{Aug.} = 96 + 0,2\,(90 - 96) = 94,8$

$V_{Sep.} = 94,8 + 0,2\,(102 - 94,8) = 96,24$

$V_{Okt.} = 96,24 + 0,2\,(120 - 96,24) = 100,992$

$V_{Nov.} = 100,92 + 0,2\,(105 - 100,992) = 101,7936$

$V_{Dez.} = 101,7936 + 0,2\,(110 - 101,7936) = 103,43488$

$V_{Jan.} = 103,43488 + 0,2\,(115 - 103,43488) = 105,7479$

2.4.3 $\alpha = 0,5$

$V_{Juli} = 95 + 0,5\,(100 - 95) = 97,5$

$V_{Aug.} = 97,5 + 0,5\,(90 - 97,5) = 93,75$

$V_{Sep.} = 93,75 + 0,5\,(102 - 93,75) = 97,\,875$

$V_{Okt.} = 97,875 + 0,5\,(120 - 97,875) = 108,9375$

$V_{Nov.} = 108,9375 + 0,5\,(105 - 108,9375) = 106,96875$

$V_{Dez.} = 106,96875 + 0,5\,(110 - 106,96875) = 108,48437$

$V_{Jan.} = 108,48437 + 0,5\,(115 - 108,48437) = 111,724218$

zu 2.5

Monat	tatsächlicher Verbrauch (ME)	$\alpha = 0,1$ (ME)	$\alpha = 0,2$ (ME)	$\alpha = 0,5$ (ME)
Juli	90	95,5	96	97,5
August	102	94,95	94,8	93,75
September	120	95,66	96,24	97,88
Oktober	105	98,09	100,99	108,94
November	110	98,78	101,79	106,97
Dezember	115	99,90	103,43	108,48
Januar		101,41	105,75	111,74

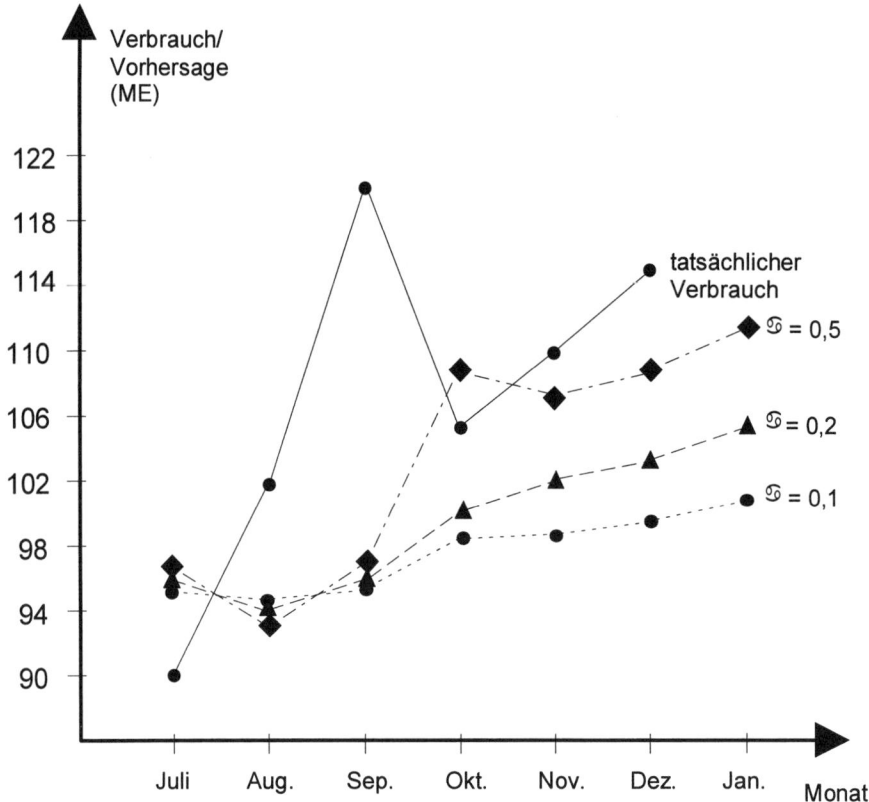

zu 2.6

Die Güte des Verfahrens der exponentiellen Glättung erster Ordnung ist entscheidend von der Wahl des Glättungsfaktors α abhängig. Der Wert α liegt zwischen 0 und 1; je kleiner α ist, desto mehr Vergangenheitsdaten werden in die Berechnung einbezogen, die Zufallsschwankungen werden stark geglättet. Je höher der Wert α gewählt wird, desto größer ist die Reaktionsgeschwindigkeit, d. h. desto stärker und schneller passen sich die neuen Vorhersagewerte dem tatsächlichen Verbrauch an. Die Gewichtung der Verbrauchswerte erfolgt mit der Zeit exponentiell abfallend, und zwar so, daß der jeweils jüngste Wert die stärkste Gewichtung erhält. Eine Möglichkeit zur Bestimmung von α besteht darin, den α-Wert von anderen Verfahren abhängig zu machen. Aus der Beziehung $\alpha = \frac{2}{N+1}$, wobei N die Anzahl der einbezogenen Perioden bei gleitender Mittelwertbildung ist, folgt, daß bei $\alpha = 0,1$ etwa 19 Perioden in die Vorhersageberechnung einbezogen werden, bei $\alpha = 0,3$ etwa 6 Perioden.

In der Praxis wird mit α-Werten von 0,1 bis 0,3 gearbeitet.

❷ Bedarfsermittlung

zu 2.1

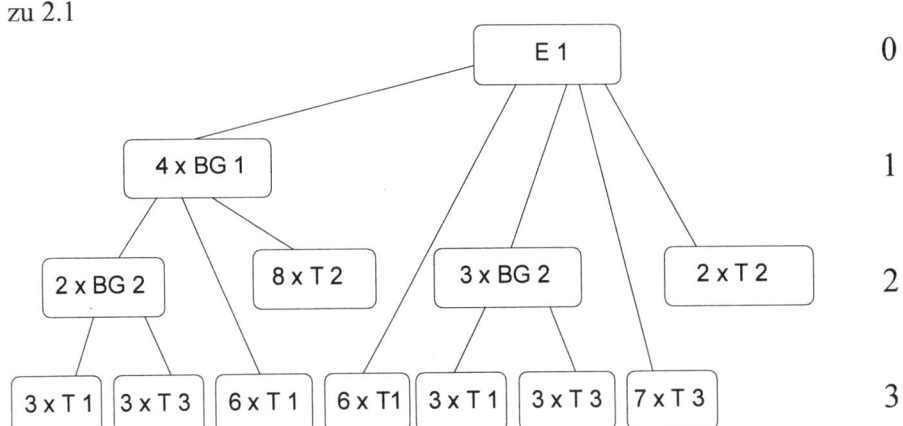

E 1	0
4 x BG 1	1
2 x BG 2 8 x T 2 3 x BG 2 2 x T 2	2
3 x T 1 3 x T 3 6 x T 1 6 x T1 3 x T 1 3 x T 3 7 x T 3	3

2.2 Mengenstückliste

E1	
Bezeichnung	Menge
BG1	4
BG2	11
T1	63
T2	34
T3	40

Strukturstückliste nach Ebenennummern

E1		
Stufe	Bezeichnung	Menge
1	BG1	4
2	BG2	2
3	T1	3
3	T3	3
2	T1	6
2	T2	8
1	T1	6
1	BG2	3
2	T1	3
2	T3	3
1	T2	2
1	T3	7

zu 2.3

	Kalenderwoche									
	5	6	7	8	9	10	11	12	13	14
Primärbedarf E1				12	20	14	16	8	14	16
Sekundärbedarf T3				480	800	560	640	320	560	640
Vorlaufverschiebung	480	800	560	640	320	560	640			
+ Zusatzbedarf			20	20						
= Bruttobedarf	480	800	580	660	320	560	640			
– Lagerbestand		– 3000	– 2200	– 2420	– 560	– 240				
+ Vormerkbestand				+ 1200						
– Bestellbestand			– 800							
– Werkstattbestand	– 480									
= Nettobedarf	0	– 2200	– 2420	– 560	– 240	+ 320				

❸ **Verbrauchsbedingte Bestandsergänzung**

zu 2.1 Der Zielansatz des Sicherheitsbestandes besteht in der Abdeckung von drei Unsicherheiten, die mit der Bedarfsrechnung bzw. Bestellauslösung zusammenhängen:

a) Bedarfsunsicherheit
(Differenz zwischen Soll- und Ist-Bedarf)

b) Lieferzeitunsicherheit
(Differenz zwischen Soll-Liefertermin und Ist-Liefertermin)

c) Bestandsunsicherheit
(Differenz zwischen unkörperlichem Buchbestand und körperlichem Lagerbestand)

Abhängigkeitsfaktor des Sicherheitsbestandes:
= Durchschnittsverbrauch an Materialien in einem definierten Zeitraum
Als Zeitraum gilt:

a) bei bezogenen Materialien die Wiederbeschaffungszeit (Summe aus Zeit für Beschaffungsvorbereitung, eigentliche Liefer- und Transportzeit sowie für Materialannahme und Qualitätskontrolle).

b) bei selbsthergestellten Materialien die Zeit für Arbeitsvorbereitung, Auftragsdurchführung bis hin zur Qualitätskontrolle.

zu 2.2 $B_S = \varnothing$ Verbrauch je Periode $\times$ Beschaffungsdauer

$B_S = 12.000$ Stück/Tag $\times$ 10 Tage $= 120.000$ Stück

zu 2.3 $B_M = (T_W + T_U) \times P + B_S$
$B_M = (9 \text{ Tage} + 1 \text{ Tag}) \times 12.000 \text{ Stück/Tag} + 120.000 \text{ Stück}$
$ = 240.000 \text{ Stück}$

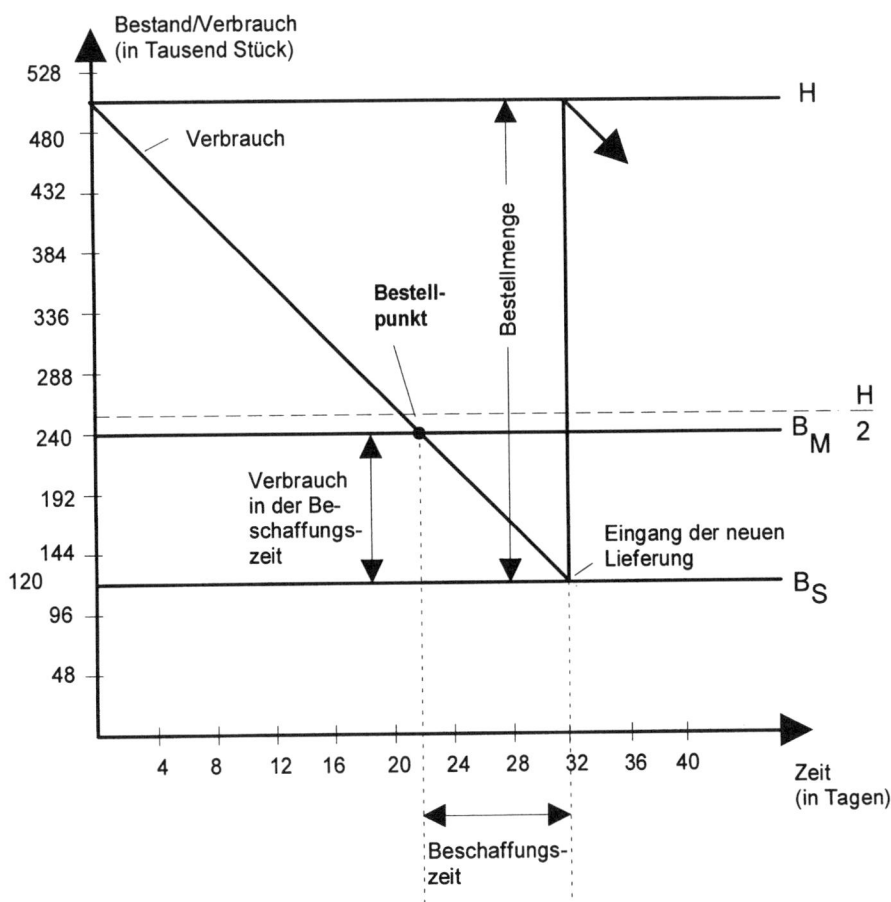

Begründung:
Während der Beschaffungszeit von 10 Tagen (Differenz zwischen 240.000 Stück und 120.000 Stück) geht kein neues Material ein, d. h., es geht kein Material ein, das aus einer vorherigen Bestellauslösung resultiert.

These: Beschaffungszeit   <   Lagerzeit !
 10 Tage   <   · 32 Tage

zu 2.4/2.5

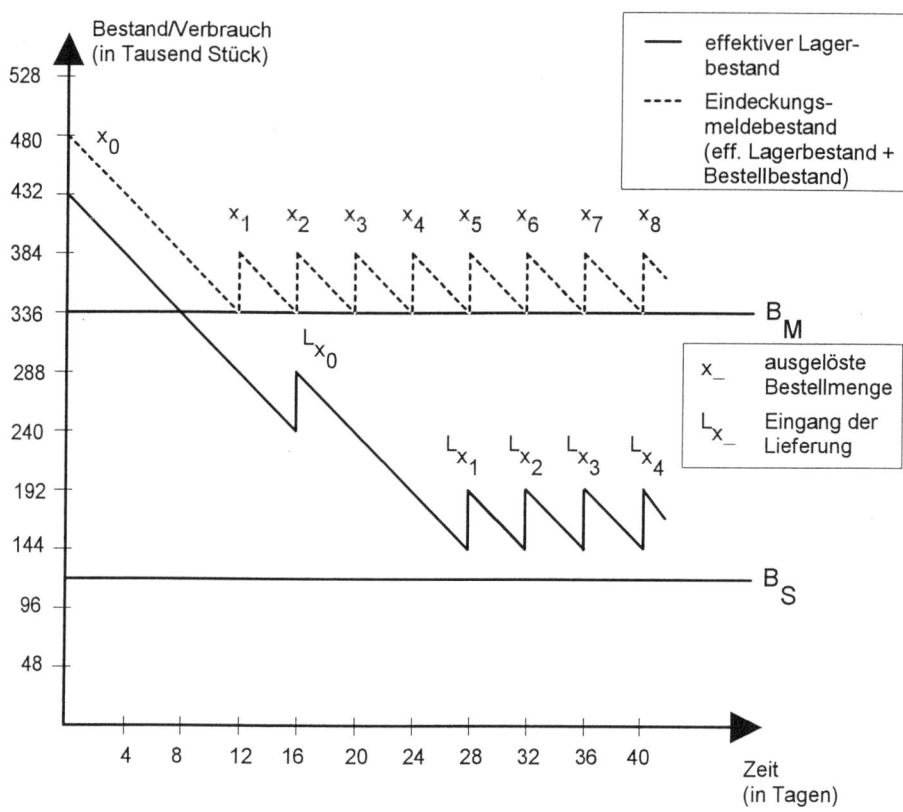

zu 2.6   Beschaffungszeit = 16 Tage

Lagerzeit = Differenz zwischen aufeinanderfolgenden Lieferungen
– zwischen Lieferung Bestellmenge x_0 und x_1 = 12 Tage
– zwischen Lieferung Bestellmenge x_1 und x_2 und $x_{...}$ = 4 Tage

These: „Beschaffungszeit   >   Lagerzeit" !
          16 Tage   >   12 Tage
          16 Tage   >   4 Tage

❹ Bedarfsbedingte Bestandsergänzung

zu 2.1

Perioden	1	2	3	4	5
Fabrikkalendertag	110	120	130	140	150
verfügbarer Lagerbestand	2300	1800	1200	1000	600
Bedarf	500	1000	200	400	600
Lagerzugänge		400			
Restbestand	1800	1200	1000	600	0

Der Bestand deckt den Bedarf bis zum 150. Fabrikkalendertag (5. Periode) ab.

$T_{Ist} = 150$ Tage

zu 2.2 $\quad T_{Soll} = T_X + T_W + T_U + T_P + T_S$

$T_{Soll} = (100 + 30 + 10 + 10 + 5)$ Tage

$T_{Soll} = 155$ Tage

$T_{Ist} = 150$ Tage $\quad < \quad T_{soll} = 155$ Tage

Es ist eine Bestellung auszulösen.

zu 2.3 *Siehe Abbildung auf der nächsten Seite*

zu 2.4

$T_{L\text{-}Soll} = T_{Ist} - T_S - T_U$

$T_{L\text{-}Soll} = 150$ Tage - 5 Tage - 10 Tage = 135 Tage

Die Lieferung sollte am 135. Fabrikkalendertag eingehen, damit Unterbrechungen in der Fertigung vermieden werden.

zu 2.3

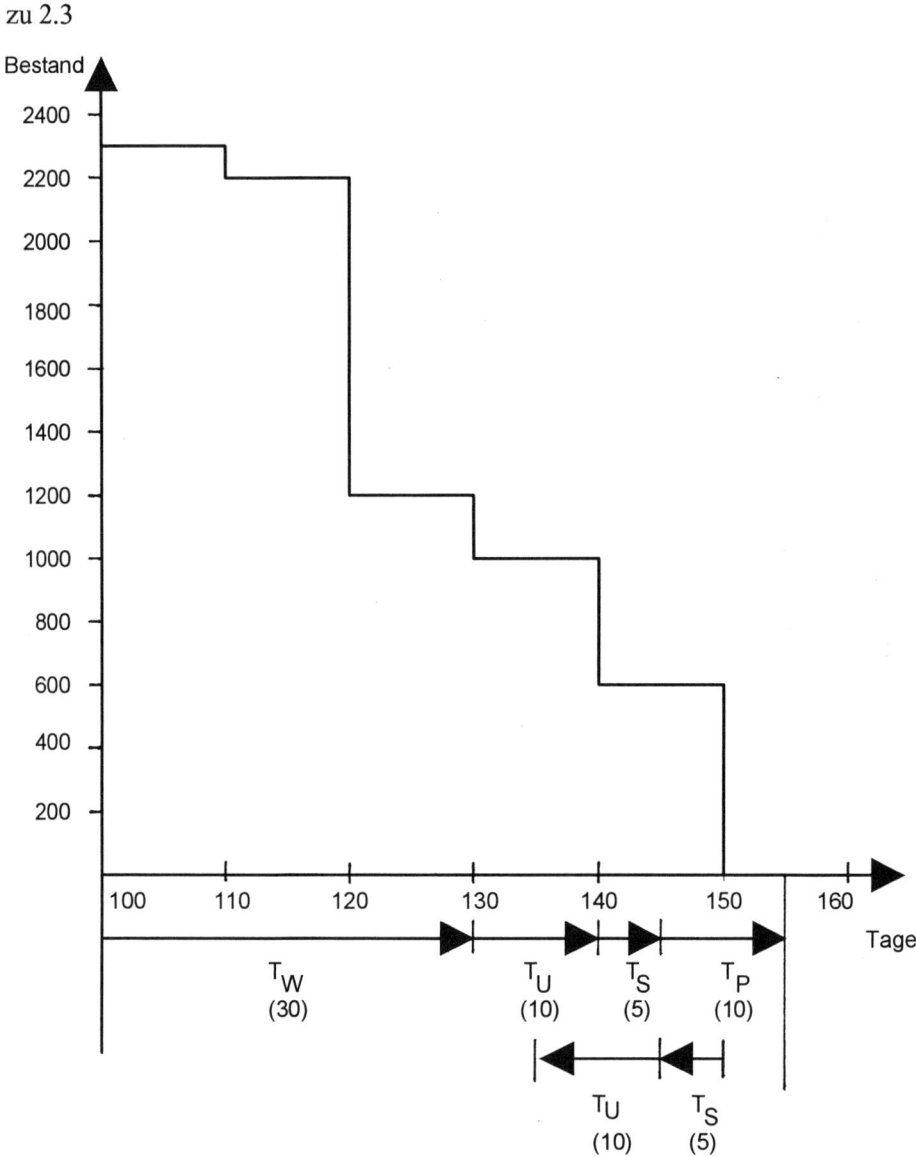

❺ Ermittlung der optimalen Bestellmenge nach dem klassischen Bestellmengenmodell (Andler'sche Formel)

zu 2.1 Anwendungsvoraussetzungen sind:
- Die Bedarfsmenge für die Periode muß bekannt und konstant sein.
- Der Materialzugang muß in jeweils gleichen Mengen zu gleichen Zeitabständen erfolgen.
- Der Materialverbrauch muß gleichmäßig über die Periode verteilt erfolgen.
- Der Einstandspreis muß konstant sein; Mengenrabatte werden nicht gewährt.
- Die Bestellkosten müssen bekannt sein; es wird vorausgesetzt, daß sie sich während der Periode nicht ändern.
- Die Lagerkosten müssen ebenfalls bekannt sein; auch hier wird vorausgesetzt, daß sie sich während der Periode nicht ändern.
- Es ist ausreichender Lagerraum vorhanden.
- Es bestehen keine kapitalmäßigen Beschränkungen.

zu 2.2

$$LS = \frac{K_L \cdot 100 \cdot 2}{B_L \cdot E} = \frac{9.000 \text{ DM} \cdot 100 \cdot 2}{20.000 \text{ Stück} \cdot 6 \text{ DM/Stück}} = 15\%$$

$$LHS = p + LS = 5\% + 15\% = 20\%$$

$$X_{opt.} = \sqrt{\frac{200 \cdot M \cdot BK}{E \cdot LHS}} = \sqrt{\frac{200 \cdot 144.000 \text{ Stück} \cdot 150 \text{ DM}}{6 \text{ DM/Stück} \cdot 20}} = 6.000 \text{ Stück}$$

Die optimale Bestellmenge beträgt 6.000 Stück.

zu 2.3

$$n_{opt.} = \frac{M}{X_{opt.}} = \frac{144.000 \text{ Stück}}{6.000 \text{ Stück}} = 24$$

Für die Materialposition sollten 24 Bestellungen im Jahr ausgelöst werden.

❻   Dynamische Bestellmengenrechnung bei schwankendem Bedarf

zu 2.
Verfahren der gleitenden wirtschaftlichen Bestellmenge

Mo-nat	Bedarf (Stück)	Bestell-menge (Stück)	Lager-dauer (Monate)	Lagerhaltungskosten (DM/Monat)	Kum. (DM)	Best.-kost. (DM)	Bestell- und Lagerhaltungskosten (DM/Stück)
1	200	380	0,5	200 * 0,5 * 0,10 = 10	10	40	50/200 = 0,25
2	180		1,5	180 * 1,5 * 0,10 = 27	37		77/380 = 0,20
3	190		2,5	190 * 2,5 * 0,10 = 47,50	84,50		124,50/570 = 0,22
3	190	350	0,5	190 * 0,5 * 0,10 = 9,50	9,50	40	49,50/190 = 0,26
4	160		1,5	160 * 1,5 * 0,10 = 24	33,50		73,50/350 = 0,21
5	120		2,5	120 * 2,5 * 0,10 = 30	63,50		103,50/470 = 0,22
5	120	400	0,5	120 * 0,5 * 0,10 = 6	6	40	46/120 = 0,38
6	140		1,5	140 * 1,5 * 0,10 = 21	27		67/260 = 0,2577
7	140		2,5	140 * 2,5 * 0,10 = 35	62		102/400 = 0,255
8	60		3,5	60 * 4,5 * 0,10 = 21	83		123/460 = 0,27
8	60	200	0,5	60 * 0,5 * 0,10 = 3	3	40	43/60 = 0,72
9	20		1,5	20 * 1,5 * 0,10 = 3	6		46/80 = 0,58
10	20		2,5	20 * 2,5 * 0,10 = 5	11		51/100 = 0,51
11	100		3,5	100 * 3,5 * 0,10 = 35	46		86/200 = 0,43
12	100		4,5	100 * 4,5 * 0,10 = 45	91		131/300 = 0,436
12	100	100	0,5	100 * 0,5 * 0,10 = 5	5	40	45/100 = 0,45

Summe der Lagerhaltungskosten = 37 + 33,50 + 62 + 46 + 5 = 183,50 DM
Summe der Bestellkosten = 5 * 40 = 200 DM

zu 2.2
Kostenausgleichsverfahren

Monat	Bedarf (Stück)	Bestellmenge (Stück)	Lager-dauer (Monat)	Lagerhaltungskosten (DM/Monat)	Kum. (DM)	Bestellkosten (DM)
1	200	380	0,5	200 * 0,5 * 0,10 = 10	10	40
2	180		1,5	180 * 1,5 * 0,10 = 27	37	
3	190	350	0,5	190 * 0,5 * 0,10 = 9,50	9,50	40
4	160		1,5	160 * 1,5 * 0,10 = 24	33,50	
5	120	260	0,5	120 * 0,5 * 0,10 = 6	6	40
6	140		1,5	140 * 1,5 * 0,10 = 21	27	
7	140	240	0,5	140 * 0,5 * 0,10 = 7	7	40
8	60		1,5	60 * 1,5 * 0,10 = 9	16	
9	20		2,5	20 * 2,5 * 0,10 = 5	21	
10	20		3,5	20 * 3,5 * 0,10 = 7	28	
11	100	200	0,5	100 * 0,5 * 0,10 = 5	5	40
12	100		1,5	100 * 1,5 * 0,10 = 15	20	

Summe der Lagerhaltungskosten = 37 + 33,50 + 27 + 28 + 20 = 145,50 DM
Summe der Bestellkosten = 5 * 40 = 200 DM

5 Materialbeschaffung

❶ **Angebotsprüfung**

(DM)	Angebot A bei einer Bestellmenge von		
	100 Stück	250 Stück	500 Stück
Angebotspreis	48.000	48.000	48.000
– Rabatt	-	– 2.400	4.800
– Skonto	– 1.440	– 1.368	– 1.296
+ Bestellkosten	+ 1.000	+ 400	+ 200
+ Lagerkosten	+ 480	+ 1.200	+ 2.400
+ Transportkosten	+ 1.600	+ 640	+ 320
+ Verpackung	-	-	-
= **Materialeinstandspreis p. a.**	49.640	46.472	44.824

(DM)	Angebot B bei einer Bestellmenge von		
	100 Stück	250 Stück	500 Stück
Angebotspreis	42.000	42.000	42.000
+ Mindermengenzuschlag	+ 1.680	+ 1.680	-
– Rabatt	-	-	-
– Skonto	-	-	-
+ Bestellkosten	+ 1.000	+ 400	+ 200
+ Lagerkosten	+ 420	+ 1.050	+ 2.100
+ Transportkosten	+ 4.000	+ 1.600	+ 800
+ Verpackung	+ 100	+ 100	+ 100
= **Materialeinstandspreis p. a.**	49.200	46.830	45.200

Bei einer Bestellmenge von 100 Stück ist Angebot B günstiger.
Bei einer Bestellmenge von 250 Stück ist Angebot A günstiger.
Bei einer Bestellmenge von 500 Stück ist Angebot A günstiger.

❷ **Lieferantenbewertung**

Das Ergebnis des Vergleichs könnte so lauten:

- Lieferant 1 scheidet aus, weil seine Liefertreue als "mittelmäßig" und seine Preisstellung als "hoch" einzustufen sind.
- Lieferant 2 bietet zu hohe Preise und Werkzeugkosten an; zudem wird seine Qualität als "mittelmäßig" beurteilt.
- Lieferant 3 sollte den Auftrag erhalten. Der Einkäufer sollte jedoch versuchen, in Verhandlungen die Werkzeugkosten zu senken.

❸   Bestellbestätigung

Die Aussage "Bestellungen müssen immer bestätigt werden, damit ein Kaufvertrag zustande kommt." ist falsch. Die Begründung **4** ist folglich zutreffend, weil auch durch die Lieferung ein Vertrag zustande kommen kann.

❹   Rechnungsprüfung

Das Vorgehen bei der Rechnungsprüfung kann unterschiedlich sein.	**a)**	**2**
Wenn aber gewisse Zuordnungen wie in dieser Aufgabe sind, ergibt sich eine logische Arbeitsabfolge mit einer gewissen	**b)**	**3**
Zwangsläufigkeit:	**c)**	**5**

1. Schritt   **d)** **7**
Zunächst muß die Rechnung entgegengenommen werden.
2. Schritt   **e)** **8**
Die Bestellunterlagen und die Wareneingangsmeldung
müssen herausgesucht sein,   **f)** **1**
3. Schritt
bevor sie verglichen werden können.   **g)** **4**
4. Schritt
Erst danach ist es zweckmäßig, die Rechnungsangaben mit   **h)** **6**
den Bestellangaben und der Wareneingangsmeldung zu vergleichen.
5. Schritt
Nun erst sollte die rechnerische Richtigkeit überprüft werden.
6. Schritt
Erst bei dieser Prüfung kann sich ein Additionsfehler herausstellen, aufgrund dessen die Rechnung geändert werden muß.
7. Schritt
Erst nach dieser Feststellung kann der Lieferer unterrichtet werden.
8. Schritt
Zweckmäßigerweise wird die Rechnung erst zur Zahlung freigegeben, nachdem der Lieferer unterrichtet ist, es sei denn, eine Skontofrist läuft ab.

6   Materiallagerung

❶   **Lagerwirtschaft**

a)   Einkauf Berichtsjahr (B) = 260.000 Stück
Einkauf Vorjahr (V) = 300.000 Stück

b)   ba) LB_B = 100.000 Stück
LB_V = 50.000 Stück

bb) LD_B = 138 Tage
LD_V = 60 Tage

bc)   Lagerzinssatz$_B$ = 3,1 %

Lagerzinssatz$_V$ = 1,8 %

c)   Im Berichtsjahr tritt eine Verschlechterung der lagerwirtschaftlichen Kennzahlen ein.

Literaturverzeichnis

Arbeitsgruppe Entsorgung BME-Arbeitskreis Essen: Abfallwirtschaft – Eine Aufgabe der Materialwirtschaft. (Ein Handbuch zum Thema Beschaffung und Entsorgung), BME Frankfurt am Main, 1987

Arnolds, H.; Heege, F. ; Tussing, W.: Materialwirtschaft und Einkauf. 9. Aufl., Wiesbaden: Gabler, 1996

Bartels, H.-G.: Logistik, in: Handwörterbuch der Wirtschaftswissenschaften. Band 5, Stuttgart, Göttingen, Zürich: Fischer/Vandenhoeck & Rupprecht, 1989

Baum, H.: Untersuchungen zur effizienten Gestaltung der Lagerwirtschaft im Umformtechnischen Zentrum GmbH Zwickau. Diplomarbeit, Hochschule für Technik und Wirtschaft Zwickau (FH), 1996

Beschaffung aktuell, Heft 1/94, Leinfelden-Echterdingen: Robert Kohlhammer GmbH

BGB. 42. Aufl., Deutscher Taschenbuch Verlag, 1998

Bichler, K.: Beschaffungs- und Lagerwirtschaft. 6. Auflage 1996, 7. Auflage 1997, Wiesbaden: Gabler, 1992

Bierhals, E.: Organisation der Materialwirtschaft. Wiesbaden: Gabler, 1993

Birn, H.; Jung, G.: Abfallbeseitigungsrecht für die betriebliche Praxis. Augsburg: WEKA Fachverlag für technische Führungskräfte GmbH, 1996

Blank; D.: Die Implementierung der betrieblichen Materialentsorgung in das Funktionsspektrum der Materialwirtschaft und ihre Ausgestaltung innerhalb des effizienten Abfallmanagements. Diplomarbeit, Westsächsische Hochschule Zwickau (FH), 1997

Broggi, M.: Ursprung und Geschichte. Jahrbuch der Logistik, Düsseldorf, Frankfurt, 1990

Budde, R.: Der Einkaufs- und Lagerwirtschaftsberater. Wiesbaden: Gabler, 1998

Bühner, R.: Betriebswirtschaftliche Organisationslehre. 4. Aufl., München, Wien, 1989

Corsten; H.: Produktionswirtschaft. 5. Aufl., Oldenbourg, München, Wien, 1995

Dehmel, H.; Dunkel, D.: Industriekaufmann/Industriekauffrau. Solingen: U-Form-Verlag Hermann Ulrich, 1993

Deutsches Institut für Normung (DIN (Hrsg.): DIN 6763: Nummerung: Allgemeine Begriffe. Berlin, Köln, 1985

Deutsches Institut für Normung (DIN (Hrsg.): DIN 30781: Transportkette. Berlin, Köln, 1984

Deutsches Institut für Normung (DIN (Hrsg.): DIN 55405: Begriffe für das Verpackungswesen. Berlin, Köln, 1977

Deutsches Institut für Normung (DIN (Hrsg.): DIN 69910: Wertanalyse. Berlin, 1987

Droege, W. P. J. & Comp.: Best practices im Beschaffungsmanagement. Wiesbaden: Gabler, 1998

Dück, O., u. a.: Praxishandbuch für den Materialwirtschaftsleiter. Augsburg: WEKA Fachverlag für technische Führungskräfte GmbH, 1996

Dück, O.: Lagerplanung, -organisation und -optimierung. Augsburg: WEKA Fachverlag für technische Führungskräfte GmbH, 1998

Eichner, W.: Lagerwirtschaft. 1. Aufl., Wiesbaden: Gabler, 1995

Einkäufer im Markt. 18/15.9.1998, Wiesbaden: Gabler, 1998

Eschenbach, R.: Erfolgspotential Materialwirtschaft. München: C.H. Beck´sche Verlagsbuchhandlung, 1995

Fieten, R.: Integrierte Materialwirtschaft. Leinfelden-Echterdingen: Konradin, 1994

Franke, R. ; Zerres, M. : Planungstechniken. Blick durch die Wirtschaft. Frankfurt am Main: faz 1989

Grochla, E.: Grundlagen der Materialwirtschaft. Wiesbaden: Gabler, 1990

Grommes, T.: Betrieb und Abfall - Abfallwirtschaft in kleinen und mittelständischen Betrieben. Berlin, Offenbach, VDE-Verlag, 1994

Grupp, B.: Materialwirtschaft mit EDV im Mittel- und Kleinbetrieb. Renningen-Malmsheim: expert, 1994

Hartmann, H.: Materialwirtschaft. 6. Aufl., Gernsbach: Deutscher Betriebswirte Verlag, 1993

Härdler, J.: Studienmaterial Materialwirtschaft: Für Studenten der Studiengänge Betriebswirtschaft und Wirtschaftsingenieurwesen. Westsächsische Hochschule Zwickau (FH), 1998

Härdler, J.: ABWL II: Materialwirtschaft - Grundlagen und Instrumentarien. (Hrsg.): Fernfachhochschule Hamburg, 1997

Härdler, J.: ABWL II: Materialwirtschaft - Kerntätigkeiten. (Hrsg.): Fernfachhochschule Hamburg, 1997

Hermann, T. u. a.: Einführung in die Abfallwirtschaft. Frankfurt am Main: Thun-verlag, 1995

HGB. 29. Aufl., Deutscher Taschenbuchverlag, 1995

Hutchinson, N. E.: An Integrated Approach to Logistics Management. Englewood Cliffs, NJ, Prentice Hall, 1987

IHK-Weiterbildungs-GmbH des DIHT (Hrsg.): Materialwirtschaft Industriefachwirt

Jünemann; R. (Hrsg.): Materialfluß und Logistik: Systemtechnische Grundlagen mit Praxisbeispielen. Berlin: Springer Verlag, 1989

Jung, H.: Allgemeine Betriebswirtschaftslehre. 4. Aufl., München: R. Oldenbourg, 1998

Kemmner, G.-A.: SAMBESY: Strategisches Analyse-, Management- und Benchmarkingsystem. in: Abels; Kemmner: Potentiale, April 1995

Kopsidis, R.: Materialwirtschaft. 3. Aufl., München; Wien: Hanser, 1997

Krieg, K.: Einführung in die DIN-Normen, Stuttgart: Teubner Verlag, 1993

Matheis, R.: Erfolgsmanagement 2000. Wiesbaden: Gabler, 1992

Melzer-Ridinger, R.: Materialwirtschaft. 2. Aufl., München: Oldenbourg, 1991

Monatsberichte der Deutschen Bundesbank. 42. Jg., Nr. 11, Frankfurt, November, 1990

Much; D.; Nicolai, H. : PPS-Lexikon. 1. Aufl., Berlin: Cornelsen, 1995

Müller-Hagedorn, L.: Betriebswirtschaftstheorie II. Studienbrief, Fernuniversität Hagen

Oeldorf, G.; Olfert, K.: Materialwirtschaft. 5. Aufl., Ludwigshafen: Kiehl, 1987

Oeldorf, G.; Olfert, K.: Materialwirtschaft. 7. Aufl., Ludwigshafen: Kiehl, 1995

REFA: Methodenlehre der Planung und Steuerung. Teil 2, 4. Aufl., München: Hanser, 1985

Rinschede, A.; Wehking, K.-H.: Entsorgungslogistik Band 3: Kreislaufwirtschaft. Berlin: Erich Schmitt Verlag 1995

Risse, F.: DISKOVER + DIKON = Optimale Unterstützung für das strategische und operative Bestandsmanagement. in: Abels; Kemmner: Potentiale, Januar 1995

Röhl, C.: Der Einfluß des Einkaufes als Verbindungselement zwischen den internen Bedarfsträgern und dem externen Beschaffungsmarkt auf den Unternehmenserfolg. Diplomarbeit, Westsächsische Hochschule Zwickau (FH), 1997

Schötz, S.: Einkauf. Methoden, Werkzeuge und Arbeitshilfen für den industriellen Einkauf, Augsburg: WEKA Fachverlag für technische Führungskräfte GmbH, 1996

Schulte, G.: Material- und Logistikmanagement. 1. Aufl., München: Oldenbourg, 1996

Schwarz, M.: Outsourcing im Produktionsmanagement. Lehrbriefmanuskript, Westsächsische Hochschule Zwickau (FH), 1998

Schweitzer, M.: Industriebetriebslehre. München: Vahlen, 1990

Sommerer, G.: Unternehmenslogistik: Ausgewählte Instrumentarien zur Planung und Organisation logistischer Prozesse. München; Wien: Hanser, 1998

Sommerer, G.; Göhler: Unternehmensführung. Unternehmenslogistik/ Personalmanagement, Lehrbrief 4, Fernstudienverbund der Länder, 1995

Specht, G.: Einführung in die Betriebswirtschaftslehre. 2. Aufl., Ludwigshafen: Kiehl, 1990

Stange; Koppelmann: Beschaffungsmarktforschung. Zeitschrift für betriebswirtschaftliche Forschung, Nr. 5, 1984

Steinbuch, P. A.: Organisation. 8. Aufl., Ludwigshafen: Kiehl, 1990

Strebel; H.: Recycling in einer umweltorientierten Materialwirtschaft in: Adam D. (Hrsg.): Umweltmanagement in der Produktion, Wiesbaden: Gabler, 1993

Thieme, J.: Organisationsanweisungen in einem Unternehmen der Zulieferindustrie, Lehrbriefmanuskript Hochschule für Technik und Wirtschaft Zwickau, 1997

Vahrenkamp, R.: Produktions- und Logistikmanagement. 2. Aufl., München: Oldenbourg, 1996

VDI 2243: Konstruieren recyclinggerechter technischer Produkte, Berlin, 1993

VDI 2411: Begriffe und Erläuterungen im Förderwesen. Düsseldorf, 1970

VDI 2815: Blatt 5: Begriffe für die Produktionsplanung und -steuerung, Berlin, Köln: Beuth Verlag, 1978

Weber, R.: Bestandssenkung. Ehningen: Expert-Verlag, 1992

Weidner, W.: Organisation in der Unternehmung: Aufbau- und Ablauforganisation. 5. Aufl., München, Wien: Hanser, 1996

Weigelt, S.: Planung von Entsorgungskonzepten, Wiesbaden: Gabler, 1998

Wiendahl, H.-P.: Betriebsorganisation für Ingenieure. 4. Aufl., München, Wien: Hanser, 1997

Wirtschaftslexikon: 14. Aufl., Wiesbaden: Gabler, 1997

WISU - das Wirtschaftsstudium: Jg. 1995, Heft 08/09

Stichwortverzeichnis